湖北发展研究报告

2020

武汉大学湖北发展问题研究中心　组编
武汉大学发展研究院

武汉大学出版社

湖北发展研究报告 2020

报告统筹人： 李　光

报告撰写人： 于晓琳　马　祎　马廷灿　王　勇　王启飞　王君华　王君泽
（以姓氏笔画为序）
戈丽丽　尹礼汇　石军伟　叶　昀　付新平　朱晓奔　朱媛媛
乔亚兰　刘　钒　刘义胜　刘自明　刘远翔　汤怡洁　汤鹏飞
许丁丁　李　光　李　好　李　磊　李丹丹　李灯强　李国昌
杨　丹　杨　炎　杨小曼　杨灿明　杨明杏　肖海金　吴传清
邱久芸　何艾狄　余　石　余文静　余明月　邹　蔚　沈　婕
宋维玮　张　宁　张　硕　张　毅　张心懿　张司飞　张欲晓
张智雄　陈　丹　陈文华　陈莉莉　易江格　易晓波　岳　芳
岳名亮　周笑琦　郑　楠　孟洁洁　孟晓倩　赵　升　赵　林
赵若愚　赵荣凯　胡琪雯　钟书华　姜　山　秦尊文　袁志明
夏　梁　徐干城　郭元元　黄　涛　黄鹏飞　曹沛宁　梁本部
彭　悦　彭智敏　葛思思　程　蕾　傅诗雯　童国华　曾　格
曾国安　曾菊新　谢科范　蔡　玲　蔡长塔　潘　凯　黎苑楚

《湖北发展研究报告2020》由武汉大学湖北发展问题研究中心、武汉大学发展研究院组织研究和出版，并获湖北省普通高校人文社会科学重点研究基地建设基金、武汉大学人文社会科学发展基金支持。

目 录

湖北省疫后重振和"十四五"高质量发展举措研究
  童国华 ……………………………………………………………………… 1

湖北省新冠肺炎疫情时空演变及对区域经济的影响研究
  彭智敏　李国昌 …………………………………………………………… 15

新冠肺炎疫情对湖北省经济发展的影响及应对
  刘 钒　黄鹏飞　潘 凯 …………………………………………………… 28

新冠肺炎疫情对湖北省文化旅游产业发展的影响及应对措施
  乔亚兰 ……………………………………………………………………… 47

后疫情时代湖北省乡村旅游高质量发展研究
  周笑琦　朱媛媛　曾菊新 ………………………………………………… 55

新冠肺炎疫情对武汉科技创新及高新技术产业发展的影响研究
  李 光 ……………………………………………………………………… 69

湖北省塑造更多引领型发展研究报告
  秦尊文　张 宁 …………………………………………………………… 86

以"省部合作"推进湖北省改革开放创新协调发展
  钟书华　沈 婕 …………………………………………………………… 104

湖北省应对我国新一轮科技人才竞争的重要举措研究
  武汉大学发展研究院课题组 ……………………………………………… 120

湖北省聚集重大科技创新人才的对策研究
  湖北省社会科学院课题组 ………………………………………………… 135

湖北省科技人才政策的现状与对策研究
——基于文献计量分析
　　黄　涛　易江格 ………………………………………………… 153

湖北构建开放导向的科技创新合作机制研究
　　谢科范　梁本部　曾　格 ……………………………………… 166

加快武汉综合性国家科学中心建设研究
　　袁志明　等 ……………………………………………………… 182

湖北省科技型企业创新生态研究报告
　　吴传清　孟晓倩　尹礼汇 ……………………………………… 214

数字经济引领湖北高质量发展的对策研究
　　刘　钒　马　祎　余明月 ……………………………………… 230

"十四五"时期推动湖北城市群加快发展的理性思考
　　杨明杏 …………………………………………………………… 268

湖北省"十四五"时期健康社区建设策略探析
——基于武汉市社区应对公共卫生应急事件的回顾分析
　　张欲晓　等 ……………………………………………………… 277

湖北省环境规制对绿色全要素生产率影响研究
　　张司飞　孙逸昕　张　硕 ……………………………………… 288

湖北省上市公司发展现状与对策建议
　　黎苑楚　陈　丹　李　磊 ……………………………………… 316

湖北省高新技术产业与工业高质量发展耦合协调度研究
　　邹　蔚　彭　锐　宋维玮 ……………………………………… 352

湖北省创新方法推广应用体系建设路径研究
　　王君华　张心懿 ………………………………………………… 376

湖北省制造业高质量发展评价及政策建议
　　石军伟　戈丽丽　于晓琳 ……………………………………… 386

充分发挥志愿服务在湖北省社会治理中的重要作用
　　——基于抗击新冠肺炎疫情"武汉保卫战"的志愿服务实践
　　李　好 ·· 409

湖北省大众创业万众创新示范基地发展报告（2019）
　　武汉光谷创新发展研究院课题组 ······································ 420

以"智慧监管"推动湖北省共享民宿行业健康成长
　　华中科技大学课题组 ·· 439

打造桥梁产业园区　提升桥梁品质
　　——关于促进湖北省桥梁基础设施高质量发展的建议
　　刘自明 ·· 451

以航空枢纽"双引擎"推动"武鄂黄黄"一体化发展
　　付新平　等 ·· 457

武汉市住房抵押贷款二级市场发展的现状、原因与政策建议
　　曾国安　等 ·· 477

2019年湖北省国民经济和社会发展主要指标
　　易晓波　摘编 ·· 499

后记 ·· 500

湖北省疫后重振和"十四五"高质量发展举措研究

童国华

2020年春节前后,一场突如其来的新冠肺炎疫情席卷全球,湖北省经历了巨大考验,承受了巨大冲击,做出了重大牺牲,多项经济数据近乎腰斩。湖北省一季度GDP同比下降39%,其中工业总产值下降48.2%,固定资产投资下降82.8%。[1] 据调查,湖北省内绝大部分企业出现生存困难,有三至六成企业面临破产风险,还有四成企业反映市场已被抢占。在当前湖北抗疫形势转入常态化防控的背景下,如何尽快从疫情之中恢复经济和社会正常发展,成为所有工作的重中之重。

作为全国疫情最重、管控时间最长的省份,湖北省疫后恢复面临诸多困难,但湖北省经济长期向好的基本面没有改变,多年积累的综合优势没有改变,在国家和区域发展中的重要地位没有改变。2020年既是"十三五"收官之年,是"十四五"布局之年,是全球新一轮科技革命从蓄势待发到产业化竞争的关键期,更是湖北新旧动能转换的关键期。目前,湖北省突发公共卫生事件应急响应级别已由二级调降为三级,在疫情防控已转变为常态化防控背景下,如何统筹经济社会发展、打好疫后重振的民生保卫战和经济发展战、打造疫后重振的"湖北样板"?

基于对这一问题的关切,通过系统梳理打赢抗击新冠肺炎疫情"湖北保卫战""武汉保卫战"的关键要素,审视疫情防控过程中所暴露的治理体系和治理能力的短板和弱项,本研究报告对湖北省"十四

---

[1] 湖北省统计局,国家统计局湖北调查总队. 2020年一季度湖北经济运行情况[EB/OL]. 2002-04-01. http://tjj.hubei.gov.cn/tjsj/sjjd1/202004/t20200421_2236918.shtml.

五"期间高质量发展进行了深入思考。在"十四五"时期，湖北省必须始终坚持党的领导，不断优化治理结构和治理能力，聚焦世界科技发展和产业变革前沿，打造政策创新与产业创新双结合"资源高地"，全面建成政府治理结构治理能力现代化的综合改革区；打造具有较强国际影响力竞争力的"新基建"技术创新与产业集聚辐射区；打造高层次人才汇聚的中部地区智力密集区，助力"建成支点、走在前列"。

一、自觉增强坚持和完善党的领导的坚定性，奋力夺取湖北省疫情防控和经济社会发展双胜利

党的领导是中国特色社会主义最本质的特征和最大的制度优势，也是我国疫情防治模式的根本特征和突出优势。面对新冠肺炎疫情，以习近平同志为核心的党中央把人民生命安全放在首位，充分发挥党在疫情防控和治理过程中总揽全局、协调各方的核心作用。疫情防控工作之所以能够取得阶段性重大胜利，在于以习近平同志为核心的党中央的科学研判、科学决策和科学部署，党的全面领导为疫情防控提供了根本政治保证。

（一）始终坚持党中央对疫情的科学研判和科学决策，在抗击疫情的伟大斗争中深刻认识党的"定海神针"作用

2018年1月，在学习贯彻党的十九大精神研讨班开班式上，习近平总书记就曾列举8个方面16个具体风险，尤其是强调时刻警惕和严密防范像"非典"那样的重大传染性疾病，要求全党既要有防范风险的先手，也要有应对和化解风险挑战的高招；既要打好防范和抵御风险的有准备之战，也要打好化险为夷、转危为机的战略主动战。新冠肺炎疫情暴发后，习近平总书记亲自部署、亲自指挥，多次作出重要指示。2020年1月25日，农历正月初一，习近平总书记主持召开中共中央政治局常务委员会会议，专门听取新冠肺炎疫情防控工作汇报，史无前例。中央印发《关于加强党的领导、为打赢疫情防控阻击战提供坚强政治保证的通知》，成立应对疫情工作领导小组，全面领导全国的疫情

防控工作，向湖北省抗疫一线派驻中央指导组，切实加强对防控工作的指导和督查。正是由于有习近平总书记的高度重视、有中央应对疫情工作领导小组的坚强领导、有中央指导组的统筹协调，才能从根本上为湖北省有效整合各种资源，构建坚固的疫情整体性治理防线，一举扭转前期被动局面，对湖北省取得战疫全局阶段性胜利起到了根本性作用。据统计，自新冠肺炎疫情暴发以来，截至2020年两会前，习近平总书记主持召开10余次中央政治局常委会会议、5次中央政治局会议、6次赴地方考察调研、50多次同外国领导人和国际组织负责人通话，科学研判和部署疫情防控工作。①

（二）始终凝聚同心抗疫的资源力量，不断加强党委领导、政府主导的抗疫模式

发挥党委领导和政府主导作用，是我国疫情防治模式的根本特征和突出优势。在《关于加强党的领导、为打赢疫情防控阻击战提供坚强政治保证的通知》中，明确在疫情防控中要压实地方党委和政府责任。在湖北省疫情呈现大幅蔓延态势时，政府采取果断决策，对湖北省及武汉市人员外流实施全面严格管控，内防扩散、外防输出。同时，坚持疫情防控"全国一盘棋"，统筹调配使用各处医疗资源。据统计，面对医护人员不足的问题，中央指导组组织全国30个省区市和新疆生产建设兵团以及中国人民解放军等，共调派340多支医疗队、42000多名医护人员驰援湖北，并组织19个省份"一省包一市"对口援鄂，为坚决打好抗击新冠肺炎疫情"湖北保卫战""武汉保卫战"提供充足的资源保障。②

（三）始终坚持以人民为中心的抗疫思想，不断发挥人民主体作用

我们党始终把人民立场作为根本立场，始终坚持以人民为中心的发

---

① 习近平的战疫时间线［N］.人民日报（海外版），2020-05-21（5）.
② 常健.中国抗击疫情中的人权保障［J］.红旗文稿，2020（12）.

展思想，始终坚持党的群众路线，相信人民，依靠人民。我们党积极动员和组织治理力量，有效整合与协调政府、社会、基层等多元治理力量，广泛动员广大志愿者和人民群众，构建运转协调、合作有效、协同有力的整体性治理工作格局。面对传染性极强的病毒，仅湖北省就有60多万志愿者挺身而出、迎难而上、奔赴一线，在医疗救护、基础预防、后勤保障等岗位发挥重要作用，助力打赢疫情防控阻击战。正是由于相信群众、发动群众、依靠群众，湖北省很快抑制住了疫情的快速扩散。

湖北省取得防控新冠肺炎疫情的重大胜利，党的全面领导是根本，强大的组织和动员能力是关键，中国治理体系的制度优势是核心。抗疫得出的一条极其宝贵的经验，就是在坚持党的全面领导这一根本前提下，中央的决策部署能够得到有力执行，形成了党委领导、政府负责、社会参与、上下同心的治理格局。与此同时，疫情防控中暴露出的一些短板和弊病，进一步说明了以治理现代化为导向，构建整体性防控治理模式的必要性和紧迫性。

（四）始终坚持加强党的领导，不断开创湖北省高质量发展新局面

抗击新冠肺炎疫情"湖北保卫战"取得决定性成果，充分彰显了党的领导和中国特色社会主义制度的显著优势。以习近平同志为核心的党中央，时刻牵挂着湖北人民、心系湖北发展，党中央、国务院出台支持湖北省经济社会发展一揽子政策，为湖北省疫后重振注入强劲动力。我们要深刻领会党中央的亲切关怀和巨大支持，进一步树牢"四个意识"、坚定"四个自信"、做到"两个维护"，切实将疫情中展现出来的制度优势、组织优势转化为湖北发展优势和治理效能，把疫情造成的损失夺回来、把失去的时间抢回来，实现疫后重振、浴火重生。

2020年是中国共产党建党99周年。习近平总书记在中央政治局第二十一次集体学习时强调，第一个百年奋斗目标即将胜利实现，我们即将开启全面建设社会主义现代化国家、实现第二个百年奋斗目标的新征程。面对疫情带来的复杂形势和深刻影响，面对社会经济发展的艰巨任务，湖北省要全面把握世界百年未有之大变局和中华民族伟大复兴战略全局，必须坚定不移地进一步把思想和行动统一到党中央决策部署上来，毫不动摇坚持和加强党对一切工作的领导，切实增强责任担当之勇、科学防控之智、统筹兼顾之谋、组织实施之能，扎实推动习近平总书记重要指示精神和党中央重大决策部署在湖北落地落实，统筹推进疫情防控和经济社会发展各项工作，确保实现决战决胜脱贫攻坚、全面建成小康社会的目标任务，奋力谱写湖北高质量发展新篇章。

二、着力防范化解重大公共风险，积极推进社会治理体系和治理能力现代化

党的十八大以来，以习近平同志为核心的党中央高度重视国家治理现代化问题。党的十八届三中全会首次提出"国家治理现代化"重要命题。党的十九大再次强调：全面深化改革总目标是完善和发展中国特色社会主义制度、推进国家治理体系和治理能力现代化。党的十九届四中全会进一步从党的领导制度体系、人民当家作主制度体系等十三个方面对新时代坚持和完善中国特色社会主义制度、推进国家治理体系和治理能力现代化作出全面部署。

习近平总书记在2020年2月3日召开的中央政治局常委会会议上指出："这次疫情是对我国治理体系和能力的一次大考……要针对这次疫情应对中暴露出来的短板和不足，健全国家应急管理体系，提高处理急难险重任务能力。"[①] 这次新冠肺炎疫情危机突发与应对，是对政府治理能力的一次全面考验。在危机治理过程中，从中央到湖北各层级的应对举措，一方面充分体现了我国制度优势所发挥出的巨大治理效能，另一方面，也暴露出治理体系和治理能力的短板，需要进一

---

① 这次疫情是对我国治理体系和能力的一次大考[EB/OL]. 2020-02-04. http://news.china.com/13000776.html.

步改革完善。

（一）构建社会治理体系，健全完善高效的突发公共卫生事件防控机制

在应对新冠肺炎疫情早期，湖北省在疫情研判预警、应急管理和分级诊疗等方面暴露出比较严重的体制机制问题。从2003年的"非典"到2020年的新冠肺炎疫情，中国公共卫生体系的短板始终没有很好补上，整个公共卫生系统在人员、技术、设备各方面都远远落后，这才是我们缺乏防控大疫能力的根本性的原因。因此，在"十四五"期间，湖北必须不断强化突发公共卫生事件防控机制。

一是完善预警机制，加强重大突发公共卫生事件的风险评估，提高风险评估能力和决策的科学性。纵观此次疫情防控，湖北省和武汉市均展现出很强的执行力，迅速采取"封城"、隔离、应收尽收等重大措施，避免了更大程度的风险外溢。但在监测到突发疫情信号之初，由于信心不足、风险评估不够，在决策缺乏充足证据支持下，一定程度错失最佳"防疫窗口期"。由于重大突发公共卫生事件具有很强的不确定性、紧迫性和巨大危害性，需要制订快速风险评估流程、完善容错机制。

二是夯实基层医疗机构兜底作用，完善应急救治体系。一旦发生重大突发公共卫生事件，迅速强制实施分级诊疗制度，优化就医秩序，实施分级、分层、分流救治，避免出现人传人。湖北省需要进一步加强基层医疗机构建设、做好就诊人员网格化管理，配合社区和疫情防控机构做好社区疫情防控工作。2020年6月29日，武汉市人民政府新闻发布会举行，解读中共武汉市委十三届九次全会28日审议通过的《中共武汉市委 武汉市人民政府关于加强公共卫生应急管理体系建设的实施意见》，宣布围绕增强应对重大疫情和突发公共卫生事件能力，努力打造国家公共卫生安全标杆城市，展现出城市决心与担当。

(二) 积极培育现代社会组织，激发多种主体活力

社会组织是社会治理结构的重要组成部分和重要参与主体。随着市场经济的发展，利益主体多元化、社会结构多元化、社会需求多样化，依靠传统的政府"单打独斗"、大包大揽的治理方式，很难应对层出不穷的风险挑战、也很难回应人民日益增长的多元化社会需求，必须发挥社会组织在社会治理和公共服务中的积极作用。要大力培育社会组织，支持和发展志愿服务组织，重点培育和优先发展公益慈善类、城乡社区服务类社会组织；要规范社会组织内部治理，推进社会组织明确权责、依法自治、发挥作用。

(三) 加强城乡社区建设，构建基层社会治理新格局

基层社会治理单元是社会治理的单元和细胞，"基础不牢，地动山摇"。湖北省在进一步加强社区建设、健全社区管理和服务机制的同时，需聚焦提升社会治理效能，抓紧强弱项、补短板、堵漏洞，建设全方位的社会治理共同体。

一是实施纵向结构扁平化，横向结构精简化工程。克服"政出多门""多头领导""管理不一"等弊端。建议湖北省主要领导亲自挂帅，发挥"先行先试"优势，建设"城市创新试验区"，精简组织机构，减少管理层次，打通、变革治理结构，构建灵活、务实、高效的管理体制和运行机制。

二是以服务人民、服务企业为前端，强化利用信息技术，发挥智能治理的支撑作用。当前"新基建"如火如荼，湖北省要推动优势技术和产品在社会治理转型升级中的应用，有效提升服务精准化、监管智能化，推动社会治理思维转换、体系重构和效率提升。着力打造高效、精准、数字化治理体系，建设"城市大脑"，建设与各部门各主体有效对接的信息共享、交流、审批平台，最大限度连接各层级各部门，减少管理部门层级与沟通成本；以数据平台特有的高效性、集成性和交互性，实现政务"一站式""一条龙"服务，满足行业主体和公众需求。

三是打造政府与企业、居民的接口,以服务对象为中心,实行网格化管理。通过实施精准社区治理、网格化治理,通过治理数据链建设、干部下沉等举措,由"主导型"转换为"服务型"和"协调型",主动下沉服务基层,提升党的执政能力和执政水平。

三、把握疫情防控促进智能化技术创新的机遇,大力夯实巩固产业基础,加快实现经济新旧动能转换

党的十八大以来,习近平总书记三次视察湖北,在湖北省发展史上留下了浓墨重彩的一笔。早在2013年,习近平总书记在视察湖北时就明确提出要把湖北建设成为中部地区崛起的重要战略支点,希望湖北省能在转变经济发展方式上走在全国前列。2018年4月,习近平总书记再临湖北视察,强调湖北要自觉担当全面深化改革的重大责任。同年,湖北省委提出,推动湖北经济高质量发展,努力形成"一芯驱动、两带支撑、三区协同"的高质量发展区域和产业战略布局。2020年3月,习近平总书记再赴湖北省考察新冠肺炎疫情防控工作,强调要坚决打赢湖北保卫战、武汉保卫战,指出:"这次疫情,短期内会给湖北经济社会发展带来阵痛,但不会影响经济稳中向好、长期向好的基本面。"[1]

改革开放40多年来,湖北省发展累积了一些需要加快解决的历史难题,包括产业大而不强、发展层次不高、核心优势不够突出等。要充分认识不足,进一步坚定信心,化危为机、主动作为,把发展的战略优势和综合优势发挥好,加快推进科学发展跨越式发展。

(一)努力建设以5G为先导、高新技术不断迭代的创新强省

习近平总书记在十九大报告中深刻指出,持续深入地推动供给侧结

---

[1] 习近平. 在湖北省考察新冠肺炎疫情防控工作时的讲话 [EB/OL]. 2020-03-10. www.cac.gov.cn.

构性改革，必须要把发展经济的着力点回归到实体经济的发展上，要把提高供给体系质量作为主攻方向，显著增强我国经济质量优势。湖北省作为中部崛起支点，已在汽车零部件、机械制造、纺织、化工、医药等领域形成了一批较有特色的集聚产业。尤其是在武汉东湖高新区形成了以光电子信息产业为龙头，生物工程、新医药、机电一体化、环保等高新技术产业集群，不仅带动了区域经济发展，而且具有较强的规模优势和竞争优势。东湖高新区作为仅次于北京中关村的中国第二大智力密集区，科教集群和辐射效应十分明显，综合实力处于全国领先地位，目前已建成国内最大的光纤光缆、光电器件生产基地，最大的光通信技术研发基地以及最大的激光产业基地，为跻身世界一流的科技园区奠定了坚实基础，起着重要的科技和人才支撑作用。尤其是在5G、大数据、云计算、AI、工业互联网与设备制造集群技术创新及未来应用方面大有可为，而目前湖北省已经是国内仅次于广东深圳的、具有全球竞争力的5G产业聚集地，并且能带动湖北省相关产业发展。

有研究预测，2020年虽有疫情影响，以5G、大数据中心、工业互联网等为代表的数字经济的增加值规模将突破40万亿元大关，增速几乎是新常态下我国GDP"保6"增速的3倍左右。①《2020年政府工作报告》首次把"发展新一代信息网络，拓展5G应用"放在"扩大有效投资"所重点支持的"两新一重"建设之首。目前，湖北省要实现由制造业大省向制造业强省、创新大省转变，5G产业发展无疑成为湖北经济高质量发展的核心问题。要结合现有技术积累与优势基础，充分运用本地发达的信息化技术优势，打造5G新技术创新示范基地和"新基建"技术创新高地。

未来，湖北省要持续巩固壮大全球领先的光电子产业集群，结合"一芯两带三区"区域产业战略布局，继续建强"世界光谷"目标不动摇；要抢抓国家5G战略布局的历史机遇，立足武汉国家顶级节点建

---

① 中商产业研究院.2020年中国数字经济行业市场规模及未来发展趋势预测［EB/OL］.2020-07-07. https://xw.qq.com/cmsid/20200707A0OPPM00.

设，利用60多家互联网领军企业"第二总部"和2000多家"互联网+"企业集群优势，重点发展5G智能化应用、AI、工业互联网等战略性新兴产业，构建新的支柱产业；要利用"中国车都"的传统优势，依托湖北移动、东风汽车"5G车联网实验室"和中国信科在车联网技术、产品化、应用等各个领域的领先技术积累，再造上万亿元的车联网"产业走廊"；要围绕国家网络安全人才与创新基地落户湖北的"蝴蝶效应"，做好结合文章，着力实现网络安全核心技术突破和产品服务创新，推动不同产业园区相互融合，促进资源优化配置；要立足大数据产业这一湖北省转型新动力，落实"智慧湖北"战略布局，推动楚天云、长江云作为标杆工程融入国家大数据建设规划，打破"信息孤岛"、提高推动大数据与实体经济深度融合发展能力，助推实现湖北省经济发展从"高速"向"高质量"、从"增长"向"发展"转变。

（二）努力建设辐射更广、集聚效应充分释放的产业强省

夯实产业基础是经济发展的基石，产业的规模化、集约集群化发展，是提高经济效率、实现产业高质量发展的重要途径。近年来，为应对全球形势深刻变化、统筹国内国际两个大局，以习近平同志为核心的党中央提出了建设"一带一路"构想，形成面向全球的开放新格局。湖北省在地理位置上连通中国南北和东西省份，是"一带一路"的重要枢纽，也是"中部崛起""长江经济带"的关键省份，党中央提出要将湖北省打造成为国际物流核心枢纽。作为其中的关键项目，亚洲首个专业货运机场——鄂州机场已经落户。湖北省要利用这一历史性契机，结合湖北通江达海的交通优势、武汉九省通衢的区位优势，充分利用"数字长江"科技信息化手段，加快长江经济带产业转型升级，打造全球领先的物联网走廊，助推湖北省产业"走出去、引进来"。

作为一个省级区域，打造世界级产业集群和现代产业集聚带，可以更好地体现产业规模化发展的集聚效应，提升产业集群的国际竞争力。如前述，湖北省依托东湖新技术开发区、打造以"芯"产业为核心的光谷光电子信息产业园，形成具有国际竞争力的世界级电子信息产业集

群，预计2020年园区产业收入将突破2万亿元，产值达到8000亿元，产业链逐步完善，并催生了一大批新产业、新模式、新业态等新型产业集群。① 此外，湖北省还拥有以整车及零部件产业基地、新能源汽车产业化基地等为基础的，具有产业链完整、研发能力强、国际竞争力强的"汉随襄十"汽车产业带等世界级产业集群；以"光谷生物城"为依托，瞄准国际国内高端市场，着力延伸新型疫苗、生物制剂等医药产业链条，以生物医药为主的"武汉药谷"产业集群等，它们有效提升了湖北省产业集聚发展的水平。未来，湖北省应积极推动沿江产业由要素驱动向创新驱动转变，把区域间产业合理布局、产业优化升级和创新驱动发展结合起来，大力发展战略性新兴产业，加快提升传统产业，引导产业合理布局及有序转移，培育形成具有世界一流的产业集群。

（三）努力建设政策更活、政府管理持续变革的管理创新示范区

历史上，荆楚大地流传的"筚路蓝缕"的进取精神、"亡秦必楚"的不屈精神和"一鸣惊人"的求变精神，构成了湖北人敢为人先、敢于创新、勇于挑战的意志品质。创新发展，往往会遇到新情况、新问题，没有先例，只能"摸着石头过河"、勇闯"禁区"。湖北省多年来以东湖高新区为政策"先行先试"示范区，开展发展模式试点工作。东湖高新区作为中部乃至全国的光电子、生物能源、高端装备制造、地球空间信息等前沿高新技术产业的一张名片，曾经诞生了多项全国首创政策，积累了很多成功经验，相继出台了"黄金十条""光谷基本法""科技创新20条"等一系列政策，因在全国"第一个吃螃蟹"而载入史册。在2015年出台的《东湖国家自主创新示范区条例》中，湖北省雄心勃勃地宣布支持东湖高新区创建华中（湖北）科技创新创业综合服务中心，将各级各类高新技术开发区、经济技术开发区建设成"体制区""开放区""创业区""产业区"。

---

① 光谷光电子信息产业园［EB/OL］. 2020-07-03. 武汉东湖新技术开发区政务网，http://www.wehdz.gov.cn/ggyq/202001/t20200116_882844.shtml.

但时至今日，在政策力度上，湖北省开发区的比较优势有所弱化。例如，深圳前海深港现代服务业合作区，就拥有跨境人民币贷款、15%的企业所得税税率优惠等政策；上海自由贸易试验区，在外资准入管理、外籍人员居留、贸易便利化等方面都有很大的"先行先试"性突破。而武汉东湖高新区部分现有的体制机制，已不能很好地适应新情况、新要求，亟待创新和完善。

未来，可以继续以武汉东湖高新区为政策先行先试区，咬定创建目标不放松，打造产业转型发展的创新区和政策引领的高地，更好地承担高科技创新产业发展重要基地和湖北省经济发展的增长推进器作用，充分集聚、辐射和带动地方全面发展。以倒逼改革为中心，建立"高"服务、"新"机制，推动"一产一链""一企一策"甚至敢于"特事特办"。要深入研究上海自由贸易试验区、深圳前海先行先试政策，力争全区在投资、贸易、税收、人才等方面取得新的政策突破，进一步健全完善有关制度；要高效简化行政审批，合理优化审批业务链条，简化手续、精简流程，加快推进政务一体化服务平台建设，最大限度提高审批效率；要推进体制机制改革，全面落实惠企政策，严格落实减税降费各类政策，不断降低企业生产要素成本、用工成本和物流成本，释放政策红利；充分发挥全区的引领作用，帮扶周边行政区域做好产业配套工作，积极将区内人才、技术、资金、信息、政策、经验同周边和其他区域共享，实现对省域的辐射带动和创新示范。

四、进一步发挥科教、人才资源丰富的要素优势，释放人才红利

湖北省是楚文化发祥地，人才底蕴深厚，自古就有"惟楚有才"美誉。作为科教大省和创新资源大省，湖北省共有120多所大学，1500多家科研院所，一百多万在校大学生，近百名两院院士，人才总量一直保持在全国前五，人才竞争指数在全国排名前十，在中部六省位居第一，是名副其实的科教人才大省。但是，湖北省长期面临的严重问题

是，科教人才大省优势并没有转变为发展优势，突出表现在省内优秀领军人才、企业家和高层次创新创业人才紧缺、人才流失严重、人才对经济社会发展的贡献率有待提升。

2018年3月，习近平总书记在"两会"上强调："人才是第一资源"，"强起来要靠创新，创新要靠人才"。可见人才是创新发展的基础与关键，湖北省必须优先实施人才战略。下一步，湖北省要以贯彻落实习近平总书记重要指示精神和湖北省十三届人大四次会议精神为新契机，紧紧围绕湖北跨越式发展，扎实做好各项工作，奋力推进"人才大省"向"人才强省"跨越，真正发挥人才在经济社会发展中的第一资源作用，强有力地支撑湖北跨越式发展。

一是引才。要放眼世界、面向未来，大力引进急需紧缺高层次创新创业人才，"聚天下英才而用之"，切实为湖北省跨越式发展提供第一资源、强化第一支撑，构建吸引人才的长效机制，"以食引鸟"并非长远之策，只有"筑巢引凤"、以广阔的发展前景、构建长效培育机制，才能真正吸引人才。二是用才。大力引导各类人才到跨越式发展前沿一线建功立业，要加快人才特区建设，加强国家、海外高层次人才创新创业基地建设，支持各级各类创业园、创业基地做大做强，创新人才评价发现机制、改革人才选拔使用机制、建立人才流动配置机制，破除人才流动、使用和发挥作用的体制机制障碍，最大限度激励各类人才创新创业。三是育才。要以湖北省高质量发展需要为导向，以用人单位为主体，以人才创新能力建设和素质提升为核心，构建学习与实践相结合、培养与使用相结合的终身教育体系和现代人才培养开发机制，大力培养有思想、有能力、有担当的实践实用实干人才；要完善高层次人才培养机制，密切高校和科研机构同企业之间的知识共享和产学研协同创新，培育产学研相结合、懂技术又懂经营的复合型人才，建立优秀人才集聚的品牌效应。四是留才。要破解"楚材晋用"困局，完善以按劳分配为主体、多种分配方式并存的分配制度，建立健全与市场经济体制相适应、充分体现人才价值、鼓励人才创新创造的分配激励机制，让人才有奔头。

此外，要根据当前湖北省治理结构治理能力现代化及产业发展需要、未来区域发展规划，本着适度超前原则，尤其是在前期引进大量科技型人才的基础上，着重探索柔性引才和高素质管理型人才的引进、培养、使用体系；充分发挥专家学者聚才作用，组建懂企业运营、懂规划管理、懂战略方向的顾问团队，成为湖北省重大决策可依靠的"外脑"，以专业化眼光、思路、举措来更好地指导和促进湖北省创新发展。

未来，让我们以习近平新时代中国特色社会主义思想为指引，更加紧密团结在以习近平同志为核心的党中央周围，在湖北省最艰难的时期，全力抢抓重大历史发展机遇，振奋精神、锐意进取，奋力夺取疫情防控和实现经济社会发展目标的双胜利，谱写"十四五"湖北省高质量发展新篇章！

报告撰稿人：童国华　中国信息通信科技集团有限公司董事长、教授、博士生导师

湖北省新冠肺炎疫情时空演变及对区域经济的影响研究

彭智敏　李国昌

1. 前言

新型冠状病毒肺炎（后文简称新冠肺炎）是近百年来人类遭遇的影响范围最广的全球性大流行病，严重威胁着人类生命安全和健康。截至 2020 年 6 月 30 日，全球新冠肺炎累计确诊病例突破 1039 万例，累计死亡病例超过 50.7 万例。而且疫情对全球政治、经济、卫生等领域都造成了巨大的、难以磨灭的影响，且将持续相当长一段时间。就我国疫情而言，《2020 年政府工作报告》将其定性为"新中国成立以来我国遭遇的传播速度最快、感染范围最广、防控难度最大的重大突发公共卫生事件"。截至 2020 年 7 月 18 日 24 时，我国累计报告确诊病例 83660 例，累计死亡病例 4634 例，累计治愈出院病例 78775 例①。

关于目前新冠肺炎疫情对区域经济的影响大致可划分为以下两类：第一类是对我国整体区域经济的影响，一般是从东部、中部、东北和西部地区模块分析，进而提出相应的建议或疫后应对策略；第二类是针对某一具体省份的经济的影响，一般是受疫情影响较为严重的省份，如湖北、山东等。

湖北省作为我国疫情最严重的地区，在以习近平同志为核心的党中

---

① 数据来源于国家卫生健康委员会官方网站。

央坚强领导下，全国人民的支持下，全省上下众志成城、英勇奋战，经过艰苦卓绝的努力，付出巨大的牺牲，用一个多月的时间初步遏制了疫情蔓延势头，用两个月左右的时间将本土每日新增病例控制在个位数以内，用三个月左右的时间取得了"武汉保卫战""湖北保卫战"的决定性成果，疫情防控阻击战取得重大战略成果，维护了人民生命安全和身体健康，为全国的疫情防控和经济社会发展，为维护地区和世界公共卫生安全做出了重要贡献。

2. 研究区域概况、数据来源及研究方法

2.1 研究区域概况

本文研究样本为湖北省。截至2020年4月8日24时，湖北省累计报告新冠肺炎确诊病例67803例，累计治愈出院64187例，累计病亡3215例，其中，累计报告新冠肺炎确诊病例占全国比重为82.82%。其中，武汉市既是新冠肺炎的重灾区，也是本研究的核心区。

2.2 数据来源

本文数据主要来源于湖北省卫生健康委员会和武汉市卫生健康委员会官方网站，疫情相关数据是对官方发布的新冠肺炎疫情数据进行整理后所得。武汉的封城和解封是此次新冠肺炎疫情具有标志性意义的事件，因此数据统计起始时间分别选取为武汉市封城日（2020年1月23日）和武汉解封日（2020年4月8日）。

2.3 研究方法

本文主要采用的是自然间断点分级法和手动分类法。基于ArcGIS10.6软件中的自然间断点分级法（Jenks）和手动分类法对湖北省和武汉市新冠肺炎疫情情况进行可视化表达。通过对新冠肺炎累计病例数划分等级，分类比较分析，可以较为清晰地发现湖北省和武汉市新

冠肺炎疫情时空演变情况。

3. 湖北省新冠肺炎疫情时空演变情况

3.1 湖北省新冠肺炎疫情时间趋势演变情况

根据2020年1月23日至2020年4月8日新冠肺炎新增确诊病例数据分析可知，湖北省新冠肺炎疫情大致可划分为如下四个阶段。

第一阶段为新增确诊病例急剧增加阶段，时间范围为1月23日至2月12日，其中2月12日新增确诊病例数达到峰值，达14840例。

第二阶段为新增确诊病例高位快速降低阶段，时间范围为2月13日至2月18日，新增确诊病例数从2月13日的4823例快速下降为1693例，不过仍然保持四位数的新增。

第三阶段为新增确诊病例缓慢下降阶段，时间范围为2月19日至3月17日，其中2月19日至3月5日，新增确诊病例数在三位数之间逐步下降；3月6日至3月17日，新增确诊病例数从三位数逐渐降低到个位数。

第四阶段为新增确诊病例基本清零阶段，时间范围为3月18日至4月8日，这期间除了3月23日、3月31日和4月3日均新增1例确诊病例外，新增确诊病例均为0例，即此阶段湖北省疫情基本得到有效控制，防疫工作取得决定性成果。

当然，如果从武汉市监测发现不明原因肺炎病例起计算，则可以增加一个前期阶段。在此期间，一方面省市向国家第一时间报告疫情，并开展病因学和流行病学调查，各大医院相继接收患者。另一方面武汉地区出现局部社区传播和聚集性病例，其他地区开始出现武汉关联确诊病例，中国全面展开疫情防控。不过，由于认定标准等多种原因，这一阶段的病例数据既不准确又存在断点。武汉市新冠肺炎疫情变化情况与湖北省大致类似，其在全省的占比一直居高不下，新增确诊病例比重一般都在80%~90%。具体情形如图1和图2所示。

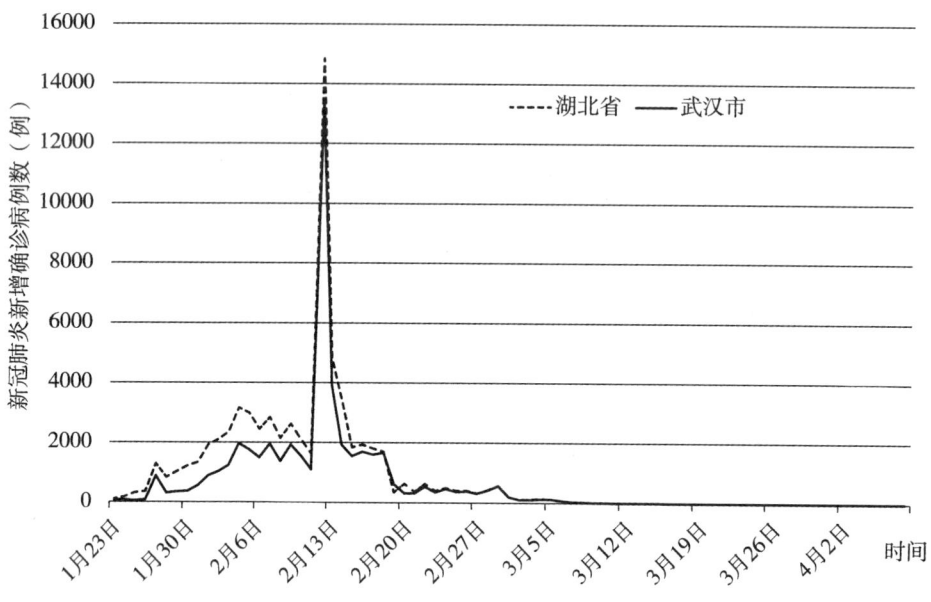

图1 湖北省和武汉市每日新增确诊病例变化趋势图（1月23日至4月8日）

3.2 湖北省新冠肺炎疫情空间格局演变情况

为了进一步探究湖北省域内各市州新冠肺炎疫情累计确诊病例空间格局演变情况，借助 ArcGIS10.6 软件对其进行可视化表达。本文选取了四个时间节点进行可视化表达，分别是1月23日、1月29日、2月12日和3月17日。其中，1月29日为武汉封城第7天，即一周时间，2月12日为武汉封城第21天，即三周时间，3月17日累计确诊病例数与武汉解封时间4月8日并没多大差别了。为了进一步分析各市州疫情变化情况，本文统计了四个时间节点下湖北省各市州新冠肺炎累计报告确诊病例数，具体如表1所示。此外，根据新冠肺炎累计报告确诊病例总数，借鉴 ArcGIS 中自然间断点分级法（Jenks）手动分类为五个等级，具体可视化表达如图3至图6所示。

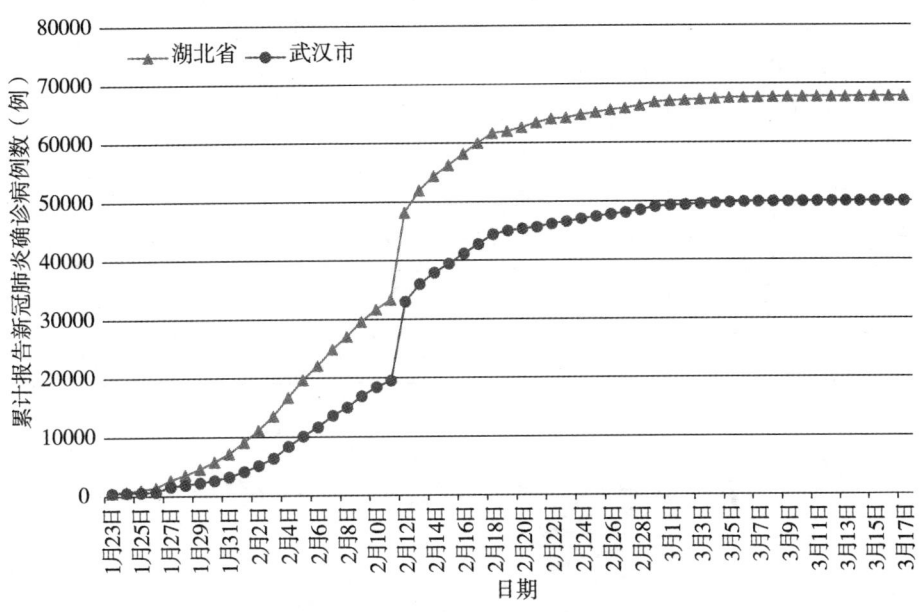

图 2 湖北省和武汉市累计确诊病例变化趋势图（1 月 23 日至 3 月 17 日）

表 1　湖北省各市州新冠肺炎累计报告确诊病例数分布表（单位：例）

地区	1 月 23 日	1 月 29 日	2 月 23 日	3 月 17 日
武汉市	495	2261	32994	50005
黄石市	0	113	911	1015
十堰市	1	119	562	672
宜昌市	1	117	810	931
襄阳市	0	163	1101	1175
鄂州市	0	123	1065	1394
荆门市	8	191	927	928
孝感市	22	399	2874	3518
荆州市	8	151	1431	1580
黄冈市	12	496	2662	2917

续表

地区	1月23日	1月29日	2月23日	3月17日
咸宁市	0	130	534	836
随州市	0	143	1160	1307
恩施土家族苗族自治州	0	66	229	252
仙桃市	2	55	480	575
潜江市	0	10	94	198
天门市	0	44	362	496
神农架林区	0	5	10	11

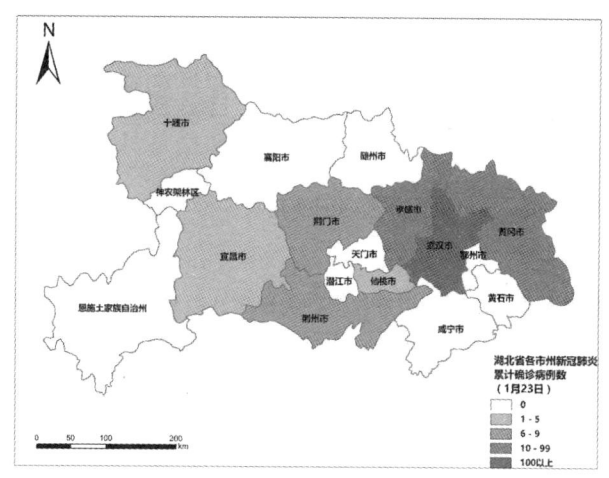

图3　1月23日湖北省各市州新冠肺炎累计确诊病例数

如表1和图3所示，1月23日武汉开始"封城"，当天湖北省新冠肺炎有确诊病例的市州只有武汉市、孝感市、黄冈市、荆州市、荆门市、宜昌市、十堰市和仙桃市等8个城市，其余9个市州林区没有报告确诊病例。其中，武汉市新冠肺炎累计确诊病例数占全省总数的90.16%。从空间分布来说，孝感市和黄冈市确诊病例数领先其他地市州，就疫情扩散而言，两个城市受武汉影响最大。

如表1和图4所示，1月29日，武汉市"封城"已经过去了一个

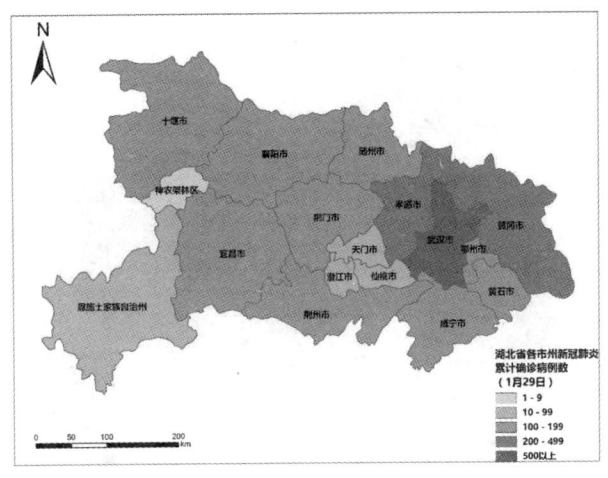

图4 1月29日湖北省各市州新冠肺炎累计确诊病例数

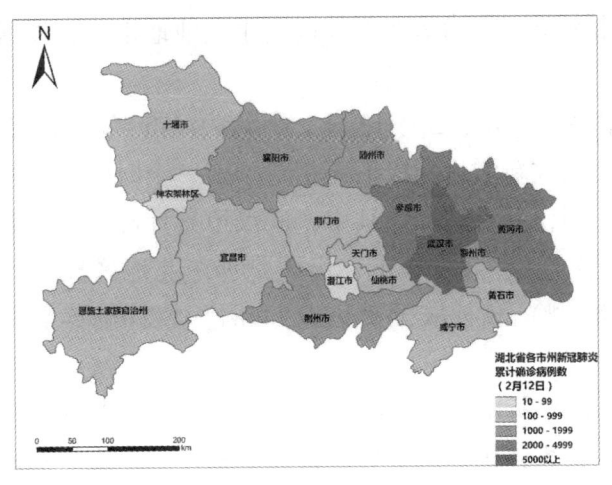

图5 2月12日湖北省各市州新冠肺炎累计确诊病例数

星期,但是由于"封城"前正处于春运期间,人员流动很大,疫情也随之扩散至全省,湖北省17个地市州均有确诊病例。其中,神农架林区累计确诊病例数最少,为5个。武汉市累计确诊病例数最多,并且已经突破了2000例,一周时间增加了1766例。从空间分布来说,武汉市

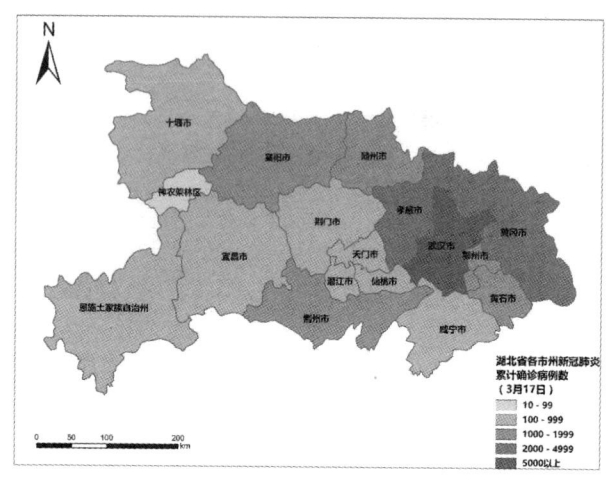

图6　3月17日湖北省各市州新冠肺炎累计确诊病例数

邻近的孝感市和黄冈市确诊病例数远高于其他地市州，疫情呈现聚集现象。

如表1和图5所示，2月12日，距离武汉市"封城"3周时间，疫情累计确诊病例数新增达到极值，相对于前一个时间点，各市州累计确诊病例数在不同程度上增加。其中，武汉市累计确诊病例数是前一个时间点的14倍多。在空间分布上，仍然是鄂东北地区较为严重，全省只有潜江市（90例）和神农架林区（11例）累计确诊病例数不足100例。

如表1和图6所示，3月17日，距离武汉市解封3周时间，疫情已得到基本控制，累计确诊病例数保持相对稳定。在市州层面下，湖北省疫情空间分布变化已并不明显，与1月29日及2月12日的空间分布格局基本相同。其中，武汉市累计确诊病例数占全省比重为73.75%。值得一提的是，从3月5日开始，除武汉市外其他16个市州新增确诊病例均为0例。由此可知，其他市州疫情得到有效控制时间点要早于武汉市。

3.3 武汉市新冠肺炎疫情时空演变情况

武汉市是此次新冠肺炎疫情的重灾区,研究湖北有必要对武汉市新冠肺炎疫情时空演变情况做进一步探究。在武汉市卫健委官方网站搜集疫情信息可知,2月22日起武汉市开始通报武汉市各区新冠肺炎累计确诊病例数。由图1和图2可知,此时武汉市处于新增病例缓慢下降阶段,可与3月17日节点时间进行对比分析。需要说明的是,武汉市分区疫情数据统计口径发生过变化,2月22日为按行政区统计,而3月17日为按现住址统计,差别在于前者只有各行政区,后者则在此基础上增加了东湖开发区、东湖风景区和外地三个统计地区。本文没有将东湖开发区、东湖风景区和外地三个统计数据纳入行政单元中。基于自然间断点分级法(Jenks)借助ArcGIS10.6软件对武汉市疫情进行可视化表达,具体如图7和图8所示。

对比图7和图8可知,武汉市疫情存在明显的空间差异。其中,主城区如江汉区、硚口区和武昌区累计确诊病例数最多,江岸区、汉阳区、洪山区和东西湖区累计确诊病例数处于第二梯队。远城区如新洲区、汉南区和江夏区累计确诊病例数最少。从空间格局分布而言,总体来说,主城区疫情严重程度要高于远城区。其原因可能是疫情初始爆发地华南海鲜市场位于主城区江汉区,主城区人口密度大,人口相对密集,人际流通大,加之春运的因素,主城区疫情扩散相对更快。

4. 新冠肺炎疫情对湖北省区域经济的影响

作为一种百年难遇的全球性大流行性病,新冠肺炎对中国尤其是湖北省和武汉市经济社会发展的影响是全方位和深刻的,经济数据的下降幅度甚至是创纪录的。作为疫情严重地区,为阻断病毒蔓延,湖北经济社会发展从"按住暂停"向"重启恢复"历时最长、牺牲最大。

1月23日10时开始,为切断病毒传播路径、防止新冠肺炎疫情扩散,武汉离汉通道关闭,内外交通封锁,1100万武汉人民就地转入

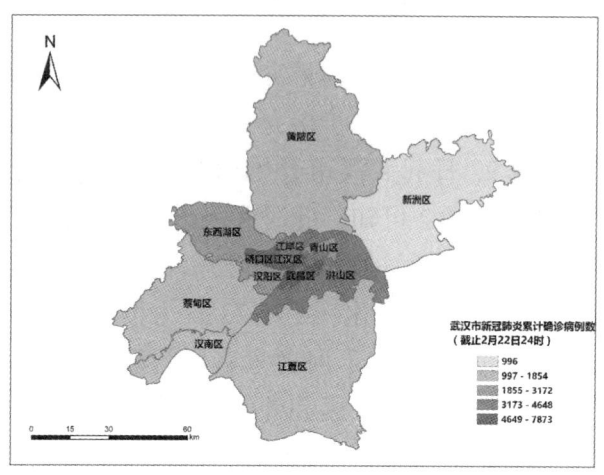

图 7　2 月 22 日武汉市各区新冠肺炎累计确诊病例数

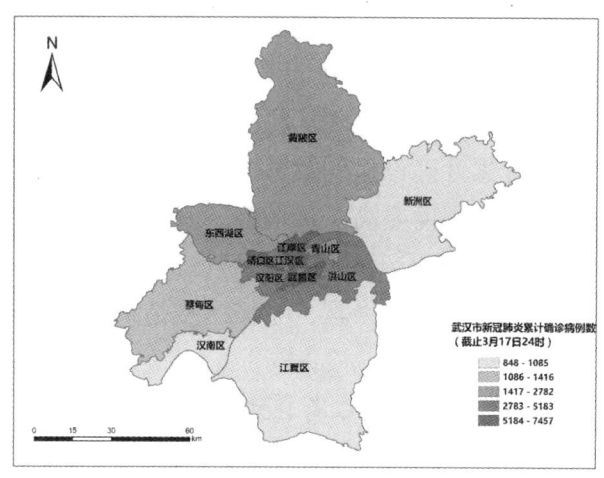

图 8　3 月 17 日武汉市各区新冠肺炎累计确诊病例数

"战疫"时间,经济社会活动基本停止,全省各市州和神农架林区的经济社会活动也基本停止。3 月 25 日零时开始,湖北省除武汉市以外地区解除离鄂通道管控,有序恢复对外交通,离鄂人员凭湖北健康码"绿码"安全有序流动;武汉 117 条公交线路恢复运营。4 月 8 日,武汉"解封",历时 76 天。湖北省武汉市在为全国、全球疫情防控赢得了时间和经验的同时,所付出的经济代价最大、时间最长。

4.1 湖北第一季度经济运行概况

根据湖北省统计局公布的数据,2020 年一季度全省地区生产总值为 6379.35 亿元,按可比价格计算,比上年同期下降 39.2%。其中,第一产业增加值为 540.68 亿元,下降 25.3%;第二产业增加值为 2146.96 亿元,下降 48.2%;第三产业增加值为 3691.71 亿元,下降 33.3%。

工业下降幅度非常大。其中,全省规上工业增加值同比下降 45.8%,全省 41 个行业大类中 38 个行业同比下降,汽车、电气机械、通用设备行业增加值分别下降 56%、62.4%和 59.9%。

投资显著下降。全省固定资产投资下降 82.8%。基础设施投资下降 84.4%;民间投资下降 82.6%;工业投资下降 85.0%,其中制造业投资下降 85.0%,工业技改投资下降 87.7%。全省商品房实现销售面积、实现销售额分别下降 80.3%和 85.0%。

由于经济增速下降幅度大,第一季度湖北省在全国的经济排位下降了 7 位。

4.2 武汉市第一季度经济发展概况

一季度武汉市主要经济指标明显下滑。其中,地区生产总值为 6379.35 亿元,按可比价格计算,比上年同期下降 39.2%。其中,第一产业增加值为 540.68 亿元,下降 25.3%;第二产业增加值为 2146.96 亿元,下降 48.2%;第三产业增加值为 3691.71 亿元,下降 33.3%。全市 38 个工业行业大类中,只有烟草制品业增加值保持正增长,互联网及相关行业受影响相对较小。武汉市 GDP 的全国排位从前一年的第 8 位下降到 10 名之后。

4.3 其他部分城市第一季度经济运行状况

总体而言,湖北省其他城市第一季度经济数据与全省的情况非常相似,其中宜昌、襄阳两个省域副中心城市 GDP 下降幅度超过了全省平均和武汉市。黄冈市、孝感市虽然是紧邻武汉,又是新冠肺炎疫情严重程度仅次于武汉市的两个城市,但 GDP 的下降好于全省平均水平。十堰市有几个指标好于全省和大部分城市的平均水平,应该与其距离武汉市比较远、疫情防控做得比较好、确诊人数较少密切相关。具体如表 2 所示。

表 2　湖北省部分城市 2020 年第一季度主要经济指标与上年同期比较

城市	宜昌	襄阳	孝感	黄冈	十堰	全省
CDP 增速	-40.2	-40.9	-36.5	-37.4	-35.2	-39.2
工业增加值增速	-46.9	-50.2	-47.5	-50.5	-42.7	-45.8
固定资产投资增速	-82.0	-82.6	-81.8	-82.0	-81.9	-82.8
财政收入增速	-49.4	-64.8	-50.7	-41.0	—	-47.6
进出口增速	—	-46.4	-43.2	-39.0	—	-20.9
社会消费品零售增速	-49.4	-44.0	-42.14	-43.0	-43.7	-44.9

资料来源:根据湖北省和各城市公报的资料整理。

需要指出的是,自 2020 年 3 月份以来,湖北省各地在认真做好疫情防控的基础上,逐步复工复产,经济恢复一天胜过一天,到 6 月许多经济指标如用电量、汽车等实现了同比正增长。

5. 结论及建议

上述分析显示,突如其来的新冠肺炎疫情对湖北省和武汉市的经济社会发展各个方面都产生了巨大影响,代价非常之大。"湖北保卫战""武汉保卫战"取得决定性成果,来之不易,须倍加珍惜。为此,湖北要抓住党中央支持湖北省经济社会发展一揽子政策机遇,以疫情暴露出来的短板,如公共卫生薄弱、经济韧性不强为重点,打好疫后重振的民生保卫战、经济发展战,加快疫后重振和高质量发展,稳住经济基本盘,确保完成决战决胜脱贫攻坚目标任务,全面建成小康社会。

报告撰稿人: 彭智敏　湖北省社会科学院研究员
　　　　　　　李国昌　湖北省社会科学院硕士研究生

新冠肺炎疫情对湖北省经济发展的影响及应对*

刘　钒　黄鹏飞　潘　凯

2020年伊始，突如其来的新冠肺炎疫情在湖北省特别是武汉市集中爆发，给湖北省人民生命健康和经济社会发展带来重大损失。自2020年1月23日武汉市"封城"开始，湖北各地市州乃至各县区都陆续"封城"。至2020年4月8日武汉"重启"，湖北省特别是武汉市经济社会"停摆"长达76天。英雄的湖北人民、武汉人民为打好抗击新冠肺炎疫情的总体战和阻击战，做出了重大贡献，付出了重大牺牲。2020年5月24日，习近平总书记在参加十三届全国人大三次会议湖北代表团审议时说："作为全国疫情最重、管控时间最长的省份，湖北经济重振面临较大困难。同时，湖北经济长期向好的基本面没有改变，多年积累的综合优势没有改变，在国家和区域发展中的重要地位没有改变。"②

尽管党中央研究确定了支持湖北省经济社会发展一揽子政策，但是不可否认，湖北省疫后恢复和经济社会发展任务极其繁重。加之2020年是"十三五"收官之年，要确保完成决胜全面建成小康社会、决战脱贫攻坚的目标任务，湖北省还需要在全力做好常态化疫情防控的基础上，积极落实党中央决策部署，统筹抓好疫情防控和经济社会发展各项工作。

本报告是作者在疫情期间承担武汉大学人文社会科学应急专项课题

---

* 本报告主要内容完成于2020年1月至3月，文中数据均为完稿时的实时数据，特此说明。

② http://www.xinhuanet.com/politics/20201h/2020-05-24/c_1126026879.htm.

的研究成果，旨在研判新冠肺炎疫情对湖北省重点产业、第三产业的影响，分析借鉴国内其他地区推动疫后复工复产的有益经验，提出湖北省重振经济发展的若干思路，提出湖北省利用新一代信息技术助力疫情防控和生产生活恢复的措施。

一、新冠肺炎疫情对湖北省"光芯屏端网"产业的影响

"光芯屏端网"产业是湖北省重点支柱产业集群之一，是引领湖北经济高质量发展的关键引擎。新冠肺炎疫情对湖北省宏观经济运行带来重大挑战，也对湖北省"光芯屏端网"产业的骨干企业和重大项目带来不利影响。

湖北省武汉市是享誉世界的光电子信息产业基地，涉及的通信光电子、能量光电子、消费光电子三大产业链比较完备，在"光芯屏端网"产业的多个细分领域都有一批龙头企业。其中，光通信行业的长飞光纤在光纤、光缆及光纤预制棒三大领域的生产规模居全球第一位，占国内市场的2/3、国际市场的1/4；光传输设备和光通信设备行业的烽火科技处于产业链的中上游，在国内占有一席之地；半导体行业的长江存储基本代表了国内存储芯片的最高水平，设计制造我国首批3D NAND闪存芯片；显示面板行业拥有华星光电、天马微电子、京东方等国内三强的工厂；激光行业的锐科激光和华工科技都是光纤激光设备的国内领军企业；消费电子终端行业包括富士康、华为、联想、大疆等终端企业的相关产品生产线。2018年，湖北省武汉市光电子信息产业规模突破5500亿元；2019年前三季度，武汉市以"光芯屏端网"项目投资为主的高技术制造业投资增长40.3%，高于全市新兴产业投资增长率8.8%，高于全市产业投资21.2%。2019年，华为光电子生产研发基地等多个投资50亿元以上项目在湖北省开工建设。2020年1月，投资350亿元的武汉华星光电t4项目实现量产，中小尺寸显示面板产出规模已达全国第一。

众所周知，重大公共卫生事件对产业的影响主要体现在供应链和产

品上下游。随着我国企业外包活动的增加，产品和服务的复杂化，供应链成员间的紧密合作与依赖关系，使得产业供应链的复杂性倍增，而在响应突发危机时往往表现出脆弱性和低抗扰动性。从 2011 年泰国洪灾导致电子、汽车等产业的全球性供应链危机可见一斑。疫情期间，虽然华星光电、天马、京东方等不少企业都在努力确保正常运转，但疫情防控下全省"封城"状态引起的交通管制、物流受阻、假期延长等因素，导致大部分"光芯屏端网"企业都面临工作人员不足、上游原材料供应短缺、下游终端需求下降等现实困难。一方面，终端用户的采购需求延期、延缓或取消会向上游传导，导致行业整体供应链面临压力。另一方面，交通运输受阻和上游供应链企业复工不足，导致部分企业面临原材料、零部件等供应不足的压力。同时，企业生产线人力不足、确定性生产人员返工不及时导致的产能降低也不可避免。整体上看，湖北省"光芯屏端网"产业中，自动化程度高、已有海外布局、一季度产能利用率不高、研发驱动型为主的四类企业受疫情的影响相对较小。具体情况如下。

半导体行业中，长江存储下游应用以移动设备、计算机、数据中心和消费电子产品为主，由于全球存储芯片主要生产国是韩国三星、日本东芝、美国镁光，长江存储占比非常小，所以对下游的影响不大；武汉弘芯半导体主要从事 12 寸晶圆制造代工，项目一期 2019 年底刚投产，对下游几乎没有影响。

显示面板行业中，华星光电第 6 代柔性显示面板生产线主要生产 3 英寸—12 英寸智能手机柔性屏和可折叠屏，下游是主流手机厂商，对下游客户的具体出货量未知，影响暂时不可估计。天马微电子柔性屏和刚性屏生产线主要为智能手机、平板电脑、车载和医疗屏提供中小尺寸面板，下游客户较多，但此类产品有较多替代，对下游影响不大。京东方 10.5 代 TFT-LCD 生产线主要生产 65 寸和 75 寸高分辨率液晶显示面板，下游是电视厂商，因该产线还未量产，故对下游的没有影响。康宁玻璃基板项目于 2019 年投产，但国内已有北京、重庆、合肥三个康宁工厂，因此武汉康宁项目对下游的影响仅限于湖北省内面板厂。

光通信行业中，长飞光纤市场占有率较高，虽然还有亨通光电、中天科技等同类厂商，但如果长飞持续停产，对下游影响很大。烽火科技通信设备、传输设备与华为、中兴的产品可互为替代，对下游影响不大。光迅科技主要生产光模块，相关领域有中际旭创、新易盛、天孚通信等作为替代，对下游的影响也比较有限。

激光行业中，锐科激光下游主要面向激光制造或增材制造商，相关领域有上海激光、创鑫激光作为替代。华工科技下游面向机械制造、航空航天、钢铁冶金、船舶工业等多个领域，相关领域也有替代。

消费电子终端行业中，富士康 CAA 事业群的部分苹果手机配套产能主要生产手机壳，华为武汉主要生产笔记本电脑产品，小米、联想、大疆等终端企业的相关产品线可转移部分产能至其他地区，因而不会导致整个产业链的停产断供。

尽管如此，由于"光芯屏端网"产业的不同生产环节联系紧密，一旦某个环节受到冲击，其他环节必然受到影响。因此，新冠肺炎疫情直接影响我国电子信息产业链，甚至影响全球电信工业是确定无疑的。

二、新冠肺炎疫情对湖北省第三产业的影响

当前，我国经济正处于下行压力较大且转型脆弱的关键时期，第三产业对经济增长的贡献率最大，承担了很大一部分的居民就业与社会收入。重大公共卫生事件必然对交通运输业、旅游业、商品零售业等第三产业主要行业带来较大冲击，湖北省作为疫情重灾区，第三产业受到的冲击尤其巨大。研判新冠肺炎疫情对湖北省第三产业的影响需要从历史和逻辑两个方面进行分析。

从 GDP 占比来看，2019 年湖北省 GDP 构成相较 2003 年"非典"疫情时期变化较大。其中，2019 年第三产业占比为 53.9%，相较 2003 年提高了 16.5%，如图 1 所示。2003 年 6 月，"非典"疫情得到有效控制后，全国三季度第一、二产业均迅速回暖，较二季度回升 1.6% 和 1.9%，但第三产业仍持续低迷，直至 2003 年四季度才明显回暖。因

此，新冠肺炎疫情对第三产业的不利影响可能持续到第四季度。

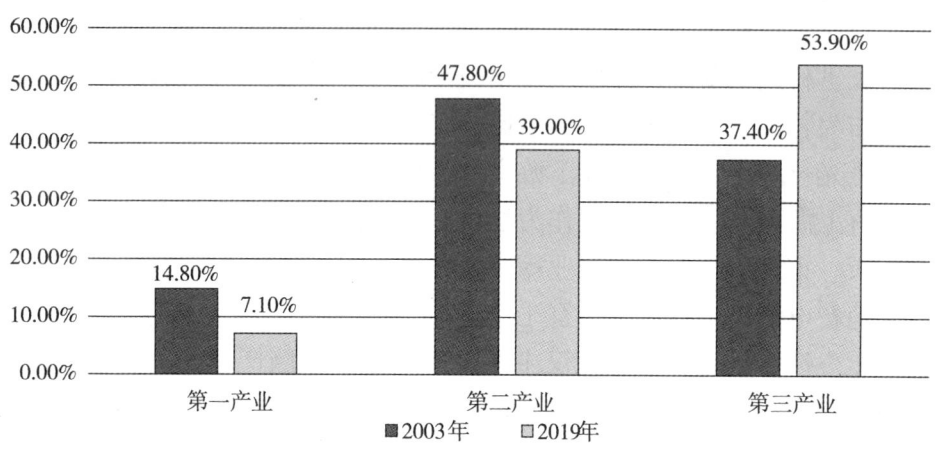

图1 湖北省GDP构成比较（2003年、2019年）

从就业人数看，湖北省第三产业就业人数占比逐年增加。2003年"非典"疫情时期，湖北省第三产业就业人数占比为31.7%。2015年，湖北省第三产业就业人数首次超过第一产业就业人数，呈现稳定上升趋势。2018年，湖北省第三产业就业人数总计1524万人，占全社会从业人员比为42.57%，比第一产业和第二产业就业人数分别高8.6%和19.11%，如图2所示。第三产业固定资产投资小、就业容量大，但抗风险能力弱，就业人群流动性大。在新冠肺炎疫情冲击下，湖北省第三产业就业人群面临着巨大的失业压力。

从应对疫情的措施看，湖北省在"非典"疫情最严峻的时期没有"封城"，而新冠肺炎疫情期间，湖北省武汉市自2020年1月23日10时开始"封城"，省内各地市随后陆续"封城"，武汉"封城"时间最长，总计76天。"封城"时期正值春节，是餐饮、住宿、旅游、娱乐等行业的消费旺季，餐饮、住宿、旅游、交通运输、电影等行业受到巨大冲击，远超"非典"时期。

图 2　湖北省第三产业就业人数占比（2012—2018 年）

2020 年第一季度，湖北省第三产业增加值为 3691.71 亿元，下降 33.3%[①]；2020 年上半年，湖北省第三产业增加值为 9326.52 亿元，下降 17.2%，降幅较一季度收窄 16.1 个百分点[②]。新冠肺炎疫情对第三产业具体行业的影响中，餐饮、住宿、旅游和电影、房地产等受到疫情冲击较大，在线教育等行业受益明显。

餐饮业住宿业腰斩。湖北省 2019 年第一季度社会消费品零售总额 4752.23 亿元，其中限额以上住宿和餐饮业营业额 151.55 亿元。"封城"后线下营业被暂停，部分餐饮可以转为线上经营，但能完全转为线上经营店相对较少。住宿业由于流动人口的减少，必然也会受到较大影响。2020 年第一季度，湖北省餐饮业营业额和住宿业营业额分别下

---

① 数据来源：湖北省统计局，国家统计局湖北调查总队.2020 年一季度湖北经济运行情况.湖北省人民政府网站，2020-04-23.

② 数据来源：湖北省统计局，国家统计局湖北调查总队.2020 年上半年湖北经济运行情况.湖北省统计局网站，2020-07-20.

降57.6%和48.1%①；2020年上半年，湖北省餐饮业营业额和住宿业营业额分别下降42.0%和45.8%②。相比之下，第二季度的餐饮业消费明显提升，住宿业消费依然低迷。

电影业进入寒冬。2020年春节档电影行业几乎颗粒无收。2019年春节档电影票房约为59亿元，约占全年票房642.6亿元的9%。而在一些县市，春节档票房收入能占全年收入的20%甚至更高。2020年春节档，除《囧妈》以6.3亿元转卖给网站外，其余7部春节档电影宣布撤档，电影院陆续暂停营业。直到7月20日，国家电影局才允许低风险地区电影院有条件恢复开放营业。即便如此，可以预计观影需求的恢复仍会比较缓慢，电影行业进入寒冬。

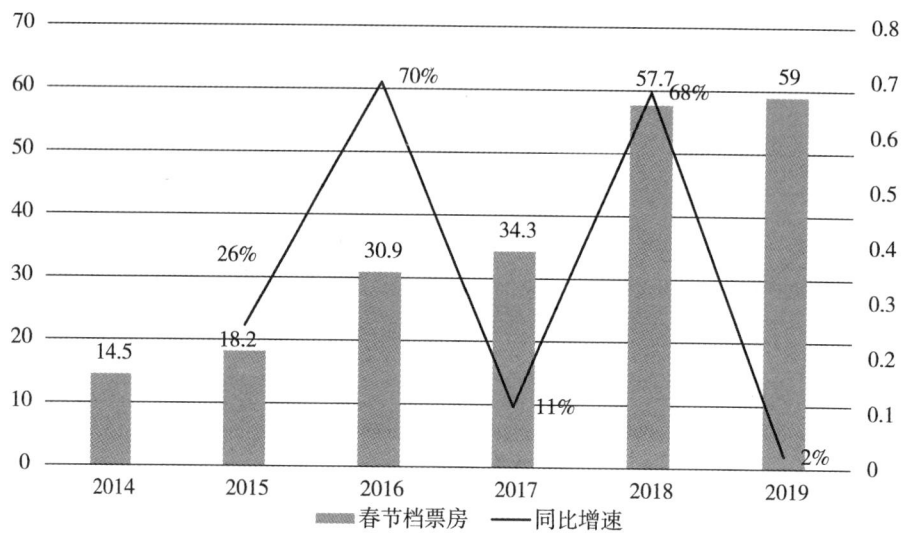

图3 春节档票房（2014—2019年）

---

① 数据来源：湖北省统计局，国家统计局湖北调查总队.2020年一季度湖北经济运行情况.湖北省人民政府网站，2020-04-23.

② 数据来源：湖北省统计局，国家统计局湖北调查总队.2020年上半年湖北经济运行情况.湖北省统计局网站，2020-07-20.

旅游业受到重创。春节是除"十一"之外的重要旅游黄金周，而"十一"之后大部分景点进入淡季，就等春节复苏。2019 年春节期间，湖北省共接待国内外游客 2887 万人次，实现旅游收入 136.2 亿元。其中，武汉市游客接待量突破 1000 万，达到 1020.51 万人次，实现旅游收入 68.65 亿元，全市开展节日文化惠民活动 200 余场，逾 100 万人次市民和中外游客参加了各类文化活动。受新冠肺炎疫情影响，湖北省旅游景点全部停止营业，大型文娱庆祝活动全部取消，全省旅游业不仅春节期间收入受影响，连带上半年旅游收入都大幅下滑，整个旅游业都承受着巨大的亏损。

交通运输业下降明显。疫情期间，按照防控要求，除了保障防疫的必需物资及其他各地援鄂物资等，全省的省际交通和城际交通全部停摆。2019 年第一季度，全省客运量总计 25627.28 万人，货运量 43129.22 万吨，其中铁路运输的旅客发送量为 4576.30 万人，公路运输旅客发送量 20851.54 万人。而 2020 年第一季度，全省客运量下降 70%，货运量下降 50%。

汽车销售受到一定影响，但疫情稳定后购车需求会短期内得到释放。汽车行业是湖北省的支柱产业之一，汽车类商品在 2019 年湖北省限额以上社会消费品零售总额中占比最高，达到 19.33%（见图 4）。新冠肺炎疫情对湖北省第一季度汽车销售造成巨大影响。2020 年第一季度，汽车制造业增加值下降 56%，汽车类商品零售额下降 59.8%[1]。但在疫情稳定后，出于便捷、疫情防控角度，对私家车的消费需求短期内会有所提高。2020 年上半年，汽车行业回升较大，增速较 3 月份回升 68.7 个百分点[2]；2020 年 1—5 月，汽车类商品零售额同比下降

---

[1] 数据来源：湖北省统计局，国家统计局湖北调查总队 . 2020 年一季度湖北经济运行情况 . 湖北省人民政府网站，2020-04-23.

[2] 数据来源：湖北省统计局，国家统计局湖北调查总队 . 2020 年上半年湖北经济运行情况 . 湖北省统计局网站，2020-07-20.

38.9%，但降幅比 2020 年 1—4 月收窄 9.9 个百分点①。

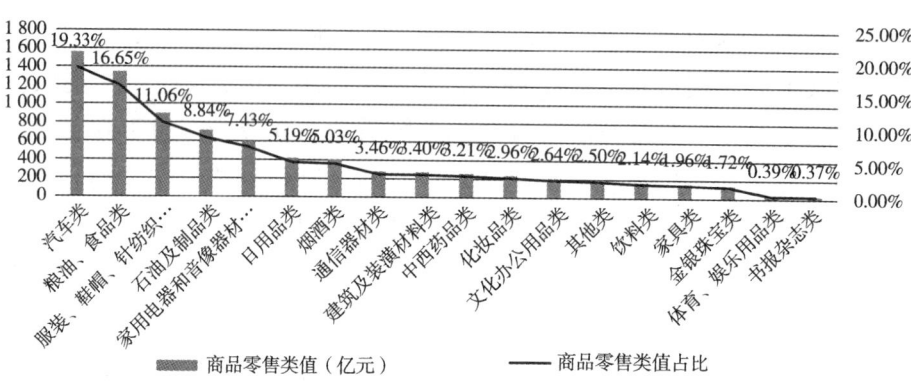

图 4　湖北省限额以上社会消费品零售总额中各商品零售类值及其占比（2019 年）

房地产业节奏放缓。疫情暴发后，湖北省各地暂停售楼销售活动，在建楼盘停工，房企复工时间延后，直接影响新房销售及房地产企业短期资金回笼和开发投资。销售作为房地产企业最重要的资金来源，销售放缓将显著影响房企短期资金面，房地产开发商可能放慢拿地、开工等节奏。此外，建筑施工高度依赖外来务工人员，疫情导致省内短期开工不足。因此，新冠肺炎疫情会对房地产开发投资和上下游产业带来不利影响，突出反映在上半年房地产在建、新开工、投资、资产负债率等指标上。2020 年第一季度，湖北省房地产开发投资完成 257.22 亿元，下降 73.7%；商品房实现销售面积 317.29 万平方米，下降 80.3%；实现销售额 210.87 亿元，下降 85.0%②。此外，2010—2017 年湖北省房地产开发企业资产负债率从 2010 年的 68.10% 升至 2013 年的 75.71%，在 2017 年达到最高 79.67%，总体呈现波动上升的趋势（见图 5）。资产负债率的持续走高，也给后疫情时期的房地产市场金融风险带来较大压力。

---

① 数据来源：湖北省统计局，国家统计局湖北调查总队.2020 年 1—5 月湖北经济运行情况.湖北省统计局网站，2020-06-16.

② 数据来源：湖北省统计局，国家统计局湖北调查总队.2020 年一季度湖北经济运行情况.湖北省人民政府网站，2020-04-23.

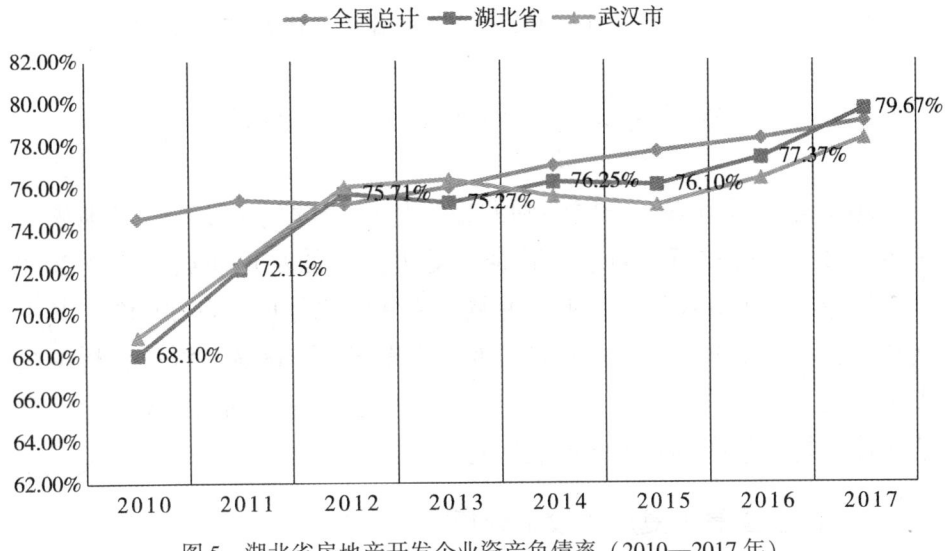

图5 湖北省房地产开发企业资产负债率（2010—2017年）

金融服务业加快变革。新冠肺炎疫情对湖北省金融服务业的影响总体可控，但省内农商、农信资产质量压力将明显增加。湖北省内地方法人商业银行共有4家，分别是湖北银行、汉口银行、武汉农村商业银行和湖北省农村信用社联合社。财报数据显示，前三家银行的不良率分别为1.93%（2019Q3），1.99%（2019Q1），3.59%（2018N），湖北农信未披露相应数据。湖北省本地法人银行机构总体不良率好于全国平均水平，位列全国前1/3，但中小企业信贷相对较多的农商、农信机构可能因疫情因素导致资产质量压力加大，抗风险能力相对偏弱。此外，新冠肺炎疫情倒逼银行业、保险业大力发展线上业务。后疫情时期，金融服务业将进一步加大线下线上融合，加速实现场景变革。

在线教育和培训行业受益良多。新冠肺炎疫情影响湖北省大中小学延迟开学。对于学校和学生来说，在线课堂是"停课不停学"的现实选择。阿里巴巴旗下的钉钉APP原本是在线办公软件，为了满足中小学在线课堂需求，紧急增加了"钉钉未来校园"板块，可以实现在线上课、作业布置及批改等功能。腾讯公司旗下的在线职业教育平台

"腾讯课堂"获得人力资源和社会保障部推荐,在疫情期间免费提供线上培训资源及服务,为湖北省在线教育和培训提供有力支撑。

三、国内省市复工复产的政策分析及启示

2020年3月以来,全国除湖北以外地区陆续复工复产,各地先后出台了多种扶持政策,力求突破企业复工复产的难点痛点。截至2020年3月底,全国规模以上工业企业复工率除湖北外均已超过90%,其中浙江、江苏、上海、山东、广西、重庆等地接近100%。深入分析国内省市复工复产的政策,学习借鉴好的经验做法,对于湖北省统筹抓好疫情防控与复工复产具有很强的现实意义。

(一)全国复工复产的政策分析

本研究对全国31个省份的132份涉及防疫复工的政府文件进行文本分析,发现具有明显的"一个中心、两个立足点"共性。"一个中心"是指各地政策90%以上都是围绕帮扶中小企业这个方向制定的,另有大约10%的政策对象囊括所有企业。"两个立足点"是指政策都是着力于解决"钱"和"人"两个问题。对于前者,所有省市都要求金融机构不断贷、不抽贷,缓交或者减免房产税、土地使用税,延期缴纳社会保险费和其他税款;部分地区还减少某些行业的增值税。对于后者,所有省市都提出了不同程度的援企稳岗政策。进一步分析可见,这些政策文本的高频关键词依次是"企业""疫情""中小企业""防控""贷款""裁员""服务"等,基本反映了近期各地政策的着眼点。

(二)其他省市复工复产的经验

第一,制订精密智控指数,精准管控。例如,浙江省制订"精密智控指数"作为衡量全省复工复产的风向标,既把重点区域、重点人员、重点场所管得更严密,又把事关百姓生活、企业生产、社会秩序的人流物流商流搞得更畅通。此外,浙江省还建立起覆盖全省90个县市

区的复工复产监测体系，通过"企业复工率指数"和"复工率五色图"掌握各地复工复产情况。

第二，"各显神通"破解用工难题。据疫情期间武汉大学相关课题组的田野调查，除湖北外的14个省98县104个"零疫情村"劳动力流动情况均不理想，各地"管死"的疫情防控体系严重限制了劳动力流动，各村劳动力跨区域流动的平均比例低于10%。为此，各地普遍采取三项措施予以缓解。一是采用专列、包车等形式帮助老员工返岗。杭州市政府较早面向来杭就业人员集中的河南、四川、贵州等地区，开行外地务工人员返杭专列。截至2020年3月中旬，浙江各地通过该形式累计接返员工13000多人，一定程度上缓解了用工紧张局面。二是"挖掘内潜"利用闲置行业流动力。当前，大量餐饮业、电影业和旅游业等服务业人员受疫情影响无法返岗。部分地区将在餐饮企业上班的员工进行培训后转到工厂流水线、包装线等新岗位工作。三是"真金白银"助力企业纾困。部分地区对企业新招员工给予1000元/人的一次性生活补助；对疫情解除后当月企业新增社保人数按500元/人标准补助企业。

第三，政府"点到点，面对面"帮扶。安徽省落实各级领导干部联系企业制度，为困难企业提供"不可抗力证明"，完善企业信用修复机制；浙江省要求各县市选派机关干部担任复工企业的"驻企指导员"，督查企业复工复产工作落实，实时反馈企业不断出现的新困难。

(三) 对湖北省复工复产的启示

据国务院发展研究中心调查，全国企业复工复产的"共性痛点"至少有三个：一是招不到工人，二是招到工人难以保障健康安全，三是现金流困难。为此，湖北省精准施策的重点在于以下几点。

第一，因地因人分类帮扶，打通人流堵点。一是各地疫情防控指挥部主动与航空、铁路、客运等单位协调联系，协商开通农民工赴长三角、珠三角等目的地的专机、专列，协调开通农民工赴武汉、襄阳、宜昌等省内用工地的专列、专客，落实低风险地区农民工"点对点、一站式"尽快返岗。二是企业自行安排车辆接送相对集中的外地员工返岗，所需租车费用由同级财政承担。三是鼓励引导滞留农民工本地就业，发挥行业协会、商会在稳就业中的合力，优先为本地区支柱产业和重点企业制订人员招募帮扶措施。

第二，成立跨部门服务专班，全力保障龙头企业优先复工。一是各地应围绕在鄂央企、省属国企、大型民企、对本地区经济发展支撑作用大的行业龙头企业，筛选建立分行业复工复产重点企业名单，由发改部门牵头组成跨部门专班，专职协调本地企业复工和办理外地来函协调企业复工等事务。二是由龙头企业根据供应链需求"自主点单"，专班负责开展定向服务，全力保障龙头企业复工复产所需的物资、器材、原料、零部件和产品的运输畅通。

第三，实施结构性政策纾解资金困难，提高企业现金流。一是省财政、税收、金融与社保等部门，对各地列入分行业复工复产重点企业名单的企业，创新债务偿还、资金周转和扩大融资等金融支持方式，对其中位于高风险地区的企业单列信贷规模、提供专项信贷额度。二是调整完善分行业复工复产重点企业名单中企业还款付息安排，加大贷款展期、续贷力度，较大幅度减免其中高风险地区企业贷款利息。三是本地银行确保小微企业信贷余额不降，贷款利率水平下浮10%以上，确保2020年小微企业融资成本不高于2019年同期融资成本。四是对不裁员或少裁员的参保企业，返还其上年度实际缴纳失业保险费的50%~70%，暂时无力足额缴纳社保费的中小微企业，最多可以缓交6个月。五是对承租国有资产类经营用房的中小微企业，免收2~3个月房租；非国有业主免收经营用房租金的，可享受免租月份数的房产税、城镇土地使用税减免。

第四，省政府牵头建立覆盖全省76个县市区的"湖北省精密智控指数"，如表1所示，为线下复工复产提供线上服务。一是各地市州根据"湖北省精密智控指数"对本地区实施精准、严密、智慧的"点穴式"管控。二是组织互联网技术服务平台免费为本地企业提供供应链管理、融资、疫情防控等技术服务。三是组织制造类企业通过工业互联网平台面向全球原材料、软件、设备等供应商直接对接。

表1　　　　　　　　　　湖北省精密智控指数

一级指标	二级指标	三级指标
管控指数 （50分）	新增病例管控	/
	外省输入病例管控	/
	主动发现病例	/
	聚集性疫情管控	/
	管控有效性	/
畅通指数 （50分）	人流畅通	健康码度
		健康码互认度
		共同交通开通率
	物流畅通	高速公路出口开通率
		普通国省道干线公路开放率
		县际农村公路开放率
	商流畅通度	生活服务畅通度
		邮政快递畅通度

第五，优先支持产业链长的行业复工，以链条带动能力推动产业链协同复工。一是优先支持汽车、电子、装备、机床等产业链长、强的产业和全国"制造业单项冠军"企业率先复工。二是重点支持5G、工业互联网、集成电路、工业机器人、增材制造、智能制造、新型显示、新能源汽车、节能环保等新兴产业率先复工。三是引导生产型企业抓住"研发-工程化-产业化"链条中的不同环节协同发力，率先复工"研发""设计"等环节，为疫情后的产业化做好研发储备。

四、疫情后湖北省重振经济的思路

新冠肺炎疫情对湖北省经济发展冲击极大。后疫情时期，湖北省既要快速恢复经济的正常发展，将经济损失降到最低，也要尽力完成"十三五"收官和全面小康的目标。

第一，在省、市、县各级各部门"十四五"规划编制中，积极对接中央支持湖北发展一揽子政策，争取将临时性政策转变为长期政策或"十四五"重点项目；争取中央进一步提升湖北省（或者武汉市）在国家区域发展战略中的地位。

第二，积极刺激消费。武汉、恩施、宜昌等湖北省重点旅游城市要提早筹划面向"黄金周"的旅游重振方案；借鉴浙江、上海等地做法，向疫情重灾区全体居民发放消费券，扩大消费券使用范围，简化消费券领取程序，充分发挥消费券撬动消费提振的"四两拨千斤"作用。

第三，争取中央把武汉市作为"非接触式服务业"试点城市，大力发展在线办公、在线教育、在线娱乐、在线医疗等非接触式服务业态；把"健康码""每日健康打卡"常态化，在疫情后继续提倡灵活办公、远程办公等工作模式。

第四，争取中央在"新基建"范畴内，引导支持一批政府主导的新型基础设施项目落地湖北省，尤其要加大对医疗基础设施、教育基础设施、适老化改造建设、5G物联网等信息基础设施的精准投资。

第五，争取免除或大幅减少中小微企业全年的所得税，争取增值税免除期限继续延长，争取更多其他税费免除；对于不裁员或少裁员的参保企业，返还失业保险费；对于主动增加就业岗位达到一定条件的中小微企业提供专项奖励。

第六，鼓励金融机构联合政府部门，分级分地区筛选拟定重点行业困难中小企业名单，名单中企业在原有贷款利率水平上再下浮10%以上，对于抽贷、断贷、压贷等行为进行惩处。

第七，在既有职业培训专项资金的基础上，按照1∶1配套进一步加大农民工培训，帮助贫困劳动力尽快返岗或本地就业。

第八，引入专业智库，汇集临床、公共卫生、经济、公管、交通等方面的专家和相关大数据资源，服务于保障公共卫生安全和促进公共健康。

五、运用数字技术助力疫情防控与复工复产的举措

以云服务、大数据、人工智能等为代表的新一代数字技术,为湖北省应对新冠肺炎疫情提供了强有力支撑。后疫情时期,湖北省要进一步挖掘新一代数字技术的应用潜力,在提高临床医疗信息化水平、丰富数字应用场景、强化企业复工复产帮扶、推进智慧政务服务等方面采取有力措施,统筹做好疫情常态化防控与经济重振。

(一) 以服务疫情防控为目标,提高临床医疗信息化水平

第一,进一步发挥"腾讯健康"小程序等互联网服务平台的作用,提高筛查高危人群的能力,畅通个人与线下发热门诊、社区基层卫生服务机构和医疗机构的联动,辅助流行病的筛查、预测及防控。

第二,可由省科技厅、省卫健委等部门牵头,联合省内外科研力量,以专项形式加快"人工智能+大数据+药物研发"为核心的智慧新药研发,扩大其在新药筛选、药物靶点确定、制剂开发、老药新用、病理生物学基础研究等领域的应用。

第三,可由省科技厅、省卫健委等部门牵线搭桥,促成省内医疗机构对接阿里集团、腾讯集团、国家超级计算中心等,加速促成腾讯觅影 AI 辅助诊断新冠肺炎解决方案、平安智慧医疗新冠肺炎智能阅片系统、新冠肺炎 CT 影像综合分析 AI 辅助系统等新型人工智能 CT 影像系统在医疗机构的落地应用,运用人工智能支撑的远程阅片和电子胶片影像共享,提高筛查新冠肺炎患者的能力。

第四,在省内医疗机构加速推广 5G 医疗服务机器人、5G 消毒清洁机器人等人工智能产品,扩大其在云端大数据疫情管理、智能送货、智能安保、红外测温、人脸识别等方面的应用,大幅提高医护人员的效率与安全性。

第五,遴选部分有条件的医院,试点安装使用无接触自助机、无接触电梯按钮终端,切断医院接触式污染源,避免人-物-人式的交叉感

染,并逐步向全省医疗机构推广。

第六,引进国内有关单位研发成功的人流大数据和AI驱动的新冠病毒传播建模预测和模拟推演平台,基于湖北省病例样本多的独特环境加快测试营运,通过平台实现城市尺度级别、基于人流移动的病毒传播感染情况预测,为各级政府制定常态化疫情防控措施提供参考。

第七,在有条件的社区推广湖北省技术创新重大项目研究成果"智慧基层社会治理综合支撑平台",充分发挥其在社区人员精准掌握、防控对象动态自动跟踪、特殊人群重点关怀、高传染风险行为智能预警等方面的作用。

第八,基于京东健康、阿里健康、丁香医生、平安好医生、微医等专业性互联网医疗平台,进一步普及推广无接触式医疗服务。

(二) 以满足特定需求为目标,丰富数字应用场景

第一,鼓励引导商贸企业丰富数字应用场景。鼓励大型商超开通更多线上购物渠道,通过自营、第三方APP或小程序等推广外送服务;引导小型超市更多借力"饿了么""美团""跑腿"等同城O2O服务平台,扩大销售范围;建议餐饮企业、便利店等更多采用"线上订货-店家备货打包-消费者门店自提"的无接触消费解决方案;在有条件的市县区加快推广无人店和自助售卖机;鼓励传统零售店主更多采用无接触式的互联网一站式进货平台。

第二,在有条件的科技型企业和部分事业单位,推广远程办公、"宅办公"、视频会议等在线办公模式,由地方政府帮扶企业为居家远程办公的员工提供技术指导和培训。

第三,推广"直播课堂""远程教学"等在线教学场景的应用,建设覆盖全省、多级分布的教学资源云服务体系,推进省、市、区三级优质教学资源的联网共享,在学校、培训机构推广网络教育软件产品消费,积极发展互动教学、个性定制等在线教育服务。

第四,推动省内教育考试部门、各类学校、职业技能鉴定部门、人事考试部门、行业协会等,引进并使用定制型智慧考试系统,根据考试

类型和要求采用市场化手段运营，选取特定考试或考生群体为试点，并依据实际效果迭代优化。

（三）以提供精准服务为目标，强化企业复工复产帮扶

第一，在省内高新区、开发区等产业集聚区，推广武汉东湖开发区的东湖大数据复工智能管理系统，利用区块链技术实现企业复工备案申报、复工人员的监测管理、疫情数据的实时获取，通过区块链驱动的可信身份认证保障数据安全和隐私。

第二，探索"区块链+金融"精准服务企业复工复产的路径。例如，借助湖北省已纳入国家外汇局跨境金融区块链服务平台的契机，引导中小企业积极参加试点，在出口贸易融资等方面获得国家更多优惠。又如，借鉴北京海淀区经验，探索建设基于区块链的供应链债权债务平台，为参与政府采购和国企采购的中小微企业提供确权融资服务。

第三，可由省发改委牵头，搭建湖北省企业诉求响应平台，既可通过该平台及时受理、高效处理企业复工复产诉求，又可通过平台组织高技术服务业与制造业企业的对接，为企业提供供应链管理、融资、疫情防控等相关技术服务。

第四，可由省工信厅牵头，遴选国内优秀工业互联网解决方案和APP，制定优惠政策推动工业企业快速上线应用，引导企业利用工业互联网平台对生产、销售等环节中积累的海量数据进行大数据分析，在摸清库存状况、产品生产周期、既往市场营销数据等前提下，制订切实可行可行的产能恢复计划。

（四）以政府数字转型为目标，加快推进智慧政务服务

第一，省政府可在湖北省人民政府门户网站的基础上，进一步拓展丰富平台的智慧政务功能，开辟疫情常态化防控专区，与湖北省复工复产监测体系的可公开数据实现互联互通。

第二，各地市州政府门户网站可开通疫情常态化防控"云服务专区"，汇集本地区疫情常态化防控和经济社会重振的相关政策信息，为

本地区企业复工和个人返岗提供实时、精确、权威的信息服务。

第三,各级发改、经信、科技、税务、市场监管等政府职能部门,都应积极开设网上政策直播间,更多采用线上模式组织政策宣讲、受理政策兑现、辅导企业复工等。

(本报告为武汉大学"抗击新冠疫情"人文社科应急研究专项课题成果)

课题负责人: 刘　钒　武汉大学发展研究院副院长、副教授、博士
报告执笔人: 刘　钒　黄鹏飞　潘　凯

新冠肺炎疫情对湖北省文化旅游产业发展的影响及应对措施

乔亚兰

始于 2019 年年末的新型冠状病毒肺炎（后文简称新冠肺炎）疫情，在 2020 年初迅速席卷全国。截至 2020 年 1 月 30 日，我国 34 个省级行政区全部出现新冠肺炎确诊病例，各省市先后启动重大突发公共卫生事件应急响应。在新冠肺炎疫情突如其来背景下，我国文化旅游产业首先受到冲击。《2020 新冠肺炎疫情对中国文旅行业的影响调研报告》明确指出：新冠肺炎疫情的影响是全国性的，但相对而言文化旅游行业更是重灾区。我国文化旅游行业是一个相对比较脆弱的行业，受外界影响比其他行业更多，也因此更为敏感。新冠肺炎疫情对我国文化旅游产业发展产生巨大影响。

湖北省是我国新冠肺炎疫情首发之地，也是我国抗击新冠肺炎疫情"湖北保卫战""武汉保卫战"所在地。尽管湖北省几乎所有产业都受到新冠肺炎疫情的影响，但新冠肺炎疫情对湖北省文化旅游产业的影响开始最早、范围最广、程度最深、时间最长、损失最大。据初步测算，仅 2020 年第一季度，湖北省文化旅游产业损失就超过 1500 亿元。由于新冠肺炎疫情的发展存在不确定性，湖北省文化旅游产业受到的损失很难精确预测。

人类与病毒共存、人类应对重大突发公共卫生事件的历史表明，每一次重大突发公共卫生事件经历都会对人类社会的经济发展产生深远影响，人类正在经历的新冠肺炎疫情也不例外。新冠肺炎疫情对湖北省文化旅游产业发展产生的影响，既有负面影响也有积极影响。新冠肺炎疫情对湖北省文化旅游产业发展提出了严峻挑战,也使湖北省文化旅游产业发展面临难得机遇。

一、新冠肺炎疫情对湖北省文化旅游产业发展的负面影响

新冠肺炎疫情对湖北省文化旅游产业发展的负面影响主要表现在以下几个方面。

第一,新冠肺炎疫情对湖北省文化旅游产业年度黄金经营期产生影响。每年春节是文化旅游产业的年度黄金经营期,但新冠肺炎疫情在2020年春节期间爆发,使湖北省文化旅游产业基本上"颗粒无收",经济损失惨重。随着新冠肺炎疫情全球流行蔓延,文化旅游市场未来客观存在着不确定性。

第二,新冠肺炎疫情对湖北省文化旅游产业全产业链上下游产生影响。文化旅游产业的特点是产业链长、关联性强,而且属于劳动密集型产业,因而新冠肺炎疫情对湖北省文化旅游产业的负面影响是客观的、全面的,也是全产业链的。

第三,新冠肺炎疫情对湖北省文化旅游大中小企业产生影响。湖北省是我国新冠肺炎疫情首发之地,湖北省文化旅游企业首当其冲、深受其害。为防控新冠肺炎疫情流行蔓延,湖北省文化旅游企业在全国最早停工停产,直接受到的经济损失最大。

第四,新冠肺炎疫情对湖北省文化旅游人才队伍建设产生影响。新冠肺炎疫情期间,文化旅游企业停工停产、文化旅游产业停业,直接导致湖北省一部分文化旅游人才流失,特别是文化旅游中高端人才流失非常可惜,对长期人才紧缺的文化旅游产业无疑是雪上加霜。

第五,新冠肺炎疫情对湖北省文化旅游建设项目进程产生影响。近年来,湖北省文化旅游产业经历前所未有的发展机遇期,一批文化旅游项目正处于建设期。目前,湖北省不仅有一批多年续建的文化旅游重点项目,而且还有一批2019年新开建的文化旅游重点项目。新冠肺炎疫

情使湖北省几乎所有的文化旅游建设项目都受到影响。

第六,新冠肺炎疫情对湖北省文化旅游资本市场投资信心产生影响。近年来,我国文化旅游产业处于投资踊跃、蓬勃发展的黄金期。新冠肺炎疫情对文化旅游产业带来的投资风险冲击,必然挑战资本市场投资者的认知,影响文化旅游产业投资者对湖北省的信心。

第七,新冠肺炎疫情对湖北省文化旅游消费者群体的心理产生影响。尽管经历抗击新冠肺炎疫情"湖北保卫战""武汉保卫战",尤其是武汉近千万人接受核酸检测和抗体检测,湖北省在新冠肺炎疫情防控方面是最安全的,但文化旅游消费群体还或多或少存在心理问题。

湖北省应积极应对新冠肺炎疫情带来的挑战,补短板、强弱项,加快推进文化旅游产业恢复振兴。

二、新冠肺炎疫情对湖北省文化旅游产业发展的积极影响

新冠肺炎疫情对湖北省文化旅游产业发展的积极影响主要包括以下几个方面。

第一,新冠肺炎疫情促进湖北省文化旅游产业转型升级。新冠肺炎疫情以特殊方式,倒逼湖北省文化旅游产业结构调整和优化,加快从传统文化旅游产业向现代文化旅游产业过渡。

第二,新冠肺炎疫情促进湖北省文化旅游产业抗风险能力提升。新冠肺炎疫情以特殊方式,迫使湖北省文化旅游产业关注各种风险、应对各种风险、规避各种风险,提升抗风险能力。

第三,新冠肺炎疫情促进湖北省文化旅游企业应对突发公共事件能力提升。新冠肺炎疫情以特殊方式,促使湖北省文化旅游企业认知突发公共事件的危害性,制订应对突发公共事件预案,提升应对能力。

第四,新冠肺炎疫情促进湖北省文化旅游产业信息化进程。新冠肺炎疫情以特殊方式,加速推进现代科技在文化旅游产业的推广应用,加快湖北省文化旅游产业的信息化、数据化、智能化。

第五，新冠肺炎疫情促进湖北省文化旅游企业优胜劣汰。新冠肺炎疫情以特殊方式，对文化旅游产业的中小微民营企业产生"大浪淘沙"效应，催生湖北省一批新的文化旅游企业脱颖而出、砥砺奋进。

第六，新冠肺炎疫情促进湖北省文化旅游产业新需求、新业态、新商业模式发展。新冠肺炎疫情以特殊方式，孕育湖北省新的文化旅游市场需求、新的文化旅游产品及服务、新的文化旅游商业模式。

第七，新冠肺炎疫情促进湖北省文化旅游产业技术创新。新冠肺炎疫情是一次重大突发公共卫生事件危机，但"危"中有"机"。新冠肺炎疫情以特殊方式，激发湖北省文化旅游产业技术创新和企业创新。

第八，新冠肺炎疫情促进湖北省文化旅游知名度提升。在抗击新冠肺炎疫情"湖北保卫战""武汉保卫战"期间，我国主流媒体和自媒体长期聚焦湖北。新冠肺炎疫情以特殊方式有效提升了湖北省文化旅游的受关注度、知名度、参与度。

湖北省应充分把握新冠肺炎疫情带来的机遇，不失时机地加快文化旅游产业发展。

三、新冠肺炎疫情防控常态化与湖北省文化旅游产业恢复振兴

湖北省文化旅游产业占全省 GDP 的比重大约为 10.7%，不仅是湖北省重要的战略性支柱产业，而且产业链长、关联度大、综合性强、就业面宽、影响面广。为尽快消除新冠肺炎疫情对湖北省文化旅游产业带来的巨大负面影响，重振湖北省支柱产业，湖北省 2020 年 4 月 27 日出台《支持文化旅游产业恢复振兴若干措施》。这份重振湖北省文化旅游产业的重要文件明确提出：坚持加强政府引导服务、政策资金扶持与充分发挥市场机制、企业主体积极作用相结合，坚持扩大优质文化旅游产品服务供给与激发文化旅游市场消费活力相结合，坚持应急与谋远相结合，旨在为湖北省文化旅游产业重振和高质量发展提供有力支撑。《支持文化旅游产业恢复振兴若干措施》从五个方面提出了一系列具体支

持措施：一是加大企业纾困帮扶力度；二是加大产业融合发展力度；三是加大项目建设推进力度；四是加大市场扩容提质力度；五是加大政策落实服务力度。湖北省支持文化旅游产业恢复振兴的这五大措施，包括由责任单位负责落实的18条具体措施，涉及文化旅游专项资金扶持、推进文化旅游品牌创建、支持文化旅游重点项目建设、提升文化旅游公共服务能力、拓展文化旅游客源市场、激发文化旅游消费市场潜力、优化提升文化旅游管理服务等。

2020年4月8日零点，武汉终于迎来"重启"时刻。这标志着湖北省新冠肺炎疫情防控取得决定性胜利，也为湖北省文化旅游产业恢复振兴和高质量发展创造了重要条件。2020年"五一"期间，尽管受到新冠肺炎疫情的负面影响，湖北省还是接待游客735.86万人次，旅游综合收入24.53亿元，游客人均消费333.4元。通过采取一系列有效措施，努力做好疫情防控和安全管理工作，"五一"期间湖北省文化旅游市场既未发生疫情事件，也未发生重大投诉案件，更未发生重大安全事故。在2020年5月19日第十个"中国旅游节"之际，湖北省人民政府召开新闻发布会，介绍了湖北省文化旅游行业复工复产情况。经过认真贯彻落实湖北省委、省政府《关于进一步做好新冠肺炎疫情常态化科学精准防控工作的实施意见》，截至2020年5月18日，湖北省301家A级旅游景区、36家文化场馆已恢复开放；518家旅行社、335家星级饭店已恢复营业；网吧、游艺厅、KTV等密封式娱乐休闲场所（除武汉市外），经过属地党委、政府审批后可恢复经营。截至2020年5月18日，湖北省省级以上文化产业示范园区的2346家文化企业已复工复产，重点调度的354个重大文化旅游项目已全部复工、开工。与此同时，湖北省又签订一批文化旅游重大项目。如武汉在"重启"后签约"融创·长江文化旅游城"项目。这个重大项目计划投资550亿元，将依托长江经济带打造世界级的一站式综合性娱乐休闲旅游目的地。2020年是湖北省"十三五"发展规划的收官之年，也是湖北省"十四五"发展规划的制定之年。湖北省在2020年将谋划55个重点文化和旅游项目，并初步拟定在"十四五"时期重点建设200个文化旅游项目，旨在推进湖北省文化旅游产业恢复振兴和高质量发展。

四、促进湖北省文化旅游产业恢复振兴和高质量发展的措施

目前，新冠肺炎疫情还在全球流行蔓延，其发展具有不确定性。为适应我国新冠肺炎疫情防控常态化，加快湖北省文化旅游产业恢复振兴和高质量发展，特提出以下对策措施。

第一，打好文化旅游产业恢复振兴"组合拳"。2020年二季度以来，湖北省文化旅游产业恢复振兴已取得初步成效。在新冠肺炎疫情防控常态化背景下，新冠肺炎疫情对文化旅游产业的影响还将持续。必须按照党中央、国务院及湖北省委省政府的要求，坚持改革开放创新，采取各种行之有效的措施，整合社会各方面资源，打好湖北省文化旅游产业恢复振兴和高质量发展的"组合拳"。

第二，积极谋划文化旅游产业高质量发展。根据新冠肺炎疫情对湖北省文化旅游产业发展的深远影响，加快制定和完善《湖北省文化旅游产业"十四五"发展规划》以及2035年文化旅游产业发展战略。根据新冠肺炎疫情发展的不确定性，适时制订实施湖北省文化旅游产业发展行动计划。

第三，切实加强文化旅游产业风险管理。通过行之有效的教育、宣传、倡导和管理，不断强化文化旅游企业风险防范意识，分类分级制订文化旅游景区、景点、主题公园、综合度假村等应对突发公共事件预案，落实风险管控责任人，注重平时模拟场景演练，努力形成应对突发公共事件工作的协同机制。

第四，加快推进文化旅游产业信息化、数据化进程。切实推进"文化旅游产业+互联网+大数据+"发展模式，充分发挥互联网、大数据、云计算、人工智能等新技术对文化旅游产业的赋能作用，不断提高文化旅游产业生产效率和经济社会效益。尤其是将"文化旅游+"与"互联网+""大数据+"串联后再与相关融合产业并联，将大大提高文

化旅游产业与相关产业的融合效率。

第五，加快推进文化旅游产业与相关产业融合。湖北省具有文化旅游产业与创意产业、体育产业、健康产业、养老产业等融合发展的优越条件。通过大力实施"文化旅游+"产业融合项目，强化产业融合理念、建设产业融合平台、形成产业融合机制、激励产业融合创新、拓展产业融合途径，加快文化旅游业态和文化旅游产品迭代更新。

第六，加强文化旅游职业教育和人才培养。湖北省应积极努力探索新时期文化旅游职业教育发展的新模式。根据社会需求及办学资源，适当扩大文化旅游专业招生规模。以湖北艺术职业学院与湖北省旅游学校合并为契机，进一步整合湖北省相关文化旅游教育资源，夯实文化旅游产业发展基础，为文化旅游产业高质量发展提供人才支撑。

第七，加强文化旅游产业政策高质量精确供给。深入贯彻落实湖北省人民政府《关于加快全省文化产业高质量发展的意见》《关于促进旅游业改革发展的实施意见》《提振消费促进经济稳定增长若干措施》《支持文化旅游产业恢复振兴若干措施》等重要文件，以解决实践过程反馈的问题为导向，进一步完善文化旅游产业政策，充分发挥文化旅游产业政策的引导性、指导性、针对性。

第八，加大文化旅游产业重大建设项目推进力度。根据湖北省文化旅游资源禀赋和文化旅游市场需求前景，按照湖北省文化旅游产业发展总体规划，积极谋划、引进和推进国内外文化旅游投资重大项目。通过不断创造更好的市场化、法制化、国际化营商环境，加快推进文化旅游产业新开工项目和续建项目建设。

第九，加强文化旅游主题形象全媒体传播。强化湖北省文化旅游主题形象创意与创新，构建文化旅游全媒体传播平台和文化旅游产品营销服务平台，充分发挥文化旅游微营销目标客户精准、用户生成内容、交互性突出、信息传输快捷、综合成本低廉等特点，不断提高湖北省文化旅游主题传播效率和市场营销效益。

第十，积极发展科技驱动型文化旅游产品及服务项目。当今世界，新科技革命和产业变革蓄势待发，人工智能、虚拟现实、无人机、大数据、物联网等新技术趋于成熟,将对文化旅游产业产生深刻影响。尤其是融合酷炫科技的文化旅游产品及服务,具有广泛的消费场景和潜在的巨大市场。湖北省应充分发挥科技创新对文化旅游产业发展的引领和支撑作用,重视科技驱动型文化旅游产品及服务项目开发。

报告撰稿人: 乔亚兰　湖北艺术职业学院人文学院院长、教授、博士

后疫情时代湖北省乡村旅游高质量发展研究

周笑琦　朱媛媛　曾菊新

在中国旅游业快速发展的大背景下，乡村旅游这一特殊的旅游方式与旅游景观也愈发受到青睐。根据数据显示，2015—2017年乡村旅游人数占国内游人数比重超过50%，2018年达到30亿人，占国内旅游人数的48.39%。《全国乡村旅游发展监测报告（2019年上半年）》指出，2019年上半年全国乡村旅游总人次达15.1亿次，同比增加10.2%；总收入0.86万亿元，同比增加11.7%。截至2019年6月底，全国乡村旅游就业总人数886万人，同比增加7.6%。

近年来，乡村旅游在中国已成为村民增收、农村产业结构优化调整、城乡一体化发展以及推动脱贫攻坚等多重需求的有效载体。但随着乡村旅游在中国呈现出的"井喷"态势，也产生了诸如基础设施水平低、同质化严重、主题不够突出、资源环境破坏等一系列问题，如何推动乡村旅游的高质量发展是当前以及今后亟待解决的重要议题。2020年上半年的新冠肺炎疫情，对于各行各业产生了巨大冲击，整个旅游行业受到断崖式的重创。随着疫情的逐步好转，乡村旅游业迎来了一系列的新挑战、新机遇，后疫情时代湖北省乡村旅游如何于危机中觅新机、走向高质量发展之路有待思考。

本研究试图在梳理湖北省乡村旅游发展历程和存在的主要问题的基础上，分析后疫情时代湖北省乡村旅游发展迎来的新挑战和新机遇，并尝试给出后疫情时代推进湖北省乡村旅游高质量发展的主要路径，以期为后疫情时代湖北省乡村旅游的高质量发展提供参考。

一、湖北省乡村旅游发展历程

湖北省依托于优异的自然资源和社会经济条件大力发展旅游业,现如今,旅游业已成为湖北省重要的支柱产业。2018 年,湖北省 A 级景区总数 411 家,排名全国前列;旅游总收入为 6344.33 亿元,同比上年分别增长 15.04%,占湖北省 2018 年生产总值的 16.12%。在旅游业高速发展的背景下,湖北省旅游业不断向乡村纵深发展。截至 2019 年年底,湖北省共创建了 10 个全国休闲农业与乡村旅游示范县,11 个全国乡村旅游重点村,18 个全国休闲农业与乡村旅游示范点,379 个省级休闲农业与乡村旅游示范点,444 个高星级农家乐。鉴于休闲农业与乡村旅游内涵的高度一致性,以及休闲农业示范点坐标数据的可获取性,本文通过 Google earth 查询获得湖北省内全国及省级休闲农业示范点的地理坐标数据,并在 Arc GIS 软件中可视化表达。回顾过去 22 年,湖北省乡村旅游的发展主要经历以下几个阶段。

(一)建设初创阶段(1998—2011 年):拉开乡村旅游发展序幕,示范点数量少而分散

国家旅游局 1998 年推出了"华夏城乡游",1999 年推出了"生态旅游年",湖北省也加大了对乡村旅游的投入力度,以农家乐为主要形式的乡村旅游得到初步发展。2004 年国家旅游局发布"全国工农业旅游示范点"评选活动,湖北省共有六家农业示范点入选,此时的乡村旅游成为旅游新时尚。2008 年,《湖北乡村旅游发展总体规划(2008—2020)》发布,湖北省乡村旅游发展进一步规范化。2009 年湖北省发布《关于大力发展农家乐旅游促进农民自主创业的实施意见》,鼓励农民自主创业发展农家乐,并提供一定的资金和技术支持;同年,湖北省发布《湖北旅游名村创建评定标准及办法(试行)》的通知,探索乡村旅游发展模式,致力于打造一批湖北省旅游名村。

该阶段的湖北省休闲农业示范点分布如图 1 所示。在此阶段,一些

地区率先依托其优质的基础条件，评选上休闲农业与乡村旅游示范单位。城市周边和高等级的旅游景区附近成为早期乡村旅游发展的重点区域，市场指向性明显。该阶段示范点数量少且分散，尚未出现明显的集聚特征。

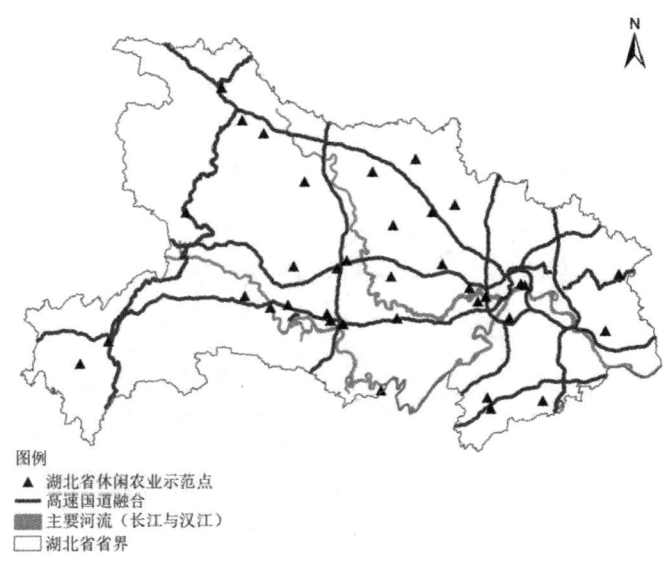

图 1　建设初创阶段（1998—2011 年）湖北省休闲农业示范点分布

（二）发展壮大阶段（2012—2014 年）：发展成效日益显著，示范点在空间上呈现多中心模式

湖北省乡村旅游产业迈入发展壮大阶段，乡村旅游发展成效日益显著，乡村旅游发展政策不断出台。这一时期，湖北省发布了农民培训、农业休闲示范点创建、乡村旅游扶贫专项工作的创建、乡村旅游推广营销等一系列与乡村旅游相关政策。与此同时，2014 年 11 月国家发改委、旅游局等七部委联合发布《关于实施乡村旅游富民工程推进旅游扶贫工作的通知》，决定实施乡村旅游富民工程，以旅游带动扶贫，并

发布了全国乡村旅游扶贫重点村名单,湖北省共有56个县243个村被列入该名单。

该阶段的湖北省休闲农业示范点分布如图2所示。这一阶段,湖北省休闲农业示范点数目显著增多,分布密度明显高于建设初创阶段,并初步形成了一些集聚区。在此阶段,休闲农业示范点梯队不断壮大,集聚区内部示范点之间的联系较为紧密。

图2　发展壮大阶段(2012—2014年)湖北省休闲农业示范点分布

(三) 高速发展阶段(2015年至今):旅游产品百花齐放,旅游效益更为凸显,示范点在空间上呈现点-轴发展模式

在旅游效益不断凸显、旅游需求旺盛、旅游产业政策体系逐渐完善的背景下,湖北省乡村旅游进入新一轮高速发展时期。这一时期,湖北省连续出台多项以旅游带动扶贫的相关政策,如《湖北省农家乐精准扶贫创业项目实施方案》《湖北省休闲农业与乡村旅游产业扶贫示范区创建工作方案》等，同时乡村旅游相关政策中开始更多涉及对产品特色化、发展方式多样化、外部智力支持、资金、人才、创业创新、营销推广等更多方面。2019年，湖北省共有11个村落入选第一批全国乡村旅游重点村名单。

该阶段的湖北省休闲农业示范点分布如图3所示。这一阶段，湖北省休闲农业示范点创建再掀高潮，示范点间的联系进一步增强，集聚规模效应更为突出，旅游产品百花齐放，乡村旅游品牌建设成效显著，乡村旅游发展呈现出显著的点-轴发展模式。

图3　高速发展阶段（2015年至今）湖北省休闲农业示范点分布

二、湖北省乡村旅游发展中存在的主要问题

纵观湖北省乡村旅游业的发展和休闲农业与乡村旅游示范点的空间格局，发现如下问题。

（一）乡村旅游产品同质化现象严重，文化内涵缺失

当前，面临乡村旅游高速发展的重大机遇，各项政策利好纷至沓来。但由于中国乡村旅游的卖点多为自身的"乡村性"且客源市场定位多为周边城市，乡村旅游进入门槛较低、发展时间较短、资金投入不足、技术力量薄弱等方面因素综合影响，乡村旅游的规划、开发、管理及营销等方面同质化严重，许多乡村旅游地的旅游项目"千村一面"，多为吃农家饭、田园观光、农事体验等。即便湖北省拥有发展乡村旅游的优质自然环境和文化底蕴，但因乡村旅游资源利用的简单化与低效化，仍有大量乡村旅游优质资源未被有效开发甚至面临破坏。"家中有宝自不识"，这些乡村旅游项目开发和乡村自身资源结合不够紧密的地区，未能有效开发其极具区域特色的乡村旅游资源，乡村旅游形象不够鲜明，缺乏品牌个性，缺少对旅游者在乡村文化、精神层面的需求分析，在竞争中没有优势，因此难以拥有旅游者的黏性，游客的重游率低，发展后劲不足。

（二）乡村旅游经营管理体系不健全，专业人才缺乏

虽然湖北省陆续出台了一些有关乡村旅游规范化、标准化条例和政策，但仍存在乡村旅游经营管理体系不健全的问题。具体来看，一是乡村旅游一般由村委会成立相关管理小组与外来旅游企业进行交叉管理，尽管二者在经营管理的过程中保持一定的交流沟通，但在具体项目管理上仍存在交叉管理、职责模糊等多种现象，经营管理者的生态意识与环保意识也有待提高；二是有些乡村旅游企业规模较小、资金不足、经营管理模式较为落后，而且部分乡村旅游的从业人员是当地未经过系统培训的农民，综合素养和服务能力较低，远不能满足乡村旅游高质量发展的要求，但受乡村地区经济条件及薪资待遇等因素影响，难以吸引高水准旅游专业人才来此地就业。三是部分乡村旅游地基础设施较差，比如采摘园大棚设施陈旧、土地平整情况较差，景区内食宿安全卫生问题长期存在、卫生间等配套设施不达标等，这都使得旅游者旅游体验不佳，

并在很大程度上阻碍了乡村旅游业的高质量发展。

(三) 乡村旅游要素整合不完全,顶层设计有待提高

尽管湖北省乡村旅游示范点在部分区域上呈现集聚特征,但湖北省地域广阔,且区域内自然资源要素、经济发展水平等诸多方面存在差异,乡村旅游发展的空间差异性较为显著。近年来,随着全域旅游成为乡村旅游发展的新背景,乡村旅游要素整合不完全、顶层设计有待提高的问题更为凸显。比如部分地区缺少对乡村旅游"串点成线、串珠成链"的长远规划和设想,区域内客流量过于集中于单个村落,乡村旅游沿线环境较差、配套设施滞后,旅游资源缺乏核心引擎且资源系统配置有待提高;部分乡村旅游地内部旅游要素整合不完全;单个旅游景点的发展处于各自为政、单兵作战的状态,仅满足于眼前现状,注重个体绩效而忽视协调合作,同类旅游地间充满竞争,互相间协调配合能力较差。种种情况下,区域乡村旅游业整体的协调发展受到影响,资源优势利用的最大化无法实现,全域内乡村旅游经济效益的增长空间受限。

(四) 乡村旅游产业联动性较差,一二三产业尚需进一步融合发展

2015年中央一号文件首次提及要推进农村一二三产业融合发展,并对乡村旅游产业发展给予了广泛关注。乡村旅游的综合性与兼容性使其有望成为推动农村一二三产业融合发展的重要手段。但因政策支持不够、基层认识不足等,虽有不少地方尝试探索将推动一二三产业融合发展与地方乡村旅游的实际情况相结合,但真正做到因地制宜、融合发展仍有很多难点。一些地方在发展乡村旅游的过程中,未能充分挖掘农业的多种功能,"吃农家饭、住农家院、看农家景"的单一模式仍然存在;一些地方过于偏重乡村旅游的发展,而忽视了对一二三产业融合发展的深度探索,弱化了乡村"姓农"的本质,地方收入随着乡村旅游的旺季与淡季的交替波动较大。乡村旅游应立足于当地资源优势,因地制宜地积极培育农村新业态,努力打造乡村旅游优质品牌,延伸产业

链、增加附加值，增强乡村旅游产业联动性，推动一二三产业进一步融合发展。

三、后疫情时代湖北省乡村旅游发展新挑战、新机遇

（一）后疫情时代湖北省乡村旅游发展新挑战

1. 疫情期间旅游业遭到前所未有的冲击

目前，全球范围内疫情发展趋势仍不十分明朗，疫情对全球经济产生了破坏性的影响。旅游业作为以人群集聚为特征的行业之一，是对突发公共卫生事件敏感度极高的行业。2020年1月份，国内疫情开始肆虐，携程网站作为中国重要的提供旅游网络预订服务的网站之一遭到巨大冲击，携程用户取消了数千万张订单，取消订单金额超过310亿元。

湖北省作为全国疫情防控的主战场，旅游行业受到的影响更为深刻且漫长。具体来看，一是疫情期间企业运营基本停滞、经济损失巨大，就武汉市而言，2020年一季度全市旅行社营业总收入同比下降89%，A级景区同比下降96.77%，星级饭店同比下降32.74%，且武汉市文化和旅游局针对364家文旅企业进行摸底的结果显示，疫情造成直接经济损失高达10亿元。二是市场热度复苏缓慢，游客消费需求降低、出游意愿不强。端午节期间，湖北省共接待游客678.51万人次，是去年同期的38.4%，实现旅游收入26.9亿元，是去年同期的38.6%。三是仍有部分旅游相关企业面临入不敷出、资金周转困难、员工流失等问题。由此来看，乡村旅游业作为旅游产业的重要组成部分，在后疫情时代其恢复与发展也面临着诸多压力与挑战。

2. 乡村旅游"倒逼式"改革势在必行

后疫情时代对乡村旅游未来高质量发展提出了更"精细化"的要求，乡村旅游"倒逼式"改革势在必行。一方面，乡村公共危机管理的制度建设和管理机制受到更多的重视，湖北省在后疫情时代推动旅游业复苏的过程中，一直强调各旅游景区要继续抓好常态化疫情防控，按

照"限量、预约、错峰"要求有序开放,做好应急预案,及时应对突发情况,这对于乡村旅游数字化、网络化、智能化等方面的建设提出挑战,要求通过科技手段切实做好防疫工作,严格执行限量接待、网上预约、错峰旅游制度,准确掌握景区游客数量,充分发挥智慧调度功能,防止人员扎堆,确保有序开放和防疫两手抓、两不误。另一方面,疫情期间旅游者的旅游消费方式和消费理念发生了一定的变化,马蜂窝根据2538份Z世代调查问卷以及平台数据发布的《后疫情时代的"新旅游"——Z世代旅游消费变化报告》,显示1995年至2009年出生的Z世代,表现出爱看短视频在线"种草"、更追求个性化和小众体验、在疫情影响下更加重视"玩得安全"等特征,也要求乡村旅游业在未来发展中要更加重视旅游品牌的在线营销、旅游产品的创新、区域内全资源全要素整合、旅游目的地各环节的安全与健康等诸多方面。

(二)后疫情时代湖北省乡村旅游发展新机遇

1. 乡村旅游作为中短途线路率先得到游客青睐

乡村旅游作为中短途线路率先得到游客青睐。一方面,疫情期间,人们的外出需求被严重压抑,湖北省作为全国疫情防控的主战场更是如此。根据湖北省文化与旅游厅所发布的《2020年"五一"假期湖北省文化和旅游市场综述》可知,周边游、踏青游、自驾游、乡村游等中短途线路受到游客欢迎,非景点式的乡村旅游较为火爆,武汉、荆州、十堰、襄阳、咸宁、鄂州、孝感、仙桃等城市周边的乡村旅游点受到欢迎,景区周边的农家乐、餐饮店生意红火,热点景区的民宿客栈入住率也较高,荆州市生态农庄、农业生态园等吸引不少游客。另一方面,出于安全方面的考虑,在后疫情时代刚开始的阶段,湖北省旅行社认真落实"跨省跨境旅游等暂不恢复"规定,积极开辟省内旅游业务。

2. 民众对健康的讨论与关注空前高涨

21世纪以来,健康消费理念已经逐渐被人们所认可和重视,近年来,伴随着"健康中国"理念上升为国家战略,一系列与大健康产业发展相关的政策密集出台,并且吸引了大量的投资。受疫情的影响,民众对健康的讨论与关注空前高涨,与之相应的,人们对健康生活环境、生活方式的需求也得到增加,疫情更加激发了人们对乡村原生态的田园风光、质朴的乡土气息、健康的美食、特色的民宿等的向往,乡村旅游在国内疫情得到有效控制后率先复苏。对于乡村旅游地而言,其原本的生态环境优势更为凸显,与大健康产业接轨、向康养旅游目的地转型成为乡村旅游高质量发展一种新选择。

3. 扩大内需、拉动消费,政策红利不断

面对突如其来的疫情"黑天鹅"对消费造成的巨大冲击,2020年3月,国家发展改革委、中央宣传部、教育部等23个部门联合印发了《关于促进消费扩容提质加快形成强大国内市场的实施意见》,提出大力优化国内市场供给、重点推进文旅休闲消费提质升级、着力建设城乡融合消费网络、加快构建"智能+"消费生态体系、全面营造放心消费环境等一系列政策措施。与此同时,湖北省也及时出台利好政策和务实举措,一方面,多地自行投放文化旅游消费券,仅武汉市就投放了1.2亿元文化旅游消费券;另一方面,2020年5月湖北省人民政府发布了《支持文化旅游产业恢复振兴若干措施》,包括加大企业纾困帮扶力度、加大产业融合发展力度、加大项目建设推进力度、加大市场扩容提质力度、加大政策落实服务力度五大方面共18条,并提出了"统筹安排1亿元为文旅企业纾困解难""鼓励有条件的地方和机关企事业单位为职工周五下午与周末外出旅游创造有利条件"等"硬招"。

4. 行业内部加速整合,总体结构趋于优化

在前期乡村旅游业发展的过程中,乡村旅游广阔市场、旅游政策利好不断等优势吸引了大批参差不齐的旅游开发企业涌入,出现了只为抢占广阔市场和高效获益而忽略游客的需求和乡村旅游地可持续发展的情况,使得一些地区乡村旅游配套设施不健全、后续开发资金不足、游客重游率较低等多种问题,进而导致乡村旅游的发展质量降低,对乡村旅游业的后续发展产生不利影响。长达近半年的疫情,加速了一批经营不善、游客黏合性较差、旅游资源利用过于简单与低效化的乡村旅游企业的死亡,乡村旅游相关行业内部整合加剧。在后疫情时代,随着行业内

部的加速整合,总体结构也趋于优化,为乡村旅游业的加快复苏、转型升级和高质量发展奠定基础。

四、后疫情时代推进湖北省乡村旅游高质量发展的主要路径

(一)数字经济助推乡村旅游高质量发展

后疫情时代,数字经济助推乡村旅游高质量发展,智慧旅游平台的建设和推广工作刻不容缓。首先,需要加强对旅游大数据的采集和应用,分别对旅游者的来源与旅游轨迹、旅游地实时的人流量等方面的数据进行采集,进而采取配套措施,为游客提供更安全、更精细的服务。例如,湖北建始县依托智慧旅游系统,开发无接触式购票登记小程序,实现实名制、可追溯、无接触接待的做法,有效地提高了景区的安全程度,确保有序开放和防疫两手抓、两不误。其次,需要提高智慧旅游平台构建的硬件水平,在 WiFi 全覆盖、"5G"网络基站的建设、智能终端的完善、旅游目的地精准导航等方面加大投入与建设力度。例如,谷城县政府认准"互联网+"趋势,成功签约"新基建"5G 网络建设与应用合作协议;恩施自治州对通往乡村旅游景点的农村公路交叉路口进行"智慧"路牌标识的安装,实现点对点精确定位。再次,在乡村旅游的营销上,可以借助大数据、云平台等科技手段,高效分析市场并进行精准营销,并通过微信公众号、抖音 APP 等各种新媒体平台展现景区完整而独具特色的旅游地形象。

(二)深挖乡村文化,培育特色品牌

文化性是乡村旅游的根本属性之一,乡村旅游地所蕴含的丰富的乡村文化是乡村旅游开发建设的灵魂。以建筑景观、田园风光、饮食文化、特色工艺等为代表的乡村物质文化是游客体验乡村旅游最直接的形式,而隐性存在的乡村精神文化则通过村民朴实的生活习俗、丰富的乡

村口头艺术等呈现。以文促旅、以旅兴文、文旅融合是今后湖北省旅游产品创新、文化遗产保护与传承、文化和旅游产业发展的重要手段。通过将乡村文化与红色旅游、遗产旅游等结合，可以极大地提升旅游产品内涵。后疫情时代，湖北省一方面应加强对乡村文化的保护，增强村民的文化自觉与文化自信；另一方面，应大力挖掘并充分利用乡村传统文化资源与旅游产品进行深度融合，推出一大批文化旅游深度融合的新产品，带动乡村特色文化、乡村民俗、地方美食、文物古迹、传统工艺、体育康养等相关产业加速发展，让湖北省乡村旅游更有魅力。在进一步加大文旅重大项目建设的同时，仍要坚持"四个加强"，即加强项目谋划和转化实施，加强项目调度和进度督导，加强银企合作和金融扶持，加强招商引资和推介洽谈。

（三）牢记乡村"姓农"本质，借鉴国内外绿色农业旅游发展模式

乡村区别于城市的乡村性是乡村旅游的核心和独特卖点，应牢记乡村"姓农"本质，借鉴国内外绿色农业旅游发展模式。以意大利绿色农业旅游为例，该国的农业旅游已然成为当今世界特色农业的潮流风向标，多元发展、绿色共生的鲜明特征是当前意大利农业旅游的"名片"。后疫情时代，湖北省将迎来以绿色农业旅游等为载体的康养产业高质量、绿色发展的新机遇。发展绿色农业旅游，深入发掘农业农村的生态涵养、休闲观光、文化体验及健康养老等多种功能和价值，这既是培育湖北省农村新产业，又是拓展农村居民多功能生活空间的重要选择，也是建设湖北省田园综合体的重要选择。绿色农业旅游的发展，将促使农村有效扩大生态农业耕地面积，促进生态农业快速发展，拓展农村旅游的维度和深度。今后，湖北省地方政府应力求在保持原生态和乡土性的基础上，打造特色化、规范化、规模化和品牌化的绿色农业旅游体系，这是湖北省推进绿色农业产业化发展和田园综合体建设两大目标的基本方向。

（四）推动全区域全要素整合，加快融入全域旅游大格局

湖北省应结合后疫情时代旅游业发展趋势与湖北省乡村旅游资源显著的特色地域性，以文旅融合、药旅联动、科教融合、智慧旅游等为支点，科学规划，同时坚持"合力兴旅"，对全区域各地区乡村旅游目标市场、功能、主题、形象、品牌等诸多方面精准化设计，通过区域内乡村之间、城乡之间旅游资源的互补性协同发展，实现乡村旅游的全区域全要素整合，提高旅游黏度和附加值。比如，交通方面，湖北省要进一步推进全国乡村旅游道路建设，并统筹布局全区域停车设施建设，遵循居游共享的理念；民宿方面，扶持有条件的农户修缮、改造自有住房发展民宿，贯彻全域旅游中的共建共享理念；旅游产品的开发方面，要明确市场需求，在全区域内统筹规划，深度挖掘各地乡村旅游特色资源，打造全域乡村旅游品牌；在产品营销方面，应积极拓宽营销渠道，借助大数据和云平台等手段解析游客消费行为，开展精准化营销，进而推动乡村旅游向纵深化和全域化方向发展。

（五）需求侧与供给侧两端同时"发功"，进一步优化消费市场

内需尤其是消费需求的恢复对经济发展尤为重要，扩大消费是后疫情时代对冲疫情影响的重要着力点之一，进一步有效贯彻落实国务院办公厅印发《关于进一步激发文化和旅游消费潜力的意见》（国办发〔2019〕41号）的基本精神势在必行。2020年政府工作报告提出，中国内需潜力大，要深化供给侧结构性改革，突出民生导向，使提振消费与扩大投资有效结合、相互促进。2020年4月17日，中共中央政治局会议强调坚定实施扩大内需战略，释放消费潜力，扩大居民消费。面向后疫情时代"拉动消费"的需求特点，湖北省应在需求侧与供给侧两端同时"发功"，进一步优化消费市场。一方面，要推出消费惠民措施、提高消费便捷程度、改善旅游营销环境、推进消费试点示范等以刺激消费，促进被冻结的消费需求加速释放；另一方面，要实施丰富产品供给、推动景区提质扩容、发展假日和夜间经济、促进产业融合发展等

供给策略。与此同时,还有必要出台相关政策保障措施,促进消费加快恢复。

(六)健全服务管理体系,优化人才培养机制

一是要构建网络化、智慧化、信息化的乡村旅游可持续发展管理机制,加强相关软硬件两方面的建设,通过对大数据信息的动态管理与分析,确保乡村旅游的安全与可持续。二是以游客需求为导向,增强基础设施的建设,提升乡村旅游产品服务质量,比如在农家乐餐饮方面提倡卫生化、透明化和可视化,确保绿色生态食品的供给;民宿方面在确保特色化、个性化的同时,应在生活设施用品的配置、文化娱乐健康项目及相关服务等方面向星级化酒店看齐。三是地方各级政府需构建相应的管理机构来有效协调多部门在乡村旅游开发与运营等方面的职能,与此同时,乡村旅游地在运营管理上也要清晰划分管理职责,充分发挥村委会与企业的各自优势。四是优化人才培养机制,加大人才培养力度,一方面对乡村旅游从业者进行全方位培训,通过集中学习与具体实践,指导其把握乡村旅游业的发展动态、提高服务意识和专业技能;另一方面需要提供高福利的优惠政策,引进一批专业的高层管理人才,更快地引领乡村旅游业的高质量发展。

课题负责人: 朱媛媛　华中师范大学城市与环境科学学院　副教授
　　　　　　曾菊新　华中师范大学/湖北省发展和改革委员会　武汉城市圈研究院　教授
报告执笔人: 周笑琦　朱媛媛　曾菊新

新冠肺炎疫情对武汉科技创新及高新技术产业发展的影响研究

李 光

新冠病毒（COVID-19）作为人类未知的新病原体，具有科学未知性、感染致病性、变异不确定性和潜在风险性。始于2019年年末的COVID-19时疫，是中华人民共和国成立以来在我国发生的传播速度最快、感染范围最广、影响面最宽、防控难度最大的一次重大突发公共卫生事件。抗击COVID-19时疫，也是中华人民共和国成立以来我国应对突发重大公共卫生事件中规模最大的一次总体战、遭遇战和阻击战，它使我们面临的困难、问题和挑战远远超过2003年抗击SARS疫情。武汉是我国乃至世界抗击COVID-19时疫的最前线，是我国应对重大突发公共卫生事件"大考"的关键考点，也是检验我国应对重大传染病疫情应急管理能力的主战场。尤其是武汉长达70多天的"封城"，在人类历史上史无前例，一座人口千万级的国家中心城市停止正常的经济、社会运行，带来了一系列大大小小、错综复杂的经济社会问题，不仅使抗击COVID-19时疫的"武汉保卫战"艰苦卓绝，而且使COVID-19时疫后的恢复重建和发展任务极其繁重。在全球COVID-19时疫大流行背景下，COVID-19时疫也将对武汉科技创新及高新技术产业发展产生深远影响。

当今世界，新科技革命和产业变革蓄势待发，科技创新及高新技术产业蓬勃发展。科技创新与高新技术产业发展紧密相关，科技创新是高新技术产业发展的源泉，高新技术产业发展需求则是科技创新的一种重要动力。现代科技与产业发展的一个重要特征就是科技创新，尤其是重大科技创新（包括重大基础研究）成果实现具有重大社会价值的高新技术产业化。本课题主要研究后COVID-19时疫时期的科技创新及高新技术产业发展问题，重点研究COVID-19时疫对武汉科技创新及高新技术产业发展的长远影响。

一、我国应对COVID-19时疫的科技支撑背景

我国正处于抗击COVID-19时疫的非常时期，这是2003年应对SARS时疫后我们再次面临的严峻挑战。在2003年SARS时疫肆虐时期，武汉大学发展研究院课题组承担完成了"SARS时疫对中国科技发展的影响"研究课题，并针对我国抗击SARS时疫中存在的问题及后SARS时期科技发展提出10点建议：一是切实推进SARS时疫后的技术转移；二是尽快制订应对各种公共危机的科技预案；三是加强科技发展的多目标决策；四是强化科技资源的整合及其利用率；五是尽可能增加政府对基础性和公益性研究的投入；六是充分发挥科学技术整体的社会功能和作用；七是完整理解和积极支持人力资本投资；八是建立与科技全球化相适应的国家创新体系；九是以全面建设小康社会标准定位科技普及；十是切实加强技术标准建设和知识产权保护。①

如果参考上述建议进行历时性分析，不难发现2003年以来我国在应对公共卫生突发事件的科技支撑方面，已经发生了许多重大改变，在许多方面实现了从无到有、从有到优、从弱到强的历史性变革。一是应对突发公共事件的相关法规及预案从无到有。我国制定实施了《中华人民共和国突发事件应对法》《国家突发公共事件总体应急预案》《国家突发公共卫生事件预案》及科技预案，各省市自治区也先后制定实施了地方突发公共事件总体应急预案及科技预案。二是政府增加了应对突发公共事件的基础性和公益性科技投入。长期支持传染病重大科技专

---

① 李光. 抗击SARS：关于加快我国科技发展的对策建议［J］. 武汉大学学报（社会科学版），2003（4）.

项研究，建立基于先进信息技术的国家传染病网络直报系统，重点建设公共卫生与预防医学学科，重点建设 P3 实验室和 P4 实验室等大科学设施。三是大力倡导科技资源共享和科技创新协作。积极推进高等院校与科研院所的跨部门、跨学科协同创新，先后构建了一系列科技资源共享平台。四是不断建设和完善国家创新体系及区域创新体系。实施《国家创新驱动发展战略纲要》，各省市自治区制定实施区域创新体系建设规划，加快推进创新型国家、创新型省市自治区及创新型城市建设，不断强化高质量发展。五是重视发挥科技创新的社会功能。不断强化科技创新在我国全面创新中的核心地位和引领作用，积极推进科技在各行各业的重要支撑作用。六是实施知识产权、标准、质量和品牌战略。不断提高知识产权的创造、运用、保护和管理能力，努力提升中国标准水平技术标准建设。七是科学普及持续向前推进。明确提出科技创新、科学普及是创新发展的"两翼"，要把科学普及放在与科技创新同等重要的位置，全国科技活动周、全国科普日等全民性科学普及活动常态化，大众创业、万众创新活动不断推陈出新等。2003 年以来，我国科技应对重大突发公共事件的众多变化有目共睹。

2003 年以来，我国在应对公共突发事件领域取得了一系列科技成果，科技支撑与 2003 年抗击 SARS 时疫时期相比已有天壤之别。从我国这次抗击 COVID-19 时疫来看，武汉这座人口超过 1000 万的特大城市因时疫"封城"，在人类历史上是史无前例的。在世界关注的"武汉保卫战"中，现代科技发挥了极其重要的支撑作用。在抗击 COVID-19 时疫的"武汉保卫战"中，我国 Y-20 等大型运输机群在历史上第一次实现大规模医护人员及抗疫物资向疫区的快速投送；在短时间内完成新冠肺炎全基因组测序及病毒检测分离，并提供病毒快速检测试剂盒，不断更新诊疗方案版本；大数据"防疫地图"能够实时动态更新，实现从静态数据向动态数据转换；高精度、自适应、高性能红外热成像测温告警系统，实现面向大众的多人同时高效精确检疫监测，每分钟测温人数超过 500 人，测温距离最远可达到 10 米；人工智能影像评价系统和 5G 远程医疗系统，实现优质医疗资源共享和诊断效率大大提高；云计算、智能机器人及无人机技术的应急应用,提高了防疫消毒及监测效率;气化裂解医疗垃圾处理系统实现无烟雾、无异味、无污水排放,能有效清除尾气、底渣中的二噁英;武汉方舱医院建设及运行模式,开创了应对重大突发公共卫生事件的新途径;尤其是智能手机的微信、短信等视频和音频功能,不仅能及时传播政府权威抗疫信息,有助于抗疫时期政府与市民之间的信息沟通,有效支持市民健康码出行管控,而且能实现亲朋好友乃至陌生人在非常时期的广泛联系和相互帮助。在大数据及人工智能应用方面,以维智科技(WAYZ)开发的疾控AI平台(WDCIP)为例,这个平台同步覆盖全国29个省市自治区超过200座城市的7700+个场所地点,运用空间大数据和AI位置智能技术,为国家疫情防控部门、地方政府及公共安全系统提供不间断服务。这个平台利用位置大数据回溯历史轨迹,寻找病毒感染者紧密接触人群,预测疫情高危传播区域,进行人群预警、接触预警等风险预警精确提示,协助分析病毒传播动力模型,为疫情防控提供有力的科学决策支持。为抗击COVID-19时疫、支援"武汉保卫战",我国迅速确定临床救治和药物、疫苗研发、检测技术和产品、病毒病原学和流行病、动物模型构建等五大主攻方向,组织跨学科、跨领域、跨部门科研团队联合攻关并取得积极进展;国家新型冠状病毒肺炎药品医疗器械应急平台紧急运行,核酸及抗体检测试剂、中西医药物、疫苗的研发筛选不断向前推进。作为负责任、有担当的大国,我国积极向世界卫生组织(WHO)及多国通报COVID-19疫情,向有关WHO及有关国家分享病毒基因测序、检测试剂、诊疗方案等,强化全球科技创新合作……显而易见,这些科技应急响应以及科技创新成果的广泛应用,在我国17年前抗击SARS疫情时是难以想象的。如果没有这些科技应急响应及科技成果的广泛应用,没有正以战时状态、争分夺秒、夜以继日进行的应急科技创新以及预期科技成果,我们取得抗击COVID-19时疫的最后胜利更是难以想象。

我们也必须看到,2003年抗击SARS疫情至今17年过去了,我国科技应对突发公共卫生事件仍存在一些问题,尤其是有些方面必须进一步加快改革开放。概括而言,我国科技应对突发公共卫生事件主要存在八个方面的问题：一是科技应对突发公共卫生事件预案应急响应存在薄弱环节，二是科技创新资源科学配置和合理配置仍不尽如人意，三是基础性和前瞻性科技创新持续投入不足，四是高端医疗关键核心技术与发达国家存在明显差距，五是科技应对突发公共卫生事件的制度环境有待完善，六是科技治理体系及科技治理能力现代化进程需要提速，七是科技创新效率及效益亟待提高，八是科学普及与科技舆情管控需要加强。这些问题需要我们面向未来、积极面对、深入研究和努力缓解。

二、COVID-19时疫对武汉科技创新及高新技术产业发展的影响

COVID-19时疫无疑对武汉市科技创新及高新技术产业发展产生重要影响。从影响时间看，这种重要影响主要分为近期影响和长远影响，具体而言可以分为两个时期：一是抗击COVID-19时疫时期，即从COVID-19时疫开始肆虐到疫情防控结束期间的影响；二是后COVID-19时疫时期，即抗击COVID-19时疫取得胜利后一段时期的影响。从影响方式看，这种重要影响主要分为直接影响和间接影响，COVID-19时疫对科技创新及高新技术产业发展有直接影响也有间接影响。从影响效果看，这种影响主要分为积极影响和消极影响，COVID-19时疫对科技创新及高新技术产业发展既有积极影响也有消极影响。在实际过程中，COVID-19时疫对科技创新及高新技术产业发展的影响时间、方式、效果往往交织在一起，有时候很难严格区分和清晰表述，在我国COVID-19时疫防控常态化背景下尤其是如此。

（一）抗击COVID-19时疫时期：对武汉科技创新及高新技术产业发展的影响

在抗击COVID-19时疫期间，COVID-19时疫对武汉科技创新及高新技术产业发展的积极影响主要有以下几个方面。

——COVID-19时疫激发了应急科技创新活动。在COVID-19时疫

开始肆虐之时，也是科技创新活动应急响应之时。武汉大学、华中科技大学、中国科学院武汉分院等所属专业研究机构，应急投入大量人力物力，围绕 COVID-19 病毒及疫情进行了一系列科技攻关研究。国家自然科学基金委员会为了应对 COVID-19 时疫，于 2020 年 1 月启动"新型冠状病毒溯源、致病及防治的基础研究"专项，旨在鼓励研究人员围绕新型冠状病毒感染的病原学、流行病学、发病机制、疾病防治等相关重大科学问题，开展基础性、前瞻性的联合研究。湖北省内科研机构积极申报科技部、国家自然基金委员会疫情防控应急攻关项目，截至 2020 年 3 月 27 日，湖北省累计获批 27 项，其中牵头项目 16 项，参与项目 11 项，获批科研经费 5780 万元。为抗击 COVID-19 时疫，湖北省先后启动实施定向委托重大专项和应急科研攻关项目 3 批次共 48 个项目，已投入科研经费 1160 万元。武汉大学在 2020 年 2 月 3 日，发布《关于加强新型冠状病毒防治攻关的通知》，鼓励医学、生物、化学等领域科研机构，在新型冠状病毒的溯源、快速检测、临床药物筛选、疫苗、动物模型、致病机理、传播机制、疾病流行趋势预测等领域进行科技攻关活动。武汉大学发挥综合性大学人文社会科学优势，还启动实施了"抗击新冠肺炎"人文社会科学应急研究专项。

—— COVID-19 时疫聚集了应急科技创新资源。为抗击 COVID-19 时疫，全国迅速调配应急科技创新资源，一批又一批高级别应急专家及优秀医护人员驰援武汉，一批又一批应急医疗设备及抗疫物质聚集武汉，其科技创新资源聚集度前所未有。在"武汉保卫战"最关键时刻，全国百分之十以上的重症医学医护人员聚集武汉，钟南山、李兰娟、陈薇、乔杰、张伯礼、仝小林、黄璐琦、王辰等中国工程院院士奋战在第一线。应急科技创新资源空前聚集，为取得抗击 COVID-19 时疫"武汉保卫战"决定性胜利提供了重要保障。

—— COVID-19 时疫加快了应急科技创新进程。为抗击 COVID-19 时疫，武汉应急科技创新完全以战时状态进行，科技人员夜以继日、争分夺秒地开展病毒学、流行病学、重症医学、检测试剂、疫苗、药物筛选等方面的科学研究和技术发明。为切实加快应急科技创新进程，我国

COVID-19疫苗研制采取五条技术路线同步推进，而且均有国际科技合作。武汉大学国家多媒体软件工程技术中心王中元教授团队，针对迫切需要解决的口罩遮盖人脸识别问题，经过快速调研和科学论证制定了四步走的迭代研发技术路线，确定4套技术研发方案，以便根据样本集情况和模型性能表现适时调整、择优选取。

—— COVID-19时疫带来了一系列科技创新成果。在抗击COVID-19时疫过程中，应急科技创新取得了一系列成果，不仅产生了一批重要的研究论文和技术发明，而且立即应用在"武汉保卫战"疫情防控和临床医疗救护一线，广泛应用在全国各地疫情防控及患者治疗，并及时与世界各国抗疫专家分享。在Web of Science和Scopus数据库中，截至2020年7月1日，共检索到全球科研机构2019—2020年期间发表的COVID-19研究论文13717篇，其中华中科技大学相关科研机构发表论文数量全球第一（399篇），哈佛大学相关科研机构发表论文数量全球第二（301篇），武汉大学相关研究机构发表论文数量全球第三（262篇），意大利米兰大学相关研究机构发表论文数量全球第四（194篇），法国国家健康与医学研究院相关研究机构发表论文数量全球第五（185篇），英国伦敦大学相关研究机构发表论文数量全球第六（156篇）。

—— COVID-19时疫聚焦了应急科技创新问题。为抗击COVID-19时疫，我国迅速确定临床救治和药物、疫苗研发、检测技术和产品、病毒病原学和流行病、动物模型构建等五大主攻方向，立即组织跨学科、跨领域、跨部门科研团队联合攻关。围绕这些主攻方向，展开了许多具有针对性的课题研究。武汉地区众多科研机构围绕病原鉴定、应急检测与病毒检测技术研发、药物筛选、抗血清制品研发、动物模型构建、灭活疫苗研制、血浆治疗研究、消毒剂研制等课题开展科技攻关。

—— COVID-19时疫加快了科技交流方式进步。为抗击COVID-19时疫，解决非常时期必要的国内外科技交流问题，基于新一代信息网络技术、5G技术、人工智能技术等，全球抗击COVID-19时疫科技平台、国际远程医疗会诊等科技交流方式得到空前的推广普及。武汉大学人民医院叶柏新创建的微信"全球抗击新冠疫情一线医生交流群",有来自美国、德国、英国、法国、意大利、加拿大、瑞典、澳大利亚等国家的2000多名医生加入,并在群里讨论新冠肺炎的防控方法、治疗难点和临床治疗方案。这种科技交流方式进步,不仅有效支持了抗击COVID-19时疫"武汉保卫战",而且将对我国科技创新产生深远影响。

—— COVID-19时疫刺激了生物医药、医疗器械、大数据应用、位置服务等高新技术行业发展。在抗击COVID-19时疫非常时期,为适应疫情防控、医疗救护等量大面广的社会需要,生物医药、医疗器械、大数据应用、人工智能等高新技术行业,以战时运行状态积极回应并获得发展机遇。武汉协卓卫生用品有限公司是武汉市唯一具有医用防护服生产国内国际资质的企业,疫情前其医用防护服日产量只有3000件,为适应国内外抗击疫情的迫切需求,在很短时间内将产能提高到日产量80000件。不仅满足了国内需要,而且出口到德国、法国、美国等国家。湖北穆兰同大科技有限公司生产防疫消杀用品,疫情前日产能只有40吨,疫情发生后迅速将日产能提高到100吨。

—— COVID-19时疫促进了社会对应急科技创新的关注。抗击COVID-19时疫的时间紧迫性、目标针对性,使社会公众高度关注与自身安危密切相关的应急科技创新,聚焦应急科技创新的重要领域和重要科技问题,积极应用应急科技创新成果,并寄迫切希望于应急科技创新的重要进展。不论是主流媒体还是自媒体,社会大众对应急科技创新进展及应急科技创新成果的关注,尤其是对COVID-19检测技术、COVID-19疫苗、COVID-19抗体、COVID-19诊疗方案等方面的关注大大高于社会正常运行时期。

—— COVID-19时疫推进了公共卫生知识的科学普及。伴随着抗击COVID-19时疫进程,公共卫生知识的科学普及达到一个空前的高度,基于身体健康和生命安危的切身利益,社会公众在潜移默化中增强了公共卫生意识与自我防护意识,尤其是空前关注提高人体健康免疫力、流行病疫情防控、常见基础病治疗、营养保健食品、公共卫生安全等。抗击COVID-19时疫不仅推进了公共卫生知识的科学普及,而且对社会公共卫生意识及社会公众公共卫生行为方式产生深远影响。

—— COVID-19时疫强化了社会公众对科技重要性的认识。抗击COVID-19时疫的"武汉保卫战",再次彰显科技支撑人类抗击重大传染病疫情的巨大力量,社会公众以自己的亲身经历,深刻感受了科技创新的重要性,每时每刻都在期待科技创新能够创造奇迹,社会科技意识得到强化。尤其是社会公众对基础性、战略性、前瞻性科技创新投入重要性的认识,对增加应对重大突发公共卫生事件投入的认识,达到一个前所未有的新高度。

在抗击COVID-19时疫期间,COVID-19时疫对武汉科技创新及高新技术产业发展的消极影响主要有以下几个方面。

—— COVID-19时疫打乱了科技工作正常秩序。在COVID-19时疫肆虐期间,武汉采取前所未有的"封城"重大举措,全城实施交通管控和社区封闭管理,严格执行禁足限行,限制了绝大多数科技人员从事科技创新活动的空间和时间。尽管线上能够解决一部分研究工作问题,但绝大多数科技人员在抗击COVID-19时疫期间,有两个多月不能到研究室和实验室。

—— COVID-19时疫增加了科技人员的心理压力。突如其来的COVID-19是人类未知的新病原体,具有科学未知性、感染致病性、变异神秘性和潜在风险性。尤其是在COVID-19时疫肆虐、武汉处于最艰难之时,几乎所有被封闭在社区的居民都承受着心理压力。科技人员对重大突发公共卫生事件的科学认知能力,使他们承受着更大、更多的心理压力。

—— COVID-19时疫造成了科技人员的生活困难。在抗击COVID-19时疫非常时期,武汉"封城",尤其是社区封闭管理,完全打乱了城市正常的生活秩序,给居民带来了许许多多难以想象的生活困难,科技人员也不例外。只有亲身经历抗击COVID-19时疫"武汉保卫战"最艰难的时期,才能深刻感受到非常时期日常物资匮乏带来的生活艰辛。

—— COVID-19时疫约束了国内外科技交流与合作。在COVID-19时疫肆虐武汉之初,世界上一些国家临时取消往返中国的航班,使国际学术交流与合作受到一定影响；武汉"封城"以后，国内学术交流与合作受到很大影响。COVID-19 时疫在全球大流行以后，我国开始加强境外输入管理，使国际科技交流与合作进一步受到限制，直接影响到国际科技交流与合作成效。

—— COVID-19 时疫延缓了一部分科技计划实施。在抗击 COVID-19 时疫期间，绝大多数科技人员从事科技创新活动的空间和时间受到影响，科技创新活动受到客观条件约束，使得相当一部分科技计划不能严格按进度节点要求推进，甚至直接影响到科技创新的时效性。

—— COVID-19 时疫甚至导致一线科技人员以身殉职。在抗击 COVID-19 时疫期间，涌现出许许多多奋战在抗疫第一线的优秀科技人员，尤其是多位医疗专家以身殉职的英雄事迹。

—— COVID-19 时疫影响高新技术企业正常生产运行。在抗击 COVID-19 时疫期间，武汉"封城"使企业正常生产运营所必需的人流、物流等受到严重影响，除极少数企业从事非常时期的城市基本保障生产和抗疫应急响应生产，绝大多数企业处于停工停产状态，高新技术企业也不例外。

—— COVID-19 时疫影响了重大高新技术投资项目建设进程。在抗击 COVID-19 时疫期间，武汉"封城"停止了几乎所有的重点投资项目建设，即使是国家重大高新技术投资项目也不例外，直接影响了重大高新技术投资项目建设进程。

—— COVID-19 时疫削弱了中小微高新技术企业的市场份额。抗击 COVID-19 时疫"武汉保卫战"，使一部分高新技术企业在应急生产中得到发展，但众多中小微高新技术企业不得不中断生产经营的连续性，失去了相当一部分市场用户及生产订单，修复企业上下游供应链需要时间，在激烈的市场竞争中处于不利位置。

（2）后 COVID-19 时疫时期：对武汉科技创新及高新技术产业发展的影响

在后 COVID-19 时疫时期，COVID-19 时疫对武汉科技创新及高新技术产业发展的消极影响明显减弱、逐渐消失，武汉科技创新及高新技术产业发展逐步恢复正常，并面临科技创新及高新技术产业加快发展的机遇。在后COVID-19时疫时期，对武汉科技创新及高新技术产业发展的积极影响主要有以下几个方面。

——更加重视公共卫生领域的重大科技问题研究。抗击COVID-19时疫，既反映出我国对公共卫生领域重大科技问题研究重视不够，也反映出对公共卫生领域重大科技问题持续研究不足。武汉将更重视公共卫生领域的重大科技问题研究。

——更加重视应对重大突发公共卫生事件的科技支撑能力。抗击COVID-19时疫，反映出我国应对重大突发公共卫生事件的科技支撑能力存在薄弱环节，科技支撑的及时性、有效性等有待提升。武汉将不断强化应对突发公共卫生事件的科技支撑能力。

——更加重视跨学科、跨领域、跨部门科技协同创新。抗击COVID-19时疫，反映出重大科技问题的复杂性、系统性，探索重大科技问题的长期性和艰难性。武汉将切实针对重大科技问题，加强跨学科、跨领域、跨部门科技协同创新。

——更加重视科技创新基础研究和前瞻性研究投入。抗击COVID-19时疫，反映出我国基础研究、前瞻性研究投入明显不足，与建设创新型国家和世界科技强国需要不相适应。武汉将加大科技创新基础研究和前瞻性研究的投入。

——更加重视加快推进科技治理体系及治理能力现代化进程。抗击COVID-19时疫，充分反映出我国应对重大突发公共卫生事件应急响应存在的问题，以及科技治理体系和科技治理能力的深层次问题。武汉将加快推进科技治理体系和科技治理能力现代化建设，强化科技政策的高质量供给。

——更加重视负责任创新、科技伦理、生命安全和生物安全。抗击COVID-19时疫，既反映出我国负责任创新和科技伦理等方面存在的问题，也反映出生命安全和生物安全等方面存在的薄弱环节。武汉将积极倡导负责任创新和科技伦理，尽可能规避生命安全和生物安全风险。

——更加重视人工智能、大数据等新兴技术的社会推广应用。抗击COVID-19时疫，切实推进了我国人工智能、大数据、云计算等新一代技术应用，并取得了有目共睹的显著成效，为经济社会发展奠定了坚实基础。武汉将进一步加快人工智能、大数据等新一代技术的广泛应用。

——更加重视科技信息、科技传播和科学普及。抗击COVID-19时疫，再次显示出科技全球化时代科技信息、科技传播和科学普及的重要性，对政府开放科技数据和重视科技舆情提出新要求。武汉将进一步推进政府科技信息开放，加强科技舆情管控、加快科技传播，强化科学普及。

——更加重视弘扬中华民族优秀中医文化传统和中西医结合。在抗击COVID-19时疫的医疗救护和预防中，中西医互补、中西医结合发挥了重要作用，尤其是中医文化传统得到彰显。武汉将进一步弘扬中华民族优秀中医文化传统，积极推进中西医结合，形成中西医诊疗优势互补。

——更加重视应对重大突发公共事件的战略科技力量储备。抗击COVID-19时疫，反映出我国应对重大突发公共事件的战略科技力量储备不足，科技创新应急响应存在一些问题。武汉将更重视应对重大突发公共事件的战略科技储备，加强国家及地方科技应急响应能力建设。

——更加重视应对重大突发公共卫生事件的基础设施建设。抗击COVID-19时疫，表现出我国应对重大突发公共卫生事件的基础设施明显不足，亟待加强相关基础设施体系建设。武汉将制订和完善应对重大突发公共卫生事件的基础设施建设规划，加快重大基础设施体系建设。

——更加重视医疗健康，尤其是高端医疗装备关键核心技术突破。抗击COVID-19时疫，再次暴露出我国一部分高端医疗装备核心技术短板和"卡脖子"技术痛点，实现这些关键核心技术突破时不我待。武汉将强化新型举国体制的重要作用，加强解决关键核心技术的投入和科技攻关。

在后COVID-19时疫时期,不论是在国家层面还是在地方层面,科技创新都将进入一个新的发展时期,高新技术产业将保持持续稳定发展。武汉具有科技创新及高新技术产业发展的比较优势,经过抗击COVID-19时疫的洗礼,科技创新及高新技术产业将加快发展,并对区域经济社会发展产生更加重要的影响。

三、加快武汉科技创新及高新技术产业发展的对策建议

针对科技抗击COVID-19时疫"武汉保卫战"实践中反映出的问题,为更有效地应对未来重大突发公共卫生事件,更好地加快武汉后COVID-19时疫时期科技创新及高新技术产业发展,更高质量地发挥科技在国家中心城市建设中的重要支撑作用,特提出以下对策建议。

——切实加快推进科技治理体系及科技治理能力现代化进程。在推进国家治理体系和治理能力现代化框架下,深化改革开放创新,遵循科学技术发展规律,坚持科技以人为本,深入贯彻落实国家科技治理法规,强化地方科技治理体系及科技治理能力建设,制定和完善地方科技治理法规,切实提高科技创新效率,努力提高科技创新能力,为释放科技创新潜能和科学的社会功能做出更好的制度安排,创造更好的舆论氛围和社会环境。

——优化科技发展的创新生态系统。近年来,武汉重视营商环境改善和优化取得明显进展。为充分发挥科技创新的引领和支撑作用,必须高度重视创新生态系统的改善和优化。通过切实创造更好的社会环境、工作环境和生活环境,不断优化武汉科技创新生态系统,充分发挥广大科技人员的积极性、主动性和创造性,加快科技创新主体发展,努力释放科技创新潜能。

——完善科技应急预案及行动指南的可操作性、程序性。在2003年应对SARS时疫后,我国从中央到地方已制订实施应对突发公共事件的科技应急预案。当务之急是根据多年来应对重大突发公共事件,尤其是抗击COVID-19时疫暴露出的一系列问题,着力提高武汉应对重大突

发公共卫生事件能力，切实完善地方科技应急预案及行动指南的系统性、程序性、协调性、可操作性和有效性。

——弘扬科学精神和科学文化。遵循科学发展规律和科技创新活动特点，积极促进科学文化与人文文化汇流，牢固树立科学价值观。坚持经世致用的科技评价导向，大力倡导科学、严谨、勤勉、认真的职业操守和负责任创新，切实加强科技共同体建设，推进科技工作者履行社会责任的自律和他律，不断为科技创新主体创造更好的社会环境和文化氛围。

——强化聚焦重要科技问题的科技协同创新。在科技全球化、大科学时代背景下，积极探索基于利益机制的科技协同创新模式，着力建设武汉科技创新利益共同体，聚焦重要科技问题，尤其是重大科学问题，强化科技创新优势互补和多学科综合集成，大力推进跨学科、跨部门、跨领域科技协同创新，切实提高科技协同创新的效率和效益。重视人类共同面临的重大科技问题，积极参与全球科技协同创新。

——提高科技投入和科技资源配置水平。努力进行武汉面向未来的科技资源纵深配置，更好地发挥政府和市场配置资源的协同作用，切实提高公益性和基础性科技创新投入，增加应对重大突发公共事件，尤其是重大突发公共卫生事件的投入，不断统筹兼顾、优化"标志科技"[1]和"民生科技"的科技投入结构，努力增强科技资源配置的科学性、前瞻性、合理性和有效性。

——推进科技创新领域的军民深度融合。在应对突发重大公共事件科技创新方面，深入实施国家军民融合战略，不断探索面对未来不确定性的军民融合机制，在平常时期和非常时期科技支撑之间保持必要的张力。切实以有效途径推进"军民深度融合""平战紧密结合""预防

---

[1] 李光.湖北省民生科技发展相关问题研究[J].武汉大学发展研究院.湖北发展研究报告2008.武汉：湖北人民出版社，2008.

与应急结合",制订和完善应对重大突发公共事件的"平战结合"科技预案及行动指南,尤其要重视"平战结合"的与时俱进衔接及转换关键环节。

——改善科技信息传播社会环境。适应人类信息社会和大数据时代的特点,积极应对"信息爆炸"和海量数据的挑战,切实转变传统思想观念,加快政府科技数据开放进程,加强科技信息面向社会公众的权威性、科学性、引导性和有效性,提高科技舆情引导和处置能力。不断创新社会公众喜闻乐见的科学普及方式,努力提高科学普及效率和效益,着力提升与武汉创新型城市、国家中心城市、国际化城市相适应的社会科技意识和公众科学素养。

——将自主创新融入全球科技创新网络。适应科技全球化进程,准确研判世界新一轮科技革命及产业变革新形势,切实拓展武汉的国际科技交流与科技合作途径,积极参与国际大科学研究和大科学装置建设,如流行病防范创新联盟(CEPI)、世界卫生组织研发蓝图(WHO R&D Blueprint)等。坚持自主创新、开放式创新、负责任创新和迭代创新,大力推广应用基于大数据的科学研究范式及科学方法。

——发挥科技发展战略及科技发展规划的重要作用。坚持以全球视野、科技预测和我国国情制订实施武汉科技发展战略及科技发展规划,尤其是面向未来的长远科技发展战略和中长期科技发展规划,着力于提高关键领域的战略科技力量和战略储备能力,努力强化其科学性、前瞻性、指导性、系统性、协调性、有效性和权威性,并为制订实施科技发展战略及科技发展规划创造更好的社会环境。

——加快高新技术产业发展结构调整和整体优化。强化支撑武汉高新技术产业发展的创新链、产业链协同,实现科技创新对高新技术产业发展的强大支撑和持续支撑,不断将高新技术产业做大做强,不断提升高新技术产业发展的集中度,不断完善高新技术产业创新链、产业链,不断打造具有影响力的高新技术产业集群,不断提高研发产业、光电子信息产业、生物医药产业、高端医疗设备产业、数字创意产业等市场竞争力。

——切实为大中小微高新技术企业排忧解难。针对COVID-19时疫给高新技术企业发展带来的实际困难，政府应基于普惠性原则精准施策、重点施策，采取减免税费、减免物业租金、增加就业补贴、返还失业保险费、发放消费券、支持技术改造、提供银行信贷等积极有效的应急扶持措施，努力帮助武汉高新技术企业渡过难关。在重视规模以上高新技术企业发展的同时，特别要重点关注和大力支持中小微高新技术企业发展。

——积极面向未来谋划建设"武汉-国家综合性创新群落"。充分利用抗击COVID-19时疫"武汉保卫战"科技支撑实践经验，发挥武汉科技创新资源整合优势和科技创新能力比较优势，努力争取国家部委大力支持，建设一批"武汉-国家创新集群"，尽快形成具有战略性、前瞻性、基础性、支撑性的"武汉-国家综合性创新群落"：一是武汉-国家病毒学与公共卫生安全创新集群；二是武汉-国家公共卫生及应急管理人才培养创新集群；三是武汉-国家大健康产学研协同创新集群；四是武汉-国家应对重大突发公共卫生事件科学普及创新集群。

——加强科技创新、科技服务、科技普及等科技类社会组织（NGO）建设。在社会主义市场经济体制下，科技类社会组织的功能和作用日益凸显，发挥着政府不可替代的重要作用。在加快武汉科技治理体系和科技治理能力现代化框架下，建立和完善促进科技类社会组织发展的法规，形成推进科技类社会组织发展的机制，加强科技志愿者及科技志愿服务队伍建设，创造有利于科技类社会组织发展的环境，切实发挥科技类社会组织的巨大潜能。

——重视应对重大突发公共卫生事件科学普及基地建设。充分利用火神山、雷神山、武汉方舱医院等实地实景，以及新建应对重大突发公共卫生事件的重要基础设施，建立抗击COVID-19时疫"武汉保卫战"纪念馆及科学普及基地。以实地实景实物、音频视频资料展示应对重大突发公共卫生事件"武汉保卫战"的英勇悲壮和艰苦卓绝，努力彰显现代科技在"武汉保卫战"中的重要支撑作用,深入普及人类应对重大突发公共卫生事件科学知识和公共卫生科学知识。

(本报告为武汉大学"抗击新冠疫情"人文社会科学应急研究专项研究成果)

课题负责人及撰稿人:李 光 武汉大学"珞珈杰出学者"、二级教授、博士生导师

湖北省塑造更多引领型发展研究报告

秦尊文　张　宁

在新冠肺炎疫情的冲击下,湖北省要坚持战略定力,牢记"引领型发展"嘱托,加快建设社会主义现代化强省步伐。

一、研究背景与重大意义

(一)"湖北塑造引领型发展"的提出

塑造更多引领型发展,是 2018 年 4 月 24 日至 28 日习近平总书记视察湖北、考察长江时提出的重大课题,是对湖北亲自布置的重大任务。

2018 年 4 月 24 日下午,习近平总书记考察三峡坝区时讲道:"试想当年建设三峡工程,如果都是靠引进,靠别人给予,我们哪会有今天的引领能力呢!"① 这是他在湖北首次讲"引领"问题。可以看出,所谓的"引领"是在全世界比较而言的,也就是说,某一项工程、某一种技术、某一种产品是世界领先的。

2018 年 4 月 28 日下午,习近平总书记在听取省委和省政府工作汇报后,对湖北省各项工作取得的成绩给予肯定,希望湖北"塑造更多依靠创新驱动、更多发挥先发优势的引领型发展"。这是习近平总书记首次对一个省(自治区、直辖市)明确提出"引领型发展"的要求。

---

① 习近平考察三峡工程:大国重器必须掌握在我们自己手里 [EB/OL]. 2018-04-25. www.xinhuanet.com/politics/2018-04/25/c_1122736705.html.

所谓"引领型发展"不是跟随式发展、追赶式发展，而是超越式发展，要求从"跟跑""并跑"跨越到"领跑"。湖北省可谓使命光荣，任务艰巨。

(二) 湖北省塑造引领型发展的重大意义

1. 顺应经济全球化背景下技术创新大势

与20世纪不同，一国或地区保持其经济上的领先地位已不能通过不断的技术模仿和再改良来实现。进入21世纪，技术进步更多的是以科学为基础，通过大量而长期对基础科学的R&D投入获得的，因而越来越不具有可模仿性。此外，规模经济与原创性的技术专利保护力度在世界范围正日益加大，也使得技术创新越来越具有特别重要的意义。

2. 服务推进长江经济带高质量发展大局

2017年10月，习近平总书记在党的十九大报告中首提高质量发展；2018年4月26日，他在深入推动长江经济带发展座谈会上提出以长江经济带发展推动高质量发展；2018年4月28日，视察湖北、考察长江的最后一天下午，习近平总书记对湖北提出要塑造更多引领型发展。可以说，湖北省塑造更多引领型发展，可以带动长江经济带高质量发展，进而推动全国经济高质量发展。

3. 加快实现"建成支点、走在前列"大业

早在2013年7月，习总书记在武汉召开的湖北省党政领导干部座谈会上，就提出了把湖北建设成为中部地区崛起重要战略支点，在转变经济发展方式上走在全国前列的明确要求。而新提的引领型发展意味着仍然要求湖北走在前列，否则就谈不上"引领"。如果说建成支点、走在前列主要是提目标，而塑造更多依靠创新驱动、更多发挥先发优势的引领型发展，则指出了湖北建成支点、走在前列的方向和路径。因此，湖北省塑造更多发挥先发优势的引领型发展，将加快建成支点、走在前列宏伟蓝图的实现。

二、湖北省塑造引领型发展的重点领域

要认真落实习总书记关于湖北省要塑造引领型发展的要求，不可能"撒胡椒面"、全面开花，要选择国家有要求、发展有前景、前期有基础的几个领域实施重点突破。

（一）信息产业领域

得益于雄厚的科教实力，湖北省的存储器、光电子等领域在全国处于"领跑"地位，卫星导航、量子测量等极少数领域在全球基本上处于"并跑"地位。

1. 做强做大芯片产业

习近平总书记2018年4月26日在武汉新芯集成电路制造有限公司视察时强调，装备制造业的芯片，相当于人的心脏。心脏不强，体量再大也不算强。要加快在芯片技术上实现重大突破，勇攀世界半导体存储科技高峰。也就是在这一天，国家级信息光电子创新中心在武汉正式组建。此前，国家已经在武汉布点了总投资240亿美元的存储器项目。湖北省一定要不负总书记厚望，加快建设步伐，争取尽快实现每月30万片芯片的产能。要聚集产学研用融优势资源，强化集成电路设计、软件开发、系统集成与应用、内容与服务协同创新，加快核心芯片的设计、开发和产业化，率先走出一条强"芯"之路。

2. 壮大地球空间信息产业

以武大吉奥、立得空间、武大卓越、光谷北斗、梦芯科技、光庭信息、武汉导航院、湖北地信集团等为依托，拓宽和完善地球空间信息平台，拓展和加强地球空间信息应用服务。完善上游地球空间信息数据获取、中游数据处理加工与运营服务、下游系统集成及应用服务链条，形成完整的地球空间信息及应用服务产业生态，打造国际一流的地球空间信息产业集群。

3. 开发新一代信息技术产业

依托中国信科（包括烽火通信、光迅科技）、长飞光纤、华工科技、武汉凡谷等龙头企业，发挥信息光电子、5G等领域研发优势，重点培育发展光通信、5G通信产业；依托华星光电、武汉天马、天玑智谷等龙头企业，大力发展新型显示与智能终端产业；依托安天信息、绿色网络等龙头企业，建设好国家网络安全学院、东西湖国家网安基地；依托光谷量子、国科量子、国盾量子和有关院所，重点突破量子实用化核心技术，努力在政务、金融、电力、通信、测绘等领域实现规模化应用，建成具有国际影响力的量子通信、量子测量产业基地。

（二）人工智能领域

湖北部分人工智能研发在全国有一定领先优势，智能网联汽车则在全球基本处于"并跑"地位。

1. 智能网联汽车

2016年11月3日，工业和信息化部与省政府签订合作框架协议，武汉成为智能汽车与智慧交通应用示范城市，武汉经济技术开发区成为首批入选示范区项目建设的核心区。发展智能网联汽车产业，是湖北承担的国家使命。如果说过去传统的汽车制造我国与欧美国家有代差，那么现在智能网联汽车则几乎是同步的，湖北省的武汉、襄阳在这方面已经率先起步。2017年12月2日，襄阳生产的无人驾驶公交车在深圳开放道路上试运行，在国内属首次，比全球最早的法国仅晚一年左右。襄阳要加快建设东风汽车试验场四期、智能网联汽车小镇和智能网联汽车运营示范线。湖北省要进一步加强顶层设计，突破关键技术，积极开发车载远程信息处理系统，加强自动驾驶系统研发、产业化及示范应用。推进国家智能网联汽车质量监督检验中心建设，培育智能网联车企龙头，使智能网联汽车成为湖北引领型产业的一张名片。

2. 机器人

机器人是集机械、电子、控制、计算机、传感器、人工智能等多学科先进技术于一体的自动化装备，代表着未来智能装备的发展方向。推进机器人的应用和发展，有利于改善劳动条件，提高产品质量和劳动生产率，带动相关学科发展和技术创新能力提升，促进产业结构调整、发展方式转变和工业转型升级。要建立以工业机器人主机企业、系统集成企业为牵引，零部件及产业服务企业协同发展的产业发展格局。积极开发机器人控制系统、减速机、机器人传感等关键部件。研发具有深度感知、智慧决策、自动执行功能的工业机器人。大力培育具有国际竞争力的工业机器人骨干企业，积极发展创新型中小企业，形成具有较强竞争力的工业机器人产业集群。支持武汉经济技术开发区建设"机器人小镇"，发展焊接、涂装、装配等工业机器人、服务机器人和特种机器人，构建机器人研发、测试、制造、系统集成和应用服务一体化的产业链，打造国际领先的"机器人之都"。

3. 智能装备

以武汉（东湖新技术开发区、武汉经济技术开发区）为龙头，以襄阳、宜昌、黄石、十堰为支撑，以格力智能装备产业项目、中国3D打印应用中心和"中国标准化3D打印云工厂"项目、葛洲坝高端装备制造项目、华中3D打印快速智造创新中心项目、东风装备产业园、710所智能装备产业化项目等为依托，重点发展精密、高速、高效、柔性的数控专用机床等，配套发展新型工业传感器、智能化工业控制系统等核心关键零部件。推进3D打印设备向材料、服务等上下游延伸，形成以3D打印为核心的产业链。

（三）高端装备领域

湖北省是中国海洋工程装备、轨道交通装备、航空航天装备、新能源汽车等高端装备生产重要基地，特别是海洋工程装备（包括航空母舰、核潜艇等"国之重器"）的研发在全国具有压倒性优势，其中部分领域处于世界前沿。

1. 海洋工程装备

湖北省不靠海，但为海洋强国战略和建设强大海军作出了卓越贡献。中国舰船设计中心就在武汉。要利用湖北省海洋工程装备方面的先发优势，推动湖北海洋经济发展。要支持武汉、荆州、宜昌等地加大海洋核动力平台、深海智能渔场等海洋工程装备领域的开发力度，将内陆湖北打造成海洋经济强省，将江城武汉打造成产业上的江海联动强市。尤其值得一提的是湖北省研制的深海智能渔场，其第一套装置于2017年6月出口到挪威。这种智能渔场实际上是一个规模巨大而又十分复杂的养鱼网箱，一次可以养殖150万条深海三文鱼。它融合了世界最先进养殖技术、环保理念和海洋工程装备制造能力，这种装备也是该领域在世界范围内的首例项目，其建造在整个业界被认为是巨大成功。

2. 轨道交通装备

先进轨道交通装备是中国高端装备"走出去"的闪亮名片，是未来公共交通发展的主要载体。通过引进消化吸收再创新，湖北省轨道交通装备整体研发能力和产品水平大幅提升，掌握了重载和快捷货运列车、城轨车辆、大型养路机械、列车运行控制、综合监控等产品制造技术，形成了覆盖基础技术、共性技术、产品工艺技术的研发创新体系。目前，湖北省已形成以武汉、襄阳为主的两大聚集区，集研发、设计、制造、试验和服务于一体的产业体系。下一步，要以轨道货车装备、城市轨道交通装备等为突破口，推动产业发展上新台阶。全面突破30吨及以上轴重重载和时速160公里快捷货运货车技术，开展全系列大轴重重载货车、高原轨道车、快捷货运列车的配套研发，研发制造满足国际市场不同限界要求、不同供电制式的，覆盖全部货物运输需求的系列货运列车；推进新型城市轨道交通装备研发及产业化，完善地铁、有轨电车、城际列车和动车组产业链，搭建城轨车辆及中低速磁悬浮系统的设计、制造、试验、检测技术平台，形成适应各个国家不同技术标准要求并满足全球市场不同性价比、文化、环境等需要的多系列城轨车辆产品谱系。支持有实力的企业"走出去"，大力开拓海外市场，积极参与国际竞争，创立具有国际影响力的世界级品牌，打造具有全球配置资源能力的跨国企业，全面提升企业的国际竞争力。

3. 航空航天装备

湖北省老航空工业基地在荆门、襄阳。尤其是荆门拥有全国唯一的特种飞行器研究所，我国大飞机"三剑客"之一的 AG600 就由该所研制（另外两种是 C919、运-20）。2018 年 10 月 20 日，AG600 在荆门水上首飞成功，得到习近平总书记的来电祝贺。AG600 是世界上最大的水陆两用飞机，既能在地面也能在水面起降，它可以在 2 米海浪等复杂气象条件下作业，一次性救助 50 名海上遇险人员；而作为一种具备森林灭火能力的大飞机，它一次性可以汲水 12 吨，单次投水救火面积达到 4000 多平方米。不仅如此，由于其最大航程能够达到 4500 公里，今后在南海巡航维权等方面将发挥十分重要的作用。

要充分发挥荆门、襄阳两个老航空工业基地的作用。在荆门，构建水面飞行器设计技术、浮空飞行器设计制造技术、高速水动力研究试验技术、结构腐蚀防护与控制研究技术等四大特色优势专业体系，建成高速水动力、浮空飞行器、结构腐蚀防护与控制等特色专业试验室以及浮空飞行器制造、集成和水陆两栖飞机总装、试验、试飞基地。在襄阳，依托宏伟航空器有限责任公司，发展热气球、热气飞艇、滑翔伞、轮式动力伞等特种飞行器产品的研发、生产、销售、培训、飞行表演和广告服务等。

作为湖北省航空航天工业后起之秀的武汉，要发挥科技优势，后来居上。航空方面，重点发展无人机。结合湖北省空间信息产业发展优势，大力促进无人机在航空测绘、灾害应急侦察、电力和道路巡线等方面的应用，打造集无人机研发制造、无人机航拍、无人机影像后处理软件开发、无人机操控人员资格培训于一体的无人机应用产业链。作为我国首个国家级商业航天产业基地，武汉要着力打造航天运载火箭及发射服务、卫星平台及载荷、空间信息应用服务、航天地面设备及制造等四大主导产业。要重点发展卫星平台及载荷，突破小卫星、微纳卫星、卫星组网等核心技术，发展低轨通卫星、低轨遥感卫星、导航增强卫星等，建成我国商用卫星研发制造基地。

湖北省要加大对武汉、荆门、襄阳等地航空航天产业的政策支持力度，加快布局构建国家级航空航天产业创新中心，尽早将核心技术优势转化为产业优势和经济效益。加快专门人才培养步伐，尽快在武汉或荆门创建一所航空航天高校。

4. 新能源汽车

重点突破"大三电""小三电"等新能源汽车核心技术瓶颈，推进新能源汽车轻量化技术研究与应用。加速大功率快充设备的研发与推广。推动插电式混合动力汽车、纯电动汽车、燃料电池汽车产业规模化发展。依托武汉理工大学在汽车领域的核心技术和人才优势，办好新能源汽车研究院，推动武汉、襄阳、十堰以发展下一代汽车技术为核心的汽车产业转型升级，支持随州、孝感、荆门新能源汽车发展。支持东风新能源汽车示范产业园项目、武汉泰歌复他商用车公司专用车建设项目、荆门格林美新材料有限公司三元正极材料、东风力神新能源汽车3gwh锂离子动力电池项目、湖北锂诺新能源项目、比亚迪新能源客车基地、新能源整车国家工程实验室、易捷特电动汽车基地等项目建设，加快打造千里汉江新能源汽车产业带。

（四）生物医药领域

新冠肺炎疫情暴发后，人们健康意识空前高涨，生物医药产业也逆市上扬。湖北省有条件在生物医药领域发挥更多的引领型优势。

1. 生物产业

湖北省聚集大批生物技术研究开发人员，建有国家级重点实验室、部委开放实验室、重点工程（技术）中心和省级重点实验室等生物技术研究开发机构，是我国最大的生物产业科研基地之一。以武汉国家生物产业基地为龙头，宜昌、荆门、十堰、天门、黄石、仙桃、黄冈、鄂州8个区域性生物产业园为支撑，产业功能互补、生产布局差异化，形成了生物产业蓬勃发展的"湖北模式"。其中武汉光谷生物城目前已集聚各类生物企业2000多家，吸引了6万多人就业，是东湖高新区仅次于光电子信息的第二大战略性支柱产业。4位诺贝尔奖得主、27位院士，537个高层次生物人才团队，为光谷生物城源源不断地释放出创新活力。

积极研发新生物药，重点做大生物药产业。武汉大学杨代常教授研发的植物源重组人血清白蛋白注射液，就是极有市场前景的生物药。人血清白蛋白过去只能从血浆中提取，杨代常教授却能让它从水稻中"长"出来，一亩水稻可以产生的人血清白蛋白相当于300人每人平均献200毫升血的产量，成为面向海内外的热销产品，是治疗烧伤、肝硬化等疾病的"黄金救命药"。武汉生物城聚集了一批这样的企业，可以研发更多优质生物药。

2. 中药

黄冈以"李时珍"为品牌全力打造中国·黄冈中医药健康谷，十堰聚焦"武当药谷"大力发展生物医药产业，潜江发挥"潜半夏"等品牌优势发展大健康产业，恩施聚焦"富硒"扩大健康产品生产，均取得较大成绩。下一步，着力推进药、养、游、医、健五位一体融合发展，做大中药产业，延长产业链，形成湖北省大健康大发展格局。

创新中成药生产工艺，推广高效环保的粉碎、炮制、提取、分离、纯化、制剂等中药生产关键技术。应用指纹图谱、快速检测、DNA条形码等中药质量控制研究成果，提升中药及其制剂质量控制水平。集成现代药物筛选技术和制剂技术，拓展中药新药研发渠道，加强名方、验方、经方、天然药物和名优中成药等筛选评价，研发一批以活性成分、活性部位组方的现代中药新产品。夯实中药研发基础，建立中药活性成分、活性组分、标准指纹图谱数据库。支持培育中药大品种，提升生产质量标准化水平和工艺技术水平。加速特色创新中药研发，实现重大疾病防治药物原始创新。进一步推动中药产品标准化发展，促进产业标准体系与国际接轨，加快国际化步伐。

3. 化学药

围绕重点优势门类，加强关键工艺创新，提升原料药深加工能力。发展特色原料药、原料制剂一体化。加强化学新药研发及产业化，大力推广应用缓释、控释、速释、靶向释药、透皮和黏膜给药等新技术，重点发展长效注射、口腔速释、吸入制剂、脂质体、儿童适宜剂型、靶向制剂、新型皮肤给药制剂等，促进高端制剂产品的国际化，大幅提升优势主导产品附加值。加大力度开展专利到期药物大品种研发和生产。加速罕见病药物、儿童用药、市场调节机制失灵的药物等临床短缺急需药物开发及产业化。

4. 高端医疗器械和生物医用材料

开发高性能医疗设备与核心部件。发展高品质医学影像设备、先进放射治疗设备、高通量低成本基因测序仪、基因编辑设备、康复类医疗器械等医学装备，大幅提升医疗设备稳定性、可靠性。利用增材制造等新技术，加快组织器官修复和替代材料及植介入医疗器械产品创新和产业化。加速发展体外诊断仪器、设备、试剂等新产品，推动高特异性分子诊断、生物芯片等新技术发展，支撑肿瘤、遗传疾病及罕见病等体外快速准确诊断筛查。研制面向家庭的智能化、小型化疾病监测、治疗设备；以骨植入材料为重点，研发医用可降解和吸收生物活性材料、介入诊断及治疗的药物控释材料、组织工程材料等新型医用材料，发展高端医用无纺布、绷敷材料等卫生材料技术与产业。

（五）建设工程领域

2020年2月初，武汉火神山医院、雷神山医院"火速"建成，向世人展示了"中国速度"和"中国质量"。其实，近十年来湖北省"三造"（造桥、造坝、造楼）水平，一直都是世界一流。

1. 造桥、造坝、造楼

以大桥局、中交二航局为代表的武汉建桥军团包揽了世界上50%的大跨桥梁；2018年中建三局推出的"空中造楼机"堪称大国重器，宣告了我国在超高层建造技术领域取得领先优势。特别值得一提的是水电站建设，湖北省水电工程在全世界是具备引领优势的。

要鼓励创建精品工程。大力推进先进建造方式、智能设备、建筑信息模型（BIM）等技术的研究应用，通过建设科技项目计划和示范工程，推广应用新技术、新工艺、新材料、新设备，加强建筑业新技术和先进工法的推广应用，努力提高"三造"现代化、工业化和信息化水平。

要积极融入"一带一路"，实施"走出去"战略。以"一带一路"

基础设施互联互通为优先领域，推动湖北省建造业资源整合、企业联动、项目合作、互利共赢，引导湖北省骨干建造企业向公路、水利、市政、铁路、城市轨道交通等重点投资领域拓展。

2. 设计—建设—标准

要占领产业高端，继续把握设计领域的话语权。武汉拥有468家勘察设计企业，11位工程院院士，从业人员7万人，2018年勘察设计行业实现产值约1000亿元。2017年10月31日经联合国教科文组织评选，武汉市正式入选"设计之都"，成为中国继深圳、上海、北京之后第四个享此殊荣的城市。要努力在国内外延长设计产业链，走出具有湖北优势和特色的"设计—建设—标准"发展之路，巩固和提升湖北省"三造"产业全球引领地位，并带动配套设备走向世界。

三、湖北省塑造更多引领型发展的对策建议

要在上述五大产业发挥好引领作用，今后要在更多领域（包括未知领域）培育出先发优势，需要一系列政策和措施作保障。为此，提出如下建议。

（一）创建武汉两个中心

要塑造引领型发展，必须靠国家重大科技项目的突破作支撑。从湖北省实际出发，当前要着力创建武汉综合性国家科学中心和产业创新中心。综合性国家科学中心是国家培育先发优势的主要平台，目前仅有4个，分别落户上海（张江）、合肥、北京（怀柔）、深圳。武汉建成综合性国家科学中心，是湖北省塑造引领型发展的"风向标"和"标志物"。2018年1月，国家发改委发布《国家产业创新中心建设工作指引（试行）》。国家部委明确建设"两个中心"的基础条件：一是要有一批（3个以上）重大科技基础装置；二是要有一批国家级的重大创新平台；三是要有一批"双一流"高等院校；四是要有一批世界级的领军人才；五是要有若干先进产业集群。武汉是国家创新试点城市和国家中

心城市，是我国三个"三区联动"（自由贸易区+自主创新示范区+全面创新改革试验区）政策叠加的国家中心城市之一，上述这五项条件武汉都具备。

武汉"两个中心"的建设可以采取"三步走"的战略：第一步，申建武汉综合性国家产业创新中心；第二步，建设若干高水平重大科技基础设施，完善综合性国家科学中心的架构，打造形成国家综合性前沿科学高地，创建综合性国家科学中心；第三步，实现前沿科技创新驱动产业高质量发展，把武汉建设成为具有全球影响力的国家科技创新中心。

（二）培育更多"隐形冠军"

所谓"隐形冠军"，就是在国内或国际市场上占据绝大部分份额，但社会知名度不高的中小企业。这类企业，块头小、不知名，却在自己的细分领域里做到全国第一甚至世界第一。

到目前为止，湖北省公布了三批支柱产业细分领域隐形冠军企业名单，全省约有1000家隐形冠军企业。

在仙桃，新蓝天、绿色家园、健鼎科技、富士和、新发塑料、恒天嘉华、伊斯特等14个中小企业是首批细分领域的"隐形冠军"。在潜江，永安药业股份有限公司生产的牛磺酸80%以上出口，已成为全球最大的牛磺酸生产基地，占据全球50%左右的市场份额。

如果湖北省所有县市都像仙桃、潜江一样有较多的"隐形冠军"，那么全省就有数千家全球细分领域的"老大"，"铺天盖地"的局面就形成了，湖北省引领型发展就有了牢固的基础。

（三）加速科技成果转化

构建科技成果协同转化体系。鼓励高校设立技术转移机构，明确专门人员从事科技成果转化工作，服务科技成果转化落地。强化市县科技部门科技成果转化服务职能，完善科技成果转移转化精准对接机制。支持各类园区、企业、研发机构等建设科技成果转化中试熟化基地，承担科技成果的中间试验和系统化、配套化、工程化、产品化研发，提高科技成果产业化成功率。政府通过贷款贴息、补助资金、创业风险投资资助等方式，引导企业加大自主创新成果转化与产业化投入。

提升科技成果转化市场服务能力。建设湖北技术交易大市场，加快建设全省科技成果信息共享、技术交易服务体系，加快培育科技成果转化中介服务机构和专业人才队伍，为创新主体提供面对面、点对点、高质量的线上线下精准服务。

最大限度调动科研人员的积极性。企业与高等院校、科研机构按照国家有关规定，可以采取科技成果入股、科技成果收益分成、股权奖励、股票期权等方式对科技人员和经营管理人员进行股权和分红激励，促进自主创新成果转化与产业化。高等院校、科研机构在一年内未能实施转化的，研发团队可以与本单位签订协议进行该项科技成果的转化，并享有协议约定的权益。

（四）实施知识产权战略

大力凸显知识产权在湖北省高科技产业领域、传统技术产业领域与优势资源领域中的战略地位，提高自主创新能力，增强知识产权制度的运用和保护能力，提升知识产权管理水平，使湖北从科教大省向创新大省、知识产权强省和经济强省转变，成为湖北省塑造更多引领型发展的重要举措。

在新技术领域，支持和促进企业自主创新，并采取资本运营、资产重组等方式形成一批关键核心技术和技术标准，促进电子信息产业的结构优化升级。立足湖北省具有研发基础和产业优势的海洋工程装备、新能源汽车、电子信息等领域，着力解决影响产业发展的关键技术问题，力争在关键技术和高端产品拥有较多知识产权和核心技术，提升企业的自主创新能力和市场竞争力。

在传统产业领域，积极利用自主知识产权改造传统产业，着力提升产业水平和竞争力。运用优势领域的知识产权集聚作用，加强对产业技术水平关联度高、带动作用大的技术装备的研发和转移，提高湖北省装备制造业水平，促进钢铁、汽车和石化等重点支柱产业发展。

（五）推进创新联盟组建

各级政府需要进一步提高对组建产业创新联盟重要性的认识，明确政府在产业技术创新战略联盟中的职责。政府部门要充分发挥产业发展战略、重大科研项目在推动联盟产生、发展和更新的杠杆作用，强化服务意识和协调意识，发挥协调引导作用，营造有利的政策和法制环境。要加强信息平台建设，及时发布有效信息，组织技术转移单位发布成果信息或组织企业发布技术需求，定期组织校企对接会，建立产学研供需信息沟通机制，吸引和促成创新联盟的形成。通过信息平台的建设，加强各大企业的合作意愿。鼓励企业、高校、科研院所加入联盟。要积极组建联盟的科技创新研发平台，利用全省的技术与研究开发专项资金重点支持联盟的科技创新研发平台项目。建立科技联络员制度，省、市科技部门向联盟指定科技联络员，为联盟成员单位提供科技和政策咨询服务，定期举办培训、宣传等服务项目。

（六）加大政府支持力度

优化政府科技资源配置，提高公共资源的利用效率。进一步发挥各级各类科技计划的导向作用，设置强制性门槛，使相关科技计划与重大工程、产业发展规划、重点行业的技术创新活动协同起来。同时，对从事基础研究、前沿技术研究和社会公益研究的科研机构和学科专业，完善财政投入为主、引导社会参与的持续稳定支持机制。技术开发类科研机构要坚持企业化转制方向，建立市场导向的技术创新机制。以学科建设和协同创新为重点，提升高等学校创新能力。

发挥政府采购功能作用，促进高技术产业发展。政府采购通过需求的拉动作用和供给的引导作用，在促进全社会对高技术产业的研发投入，引导高技术产业发展的速度和方向等方面发挥重要作用。将教育、卫生、医疗、科研系统中的技术含量高、专业性强的重大项目纳入政府采购范围，支持高技术企业的"首台""首套"的应用。重点支持最有发展潜力、最能够提高我国科技竞争力的高技术产业，使政府采购能够与该产业发展的特点相结合，确保从事该项目的企业能够得到稳定、持续的政府支持，促进企业自身对项目的投入，提高"先发"项目成功的概率。

（七）积极发展科技金融

2015年武汉城市圈成为国内首个科技金融改革创新试验区，知识产权证券化、科技银行、科技贷款等科技金融创新的模式已在全省广泛运用。湖北省专利投融资综合服务平台属全国首创，并先后设立了武汉、襄阳和宜昌等分中心，平台搭建覆盖全省17个市州的专利服务网络，降低了专利转化与投融资服务成本。同时汉口银行创立了全国最早的科技金融服务中心，与风投公司、私募基金机构合作，创新贷投联动，为科技中小企业提供综合金融服务。湖北自贸区武汉片区的科技金融创新也成为亮点。

要创新发展模式，形成自发驱动的创投机制。创新国有资本参与创业投资的管理制度，鼓励符合条件的国有创业投资企业建立跟投机制，并按照市场化方式确定考核目标以及相应的薪酬水平。湖北省创业投资引导基金通过阶段参股、跟进投资、风险共担等方式扶持创业投资企业，引导社会资本进入创业投资领域，支持种子期、初创期、早中期创新型企业发展。引导社会资本流向风险投资机构，形成天使投资、私募股权投资和风险投资并存的新格局。

要建设现代金融服务体系，优化科技型企业发展的金融环境。支持担保公司、信托公司、保险公司、基金公司、资产管理公司、融资租赁公司等发展，繁荣中小板、创业板和新三板市场，形成多层次、多元化的社会融资体系，设立专门机构推进科技型企业国际化，搜集海外市场信息、解读当地法律、介绍当地政策环境，提供技术咨询和培训，支持国际产业合作等。应当加强中小微企业信用体系建设，搭建中小微企业信贷网络服务平台，为中小微企业与金融机构的对接提供信息服务。支持符合条件的发行主体发行中小微企业集合债券等企业债券品种。

要发挥主力银行的作用，为科技创新提供专业服务。通过主力银行完善的体系平台，建设发展具有湖北特色和国际视野以科技创新为主营业务的科创银行系统，提供知识产权借贷款服务，完善知识产权交易市场，增强科技型企业知识产权意识，促进科技创新与金融的深度融合与协调互促。

（八）倡导创新创业创富

湖北省最大的优势是科教优势，但并没有很好地转化为创新优势和经济优势。目前，全省R&D人员约一半在行政事业单位，而广东有79%、江苏有69%、浙江有67%的R&D人员在企业。湖北省之所以出现这种情况，其原因在于企业与政府部门、事业单位的人才考核、职称评定、工资制度，以及住房、医疗、养老等社会保障制度差别较大，加上长期的官本位思想等原因，高学历的科研人才争相当公务员、争着进"事业编"，而不愿到企业工作。而那些有技术有能力的科研人员，待遇已经比较优越，同时缺乏创业的冲动和激情，向企业和基层一线流动的动力不畅，导致在科研院所以及教育卫生等公共服务行业人才越积越多。

大力倡导敢为人先、乐于创造、勇于进取、宽容失败的创新文化，大力营造创业创富文化，大力弘扬合作共赢、不求所有、但求所用的开放文化。营造创新社会环境。深入实施全民科学素质行动计划，广泛开展科学技术普及活动，带动全民科学素质整体提升。加大对创新、创业、创富的宣传、表彰、奖励力度，每年评选表彰创新成果、创新人物、创新企业、创新市县、创新高校、创新院所等。高等院校、科研机构科技人员在履行岗位职责且不损害本单位利益的前提下，可以兼职从事技术开发、技术咨询、技术服务、新产品研制和科技成果转化等活动，所得报酬按照规定计缴个人所得税后归个人所有。高等院校、科研机构的科技人员参与企业技术研发、成果转化应用活动的情况，应当作为职称评定、职务聘任的依据，并可以计入专业工作经历。对在研究开发、科技成果转化和技术转移中做出突出贡献的科技人员，可以破格评定相应的专业技术职称。

要实现创业便利化，为创业者提供更多的机会，鼓励各领域本土人才在湖北省创新创业，逐步清理并废除妨碍创业发展的制度和规定，打破地方保护主义。举办创新创业大赛，以比赛会议为平台聚集企业、科研院所、中介机构，搭建创新创业网络平台，提供创新创业的信息与机会，促进创新主体面对面交流的机会，提高自主创新能力。

（九）扩大对内对外开放

湖北省要塑造引领型发展，并不排除引进人才、技术和资金，更不是搞"关门主义"，而是要提高自身的自主创新能力，同时也要提高自身的知识吸收能力，通过模仿创新与合作创新提高知识的溢出效应，从而提高创新能力，并在较强创新能力的基础上生成先发优势、继而形成引领型发展。

推进湖北省与加州（两地）、武汉与芝加哥（双城）、硅谷与光谷（双谷）战略合作，深化与"一带一路"各国的经贸交往，加强与"粤港澳大湾区""长三角""环渤海"等经济发达地区的合作。通过学习先进国家、发达省份的创新经验与模式，结合自身资源与特色进行模式与体制创新。建设内陆开放高地。以全球视野谋划和推动创新，拓宽获取和利用国内外创新资源的渠道，瞄准大企业、大财团和高端人才，引进海内外资本、智力、技术与先进管理等创新资源，吸引跨国公司、研发机构等落户湖北。完善引进境外高层次人才的政策措施，建立与国际接轨的高层次人才招聘、薪酬、考核、科研管理、社会保障等制度，简化外籍高层次人才居留证件、人才签证和外国专家证办理程序。持续办好"华创会"，吸引更多国外高新技术、高层次人才、海外华资落户湖北。推动国际创新园、国际科技合作基地、出口基地和国际技术转移中心建设。支持湖北省内优势企业"走出去"，鼓励支持企业、高新技术产业园区、高等院校和科研机构等建立境外高层次人才创新创业基地，通过项目引才和岗位引才等方式，为引进高层次人才提供工作平台。提高创新资源的配置效率,使湖北省在中国乃至世界创新网络中成为不可或缺的新节点与新亮点。

报告撰稿人: 秦尊文　湖北省社会科学院研究员、湖北省"一带一路"研究院院长

　　　　　　　张　宁　湖北省社会科学院助理研究员

以"省部合作"推进湖北省改革开放创新协调发展

钟书华　沈　婕

创新驱动发展需要强调突出科技创新的主引擎作用，需要与文化创新、管理创新、制度创新、商业模式创新和业态创新有机耦合，发挥创新的引领发展作用，促使经济发展形态跃升、经济结构合理和分工更加精细。区域创新发展则是思考创新驱动在区域层面的具体实践。国家创新系统与区域创新系统协同发展是发挥创新驱动作用的关键环节。中央部委与地方政府间的互动协调机制，体现的是国家创新系统和区域创新系统相互嵌入与互动发展。随着社会经济发展对创新需求的演化升级，以及创新模式、创新结构的不断组合变形，区域创新系统呈现出一些新范式。新型区域创新系统则是从实践角度出发，充分考虑信息技术高速发展带来的变革机会，搭建的基于一定空间结构的知识网络和产业创新平台。新型区域创新系统是在信息经济的推动下，促进传统区域经济创新转型，实现区域创新体系和区域产业结构重构的新型体系。

区域创新系统的新演化趋势对国家创新系统与区域创新系统的协同发展方式提出了新的要求。在这个方向上，重新思考如何开展省部合作显得尤为重要。新时代背景下，湖北改革开放创新协调的推进路径，应该在适应和满足经济全球化宏观基础上，通过与中央部委开展多方面，多样化和高效率的合作机制，解决湖北创新发展面临的新问题、新挑战和新需求，发挥湖北省在中部地区的创新示范作用和创新辐射能力。

一、湖北省"省部合作"发展现状分析

所谓"省部合作"，是指中央部委与省级政府为有效制定和执行创

新政策所形成的互动合作机制，是针对跨地域、多领域社会问题的一种治理方式。这种合作方式是以中央和地方间纵向合作关系为基础，带动以建设区域创新系统为目标的政府间横向创新合作以及公私部门间的合作。我国目前仍面临着地域资源差异显著以及区域科技和领域科技脱节两大问题。采取省部合作有利于打破行政区划所产生的壁垒效应，打破部门条块分割，促进资源的整合利用，以区域情景和区域实际为基础建设区域创新系统，提高创新主体的资源调动能力和资源服务范围，解决国家重大科技问题和社会公共问题。

梳理我国省部合作发展历程，可发现在中国科学院知识创新工程、国家"985计划""973计划"和自然科学基金杰出青年基金项目的引导下，中央和地方政府的合作开始初具雏形。合作项目的主要表现形式以省部共建大学、重点实验室和火炬创新创业园等。随着《国家中长期科学和技术发展规划纲要（2006—2020）》的出台，自主创新成为国家创新政策的关键词，新一代信息技术快速发展，产业结构和市场需求呈现出巨大变革。大力开展创新驱动发展实践，省部合作在政策目的、政策内涵、政策形势和政策领域等方面出现了一些新特点，同时在政策导向、政策实施和政策效果等方面出现了一些新需求，体现出鲜明的时代特征。为应对这些新情况和新需求，迫切需要分析目前湖北省省部合作现状，引导和促进省部合作的有效变革。

1. 省部共建学校

省部共建学校仍然是省部合作的主要形式，具体是国务院相关部委（教育部及其他国家部委）与相关省、直辖市、自治区共建高校。省部共建是对原有高校隶属格局下教育资源分配不均问题的有效回应，主要包括对原有"985"高校共建、对部分具有行业特色的原"211"大学共建、对部分实力较强的省属大学共建，以及与教育部之外的其他国家部委重点共建的省属重点大学。

整体上，湖北省部共建学校结构合理、层次清晰，合作主体涵盖一部一省、多部一省和多部多省。根据教育部省部共建地方高校情况统计表，目前全国省部共建学校共计43所，其中重点支持学校4所；教育部直属高校参与地方共建共计55所，其中湖北省有6所，仅次于北京市的11所位居全国第2，占总数量的10.9%；教育部参与共建地方高校在全国范围内已达到75所，湖北省有武汉科技大学、湖北大学和三峡大学3所学校参与其中，占总数量的4%。但值得重视的是，江西省（5所，6%）、河北省（6所，8%）、浙江省（5所，6%）和江苏省（6所，8%）等一批地方特色强校获得了教育部与其他部委的共建；首批10所教育部、卫健委与地方政府共建高等学校医学院（部，中心）中，湖北省拥有华中科技大学同济医学院；国家民委、教育部与中国科学院共建的6所直属高校中，中南民族大学属于其中之一。此外，湖北省也有一定数量与其他部委共建的高校（见表1）。

表1　　　　　　　　　　湖北省省部共建学校

序号	高校名称	高校类型	共建方
1	武汉大学	教育部直属	教育部、湖北省、国防科技工业局、水利部、国家海洋局
2	华中科技大学		教育部、湖北省、国防科技工业局、卫计委
3	武汉理工大学		教育部、湖北省、交通运输部、国防科技工业局、国家海洋局
4	中南财经政法大学		教育部、湖北省、财政部
5	中国地质大学（武汉）		教育部、湖北省、国家海洋局、自然资源部
6	华中农业大学		教育部、湖北省、农业农村部
7	华中科技大学同济医学院	医学院校	卫健委、教育部、湖北省
8	武汉科技大学	教育部参与共建	湖北省、教育部、宝钢集团有限公司、武汉钢铁（集团）公司、首钢总公司、中国冶金科工集团有限公司、中国中钢集团公司
9	湖北大学		湖北省、教育部
10	三峡大学		湖北省、教育部、水利部
11	中南民族大学	国家民委参与共建	国家民委、教育部、湖北省、中科院
12	湖北民族学院		国家民委、湖北省

续表

序号	高校名称	高校类型	共建方
13	长江大学	本科高校	农业农村部、湖北省、中国石油天然气集团公司、中国石油化工集团公司、中国海洋石油总公司
14	武汉体育学院		国家体育总局、湖北省
15	武汉铁路职业技术学院	专科院校	中国铁路总公司、湖北省
16	湖北中医药高等专业学校		国家中医药管理局、湖北省

资料来源：根据教育部及相关学校网站整理。

2. 省部共建创新协调中心

省部合作共建学校历经十几年的发展至今取得了值得肯定的成绩，湖北省在其中也积极参与，极大地促进了地方高校改革。创新驱动发展在加快经济结构转型的同时带来了更多的复杂性和不确定性。这给高等教育发展同样带来了很强的冲击。为适应"双一流"学科建设，推进产学研协同创新，鼓励高校进一步拓宽合作边界，提高合作效率，丰富合作形式，积极实施创新驱动发展战略，省部共建协同创新中心成为题中应有之义。

根据教育部办公厅发布的《关于组织开展2019年度省部共建协同创新中心申报工作的通知》，省部共建协同创新中心主要采取的是省级推荐、部级认定的方式，这从根本上要求本地省级要具备一定的协同创新建设规划能力、未来支持能力和整体布局能力。具体来讲，省级协同创新中心的认定要求有完善具体的认定办法、资助程序、配套支撑和目标化考核及绩效评价，要有明确清晰的目标定位和研究方向，紧扣区域重大科学前沿、优秀文化传承研究，符合国家、区域和行业的发展需求，具备发展潜力和可持续发展能力，协同增效和创新带动辐射能力突出。可以说，省级协同创新中心的认定一方面反映了各省级的综合创新能力，另一方面体现了省部合作多样化的发展趋势。

截至2018年年底，全国省级协同创新中心首批认定数量共计53

个，主要依托高校开展协同创新工作，研究领域涵盖重大疾病预防、智能装备制造、光学研究、绿色发展和可持续发展、矿产研究、先进材料、人工智能和自动化、传统文化研究和海洋发展等。总体上，省级协同创新中心在全国范围内分布与地方特色高校的综合实力分布耦合，省部共建创新协同中心在我国东部分布较为集中。

具体而言，东北地区的省部共建协同创新中心有7个，其中辽宁省3个，即辽宁绿色化学化工省部共建协同创新中心、辽宁海洋食品精深加工关键技术省部共建协同创新中心、辽宁海洋运输绿色与安全技术省部共建协同创新中心。华北沿海地区有河北省燕山大学的精品钢铁生产工艺装备智能化省部共建协同创新中心、河北工业大学的电工产品可靠性技术省部共建协同创新中心、河北大学的河北省光伏技术省部共建协同创新中心。此外，华东和华南沿海地区的上海市、江苏省和浙江省均有3个省级协同创新中心。而西部地区的创新协同中心以生态安全、有色金属矿产、西藏文化和西部高原特色现代化农业等为核心，在各主要省份均有1~2个省部共建协同创新中心。中部地区的省部共建协同创新中心共计8个。其中，湖北省有2个省级协同创新中心获得首批认定，即华中科技大学的制造装备省部共建协同创新中心和长江大学的非常规油气省部共建协同创新中心。湖南省也有2个省级协同创新中心，其他省份均有1个。可以说，湖北省在首批获得认可的省部共建协同创新中心数量上，在中部地区居于领先地位，但仍与东部地区存在一定差距。

3. 省部产学研合作

产学研合作作为实现国家和区域科技、教育和产业的有效对接、资源整合、增强自主创新能力和区域竞争能力的有效机制。总体上，可将省部产学研合作方式概括为5类。一是产学研创新联盟。围绕省级支柱产业和新兴产业，建设以企业为主体、部署院校为技术依托载体的省部产学研联盟。在这方面，湖北省政府陆续出台了《产业技术创新战略联盟建设规划》《产学研结合技术创新平台建设工作方案》《关于推进湖北省产业技术创新战略联盟指导意见》《科技成果转化十条》《高校院所科技人员服务企业新九条》《激励企业开展研发活动十一条》等30余项重要政策法规和政策文件，促进产学研深度合作，提高创新成果转化。二是与部属高校的科技合作对接。主要形式有以委托为主的合同研究和以合作为主的联合投标。前者是指通过合同形式为科技合作提供研究阶段和科技成果化阶段的外部资源，以提高大学和科研院所的咨询服务能力，加快产学研合作成果的转化速率和周期。后者是指政府科技计划和产业化项目实行双向开放模式，允许和鼓励部署高校联合湖北省相关单位申请招投标，同时支持省属高校与企业和科研院所申请国家科技计划。部属高校、科研院所可以对接到地级市或产业专业化程度较高的城镇。三是创新平台建设。主要形式为以中心城市为依托的"校地"合作，即学校和地方政府合作建立研发中心，以项目为节点横向建立的校企合作，如企业与国家重点实验室共建研究院、研发基地和研发中心。四是示范基地建设。制定示范基地认定和管理办法，引导并组织部属高校到示范基地实施重大科技成果转化。五是企业科技特派员。主要目的是整合高校和科研院所的人才资源，服务于企业的发展需要，选派专业技术人员和专家去企业驻点。

湖北省产学研合作主要依托省内雄厚的教育资源和人才技术优势，以企业、高校和科研院所联合研发为主，以技术服务、共建科技园、专家服务中心、博士后工作站等各种形式助力驱动发展。从合作形式看，有委托高校定向培养、专业培训班、共同成立研发中心和技术合同研究等形式，主要特征是与高校进行对接。从合作层次看，包括国家级重大项目合作、签署战略框架合作和长期的专家咨询顾问合作模式。从合作内容看，有联合研发，知识产权转让、技术入股、专业咨询和技术服务等。具体而言，依靠部属高校华中科技大学、武汉大学和省部共建高校云集的资源优势，湖北建立了多个国家级和省级产学研合作示范工程，拥有1个国家研究中心、27个国家重点实验室、19个国家级工程技术研究中心、170个省重点实验室、660家省级工程技术研究中心以及372家省级校企共建研发中心，国家级、省级科技合作基地达到142家（见图1）。

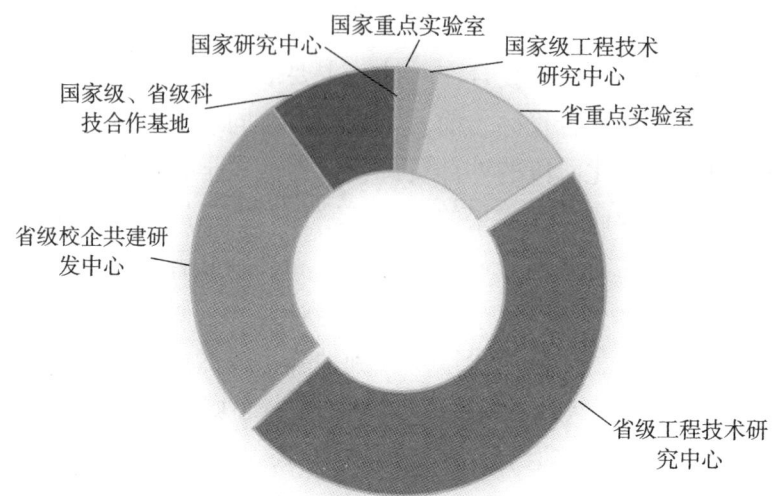

图 1 湖北省部产学研合作结构图
资料来源：根据湖北省科学技术厅官网资料总结。

校地合作方面，长江大学与荆州的石油企业基本建立了全面且密切的合作关系；宜昌地区的企业也积极开展产学研合作，如枝江市的和爱村和坝洲村分别与湖北省农科院果茶所达成合作，成为砂梨武汉综合试验站的现代农业产业技术示范基地，帮助砂梨规模化、现代化和标准化发展；夷陵区推动稻花香、昌耀新材料、三宁矿业、萧氏茶业等代表性高新技术骨干企业，建成产学研战略联盟、重点实验室、工程技术中心、企业技术中心等创新研发平台。同时，以省部合作为契机，荆州恒隆汽车零部件制造有限公司与清华大学合作，成立了恒隆汽车转向系统研究所；东风襄樊仪表系统有限公司与中科院上海硅酸盐研究所合作，开发汽车用氧传感器等，均是湖北省产学研合作实践的生动案例。在企业科技特派员方面，湖北工业大学先后选派 11 批科技副市长、40 名博士教师（第一批和第二批均有 12 名，第三批 16 名）赴枝江挂职。2019年与枝江市政府共建湖北工业大学科技成果转化基地，进一步推动产学研交流活动。

二、湖北省"省部合作"发展中存在的问题

从湖北省部合作现状来看，基本上形成了面向区域创新的产学研平台，以政府科技计划为引导的项目驱动型合作模式和满足企业技术需求的开放式合作网络的区域创新体系。值得注意的是，省部合作虽有力提升了湖北省高校的办学水平，刺激和支持了本地高校改革机制，促进湖北创新协调快速发展，但湖北省部合作仍存在一些值得关注的问题。

1. 合作主体多样化程度不够

省部合作的目的是解决我国教育资源东中西部地区的非均衡演进问题，是统筹和利用中央和地方两方面资源辐射带动地方改革，促进区域教育、经济、文化和社会创新发展。从全国范围来看，其他省（市）自治区与中央部委合作在数量和类型上，江苏、河北、湖南和河南均高于湖北，国家国防科技工业局更是与湖南省共建3所大学，即湖南科技大学、湘潭大学和中南大学。从专业化特色看，湖南省与中国核工业集团共建中南大学，大力支持核工业相关学科专业发展；国家市场监督管理总局也与湖南省共建湖南工业大学，发展广告业产学研融合的技术创新体系，发挥湖南省在高等教育中的特色专业引导作用，服务行业和区域经济发展需要；国家海洋局则在浙江省合作建设浙江宁波大学和浙江海洋大学；文化和旅游部则选择与广西壮族自治区合作共建桂林旅游学院，为旅游业吃、住、行、游、购、娱等领域培养输送人才；中国民用航空局与河南省共建郑州航空工业管理学院，发展飞行器动力工程、飞行器适航技术、飞行技术、播音与主持艺术专业（空乘方向）等航空特色专业。

应该认识到，湖北拥有许多教育部直属高校参与地方省部共建，具有突出的合作优势和资源基础，但湖北缺乏与其他部委建设更具专业性和更有深度的省部合作。概言之，湖北省部合作形式较单一，多样性和专业性不足。需要强调的是，成功多样化发展的关键在于探索相关多样性，而相关多样性是鼓励区域基于竞争优势进行专业化发展。正是由于

创新日益成为一种社会的集体努力，省部合作是突破行政掣肘和资源固化的一种有效机制。Boschma认为，从智慧专业化角度看，任何区域创新驱动发展的路径选择都要以交互性、区域驱动和以共识为基础特征。从这个意义上讲，湖北省部合作主体功能性作用并未完全实现，合作专业化领域也与湖北省领域优势脱节，缺少与其他国家部委的有效对接和深度融合，无法形成符合省内领域优势特色的专业化和规模化合作，从而无法有效推动区域创新协同发展。

2. 与区域人才需求耦合度不足

湖北是中部地区教育实力最为突出的省份。高校对湖北人才培养、文化传承、科技创新、项目咨询和经济社会发展具有重要作用，省部合作进一步增加了高校的贡献作用。省部合作首先立足于区域人才培育状况，即人才培养规模、结构和质量，深化区域人才培养与地方经济社会发展耦合对接；其次是经济社会对人才资源的认可和接受，即对人才的科技创新能力、社会服务价值和文化传承方式的认同与吸收；然后在接纳人才资源的基础上，通过建设人才科技创新服务和应用传播平台，发挥和展示区域人才结构与区域经济的耦合发展。湖北高校综合实力强劲，但与地方经济社会发展的耦合度却不足，导致湖北省与其他经济发达省份相比，在一定程度上面临着省部合作推动下区域人才培育与湖北经济社会发展需求脱钩。

可以说，湖北高校毕业生在鄂的就业率和就业质量等，是高校人才培养与地方经济社会有效耦合的具体表现。如图2所示，湖北省各层次教育2018年毕业生规模和结构居全国前5，在北京市和江苏省之后，排名第三，为湖北经济社会发展培养提供了大批人才。而根据湖北6所中央部属大学《2018届毕业生就业质量报告》，武汉大学本科生（24.14%）和华中科技大学本科生（25.56%）选择留鄂就业，分别落后排名第一的广东省（27.36%和26.74%），武汉大学研究生有34.03%选择湖北就业。华中师范大学、武汉理工大学和华中农业大学选择湖北就业的毕业生占比均超过30%。从就业专业看，就业率较高的专业基本与各所高校的优势专业吻合。如武汉大学电气与自动化学院、土木建筑工程学院、文学院、药学院本科毕业生就业率达到100%；华中科技大学本科生就业人数最多的是IT行业，其他依次为信息传输、软件和信息技术服务业；华中师范大学逾六成毕业生的首选职业为教师，其中公费师范生协议就业比例高达100%；武汉理工大学毕业生就业主要集中在先进制造业与汽车产业、建筑与房地产产业、信息产业、交通运输业。

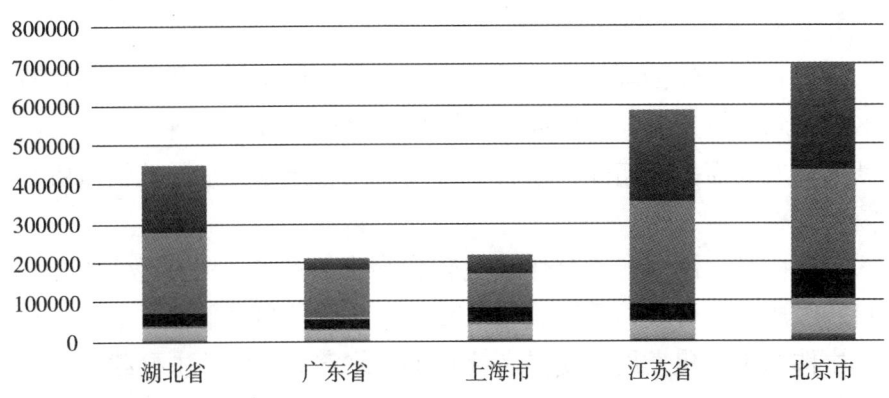

图2　2018年五大省（市）各学历层次毕业生规模与结构
资料来源：根据教育部2018年教育统计数据整理。

应该意识到，高校优势专业产出的专业人才并没有与湖北优势领域有效匹配。在湖北省部合作的推动下，培育了大量人才，但主要以学术理论型人才为主，缺乏高层次管理人才和专业人才，人才供给与地方经济社会需求耦合不足，存在错配现象，导致人才流失。例如武汉大学和华中科技大学企业就业人数最多的华为，来自武汉大学的小米公司等相关龙头企业并未在鄂成立科研机构和运营中心，反而吸纳了大量湖北高层及技术人才和管理人才"南下"。湖北高校拥有一批高新技术企业，已有华中数控、华工科技、武汉地大信息工程股份有限公司等上市的高校科技型企业,高新技术产业具备蓬勃的发展势头,但湖北欠缺具备专业背景和企业家精神的企业家,职业经理人匮乏,仍未发展出职业经理人阶层,故无法形成吸纳相关专业技术人才的产业集群;而企业所需的应用型高新技术人才,特别是新能源、新材料、光纤技术、生态工程、生物技术、环境保护等方面的专业技术人才供给乏力,存在人才断层现象。

3. 合作治理机制缺乏效率

湖北省部合作治理机制缺乏效率,表现为科技创新和创新平台建设与区域创新协调发展需要协同发展过程中存在短板,即科技创新与区域创新协调发展需要的错配,创新平台建设无法充分对接区域创新协调发展需要。

具体而言,湖北省部合作绩效较为突出,产生了一定数量的论文、项目验收成果、科技奖励和奖项,其数量、质量和水平皆佳。由于省部合作主体的单一化发展,使得高校成为湖北省部合作的主要载体,而高校常常围绕专业发展为主轴,沿着学科建设开展科技资源配置和创新发展,从中央部委和其他部委合作获得科技和经济等资源,在很大程度上部署在基础研究、大型科研机构和中心建设、应用研究和成果转化各方面,很难集中按照统一目标开展创新活动。各个高校优势专业的差异化本质上就会导致省部合作资源的耗散和绩效产出低下。根据《2018年湖北专利统计快报》,可以发现湖北高校的专利申请大多数以学校为单位单独申请,较少与企业联合申请专利,这在一定程度上阻碍了高校专利的施行率,降低了科技创新成果转化速率。

湖北创新平台建设的主要不足之处在于缺乏信息整合平台,无法为省部合作与社会经济发展间的信息交流提供一个整体动态,从而造成合作焦点缺失,无法有效发挥省部合作在促进湖北协调创新发展的推动作用。具体表征在两个方面,从省部合作内在机制看,主要合作主体间的设计领域不同,存在一定程度的信息壁垒,信息共享程度较低,造成许多省部合作项目重复研究。从省部合作维护机制看,湖北省部合作大部分都是单向的，即中央部委单向地向地方合作单位配置资源用于服务合作目标，缺少一个双向沟通渠道。具体来讲，由于欠缺政策意见反馈平台和成果推介展示渠道，致使大部分研究成果仅停留在高校或科研机构的官方网站上宣传，无法凸显省部合作的助推作用。缺少呈现突破性和革新性创新成果的创新平台，会进一步影响企业了解和接收最前沿的科技创新成果，导致创新成果应用率低，影响力低下。

三、以"省部合作"推动湖北省改革开放创新协调发展的对策建议

为加快疫后经济恢复，中央出台了支持湖北发展的一揽子政策。截至2020年7月，湖北共争取到中央预算内投资204.1亿元。其中，支持湖北省牵头或参与疫情防控应急攻关项目27项，经费总额达5780万元。积极争取科技部在存储器、光电信息、生物健康、智能装备等领域重大科技项目支持，上半年争取获批8项国家科技项目，经费21.1亿元；共有219个项目获得"科技助力经济2020"重点专项支持，经费总额1.1亿元，为其他省份的近4倍；共有22家单位获得科技部"百城百园"行动支持，共获批7800万元中央引导地方科技发展资金支持，助力湖北省加快形成"一城一主题、一园一产业"格局。湖北省5874个亿元以上项目实现应复尽复，春节以来新开工亿元以上项目1554个，基本达到2019年同期水平。

湖北省应抓住战略机遇，加强省部合作，推动湖北经济沿着创新协调路径演进，实现湖北高质量发展，核心是实现产业的高质量发展。加强省部合作是实现这一目的的有效推进路径之一。值得肯定的是，湖北是一个科教大省，科技人才汇聚、创新人力资源充沛，缺的是有效串联科技人才和领域优势的体制机制和系统的资金投入。湖北省部合作发展历程表明，湖北创新协调发展仍需要依托省部合作为载体，吸引和争取中央部委的支持，获得各种创新资源的投入，通过先行先试实现体制机制改革，具体包括三个方面。

1. 深化"一主两副多极"发展战略，促进省部合作主体多元发展

随着国务院组织结构进行了新一轮调整，湖北改革开放创新协调推进路径，应该以省部合作深度推进为契机，谋求与中央部委开展更全面、更深入和更灵活的合作形式。在这方面，湖北省部合作应顺应国家组织结构调整的整体需求，多方拓展与教育部和其他部委以及直属事业单位开展合作。

"一主两副多级"发展战略是湖北响应长江经济带建设的需要，面对省内地方发展不均衡现象提出的重要发展策略。地方经济，尤其是省域副中心城市襄阳和宜昌，以及黄石、十堰、荆州、荆门、孝感和黄冈"多级"城市要积极融入该发展战略中，丰富湖北省部合作的参与主体。从中长期发展来看，可以借鉴广东和深圳、江浙和上海、河北和天津及北京、四川和重庆的协同促进关系，在统筹湖北整体有机发展与武汉城市建设的基础上，鼓励"多级"之间有效互动，为省部合作深化发展提供方向和外部资源。具体而言，应大力支持荆州、宜昌等地发展交通基础设施建设，共建国家级承接产业转移示范区，带动开发江汉生态文化旅游带和环长湖经济圈，带动江汉平原的振兴崛起，促进长江经济带发展，彰显湖北在"一带一路"沿线上的重要价值和特殊地位。发挥黄石和黄冈的互补性作用，黄冈拥有巨大的发展空间潜力，黄石则具有较强的综合实力，带动辐射能力突出。黄冈与黄石的对接发展，一方面有利于承接武汉的产业转移，另一方面有助于黄石的部分产业转移，拉动黄冈经济发展。此外，区域间的产业对接同样重要。应该鼓励区域间开展冶金、制造业、化工和生物医药等重大产业的对接，以及开展在原材料、工业成品制造、汽车生产加工等方面进行区域协作，实现生产环节在区域间的有效分解；学习桂林、海南与文化和旅游部合作模式，共建专业性突出，扎根区域特色的院校，开发生态文化旅游业，促进宜昌、随州、潜江、天门等旅游资源丰富地区的发展。

省部合作的核心主体是教育部等中央部委和省级政府，这从本质上就决定了武汉在省部合作资源吸收方面的虹吸效应，阻碍了地级政府享受省部合作资源配置带来的"红利"。而"一主两副多级"的发展战略

有助于优化湖北省部合作可以利用的外围资源。具体来讲，多级地方政府产业方面的有效对接和协同发展，有利于强化部委与地方企业和政府的互动，获得更多的区域经费、设备和技术转化等方面的支持，延伸共建高校等省部合作形式的发展外延，创造更多发展的可能，丰富省部合作的参与主体，拉动地方经济共享省部合作成果，实现湖北创新协调发展。概而言之，省部合作多元参与主体有助于优化区域创新系统，能够提升区域整体发展水平的同时，联动区域各方支持力量，为省部合作带来更多的发展机遇、更好的资源配置和更优渥的外部环境，促进多元参与主体间的良性互动。

2. 着力提升人才培养质量，服务区域经济发展需要

人才是核心要素，省部合作更是要以培养高质量人才为主轴，围绕立德树人实现内涵式发展。湖北高校的人才培养计划，尤其是专业技术人才和高层次管理人才的培养要与地方发展战略对接，围绕湖北地方经济布局、产业结构和社会发展需求，以区域情景为基准，优化高校学科专业结构。加强省部合作，尤其是要将着力点放在人才培育规格与就业需求的匹配上，学科专业体系的建设与区域产业结构的映衬上。创新人才的培养是个具有挑战性的问题。通过省部合作，尤其是广泛、全面和灵活的产学研合作，率先开展创新实践活动和创新平台建设的先试先行，发挥湖北省优秀的科研与人才资源基础和专长，有效整合湖北地方经济社会发展需要与高校专业学科建设的有效对接。加强省部合作，主要可从以下三个方面实现湖北省人才培养有效衔接区域发展战略。

一是以湖北省发展战略为依托，衍生共建高校的校地合作战略。该方法以省部共建为契机，以国家发展战略为基本框架，依托湖北省的发展战略，如光谷科技创新大走廊战略和一芯两带三区发展战略，制订校地合作战略，扩大省部合作辐射地域范围。

二是借鉴合同研究范式，签订校地战略合作协议。该方法形式灵活，专业性强，能够满足共建高校与地市级、县域层面等签署协议合作，常见的方式有双方签订人才定向培养计划、科技创新平台和科研成果转化等全面协作等。该方法作为一种中间层次的省部合作形式，有助

于促进省部合作深化发展。

三是发挥标杆示范作用，通过共建高校系列政策措施规范校地合作。以共建高校带动校地合作中关于人才培养、科技服务、成果转化、经费管理和奖励等环节的规范发展。

在这方面，省部合作以协同创新平台为依托，纵向上形成国家、省、地级市和学校的层级化创新体系，横向上构建了学校和区域创新主体间的有机联系，尤其是加深了企业的参与程度。在这种对接过程中，湖北人才培养将从数量优势向质量优势转向。考虑到湖北省高校办学类型的多样化，应该充分发挥不同综合性大学、行业特色大学和师范类院校的专业特色和学科特色。具体而言，综合性大学要充分利用好省部合作带来的资源优势，发挥好学科全、专业多等特色，培养跨学科合作和跨专业学习的复合型人才，培养学生创新意识，鼓励创新创业行为。行业特色大学，如财经、农业等学校要突出专业人才培养能力，强调审计、财经、艺术、绿色发展等对口应用衔接。师范类院校要注重教师教育优势，围绕基础教育、职业教育、专科教育等领域进行立体人才培养体系构建，为区域经济发展提供智力支持。

3. 把握深化综合改革新机遇，推动体制机制改革

省部合作经历了十多年的发展，共建高校队伍不断扩大，合作内涵不断丰富，应该把握深化综合改革的新机遇，利用好省部共建平台的桥梁和纽带作用。通过强化省部合作助推湖北高质量发展，离不开合理的体制机制和对外开放体系的有效支持。目前来看，合作治理体制机制效率的低下和对外开放体系的不健全是影响湖北高质量发展和创新协调发展的"软肋"。

一是要充分发挥开放的示范先导作用。新时代背景下，扩大开放关键是要面向湖北现代化发展需要，围绕湖北创新驱动发展战略目标，构建全面对外开放体系。在这个语境中，省部合作有利于推动湖北对外开放的纵深发展。从全球范围看，通过省部合作有助于湖北省的关键产业和优势领域与国家战略发展需求对接，在全球分工体系和价值链布局中谋求湖北产业发展，从而形成具有影响力的世界级产业集群和现代化人

才结构。从全国范围看，省部合作有利于突出湖北连南接北、承东启西的地理区位优势，打造中部市场枢纽，承担国内区域协调发展的中心作用。在长江经济带的发展中，积极承接长江经济带的产业转移和产业升级，配合长江经济带产业布局安排，辐射和带动中部地区发展。

二是要充分聚焦改革的关键作用。围绕湖北创新协调发展和高质量发展的要求，在问题意识的导向下，体制机制的改革要聚焦科技创新，尤其是科技创新与区域经济匹配的问题。首先，要调动省部合作主体参与的积极性。让渡更多的科技创新要素的配置权、使用权和决策权给高校、科研院所和创新协调中心。尤其是要落实科研成果转化处置权，赋予行业和专业领军人才更多的支配权和成果收益。其次，要引导省部合作平台建设。引导科研人员的激励机制由论文课题导向向应用成果和调研研究转向；引导区域科技成果信息数据库的建设，强化科研机构对企业技术创新的精准支持；引导有条件、有需求的企业参与和融入科研机构中，努力走基于产品的上游价值链规模经济和基于服务的下游价值链范围经济的产学研用一体化发展道路。最后，要激活区域创新活力，努力突破创新科技成果的制约机制。重点是推动科技创新与区域经济社会发展深度融合，强化科技创新体系和创新能力建设。具体可通过争取国家重大科研实验室落户，积极建设创新协调中心，加快建设产业技术研究院等科技创新平台。围绕关乎国家技术核心和关键环节等方面进行创新研究，组织实施重大科技创新项目在芯片存储、高端数控机床、工业机器人、新一代信息技术等领域实现重大技术突破。优化创新资源配置和创新力量布局，支持武汉创建综合性国家科学中心，鼓励和支持襄阳、宜昌建设区域性创新中心，推动创新型城市和县市的建设，形成区域创新格局清晰、协同配合程度高的区域创新体系。

课题负责人：钟书华　华中科技大学公共管理学院二级教授、博导
报告撰稿人：沈　婕　湖北经济学院财政与公共管理学院博士

湖北省应对我国新一轮科技人才竞争的重要举措研究

武汉大学发展研究院课题组

2017年以来，我国新一轮科技人才竞争愈演愈烈，已对湖北省产生明显影响乃至冲击。作为科教人才资源大省，湖北省必须与时俱进，审时度势，未雨绸缪，深刻认识自己的竞争优势和劣势，积极应对我国新一轮科技人才竞争。

一、我国科技人才竞争的社会背景及发展态势

习近平同志指出："当今世界，综合国力竞争日趋激烈，新一轮科技革命和产业变革正在孕育兴起，变革突破的能量正在不断积累。综合国力竞争说到底是人才竞争。人才资源作为经济社会发展第一资源的特征和作用更加明显，人才竞争已经成为综合国力竞争的核心。"[1] 科技创新在我国全面创新中具有核心地位和引领作用，科技人才竞争是我国人才竞争的集中体现，在人才竞争中可谓是举足轻重。新中国成立以来，我国科技人才队伍不断发展壮大。尤其是经过改革开放40年的洗礼，我国科技人才队伍建设取得了巨大成就。根据《中国科技人才发展报告（2018）》，我国科技人才总量已连续多年位居世界第一，科技创新能力和国际影响力逐步扩大，对科技人才的吸引力逐渐增强，并形

---

[1] 中共中央文献研究室. 习近平关于科技创新论述摘编 [M]. 北京：中央文献出版社，2016：122.

成中华人民共和国成立以来最大规模的海外留学人才"归国潮"。

2018年，我国普通高校本专科毕业生753.31万人，其中本科386.83万人，专科366.47万人。2018年，我国研究生培养机构815个，其中普通高校580个，科研机构235个。2018年，我国毕业研究生60.44万人，其中毕业博士生6.07万人，毕业硕士生54.36万人。毫无疑问，我国历年培养的博士毕业生、硕士毕业生、本专科毕业生是我国科技人才队伍的重要来源，也是我国科技人才队伍的重要主体。

2018年，我国出国留学人数大约66万人，留学回国人数大约52万人，学成选择回国人数大约80%。无数事实表明，出国留学人才报效祖国是大势所趋，他们在科研、教育、卫生、创业等各个领域都发挥了巨大作用。尤其是在中国科学院院士、中国工程院院士、重点大学校长、国家重大项目首席科学家、国际合作重大课题负责人等高层次科技人才中，有很大比例是具有海外留学背景的国际化人才。据统计，武汉东湖新技术开发区自2009年实施"3551光谷人才计划"以来，所聚集的科技创新创业人才中大约有70%是"海归"。

尽管我国科技人才队伍建设取得了巨大成就，科技人才总量已是全球第一，但也客观存在一些发展中的问题。尤其是我国科技人才的国际竞争力不强、科技发展的不平衡和科技人才分布的不平衡，使科技发展竞争和科技人才竞争客观存在、长期存在。我国要实现"两个一百年"发展目标，要成为创新型国家和世界科技强国，就必须进一步加强科技人才队伍建设，切实解决科技人才队伍高质量发展问题，科技人才竞争也将进入白热化和常态化。

人类跨入21世纪以来，全球科技创新进入空前活跃时期，科技人才作为最关键的科技创新资源，在全球流动的速度、范围、方式和规模达到空前水平。当今世界，科技人才已受到世界上许多国家和地区的高度重视，高层次优秀科技人才更是集中争夺的对象。美国历来重视高层次科技人才，对高层次科技人才争夺可谓是不择手段。在第二次世界大战结束前后，美国与苏联争夺战败国数以千计的顶尖科技人才，如美国航空航天技术发展得力于德国科学家冯·布莱恩等人。在冷战时期，美国争夺、吸纳了世界上大部分顶尖科技人才，严格限制旅美华人科学家行动自由，并对我国严格实行"科学封锁"和"技术禁运"。即使在我国改革开放已40多年的今天，美国在关键核心技术领域仍对我国实行严格控制策略。目前，中美贸易摩擦举世瞩目，不仅时有反复，而且未来具有不确定性。中美贸易摩擦的实质既是世界经济地位的竞争，更是世界科技地位的竞争。中美贸易摩擦正在演化为"科技战"和"科技人才战"，并势必对我国科技人才队伍建设，尤其是高层次科技人才聚集产生深刻影响。近年来，美国已针对中国科技领域及科技人才采取一系列遏制措施，甚至出现中美"科技脱钩"的明显迹向。尤其是针对高层次科技人才及关键核心技术，美国正在对中国进行更加强硬的管制。如美国《绿卡国别限制法案》（S.386）《2019年高技术移民公平法案》（h.R.1044），将对中国职业技术移民产生很大的负面影响。美国频频以维护其"国家安全"为由，对我国科技发展战略及科技创新政策持续施压，对我国关键核心技术引进重点封锁，对我国高科技企业发起一轮又一轮制裁，对我国企业在美投资并购行为苛刻打压，对旅美华人科学家科研项目严格审查，对我国学者赴美学术交流进行限制……从美国近期的所作所为看，它不仅逐步扩大打击手段和范围，不断泛化制裁标准和理由，肆意滥用自我认定的"长臂管辖权"，而且越来越不讲逻辑和常理。根据《中美科技竞争力评估报告（2019）》，我国科技人力资源竞争力快速追赶美国，在诸多科技人力资源规模指标上已经超越美国，但在科技人才资源质量指标上与美国的差距明显，从而导致我国科技人力资源竞争力仍低于美国。据不完全统计，目前担任美国科学院、美国工程院、美国医学院、美国文理院院士的华人有300多人，任职美国高科技企业、高校、科研机构的我国"985"高校毕业生超过20万人。

从美国等发达国家高层次科技人才聚集经验看，基于在世界范围挖掘和聚集高层次科技人才的长期实践，它们已形成以政府积极干预、以市场运作为特点的"猎头"机制，其成熟度在于充分体现了专业人做专业事的有效性。目前，世界上猎头公司不计其数，仅美国大约有

18000家猎头公司。著名的海德思哲（Heidrick &Struggles）、史宾沙（Spencer Stuart）、亿康先达（Egon Zehnder）、光辉国际（korm/Ferry）、万宝盛华（Mam Power）、任仕达（Randstad）、仕达富（Faro）等猎头公司在全球拥有众多分支机构。海德思哲作为世界顶级猎头公司，猎头大约占全球业75%。德科（Adecco）是著名瑞士猎头公司，有7000多家分支机构分布在全球70多个国家和地区，其中有一批分支机构分布在大中华地区。

面对国内外科技人才竞争的新形势、新情况、新挑战，为适应我国科技人才竞争的白热化和常态化，湖北省必须及时把握科技人才竞争的新动向，并采取更积极、更主动、更有效的重要举措及行动。

二、湖北省面临我国新一轮科技人才竞争的严峻挑战

湖北省要实现面向未来的高质量发展目标，不仅需要国土生态资源承载能力保障，而且需要强大的科技人才队伍和充足的人力资源支撑。目前，湖北省正面对近乎残酷的现实：一方面，湖北千方百计地引进高层次优秀科技人才，但"引智"行动在全国"人才大战"背景下日益艰难；另一方面，湖北已拥有的科技人才队伍不够稳定，尤其是高层次科技人才（包括近年来引进的人才）仍不断流失。不仅如此，伴随着我国人口红利的不断弱化，人才红利竞争已在一定程度上与区域人力资源竞争（或人口竞争）同步进行。2018年，湖北省人口净流出11.83万人，仅次于北京市人口净流出22.25万人、山东省人口净流出19.55万人。从湖北省各市、县的中长期发展规划分析，一部分市、县的人才及人口发展规划将很难实现。

我国科技人才竞争之所以愈演愈烈，"引进人才大战"之所以不断升级，是因为引进各类科技人才对城市未来发展的重要性不言而喻，也是由于我国一些省市已尝到了人才红利、人口红利的甜头。天津市因实施"海河英才"行动计划，2018年引进各类人才13.3万人，平均年龄31岁，其中技能型、资格型人才4.7万人。2018年，中部地区的安徽

省人口净流入 28.23 万人、湖南省人口净流入 3.4 万人。2018 年，上海市人口净流入 1.05 万人，实现 2017 年人口净流出状况的逆转。2018 年，天津市人口净流入 0.78 万人，实现 2017 年人口净流出 9.3 万人的大逆转。从我国重要省会城市分析，城市人口增长问题受到高度重视。2018 年，广州市常住人口 40.60 万人，户籍人口增加 29.82 万人。2018 年，西安市常住人口增加 38.70 万人，户籍人口增加 81.19 万人，其中引进产业发展与科技创新人才 36.64 万人。2018 年，成都市常住人口增加 28.53 万人，户籍人口增加 40.72 万人，引进国家"千人计划"专家 34 人。2018 年，杭州市常住人口增加 33.8 万人，户籍人口增加 20.2 万人。2018 年，武汉市常住人口增加 18.81 万人，户籍人口增加 30.08 万人，引进诺贝尔奖获得者 3 人、国家"千人计划"专家 27 人、海内外高层次人才 382 人。2018 年，南京市常住人口增加 10.12 万人，户籍人口增加 16.27 万人，新增加 3 名诺贝尔奖获得者、55 名国内外院士到南京创新创业。2018 年，合肥市常住人口增加 12.2 万人，户籍人口增加 15.2 万人，引进高校毕业生及技能人才 9.58 万人。

国家发展改革委员会《2019 年新型城镇化建设重点任务》明确提出：对我国常住人口不同的城市分别采取全面取消落户限制、全面放开放宽落户条件、调整完善积分落户政策、大幅增加落户规模等政策。这项政策无疑加剧了我国新一轮科技人才竞争和"人力资源"竞争，许多省市纷纷出台相关新举措。2019 年 4 月，《深圳市公共租赁住房建设和管理办法》《深圳市安居型商品房建设和管理办法》《深圳市人才住房建设和管理办法》公开征求意见，其政策指向非常明确：既积极应对我国新一轮人才红利竞争，又积极适应人力资源竞争。在面向未来的高层次科技人才竞争中，深圳市明确提出力争引进 50 个以上海外高层次人才团队、1000 名以上海外高层次人才、10000 名以上国内高层次人才的宏大计划。2019 年 9 月，深圳市宣布将全力支持剑桥大学与北京大学在鹏城联合办学，并以此为契机进一步推动深圳与剑桥大学在高等教育、科技创新、文化交流等领域的更广泛合作。此前，深圳市积极支持清华·伯克利深圳学院、深圳北理莫斯科大学、天津大学佐治亚理工深圳学院、深圳墨尔本生命健康工程学院等在鹏城办学,已取得明显成效。上海市为加快科技创新中心和社会主义现代化国际大都市建设,不断优化外国人才在沪的工作和生活环境,不断提升外国人才的聚集度。目前,在上海工作的外国人数有21.5万人,占全国总数的23.7%,位居全国第一。自2017年外国人来华工作许可制度实施以来,上海市已核发外国人工作许可证12万多份,其中外国高端人才超过2万份,大约占核发总数的18%。自2018年外国人才签证制度实施以来,上海市已为近500位外国人才办理了外国高端人才确认函,数量居全国第一。上海市在2018年"魅力中国——外籍人才眼中最具吸引力的中国城市"评选中,再次获得全国第一名。本次评选排名位居前10位的城市依次是上海、北京、合肥、杭州、深圳、苏州、青岛、天津、西安、武汉。上海已连续7年在"魅力中国——外籍人才眼中最具吸引力的中国城市"评选中位居全国第一。

在我国新一轮科技人才的激烈竞争中,湖北省努力聚集了一批科技人才,尤其是一部分高层次科技人才,但同时也流出了一批科技人才、包括一部分高层次科技人才。以武汉大学为例,2016年以来先后引进"国字号"高层次科技人才216人(次),净增90.7%,年均增长率22.7%,形成引进高层次科技人才的新突破;与此同时也流失了一些高层次科技人才,先后有多位高层次科技人才以刚性流动或柔性流动方式,到北京、上海、深圳等地任职。这种现象在华中科技大学、华中农业大学、华中师范大学、武汉理工大学等教育部直属高校也客观存在。在这种背景下,湖北省必须居安思危,强化忧患意识,更积极地应对我国新一轮科技人才竞争的严峻挑战。

三、我国新一轮科技人才竞争的主要策略

从我国各地参与新一轮科技人才竞争的主要策略看,大致可分为以下几类。

一是予以引进科技人才高薪福利待遇。从宁波引进人才的实践看,

着力引进带动本地企业乃至行业发展的高层次人才是其人才政策的核心。按照宁波市公布的等级标准，引进的不同层次人才可获最高60万元购房补贴和800万元安家补助，能拿到最高等级补助的顶尖科技人才包括中国科学院和中国工程院院士、诺贝尔奖获得者、世界500强企业首席技术官等。2018年，宁波新引进顶尖人才48人、领军人才160人，人才引进政策的实施效果明显。2018年，深圳已实现高层次科技人才的历史性突破，拥有全职院士41人，累计认定高层次人才12611人。

二是予以引进科技人才高标准住房补贴及生活补贴。2018年，《深圳市关于深化住房制度改革加快建立多主体供给多渠道保障租购并举的住房供应与保障体系的意见》明确提出：从2018年起，新增居住用地中的人才住房、安居型商品房和公共租赁住房用地比例不低于60%，人才住房价格为市场价的60%左右。2019年3月，石家庄市出台人口"零门槛"落户政策，全面取消在城区落户的"稳定住所、稳定就业"迁入条件限制。呼和浩特市甚至提出符合条件的本科及以上学历应往届毕业生可半价买房。2018年，东莞市出台"十百千万百万"人才行动计划，对落户东莞、符合相关条件的博士人才，连续5年、每年20万综合补贴。2019年，杭州市对引进的大学生予以生活补贴。

三是予以引进科技人才具有国际可比性的个人所得税补贴。为支持粤港澳大湾区建设，吸引海外高端人才和紧缺人才，财政部、税务总局在2019年《关于粤港澳大湾区个人所得税优惠政策的通知》明确：在粤港澳大湾区工作的境外（含港澳台）高端人才和紧缺人才，按内地与香港个人所得税税负差额给予补贴，并对补贴免征个人所得税。这意味着，粤港澳大湾区覆盖的广州、深圳、珠海、佛山、东莞、惠州、中山、江门、肇庆等九个城市，都在引进海外高端人才和紧缺人才可享受15%个人所得税优惠政策的适用范围。

四是降低引进科技人才在城市落户的年龄、学历、社保等门槛。2019年，广州市出台人才入户新政，其中取消硕士研究生、博士研究生的留学人员入户社保参保年限限制，只需要在人才引进单位有参保记录即可。为加快战略性新兴产业发展，天津对战略性新兴产业领军企业实施"急需型人才由企业自主确定落户条件"的特殊政策，切实缓解企业引进急需科技人才问题。近年来，我国许多地方根据科技人才竞争的需要，不断出台鼓励科技人才在城市落户的新政策，可谓争先恐后、层出不穷、日新月异。

五是综合利用引进科技人才所关注的区位、交通、教育、医疗、文化、生活、生态等资源。优秀科技人才不仅需要高质量的创新创业环境，而且也需要高舒适度的宜居生活环境。尤其是高层次优秀科技人才，具有高携眷性和高流动性的特点，需要高质量的生存空间与发展氛围，对高舒适度的宜居生活环境有更切实、更迫切的需求。城市区位、交通、教育、医疗、文化、生活、生态、气候、公共安全、社会文明程度等，都是科技人才，尤其是高层次科技人才综合选择居栖地的重要因素。

六是利用引进科技人才创新创业所需要的高等院校、科研院所以及重点产业资源。高等院校、科研院所拥有科技创新的综合条件，重点产业资源更是技术创新的重要基础，我国高等院校、科研院所及重点产业资源分布不平衡，导致各省市优秀科技人才的聚集能力不同，各地对高层次科技人才的迫切需求度不同。近年来，由于湖北省与其他省市在科技人才退休年龄方面的时间差，北京、上海、广东、浙江、江苏、福建等地的高等院校，以优厚待遇吸纳了湖北省一部分退休的优秀科技人才。

七是利用引进科技人才所需要的综合性国家科学中心、国家重点实验室及大科学装置。北京怀柔综合性国家科学中心、上海张江综合性国家科学中心、合肥综合性国家科学中心以及深圳等地的大科学装置，以其稀缺、优越的科学研究条件吸引优秀科技人才欣然前往。如粤港澳大湾区作为我国经济发展地区，在建设综合性国家科学中心以及大科学装置方面先行一步，广州、深圳、东莞、惠州等地都积极采取行动。如东莞拥有的中国散裂中子源大科学装置，是目前世界四大散裂中子源之一，以此作为吸引科技创新人才的重要筹码。

八是利用引进科技人才的家乡情结及校友情结。全国各地几乎毫无例外地重视优秀科技人才的家乡情结，千方百计地强化优秀科技人才的校友情结。杭州市厚待杭州师范大学校友马云，使阿里巴巴成为杭州市技术创新和经济发展的有力支撑；深圳市厚待深圳大学校友马化腾，使腾讯成为深圳市技术创新和经济发展的重要支撑；湖北省人民政府厚待武汉大学校友雷军、陈东生、毛振华、阎志等，使他们长期关注湖北、立足湖北、投资湖北、建设湖北，使他们的企业与湖北共同发展。2017年，湖北省人民政府聘请雷军等武汉大学校友作为咨询委员。

九是利用引进科技人才的特区功能及特殊政策。国家为发挥特区的引导功能及示范作用，必然会予以特区明确责权及特殊政策。海南博鳌乐城国际医疗旅游先行区被国务院赋予一系列优惠政策，包括特许医疗、特许经营、特许研究、特许国际交流等。博鳌乐城国际医疗旅游先行区作为中国特色自由贸易港先行区，国务院在2019年9月16日又对其赋予新的医疗政策。这些特许政策和优惠政策的稀缺性、专业性、探索性，对国内外科技人才具有很强的吸引力。目前，博鳌乐城国际医疗旅游先行区已引进签约院士专家团队50多个。

伴随着新一轮科技人才竞争向纵深发展，我国各地不断发布和更新其科技人才竞争策略，科技人才领域的竞争性博弈愈演愈烈。

四、我国新一轮科技人才竞争存在的问题

从我国部分省市参与新一轮科技人才竞争的策略分析，这些策略客观存在着一些问题，主要表现为"八多八少"。

一是优化营商环境的综合性策略多，科技人才竞争的专门性策略少。从我国各地改善和优化营商环境的实践看，在中央统一部署下竞相出台改善和优化营商环境文件，积极采取竞争性策略，涉及科技人才竞争的营商环境综合性策略多，但遵循科技人才规律、针对科技人才竞争特点的专门性策略相对较少。

二是科技人才竞争的单项性策略多，科技人才竞争的组合性策略少。从我国各地科技人才竞争策略分析，各地出台的科技人才竞争政策可谓是多种多样，令人眼花缭乱、目不暇接，但表现为针对科技人才竞争的单一事项和少数事项策略多，缺乏更有利于科技人才竞争的组合性策略。

三是科技人才竞争的战术性策略多，科技人才竞争的战略性策略少。从我国各地科技人才竞争策略分析，几乎毫无例外地重视引进科技人才的现实需要，更多考虑以有限的资源解决近期引进"紧缺"科技人才问题，因而适应科技人才竞争的战术性策略多，对科技人才竞争常态化、长期性的战略性策略明显不够。

四是科技人才竞争的共享性策略多，科技人才竞争的特殊性策略少。从我国各地科技人才竞争策略分析，许多地方重视引进科技人才优惠政策的普惠性、共享性，对引进科技人才简单分类和粗放管理，缺乏针对一部分优秀科技人才特殊性的精准施策，不能有效发挥科技人才竞争策略的预期效应。

五是科技人才竞争的工作条件策略多，科技人才竞争的生活环境策略少。从我国各地科技人才竞争策略分析，几乎毫无例外地重视引进科技人才的工作环境，甚至不厌其烦地细化工作条件，但对科技人才高度重视的生活环境明显关注不够。尤其是对高层次优秀科技人才关注的高舒适度生活环境，基本上没有相对应的有效策略。

六是科技人才竞争的专项福利策略多，科技人才的综合保障策略少。从我国各地科技人才竞争策略分析，几乎毫无例外地重视引进科技人才的福利，包括生活补贴、住房补贴、医疗条件、子女教育等，但各种专项福利策略没有协同并发挥最大的集成效应，对科技人才的综合性保障策略明显不够。

七是聚焦引进科技人才的增量策略多，重视激活科技人才的存量策略少。从我国各地科技人才竞争策略分析，几乎都高度重视引进科技人才数量和质量的增量，但对激活科技人才存量的潜能明显关注不够。我国许多地方客观存在着令人窘迫的现象：一方面科技人才引进成效明显,另一方面科技人才流失严重。

八是重视科技人才引进的考核策略多,关注科技人才流失的应对策略少。从我国各地科技人才竞争策略分析,几乎毫无例外地确定了科技人才引进的任务指标,许多地方对科技人才引进有明确的任务及履职考核,但对现实中客观存在的科技人才流失问题,往往缺乏深入系统的研究和积极采取有效对策。

针对我国人才计划项目实施中的"散、乱、弱"问题,中央已明确要求优化整合各类人才计划,提高人才政策的针对性、指导性、科学性和有效性。重庆市积极响应中央要求,已将全市各类人才计划项目统一为"重庆英才计划",并于2019年6月正式发布,旨在"择天下英才以用之",进一步加快人才集聚。在我国科技人才竞争白热化、常态化背景下,湖北省应审时度势、知己知彼、精准施策、积极行动,以综合创新重要策略应对我国新一轮科技人才的激烈竞争。

五、湖北省应对我国新一轮科技人才竞争的重要策略

为应对我国新一轮科技人才竞争以及日益凸显的"人力资源"竞争,湖北省应采取综合创新的重要策略。

——应加快科技人才观念变革,尽快实现从重视科技人才增量向充分发挥科技人才效用的根本性转变。积极倡导"不求所有,但求所在;不求所控,但求所用;不求完人,但求专攻;不求虚荣,但求实效;不求完美,但求完胜"的新科技人才观。正确处理科技人才增量与科技人才存量的辩证关系,强化科技人才增量的"引导性"与科技人才存量的"决定性"意识,尽可能不断扩大科技人才增量、充分发挥科技人才存量效用,真正实现湖北省优秀科技人才近悦远来、科技创新创业者安居乐业的发展愿景。

——应尊重科技人才"利益比较、价值取向"的迁徙规律,努力构建科技创新利益共同体。马克思说过:"人们奋斗所争取的一切,都

同他们的利益有关"。① 必须充分考虑科技人才的切身利益诉求，强化科技创新利益相关者之间的联系，形成具有社会凝聚力的科技创新利益机制，加快构建利益共享、风险共担、同甘苦、共患难的科技创新利益共同体，尽最大可能发挥湖北省科技人才队伍的积极性、主动性和创造性。

——应根据科技、经济、社会可持续发展目标和现实发展需求，进一步加强湖北省科技人才及人力资源相关问题的战略性和战术性研究，既要积极应对我国时下的新一轮科技人才竞争，又要积极适应我国将长期存在的科技人才竞争及人力资源竞争。在应对科技人才竞争及人力资源竞争策略上，应该在战略性与战术性之间保持必要的张力，尽可能统筹考虑和缓解科技人才竞争及人力资源竞争问题。

——应以不断优化的宜居宜业环境吸引各类人才，尤其要以高舒适度生活环境使高层次优秀科技人才近悦远来。不仅要重点建设资源节约、环境友好型生态城市，大力改善营商环境、建设创新创业友好城市，而且要努力建设老年友好城市、儿童友好城市，使高层次科技人才能够安居乐业，尽可能减少影响其在湖北省长期发展的后顾之忧。只有真正尊重科技人才发展规律，真实回应科技人才切实利益诉求，积极推进国际上正在兴起的养老科技创新，才能真正稳妥解决湖北省科技人才队伍可持续发展问题。湖北省科技人才主要聚集城市武汉在2018年已进入老年化社会，加快建设老年友好城市非常迫切。

——应围绕科技人才群体聚集、科技人才作用发挥、科技人才队伍稳定及可持续发展，不断强化科技创新生态和科技人才环境政策的高质量供给。通过深入贯彻落实中共中央关于优化创新环境、释放科技人才潜能、促进科技创新等方面的一系列重要文件，认真研习国内外营造良好创新生态和人才环境的实践经验，切合地方经济社会发展实际，创造性地形成支撑湖北省科技人才近悦远来、科技创新创业者安居乐业的政策体系，尽可能实现"人无我有""人有我优""人优

---

① 马克思，恩格斯．马克思恩格斯全集：第一卷．北京：人民出版社，1956：82.

我特"的创新。

——应充分释放科技人才增量和科技人才存量的巨大潜能，努力形成科技人才增量和科技人才存量叠加的协同倍增效应，争取获得最大的科技人才效能。在努力提高科技人才增量质量方面，应减少科技人才引进过程中的信息不对称，在实施科技人才计划时尽可能除弊兴利，切实保证引进高层次科技人才的质量；在努力发挥科技人才存量效用方面，尽可能创造高质量创新创业生态和宜居宜业社会环境，不断释放科技人才存量的巨大潜能。通过聚集科技人才增量和激励科技人才存量两端发力，使湖北省科技人才队伍相对稳定、充满活力、适应需求且可持续发展。

——应加快建设具有高质量创新创业生态和高舒适度生活宜居环境的核心城市。武汉作为国家中心城市和湖北省会，将是湖北省高层次科技人才引进和人口净流入的核心城市，完全具备生态环境、交通、教育、医疗、文化、生活、研发、创新创业等方面的良好基础条件，拥有使高层次科技人才近悦远来、科技创新创业者安居乐业的比较优势、发展空间和巨大潜能。应进一步发挥武汉在湖北省创新生态和人才环境建设中的引领、支撑、示范和辐射作用。根据湖北省科技人才分布、生态环境、季节气候以及宜居宜业条件，应经过系统研究、科学论证，在湖北省多地建设科技人才高舒适度生活基地，并形成高效利用系统。

——应大力支持企业开展科技创新活动及科技人才引进和培养，积极倡导和支持外资机构在鄂开展科技创新活动及科技人才引进，通过强化政产学研协同创新，打好综合性精准施策的"组合拳"。为解决一部分引进高层次科技创新创业人才或多或少的后顾之忧，可基于合作方共同利益，尽可能发挥政府的积极倡导及协调作用，采取高新技术企业与高等院校、科研院所协同创新的"双聘""双保险"等办法，切实为国内外高层次科技人才，特别是高层次科技产业领军人才的引进和安居乐业提供更有力保障。

——应构建面向未来的国际化人才服务体系和生态型国际创新社

区。在武汉、宜昌、襄阳等城市努力探索类似百步亭社区的国际创新社区治理，加快构建和完善国际化科技人才服务体系，积极应对我国新一轮科技人才竞争，尤其是新一轮海外高层次科技人才竞争。为迎接我国即将到来的海外高层次科技人才聚集浪潮，为创造国际一流的高质量创新生态和高舒适度生活环境，湖北省有必要进行具有基础性、前瞻性、战略性、对策性的准备。

——应加快推进武汉综合性国家科学中心筹备及大科学装置建设。通过创造有效支撑大科学研究和重大基础研究成果转化的条件，充分发挥中央部委在鄂高等院校、科研院所的重要作用，吸引国内外优秀科技人才来汉从事长期或短期基础研究、应用研究和开发研究。根据宜昌、襄阳、黄石、荆门等城市的研发基础和产业特色，积极鼓励和加强重要科技设施建设。通过行之有效的军民深度融合，发挥湖北省大科学装置的科技人才聚集效应及使用效率。

——应切实为科技人才安居乐业解除老年康养之忧。湖北省发展大健康产业、建设大健康幸福之城，应真正体现以人为本、以人民为中心的发展理念，积极解决科技人才安居乐业的老年康养难题。要勇于突破现有特大城市、大城市远城区老年康养模式，除了在远城区、新兴城区打造多功能康养社区，还应根据现实需求及长远需要，积极探索在中心城区建设多种形式、多功能的老年康养社区，为引进科技人才、稳定科技人才、发挥科技人才潜能创造更好的条件。

——应充分学习、借鉴发达国家挖掘和聚集国际高层次科技人才的实践经验，加强与国际著名猎头公司的广泛交流和多方面合作，积极探索和创新符合中国国情的"猎头机制"。积极引进国际著名猎头公司的分支机构，积极培育充满活力、具有地方特色的新型猎头公司，积极完善相关政策法规，加快构建高效率的社会猎头服务体系，努力在高层次科技人才竞争中更好地发挥政府的作用，更好地发挥市场的决定性作用。

——应积极适应大数据带来的科学研究范式变革，进一步加强5G网络等新基础设施建设，真正将大数据作为社会资源和政府资产进行有效管理。通过大数据研究方法以及大数据资源的开放、共享和有效利用，不断拓展科技创新领域。切实加快政府开放数据、应用数据进程，积极融入全球科技创新网络和全球科技信息网络，积极探索和建设国际科技创新信息数据库，努力为科技人才从事科技创新活动、提高科技创新效率创造更好的信息保障条件。

（本文系湖北省科学技术协会2019年度科技创新智库资助研究课题"湖北省应对我国新一轮科技人才竞争的重要举措研究"成果）

课题负责人： 李　光　武汉大学"珞珈杰出学者"、二级教授、博士生导师

课题组成员： 刘远翔　刘义胜　徐干城　杨　炎

湖北省聚集重大科技创新人才的对策研究

湖北省社会科学院课题组

重大科技创新人才作为人才队伍集聚过程中的"领头羊",不仅是应对我国新一轮"人才红利"竞争的关键要素,也是湖北省建设创新强省的重要组成部分。当前,湖北省高层次人才队伍不断壮大,高水平科技创新平台不断完善,创新创业人才政策不断丰富,为聚集重大科技创新人才奠定了良好基础。但是,湖北省重大科技创新人才还面临着数量紧缺、配置不均衡、政策体系待优化、疫情短期影响等突出"短板"。本研究以问题为导向,通过调查研究,创新性地提出了湖北省重大科技创新人才集聚策略。

一、湖北省聚集重大科技创新人才的基础优势

(一)高层次人才队伍不断壮大

湖北省"两院"院士、"973"首席专家、国家杰青、入选国家"千人计划"人才的数量,获国家科技奖励数量、国家科技经费额等重要创新指标均稳居全国前列、中部第一。截至2017年年底,湖北省"两院"院士73人,2019年6月公布的中国工程院2019年院士增选进入第二轮评审的候选人中,武汉地区共有13位科学家进入候选名单。2019年8月1日,中国科学院公布2019年中国科学院院士增选初步候选人名单,其中有8位来自武汉地区。至此,进入2019年"两院"院士候选人的武汉地区科学家总数达到21位。同时,优质的大学资源成

为湖北省聚集重大科技创新人才的中坚力量，2019年度国家杰出青年科学基金建议资助项目申请人共300人，其中湖北就有16人入选年度国家杰出青年科学基金名单，占总人数的5%。

同时，中青年科技创新人才队伍成长壮大，逐步形成国家基金、国家杰出青年、省杰出青年、省创新群体等项目及"973项目"首席专家和更高层次院士专家的创新人才梯队。据统计，在2018年第十四批国家"千人计划"青年项目中，湖北56人入选，约占入选总人数的10%。从科技部中青年科技创新领军人才1~7批各高校入选名额来看，华中科技大学共26名，在全国高校中排名第7；武汉大学共24名，在全国高校中排名第10。

（二）高水平科技创新平台不断完善

湖北省集中优势资源在战略性领域打造重大科技创新平台，以此吸引高层次科技创新领军人才及创新团队，努力构筑精英荟萃的高水平创新型人才队伍。截至2019年8月，湖北省拥有各类科研机构2340家，从事科技活动人员近24万人；拥有1个国家研究中心、27个国家重点实验室、19个国家级工程技术研究中心、170个省重点实验室、660家省级工程技术研究中心以及372家省级校企共建研发中心。[①]

目前，湖北省拥有包括亚洲首座、全国唯一的高等级生物安全（P4）实验室、国家光电研究中心等在内的一批高层次创新平台，以及脉冲强磁场实验装置、精密重力测量等国家重大科技基础设施，成为湖北创新发展的有力支撑。同时，测绘遥感信息工程国家重点实验室研发了全球首颗专业夜光遥感卫星"珞珈一号"，波谱与原子分子物理国家重点实验室星载铷原子钟批量应用于北斗卫星和实践卫星，铁路轨道安全省重点实验室焊轨基地单线生产能力达到世界领先水平。

---

① 湖北省科技厅."壮丽70年·奋斗新时代"之"以科技创新引领高质量发展"［EB/OL］. 2020-01-16. http：//kjt.hubei.gov.cn/fbjd/xxgkml/sjfb/202001/t20200116_1913252.shtml.

(三) 创新创业人才政策不断丰富

自 2015 年以来，为加快建设湖北科技创新中心，聚集世界创新创业人才、科技创新要素和高新科技企业，湖北颁布并实施了一系列积极、开放、便捷、灵活和优化的海内外创新创业人才政策，为湖北建设中部有影响力的科技创新中心营造了良好的育才、引才、用才、留才环境，也为湖北构建具有竞争力的人才引进制度奠定了良好的政策基础。

从 2015 年 2 月《湖北省科学技术厅关于深入推进科技创业的十条意见》的颁布，到同年 8 月《湖北省人民政府办公厅关于发展众创空间推进大众创新创业的实施意见》的发布，再到 2016 年 6 月《关于深化人才发展体制机制改革促进人才创新创业的实施意见》，2016 年 9 月《湖北省人民政府关于加快构建大众创业万众创新支撑平台的实施意见》，2017 年 3 月《关于深化人才引进人才评价机制改革推动创新驱动发展的若干意见》（简称人才 20 条）、《关于实施"我选湖北"计划 大力促进大学生在鄂就业创业的意见》及同年 11 月《关于进一步转变职能完善技能人才评价体系的指导意见》和 2018 年《湖北省引进海外高层次人才实施办法》、2019 年《关于印发湖北省科学技术奖励制度改革实施方案的通知》等的出台，湖北省在吸引海内外高端人才、促进人才创新创业、放宽海外人才来鄂工作门槛、下放用人单位自主权、优化科技创新中心软件环境建设等方面的政策已经形成了体系，政策效应也逐渐显现，极大地促进了湖北的人才结构优化，同时受到了社会各界和广大人民群众的普遍欢迎。湖北省自 2015 年以来创新创业人才政策如表 1 所示。

表 1　　　　湖北自 2015 年以来创新创业人才政策一览表

时间	政　策
2015.2	《湖北省科学技术厅关于深入推进科技创业的十条意见》
2015.5	《湖北省人民政府办公厅关于进一步深化高等学校创新创业教育改革的意见》

续表

时间	政　　策
2015.8	《湖北省人民政府办公厅关于发展众创空间推进大众创新创业的实施意见》
2015.10	《湖北省培养紧缺技能人才品牌专业等项目资金管理办法》
2015.10	《关于为外籍高层次人才办理签证及居留手续有关事项的通知》
2015.11	《湖北省公安厅关于办理留学回国人员在鄂就业创业地落户手续有关事项的通知》
2015.12	《湖北省人民政府关于印发中国制造2025湖北行动纲要的通知》
2016.5	《湖北省人民政府办公厅关于进一步深化高等学校创新创业教育改革的意见》
2016.6	《关于深化人才发展体制机制改革促进人才创新创业的实施意见》
2016.7	《湖北省创新型省份建设推进计划（2016—2020年）》
2016.7	《湖北省科技创新"十三五"规划》
2016.9	《湖北省人民政府关于加快构建大众创业万众创新支撑平台实施意见》
2017.3	《关于深化人才引进人才评价机制改革推动创新驱动发展的若干意见》（简称人才20条）
2017.3	《关于实施"我选湖北"计划 大力促进大学生在鄂就业创业的意见》
2017.6	《湖北省促进科技成果转移转化行动方案》
2017.6	《湖北省科技企业创业与培育工程升级版实施方案》
2017.8	《关于推进人才创新创业超市建设的通知》
2017.9	《湖北省人民政府办公厅关于县域创新驱动发展的实施意见》
2017.11	《关于进一步转变职能完善技能人才评价体系的指导意见》
2017.12	《湖北省高新技术产业园区创新驱动发展综合评价办法》
2018.4	《湖北省优秀技能人才选拔表彰办法（试行）》
2018.9	《湖北省引进海外高层次人才实施办法》
2019.5	《关于印发湖北省科学技术奖励制度改革实施方案的通知》
2019.8	《关于实施博士后人才倍增计划的若干意见》

二、湖北省聚集重大科技创新人才面临的"短板"

(一)重大科技创新人才资源配置仍不均衡

1. 区域间配置不均衡

高层次科创人才更倾向于流向"一主两副"城市,特别是聚集于武汉市。截至 2019 年年底,湖北省拥有"两院"院士数量 80 人,其中在武汉市的"两院"院士就有 78 位,占湖北比重高达 97.5%。

2. 在不同类型单位间的配置不均衡

高校、科研院所是吸引高层次科技人才的主要单位,而省内企业、特别是民企对高层次人才的吸引力不强。例如,武汉拥有的"两院"院士 70% 以上来源于武汉大学、华中科技大学等高校,20% 来自中国科学院武汉岩土所等科研院所,仅有 3 人来自武汉的企业。

3. 在产业类型间的配置不均衡

从武汉市 69 位院士研究的领域来看,主要集中在化学、测绘、生物、机械制造、材料、医学等学科领域;在从湖北省当前的国家实验室研究领域来看,主要集中在光电光纤、遥感测绘、地质、农业生物技术、材料、数字装备、医学等领域。对比湖北省目前重点发展的 10 大产业来看,在集成电路、新能源、航天航空等领域还缺乏重大科技创新人才的支撑。

(二)重大科技创新人才政策体系急需优化

为进一步了解湖北省科技人才政策服务情况,本课题组对政府相关职能部门、科技人才、高等院校行政管理人员、创业者、科技服务机构等开展了实地调研并发放了问卷,从政策知晓度、有效性及政策执行与服务情况等方面开展了调研,存在的主要问题如下。

1. 政策知晓度差异大,且知晓和反馈渠道较为单一

政策知晓度差异大主要表现为政策制定与执行者、科研管理者对政

策知晓度较高,而技术研究与开发者、创业者、科技服务机构人员对政策知晓度相对不足,多数从事科技服务的被调查对象也反映对科技人才政策"了解有限",甚至"不了解"。在政策知晓渠道方面,多数调查者主要是通过政府网站及职能部门了解人才政策,但也有一些调查者反映在网站上经常找不到自己所需要的政策内容,而通过现代网络、新媒体、科技服务机构等途径获得政策信息则相对较少。在政策反馈渠道方面,46.81%的调查对象通过"政府网站、官方电话"实现反馈,而38.21%的调查对象表示"找不到有效渠道"。

2. 对政策有效性的认可度差距较大,人才引进后缺少持续性支持

调查数据显示,38.3%的被调查对象认为财税补贴政策起到了显著作用,但对政府采购政策、企业资质认定政策、知识产权政策、科技金融政策等的认可度相对较低,比例均在20%左右。在对海外科技人才引进政策落实情况的调查中发现,有高达76.6%的被调查对象表示政策的知晓度不够,51.06%的被调查对象认为"人才引进后缺少持续性支持"。

3. 服务针对性不强和审批程序复杂是影响政策满意度的主要因素

在对科技人才政策服务机构存在的问题调查中发现,被调查对象反映较为集中的包括"服务针对性不够高"(72.34%),"服务人员专业性不够强"(63.83%),说明当前服务机构及服务人员队伍建设与市场实际需求间存在较大差距。在实施或享受政策措施过程中,被调查对象遇到的问题主要集中在"各项事宜的审批手续过于烦琐"(72.34%)、"各部门间缺乏协调配合"(63.83%)和"审批材料准备过于繁杂"(59.57%),审批程序的复杂和烦琐成为当前影响重大科技创新人才实施的重要矛盾。

(三)新冠疫情短期严重影响科技创新人才的留存率和吸引力

在科技创新人才的吸引力方面,根据 BOSS 直聘研究院发布的 2020 年第一季度的城市人才吸引力指数来看,过去几年武汉人才吸引力始终位列前 10,2020 年第一季度受疫情影响人才吸引力指数为 1.95,下降

到第15位（见图1），但指数下降幅度在可控范围内。

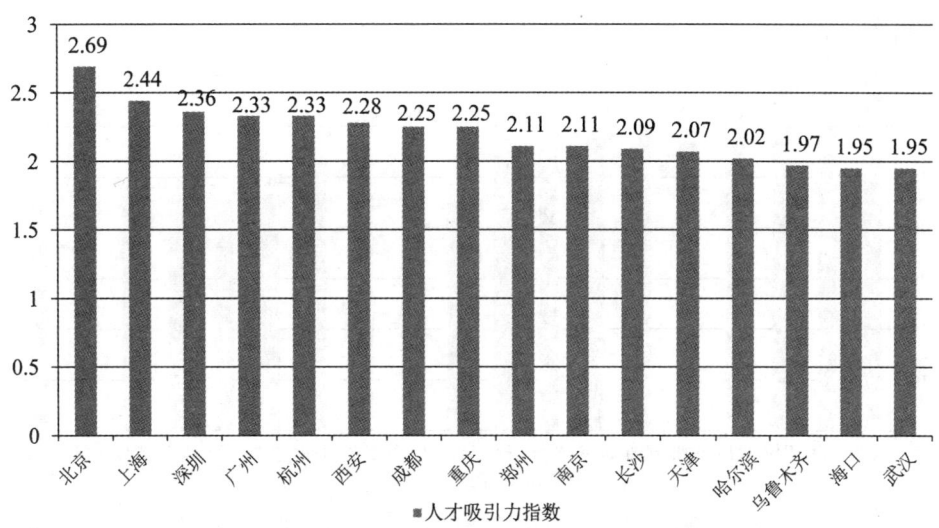

图1　2020年第一季度人才吸引力指数前15位城市

在科技创新人才留存率方面，湖北作为科教大省，疫情影响下使得应届毕业研究生在春节后无法返回湖北地或按既定目标求职，客观限制了应届毕业生在湖北的留存率。根据BOSS直聘研究院调查数据显示，新冠肺炎疫情暴发前，一线和新一线城市对2020应届生的平均本地求职留存率为67.0%。春节后五周，这一数据降为57.3%，受疫情影响最严重的武汉，其应届毕业生的留存率更是由67.5%降到45.0%（见图2），受到的影响要大于其他城市。

三、湖北省聚集重大科技创新人才的策略

（一）坚持市场与政府"双轮驱动"，探索"三位一体"的动态人才集聚模式

坚持市场与政府"双轮驱动"，即在坚持党管人才原则上，充分

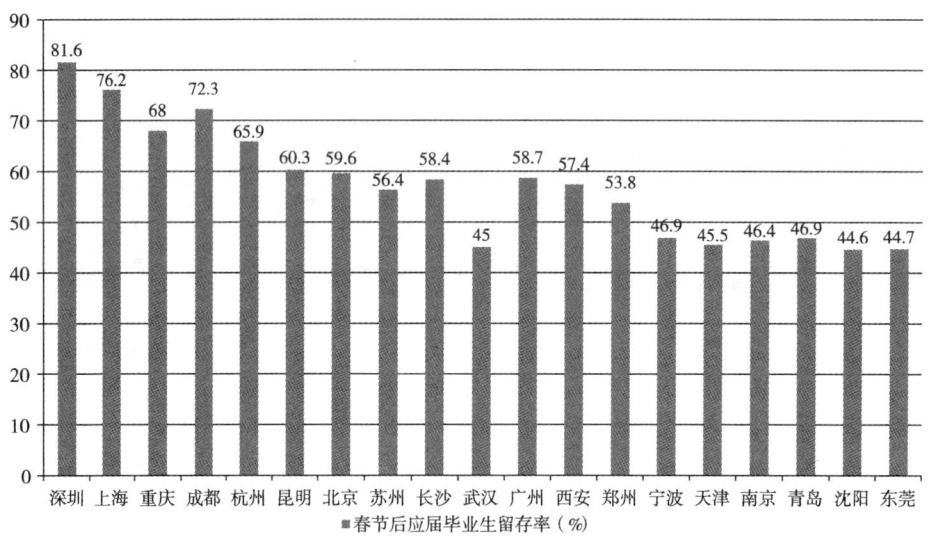

图2　我国部分城市2020年春节后5周应届毕业生留存率

发挥市场配置人才资源的决定性作用。同时，政府要在新的环境下注重人才引导中的"三个转向"：一是从政策优惠向制度创新的引才战略转变；二是从重视人才增量向注重人才整体效用的转变；三是从初期的政策优惠向精准性、差异性、创新性组合型的人才竞争策略转变。

加快重大科技创新人才的集聚的一个关键议题，就是需要从多层面、多领域探索人才集聚的模式。结合国内外人才集聚的实践和湖北实际，建议湖北积极探索"三位一体"的动态人才集聚模式，主要包括"重点学科（实验室）建设+重大基础性研究创新人才"模式、"重点产业（关键领域）发展+高层次科技创新、创业人才"模式、"弥补科技（产业）短板+紧缺型重大科技创新人才"模式，各个模式的内容、特点和实施策略如表2所示。

表2　　　　　　　　　湖北"三位一体"的动态人才集聚模式

模式	内容	实施策略
重点学科（实验室）建设+重大基础性研究创新人才	• 以高等院校及科研院所为主导，政府参与引导 • 本质是将学科和实验室建设与科研创新人才相结合，并将科研人才引进与科技短板等相结合 • 目标旨在巩固湖北在国家基础研究领域的地位和影响力	• 以"双一流"学科建设为重点工作，遴选和培育一批"双一流"学科 • 支持国家级、省级等重点实验室主动承担国家重大科研项目、湖北省经济社会发展的重大科技需求研究课题 • 以基础性项目研究为依托，引入高端科技创新人才集聚
重点产业（关键领域）发展+高层次科技创新、创业人才	• 市场主导、政府引导，集聚重大创新、创业人才的模式 • 本质是人力资本随着产业集聚而产生空间上的集聚 • 目标旨在加快产业高质量发展，引进产业创新、创业人才	• 以《关于推进湖北十大重点产业高质量发展的意见》为指导 • 明确产业发展的重点领域，重点领域需要围绕十大产业选择湖北有基础、有优势和能突破的重点领域
弥补科技（产业）短板+紧缺型重大科技创新人才	• 市场决定、政府重点辅导型 • 制订出符合湖北需求的紧缺型重大科技创新人才引进计划，建立相关资料库和相应政策 • 目标旨在实现科技、产业和人才领域的均衡发展	• 落实《关于实施"湖北省急需紧缺专业技术人才培养工程"的意见》 • 将科技短板与产业短板有效结合 • 探索制定《湖北省引进急需紧缺人才服务管理办法》

（二）围绕"一主两副"重点地区，统筹人才空间集聚

第一，打造以武汉为核心的"芯"产业人才聚集区，充分利用好国家级高新区、国家自主创新示范区、国家光电子产业基地和国家存储器基地等多块"国字牌"的叠加效应，依托国家先进存储产业创新中心、武汉光谷集成电路产业园等重点项目的建设，围绕集成电路产业的

设计、制造、封测、设备制造等全产业链，招才引智，加快形成一支高水平宏大芯片技术人才队伍。

第二，结合武汉、襄阳、宜昌的综合性国家产业创新中心建设，引导重大科技创新人才集聚，并充分发挥核心城市在人才和技术的扩散作用，打造湖北重大科技创新人才核心聚集区（见表3）。

表3 湖北"一主两副"重大科技创新人才聚集的重点产业、人才项目和区域

城市	重点产业	重点人才项目	重点人才聚集区
武汉	集成电路、信息技术、生命健康、智能装备、新能源汽车、科技服务	黄鹤英才计划、武汉未来科技城、中华科技产业园等人才工程、创新岗位特聘专家计划、创新团队扶持计划、"城市合伙人"计划、领军企业计划	武汉东湖新技术开发区（武汉东湖国家自主创新示范区）、湖北自贸区、长江新区、武汉经济技术开发区、武汉化学工业区
宜昌	新材料、生物医药、装备制造、新一代信息技术、新能源与节能环保	宜昌英才工程、"海智计划"	湖北自贸区（宜昌片区）、宜昌高新区、宜昌新区
襄阳	新能源汽车、高端装备制造、新一代信息技术产业（云计算）、新材料、生物技术	隆中人才支持计划	襄阳科技城（国家科技领军人才创新创业襄阳基地）、湖北自贸区（襄阳片区）东津新区

（三）推动"产业+项目+人才"高效结合，引导人才重点产业集聚

（1）以产业集聚推动人才集聚。基于湖北出台的《关于推进湖北十大重点产业高质量发展的意见》，建议围绕12个重点产业的关键领域和关键技术的创新突破为方向，实现各产业和各领域重大科技创新人才的集聚（见表4）。

表4　　湖北省重大科技创新人才集聚的12个重点产业及其关键领域

重点产业	关键领域
集成电路	芯片设计、制造、封测及材料；以汽车电子、光通信、功率电子为主的特色芯片
地球空间信息	地球空间信息平台、地球空间信息产品（北斗导航及应用服务）、北斗智能终端生产
新一代信息技术	光通信、光通信、光纤光缆、网络安全
智能制造	人工智能、机器人、激光、高端数控机床、智能化仪器仪表
汽车产业	新能源汽车制造、汽车及零部件制造、智能网联汽车、专用车、特种车制造
数字产业	数字基础平台、数字共享、数字应用等产业；依托智慧城市建设开展云计算、大数据、软件服务等示范应用
生物产业	生物制药（含生物药、化学药、现代中药、生物服务等）、医疗器械（医学诊疗设备、智慧医疗设备、诊断试剂、植介入材料等）、生物农业（生物育种、农用生物制品）
康养产业	医养、旅游、食品、康养基地
新能源与新材料	核电、页岩气开发、分散式风电、集中式地面光伏发电、能源装备、风光互补+储能示范 石墨烯、新型功能材料、高性能复合材料
航空航天	航天装备、航空装备、通用航空装备及培训、航空器研发制造、大飞机部件生产、智能物流与智能包装
高技术服务	工程设计服务、信息技术服务、科技服务
现代农业	农产品质量安全；农业良种培育及农产品生产加工；以水生蔬菜、食用菌、魔芋、茶叶、蜂产品等特色资源为重点的特色农业

（2）以项目化培育人才聚集。在重大科技创新人才项目方面，建议整合优化当前湖北的人才项目，实施"楚才"重大科技创新人才项目。在重大科技攻关项目方面，继续实施14项重大科技重大专项，推动科技成果产业化，同时围绕12项重点产业增加实施一批重大科技专项（见表5）。

表5　依托人才项目和科技项目推动重大科技创新人才集聚措施

项目类型	人才集聚措施
人才项目	• 针对关键领域核心技术人才项目，建议围绕12个重点产业领域，遴选一批从事基础研究、重大院士创新和应用技术研究的"高峰"人才及团队，支持打造成为世界级科学家潜力和抢占未来科技制高点的领军团队 • 针对海外优秀人才，整合湖北"百人计划""楚天学者"等引才计划，坚持"高精尖缺"需求导向，分类设置重大科技创新人才项目、创业人才项目、外专人才项目和留学人员创新创业启动支持项目 • 针对不同领域的高层次人才和高端技能人才，重点分类设置科技创新和成果转化领军人才项目、企业领军人才项目、名家名师名医暨工作室项目、技能人才振兴项目、科技和生产性服务领军人才项目以及青年拔尖人才项目，培育一批能够代表湖北一流水平、具有领军才能和团队组织能力的高层次人才
重大科技攻关项目	• 推进湖北当前正在实施的14项重大科技重大专项，推动科技成果产业化，力争培育若干具有核心自主知识产权和较强市场竞争力的产业 • 增加以存储芯片为代表的集成电路科技重大专项；以数字内容服务为重点的数字重大科技专项；围绕新型金属材料、新型无机非金属材料、新型高分子材料、新型复合材料、新型功能材料等领域的新材料重大科技专项；围绕清洁能源、能源绿色发展、智能电网技术等领域的新能源重大科技专项

（四）有效应对疫情影响，创新"互联网+"人才聚集方式

（1）运用大数据技术建设高端人才全球搜索系统。数据采集要全覆盖，通过对高端人才供需信息的动态把握、精准投放和有效衔接对不同人才群体设定相应的采集标准，形成图文并茂、声像俱全、客观鲜活的人才数据集，建好人才银行的"数据金库"。

（2）利用"互联网+"开展"线上线下"同步引才。线上运用高端人才全球搜索系统，实现"点对点"引才。线下则是通过"楚才"重大科技创新人才项目和重大科技攻关项目的实施，瞄准目标人群，从而实现"面对面"引才。

（3）依托互联网新技术加强人才共享。以重大产业项目和重大科技攻关项目为依托，树立"互联网+"的平台思维，利用现代信息技术、各种网络平台与其他地区共享重大科技创新人才，一方面探索O2O人才流动模式，另一方面鼓励省内各地各单位不搞"占有式"引才，紧紧依托产业和项目，柔性引才、借才借智，走人才共享之路。

（4）利用互联网技术，融合新媒体、新平台，搭建多渠道、多层次的人才政策信息反馈渠道。

（五）注重科技重大人才基本诉求，构建层次清晰门类完善的人才政策体系

（1）需要明确重大科技创新人才的类型、层级与目录。从上海、北京、深圳以及安徽、湖南和重庆等地的重大科技创新人才引进工作来看，不仅要明确人才的目录，而且在分类分级的基础上开展分类施策，建议湖北从国际、全国和省级三个层面制定重大科技创新人才目录，探索建立全球重大科技创新人才储备库，实现重大科技创新人才集聚做到有的放矢。

（2）特别注重科技重大人才基本诉求。重大科技创新人才引入过程中常常具有其特殊需求，比如上海在实施人才高峰工程中就明确了"量身定制、一人一策""高峰人才全权负责制"等政策。因此，在制定政策和落实政策方面要充分考虑到这一实际，就像美国硅谷、安徽、重庆等地一样，在法律范围内尽可能地采取"一事一议""一企一议""一人一议"等办法。

（3）以提升集中度、显示度为导向，构建四个层次的人才政策体系。第一层次是顶层综合文件，包括湖北党管人才工作的实施意见和湖北带有法规性质的人才政策文件，这方面要具有稳定性、长期性和科学性；第二个层次是综合政策措施，即聚焦人才引进、培养、激励、服务和体制机制改革的人才政策方案；第三个层次是配套实施办法，包括加强柔性引才用才、人才平台建设、促进金融人才优先发展等政策措施；第四个层次是具体操作规程，每一项人才政策需要设立对应的详细可操

作性的实施办法。同时,建议湖北将人才政策进行梳理归类,制作成宣传册(纸质版、电子版)同步发布,通过打响人才政策品牌,提高政策体系的知晓度,提升政策信息获取的便利度,提高政策本身的透明度,使人才政策更有温度、更有亲和力。

(4)推动实施"人才绿卡"。为重大科技创新人才颁发"绿卡",开发金融支持、子女教育、医疗健康、文体休闲、交通出行、云上交流(课堂)、咨询服务等功能,为人才提供集成式、智慧化、全流程的优质服务。

四、湖北省聚集重大科技创新人才的体制机制

(一)创新"揽才"机制,促进重大科技创新人才提档升级

(1)创新市场化的重大科技创新人才引进机制。支持在湖北省和各地市政府驻省外及部门驻国外(境外)机构加挂人才工作站的牌子,推进与我国驻外使馆、办事机构网站的人才信息互联互通,加强海外招才引智。支持有条件的高校、科研院所在海外建立办学、研发机构,支持企业在海外投资设厂,就地吸引使用海外人才。同时,引进一批国际国内知名人力资源机构在湖北建立区域性总部和分支机构,对于委托人才猎头招聘的不同类别和层次的重大科技创新人才,实施不同的引才奖励。此外,建议吸引国际性或全国性人力资本论坛、人力资源服务业博览会、"华创会"在湖北举办或永久性落地,建设人才交流合作平台。

(2)加强重大科技创新人才培育。继续实施"湖北省高端人才引领培养计划""创新创业领军人才开发工程"等系列培育工程,进一步构建用人主体发现、国际同行认可、大数据测评的高峰人才遴选机制。完善申报和评审程序,以科技项目为导向,建立"人才+项目+平台"的人才培养开发体系,加强重大科技创新人才的培养。加强对入选人才的跟踪服务和日常联系,及时了解入选人才在科研、工作、生活中的需求,共同为其创造有利于潜心研究的工作环境和事业平台。发挥院士、

高端人才的作用，实行一对一、多对一结对培养；组织开展"院士沙龙"、学术研讨会等活动，为发挥高端人才引领作用，培养优秀中青年科技创新人才建立联系沟通、学术交流的桥梁。

（3）加强引才育才的创新平台载体建设。加快推进以重点实验室为核心的知识创新平台建设，以产业技术研究院、工程技术研究中心等为核心的技术创新平台建设；以武汉东湖国家自主创新示范区、湖北自贸区、国家级开发区和人才创新创业等为核心的综合创新平台建设；以武汉全面创新改革试验区为核心的创新制度改革平台建设；以科技孵化器、众创空间、加速器等为代表的创新服务平台。明确各平台的主要功能和重点任务，打造"五位一体"的引才育才平台载体（见表6）。此外，针对为领军型的重大科技创新人才可量身创设新型工作机构和按需建设定制式实验室。

表6　　　　　　　　湖北"五位一体"引才育才创新平台

类别	功能	主要载体
知识创新平台	原始创新	国家实验室、国家重点实验室、省部共建国家重点实验室、院士工作站等
技术创新平台	产业技术创新	产业技术研究院、工程技术研究中心、企业技术平台等
综合创新平台	"五链"融合	武汉东湖国家自主创新示范区、湖北自贸区、国家级开发区、高新技术产业园、人才创新创业园区等
创新制度改革平台	创新制度系统改革	武汉全面创新改革试验区建设
创新服务平台	提供创新服务	科技孵化器、众创空间、加速器等

（二）创新"用才"机制，提升重大科技创新人才整体效用

（1）实施国际通行的工作体制。加快"放权松绑"步伐，瞄准各类人才不同发展阶段的通电和需求，深入推进"三评"制度改革，完善人才分类评价体系。扩大用人单位自主权，赋予创新领军人才更大的

财务支配权、技术路线决策权。建立新型财务管理机制，对获得支持的重大科技创新人才及其团队实行综合预算管理，建立国际通行的财务管理机制。建立新型学术出国审批机制，授予重大科技创新人才学术出国自主权。建立行政助理制度，将重大科技创新人才及其团队从行政事务中解放出来。

（2）完善人才流动和资源配置机制。结合政府机构改革，贯通各类人才市场和劳动力市场，建设统一开放的人力资源市场。重点培育专业性、行业性人才市场，推进高级人才的配置由"集市"方式向"猎头"方式转变。同时，建立灵活的人才流动机制，充分利用现有事业单位、企业等自身不同优势，成立混合身份的研发机构，吸引国内外顶尖科学家及研究团队向湖北聚集。此外，建立高层次人才共享机制，鼓励支持高层次人才跨区域开展各种智力服务。

（3）完善人才创业创新扶持机制。拓展人才创业创新平台，加快海外高层次人才创业创新孵化中心、现代科技城、国科小镇等重大科创平台的规划和建设。完善人才创业融资机制，充分利用湖北省创业投资引导基金，与创投机构、行业龙头企业（上市公司、企业集团）合作设立各类天使基金、创投基金，或建立股权众筹平台，引导社会资本、风险投资进入科技人才创新领域，投资尚处初创期、成长期的重大科技创新人才创业企业。支持重大科技创新人才带高新技术研发成果、专利技术等自主知识产权项目在湖北省的企业实现成果转化和产业化，鼓励科技人员以自主科技成果入股创办企业，以商标、专利和非专利技术等非货币财产入股。对湖北省内高层次人才创业企业的产品、技术和服务，加大政府采购的扶持力度。

（4）深入推进科技成果转化和技术转移。进一步完善和落实湖北省"科技成果转化十条"及实施细则等系列推动科技成果转化的政策文件，继续深入实施"湖北省科技成果大转化工程"，引导科技成果在鄂转化。推进国家中部技术转移中心建设，加快构建集技术交易、技术经纪、创新创业、科技金融等公共服务高度融合的线上线下有效联动的技术转移平台。大力发展市场化的科技成果转化中介服务机构，加快培育技术经纪市场，壮大技术转移中介服务机构规模，并支持企业、科技园区、产业联盟、服务机构建设专利运营机构。围绕湖北省支柱产业、高新技术产业，依托工程技术研究中心、产业技术研究院等机构，加快建设一批科技成果中试转化平台。改革科研人员成果转化激励机制，比如，制定以知识、技术、管理、技能等生产要素作为资本参股和参与分配的办法，推行人才资本及科研成果有偿转移制度，推行专业技术人才兼职兼薪管理制度。

（三）创新"安才"机制，优化重大科技创新人才的生态环境

（1）打造国际化的服务生活环境。户籍方面，实施落户绿色通道，重大科技创新人才及其家属、核心团队成员及其家属可以直接办理湖北任一城市户籍，并分别给予相应配套优惠政策。教育方面，落实引进重大科技创新人才子女"教育绿卡"制度，义务教育段的可选择就读学校，并加快推动国际学校、中外合作办学、公办学校国际部发展，打造多元教育平台。医疗方面，引进人才在定点医院享受优先医疗服务，鼓励用人单位为高端人才建立补充医疗保险，并进一步完善涉外医疗保险结算网络，实施海外人才在鄂就医使用国际商业医疗保险结算制度，研究解决境外商业医疗保险公司在地保险支付结算难题，推进高端人才医疗保险结账便利化。保障方面，引进人才及符合参保条件的配偶、子女，可以参加各项社会保险，包括基本养老、基本医疗、失业保险、工伤保险、生育保险等，并鼓励用人单位可以为引进人才购买商业保险。此外，基于合作方共同利益，尽可能发挥政府的积极倡导及协调作用，采取高新技术企业与高等院校、科研院所协同创新的"双聘""双保险"等具体可操作办法，切实为国内外高层次产业创新创业人才引进和安居乐业提供更有力保障。

（2）打造有利于人才发展的创新创业文化。贯彻《湖北省知识产权战略纲要》，加强财产权、知识产权保护，完善知识产权保护的政策法规，建立健全知识产权的有效保护机制；制定促进知识产权转移的政策措施，明确科技成果创造者在知识产权转移中的权利和义务，促进自

主创新成果的知识产权化、商品化、产业化；推动建立专利技术交易市场和平台。实施有利于科技人员潜心研究和创新的政策，认真研习国内外营造良好创新生态和人才环境的实践经验，切合地方经济社会发展实际，真正缓解"评审多""表格滥""报销烦""效率低"等问题，创造性地形成更有效的政策体系。此外，营造鼓励创新、宽容失败的文化氛围，对人才创新创业过程中因不可预知风险造成的失误、失败，予以宽容和责任免除，并纳入持续创新创业支持范围，最大限度释放人才活力。

（3）完善人才联系服务。立党政领导联系高层次人才制度，落实重点人才项目推进机制，建立"店小二"式的人才协调服务机制。建立高层次人才"一卡通"制度，对于入选湖北重大科技创新人才发放"一卡通"，为其提供落户居留、医疗保健、社会保险、子女教育、社会保障、信贷支持、办税、出入境等精准服务，并实施"一事一议"机制。

（本报告为2019年度湖北省技术创新重点项目"湖北聚集重大科技创新人才的对策研究"成果）

课题负责人： 杨述明　湖北省社会科学院副院长、研究员、博士
课题组成员： 李灯强　湖北省社会科学院副研究员　博士
　　　　　　　汤鹏飞　湖北省社会科学院副研究员　博士
　　　　　　　夏　梁　湖北省社会科学院副研究员　博士
　　　　　　　陈文华　湖北省社会科学院副研究员　博士
　　　　　　　杨　丹　湖北省社会科学院助理研究员　博士
　　　　　　　蔡　玲　湖北省社会科学院助理研究员　博士
　　　　　　　陈莉莉　湖北省社会科学院助理研究员　博士
　　　　　　　郭元元　湖北省社会科学院研究生
　　　　　　　余　石　湖北省社会科学院研究生

湖北省科技人才政策的现状与对策研究
——基于文献计量分析

黄 涛 易江格

本报告对"十一五"至"十三五"15年间湖北省颁布的105项科技人才相关政策及法规进行梳理，从科技人才政策的发文频度、发文部门、政策文种、适用对象、政策类型构建五维度分析框架进行计量分析。在研究样本的选取上也依据分析维度划定了明确范围：政策效力上，是适用于全省范围而非特定地区的现行有效的政策；发文年度上，依据《国家中长期科学和技术发展规划纲要（2006—2020）》，所采集的样本均为2006年1月1日至2019年12月31日颁布的政策文件；发文单位上，均为省级官方部门个体颁布或联合颁布的政策文本；发文文种方面，剔除了各类转发型文件以及申报计划或项目的各类型通知，依据公文主题词，选取了带有"规定""措施""通知""建议"等能够体现政府行政效能的文件；政策对象方面，选取了适用于单一类型科技人才的专项型科技人才政策以及不界定具体范围适用于各类型科技人才的普适型科技人才政策；政策类型方面，选取的是指导科技人才的引进、流动、培养、评价等方面工作的政策文件。通过筛选，最终选取有效样本105项。

研究表明，湖北省围绕不同时期经济社会发展的战略目标制定科技人才政策，政策的颁布具有明显的阶段性特征，但也存在发文主体较多、政策指导性可操作性不足、人才评价与激励政策较少、人才保障政策缺乏等问题。因此，联合发文应明确主体部门，注重政策的落实和作用的发挥；建立科学的科技人才评价体系，完善科技人才激励机制；健全科技人才流动机制,激发人才队伍创造活力。

一、发文年度:年度发文频率呈现起伏,阶段性发文数稳定上升

国家社会经济发展规划、人才发展战略整体规划以及湖北省的经济社会实际情况、发展目标都直接作用于政策的制定和出台。本报告以2006年以来湖北省颁布的科技人才政策为分析对象,涵盖三个五年规划期。"十一五"至"十三五"期间不同阶段的经济社会背景、重视程度、发展重点在政策文本中也有具体体现。

2006年至2019年,湖北省共发布面向科技人才的相关政策共105项,如图1所示,15年间,湖北科技人才政策发文频度虽有一定起伏,但总体线性趋势保持稳定增长。按规划期对样本进行时间划分,可发现"十一五"至"十三五"时期各个阶段湖北省发布的科技人才政策数量持续增长,年度平均发文数也为上升趋势。可见,2006年以来,湖北省对科技人才群体日益重视,且能够基于各时期社会经济背景,紧跟发展需求,与国家全局性的战略规划紧密协同,制定出台地区科技人才政策,适时调整修正。湖北省三个五年计划期间科技人才政策阶段性发文政策如图2所示。

2006年,国务院针对我国未来15年的科技事业,出台《国家中长期科学和技术发展规划纲要》,以规划纲要为指导,为各类人才构建良好的发展环境、提供优质条件,吸引和培育高素质科技人才,提高创新力,发挥科技人才主观能动性成为湖北省"十一五"时期人才发展的主要任务。在此阶段,围绕社会经济发展战略,湖北省以建设高素质科技人才队伍、健全人才体制机制为目标先后制定颁布了《湖北省科技发展"十一五"规划》《湖北省人才发展"十一五"规划》《湖北省科技创新"十一五"规划》《湖北省博士后工作"十一五"规划》等一系列政策;根据省重点产业、战略性新兴产业的实际发展需要,大力吸

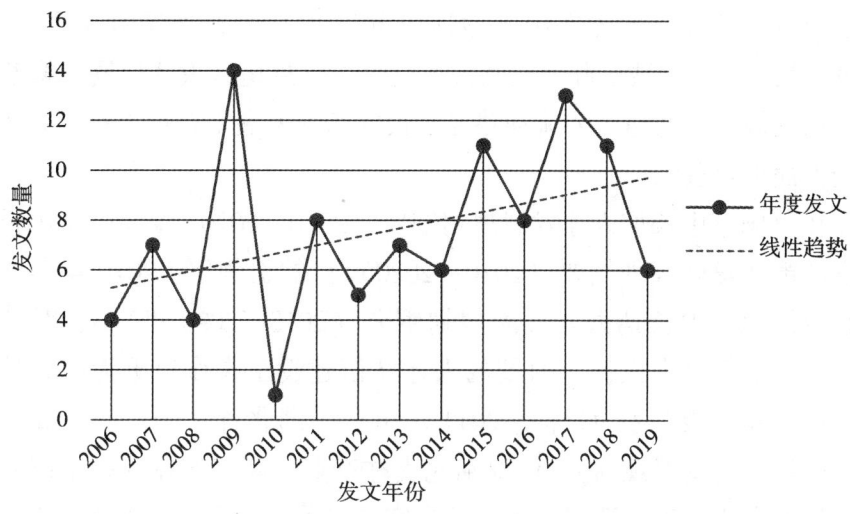

图 1　湖北省 2006—2019 年科技人才政策年度发文状况

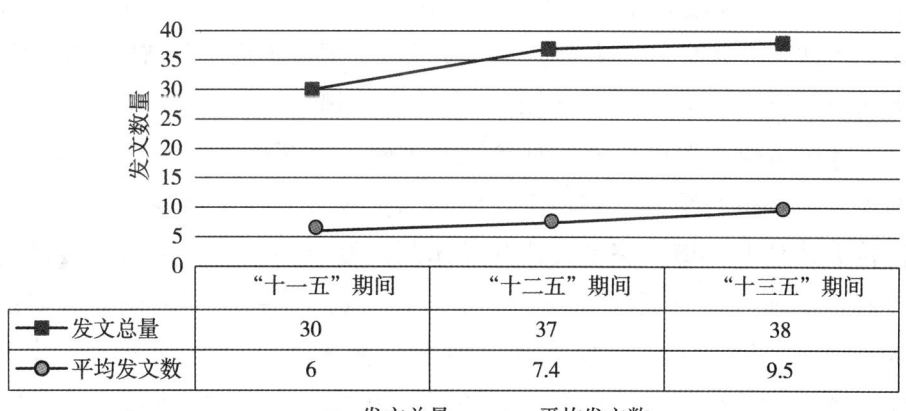

图 2　湖北省三个五年计划期间科技人才政策阶段性发文状况

引海外高素质人才、顶尖人才、稀缺人才来鄂发展；贯彻落实国家层面"千人计划"人才项目，积极推动湖北省"百人计划"施行，建立"人才+项目+平台"的人才培养开发体系；鼓励科技人才到生产和基层一线创新创业，设立专项补贴，引导高校科研人员创新创业，为产业升级贡献力量；推行"率先在中部地区崛起"项目，大力吸引人才流入，增进武汉"1+8"城市群地区间人才交流，促进地区人才协同；搭建人才市场，规范、畅通人才流动路径，设立培养发展平台，为科技人才提供全方面学习资源。

在《国家中长期人才发展规划纲要（2010—2020）》《国家中长期教育改革和发展规划纲要（2010—2020）》的引领下，2010年湖北省颁布《湖北省中长期人才发展规划纲要（2010—2020年）》，对湖北省"十二五""十三五"时期的人才队伍建设工作作出更为明确的要求。以培养技能人才为目标，2011年出台《湖北省"十二五"高技能人才队伍建设发展规划》，依据湖北支柱产业、新兴产业等多个范畴的发展情况和当前需求选定人才，开展定向培养，对全省人才队伍搭建进行部署。针对高技能人才，制定《湖北省"金蓝领"开发工程实施方案》（2011）等系列政策，大力吸引和培育专业领域技术带头人，壮大湖北省技能人才队伍，从而促进科技进步，调整优化产业结构，推动经济迅速发展。《湖北省科技创新"十二五"规划》（2012）对各类别科技人才队伍建设作出指导，对武汉城市圈、鄂西生态圈、长江经济带的人才事业进行统筹，兼顾人才保障与人才开发，采取各项措施革新科技人才从业环境，完善人才开发体制及发展路径。通过出台《湖北省科技创新"十三五"规划》（2016），深入开展"创新创业战略团队""千名创新人才计划"和"万名创业人才计划"等重大人才工程，不断优化科技人才创新创业环境，吸引人才赴鄂，提高对青年拔尖人才的关注度，通过加强培养力度打通人才发展路径，逐步建立阶梯形人才培育体系。面向博士后群体，颁布《关于进一步加强和改进湖北省博士后管理工作的意见》（2013）《关于实施博士后人才倍增计划的意见》（2019），注重青年人才培养，为博士后提供更多保障和服务，对博士后工作的运行及管理进行规范，切实加强博士后队伍建设。

二、发文单位：多部门协作各展所长，联合发文成新趋势

通过对样本进行梳理，统计出湖北科技人才政策发文单位共计19个，其中，省人社厅、省政府、省政府办公厅、省委办公厅是主要发文主体。

如表1所示，在105项科技人才政策中，72项为独立发文，其余33项为多个省直属机构联合发布，省人社厅、省政府、省政府办公厅、省委办公厅这四大主要发文主体共计出台96份政策文件（独立发文60份，联合发文36份），占样本总体的91.43%。

表1　　湖北省2006—2019年科技人才政策发文单位构成

发文单位	独立发文	联合发文	合计
湖北省人力资源和社会保障厅	18	24	42
湖北省人民政府	26	4	30
湖北省政府办公厅	14	12	26
中共湖北省委办公厅	2	12	14
湖北省科学技术厅	7	3	10
湖北省委组织部	0	10	10
湖北省财政厅	0	8	8
湖北省教育厅	0	6	6
中共湖北省委	0	4	4
湖北省人民代表大会常务委员会	3	0	3
湖北省发展和改革委员会	0	3	3
湖北省职称改革工作领导小组	2	0	2
湖北省公安厅	0	2	2
湖北省经济与信息化委员会	0	2	2

续表

发文单位	独立发文	联合发文	合计
湖北省文化厅	0	1	1
湖北省农业厅	0	1	1
湖北省国有资产监督管理委员会	0	1	1
湖北省博士后管理工作协调委员会	0	1	1
湖北省卫生与计划生育委员会	0	1	1

资料来源：根据相关官方网站资料整理而得。

湖北省人力资源和社会保障厅自2006年以来独立颁布以及联合其他部门发布的科技人才政策数均为最高，总计42项，涵盖多个文种，在政策应用对象和政策类型上覆盖面最为宽泛。湖北省人民政府及政府办公厅分别参与发布30项和26项科技人才政策，样本中全局性的规划、纲要等纲领性文件多为政府直接出台，在统筹各直属机关展开工作，明确相应权利与承担的责任，发挥各单位优势上作用凸显。湖北省科学技术厅的主要职责在于推动湖北省高新技术产业发展，作为科技领域主要职能部门，其有针对性地在高层次人才引进培养、科技人才保障支持、鼓励科技人员创新创业等方面出台了系列政策。整理发现，部门联合发文的情况在2013年前后有明显差异，此前多为省人社厅、省政府、省政府办公厅、省委办公厅四大主要发文部门联合发文，2013年后，财政、教育、发改委、公安等多部门均参与到科技人才相关政策的联合制定。

三、发文文种：规范性强可有效进行指导，但具体实操稍显不足

根据《国家行政机关公文处理办法》，我国行政机关的公文种类主要有命令、决定、公告、通告、通知、通报、议案、报告、请示、批复、意见、函、会议纪要。通过对湖北省科技人才政策进行梳理，本研

究补充了计划类公文文种，依据湖北省政策出台实际情况进行划分，共计意见、通知、办法、规划等12类发文文种。依据文种的性质和效度，本研究对湖北省科技人才政策的规范、指导、约束和实践作用进行了分析。

如表2所示，2006年以来，湖北省颁布的科技人才政策多为"意见""通知"类型，在各类文种中居首，合计54项，占样本总量的51.92%，该类别文种在规范性与指导性上都有较强作用，适用场景宽泛且有高度专项性，在行政工作中多见，应用频次高。整体来看，湖北省科技人才政策中，"通知""意见"等对日常工作能有效规范指导的文种共计75项，占比71.43%，而"办法""方案""要点"这类更易于落地实践、对工作约束性更强的文本仅有30项，不足样本总量的30%。因此，基于发文文种维度而言，湖北省科技人才政策体系整体上有较强的规范指导作用，但在实践中对各对象的约束以及实操的简便性上仍需提高加强。

表2　　湖北省2006—2019年科技人才政策发文文种统计

发文文种	数量	比例	特　　征	
			规范性、指导性	约束性、实践性
意见	32	30.77%	较强	较弱
通知	22	21.15%	较强	较弱
办法	17	16.35%	较弱	较强
规划	9	8.65%	较强	较弱
方案	7	6.73%	较弱	较强
纲要	5	4.81%	较强	较弱
要点	3	2.88%	弱	强
细则	3	2.88%	弱	强
条例	3	2.88%	强	弱
计划	2	1.92%	较强	较弱

续表

发文文种	数量	比例	特征	
			规范性、指导性	约束性、实践性
规定	1	0.96%	强	弱
决定	1	0.96%	强	弱

资料来源：根据相关官方网站资料整理而得。

四、政策对象：海内外高层次人才是重点，对海外人才高关注

在政策对象维度上，按照普适型人才政策与专项型人才政策进行划分，可将专项型政策的对象细分为高层次人才、海外高层次人才、高技能人才、专业技术人才四类。普适型科技人才政策主要从全局视角出发，在队伍建设、人才培养等方面对科技人才群体进行规划指导，专项型科技人才政策则是面向某一特定类型的科技人才的培养、引进、激励、保障等工作。2006年至今，湖北省出台的普适型科技人才政策共计50项，占样本总数的47.62%，专项型政策共计55项，占比52.38%，基本持平，但不同发展阶段也呈现一定倾向："十一五""十二五"期间，湖北省颁布了一系列专项型科技人才政策，以普适型政策作为辅助补充，但"十三五"期间，政府制定出台了更多面向全体科技人才的普适型政策。

由表3可知，2006年至2019年，湖北省面向海内外高层次人员共出台36份专项型科技人才政策文件。高层次人才是推动社会进步、经济发展、创新创业的重要力量，得到了省政府的强烈关注，成为政府制定和出台科技人才政策的关键对象。海外高层次人才和国内高层次人才政策所占样本总量比重分别为25.71%和8.57%，体现出湖北省在科技人才方面对于海外高层次人才的高关注与政策倾斜。

表3　湖北省2006—2019年科技人才政策应用对象

发布时期	政策文本适用对象					规划期合计
	普适型	专项型				
		国内高层次人才	海外高层次人才	高技能人才	专业技术人才	
2006—2010年	12	7	5	3	3	30
2011—2015年	14	2	11	4	6	37
2016—2019年	24	0	11	3	0	38
总计	50	9	27	10	9	105
占比	47.62%	8.57%	25.71%	9.52%	8.57%	100%

资料来源：根据相关官方网站资料整理而得。

五、政策类型：人才保障举措完备，评价与保留政策相对缺乏

本研究借鉴《中国人才发展报告》对人才政策的类型划分，结合湖北省科技人才政策发布的实际情况，将研究的政策样本划分为人才引进与流动、人才培养与发展、人才评估与考核、人才服务与保障以及人才激励与保留五大类型，具体统计数据如表4所示。

表4　湖北省2006—2019年科技人才政策类型统计

政策类型	2006—2010年	2011—2015年	2016—2019年	总计	权重
人才引进与流动	18	23	25	66	21.85%
人才培养与发展	17	24	24	65	21.52%
人才评估与考核	15	10	17	42	13.91%
人才服务与保障	24	28	25	77	25.50%
人才激励与保留	16	15	21	52	17.22%

注：本研究的政策类型是根据政策内容进行区分，一个政策样本可能对应一种或多种政策类型。

由表4可知，湖北省2006年以来所颁布的科技人才政策的主要类型为人才服务保障、引进流动以及培养发展等，整体权重为68.87%，在105份科技人才政策样本中，与科技人才服务与保障直接相关的政策达77项，充分体现湖北省力争为科技人才创造良好的环境和条件，对人才保障的关注与重视。

湖北省是科教大省、人才大省，相关资源十分丰富，对人才引入、合作交流以及合理流动十分重视。培养与发展则具有远效性，需要进行长期的工作，从表4可知，湖北人才培养政策制定出台周期相对稳定，在各时期发布的政策数量的起伏较小。2006年以来，湖北省政府为保障科技人才群体，在各个阶段不断投入大量人才资金，搭建平台为科技人才提供便利与服务，以支持湖北省科技人才的梯队建设。以丰富的教育及人才资源为依托，湖北省政府设立系列专项资金，实施多个人才工程项目，通过产学研联盟以及培养项目、补充教育的形式培育和发展人才，积蓄科技人才后备军；在科技人才的引入上重点发力，湖北省出台多项文件，鼓励海内外科技人才来鄂就业，对个人及其家庭给予多项政策性优惠。

人才的评估考核和人才的激励保留是相互支撑的，通过建立科学的人才评估体系，对科技人才的产出进行考核，可参考评价结果给予对应的奖励和激励形式，有利于形成良性的人才评估与激励机制，保障与促进人才可持续发展。分析表明，2006年至2019年，湖北省出台的人才评估考核相关政策合计36份，与其他类型科技人才政策对比相对缺乏，对人才评估方面关注度不够，需更加重视，评价考核体系也亟待完善。湖北省在15年间颁布的人才流动相关科技人才政策仅有23份，在所有政策类型中比例最低，湖北省科技人才政策体系中人才流动版块缺失严重，体现出政府对人才流动的忽视与低关注度，不利于科技人才的发展和创新。2006—2009年科技人才政策类型构成如图3所示。

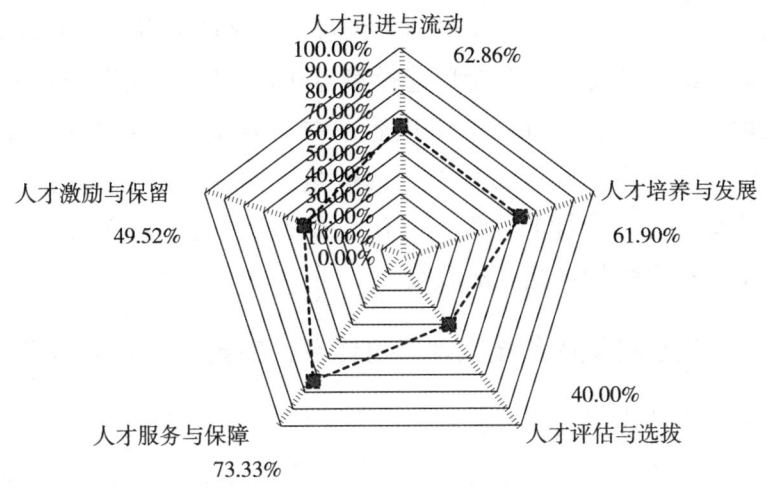

图3 湖北省2006—2019年科技人才政策类型构成图

六、问题与建议

经过2006年到2019年的发展,湖北省科技人才政策体系不断完善,科技人才队伍逐渐壮大,成为推动湖北经济社会发展的重要力量。但结合湖北省科技人才队伍现状以及政策文本分析发现,当前湖北科技人才政策仍存在以下不足:发文主体较多,多部门联合发文可能导致科技人才政策制定周期较长、政策执行过程中主体不清晰等问题;政策的可操作性方面有所欠缺,不利于政策的落实;科技人才评价与人才激励政策较少,不利于科技人才队伍以及科技人才政策体系的建设;科技人才保障政策缺乏,可能导致科技人才流失。针对以上不足,为进一步优化湖北省科技创新人才政策体系,促进政策之间的协同,建设人才高地,提出以下建议。

(一)联合发文应明确主体部门,注重政策的落实和作用的发挥

制定政策时,较多的发布主体容易导致各机构和组织之间的政策出

现趋同化现象，即每个部门都按自己的需求与偏好来制订人才计划，缺乏协同性和交流沟通。为避免联合单位过多带来的问题，应明确颁布科技人才政策的主体部门，并合理选择参与联合制定的部门，对联合制定部门数量进行控制，从而将政策内容及时有效地传达给相应组织。同时，要注重协调不同政策文种类型的数量，确保不仅有"通知""意见"等规范性、约束性的政策，也有"办法""方案"等操作性较强、对实际工作有更强指导意义的政策。

（二）建立科学的科技人才评价体系，完善科技人才激励机制

探索建立适应不同领域、不同用人主体和不同岗位需求的科技创新人才评价政策体系和人才评价政策，更多地引入专业机构或组织进行评估，从而开展科技人才的引进、培训、使用等科技人才建设工作。应建立多样化科技人才激励机制，实施灵活多样的激励措施，提高科技人才的主动权，增加激励措施的有效性，对科研人员绩效激励、股权激励，科研人员成果转化收益等做出合理的操作性安排，让对社会经济发展有突出贡献的科技人才获得更多报酬和奖励，从而有效调动科技人才的工作积极性，推动科技人才开发。

（三）健全科技人才流动机制，激发人才队伍创造活力

科技人才作为稀缺资源，合理流动能促进科技事业的发展。健全科技人才流动机制，应对科技人才给予政策上的鼓励与支持，减少户籍管理、人事档案管理、社会保障制度等体系制度的约束，降低科技人才的户口准入标准，提高各项福利待遇，避免科技人才在流动时产生后顾之忧；应围绕创新链和产业链，打通高校、科研院所和企业之间的人才双向流动通道，激发科技人才创造活力，并对高校和科研院所科研人员离岗创业的原有待遇做出合理的制度安排；应建立信息共享平台，充分发挥人才市场的作用与功能，发布科技人才相关的就业、招聘信息，为人才的流动提供广阔的平台；政府应当加强对科技人才流动的调控与引

导，降低地区与行业间科技人才分布与流动的不平衡，以促进全省的全面协调发展。

报告撰稿人：黄　涛　武汉科技大学文法与经济学院教授、博士研究生导师

易江格　武汉科技大学文法与经济学院硕士研究生

湖北构建开放导向的科技创新合作机制研究

谢科范 梁本部 曾 格

湖北省构建开放导向的科技创新合作机制的基本思路是"五位双向三链",即将以往的"项目-基地-人才"三位一体拓展为"项目-基地-平台-园区-人才"五维协同,畅通"引进来"和"走出去"的双向渠道,完善科技创新的政策链、资金链、人才链。在"五位双向三链"的基础上,构建湖北科技创新合作的开放协同机制、区域联动机制、"两自"对接机制、多元投入机制以及评价奖励机制,为湖北省构建开放导向的科技创新合作机制保驾护航。

一、以企业为主体,政产学研合作的科技创新开放协同机制

1. 构建科技创新开放的环境体系

(1) 政府担当促进科技创新的引领作用。首先,政府要建立完善的科技创新支持平台,建设包括技术、法律、金融、物流、信息等在内的多功能配套体系。其次,建立完善的科技成果转化机制,积极引导各个产业的产学研活动的实施开展,加大对科技创新中介机构的支持力度,大力培育工程技术研究中心、重点实验室、科技创新战略联盟等创新机构,充分发挥东湖国家自主创新示范区的体制机制优势、科技政策优势、人才引进优势。[①] 同时,要促进湖北省企业与科研院所和高校的

---

① 陈姚朵,郝义国,涂山峰. 东湖高新区科技创新国际化发展研究 [J]. 科技进步与对策,2016,33 (6):40-46.

广泛合作。面向人工智能、数据挖掘、新能源开发、生命科学等前沿领域，发挥武汉市的高校人才资源优势，支持企业与武汉大学、华中科技大学、武汉理工大学、中国地质大学、中南财经政法大学、华中师范大学、华中农业大学等在汉高校开展广泛的人才培养、科技咨询、产业发展等对话合作，建设科技创新平台，积极打造"环大学创新经济圈"。

（2）完善科技创新资源的导纳机制。推动湖北省科研院所、高校、企业与跨国公司、重点国外高等院校、国际一流科研协会、行业协会展开深度交流合作，组建跨地区、跨境的科技创新联盟，在湖北省设立分支机构或研发中心。鼓励湖北省现有研发中心开展核心技术研发，积极建立区域研发总部，形成开放式创新平台。大力倡导国外研发机构、社会大众参与科技创新平台建设，在政府科研项目中展现各自的优势资源，各方联合建设科技创新人才培养基地，实现产业链核心技术的攻关合作。深化国际区域合作，共建交流合作平台，提升国际合作研发中心的能力，可以采取互设基地、成立联合创投基金等方式以强化合作。实施更加开放的产业人才吸引政策，简化办事程序、放宽永久留居申请条件，探索优秀外国留学生留鄂就业机制，打造国际人才自由港。配套建设科技创新高水平人才培养服务平台，为海外产业人才及家属提供就业、就医、入学等生活便利服务。

（3）探索在境外建立创新机构的"走出去"机制。鼓励在办高新技术企业通过并购、投资、出口成熟技术等方式，获得境外技术、专利和品牌。鼓励企业建立境外科技园、孵化器，提高资本、产能和服务等输出。支持境内企业与跨国公司、国际科研机构、知名高校等联合设立国际研发中心，联合创建高水平实验室[①]。鼓励企业探索在境外建设人才产业孵化基地，为海外优质人才搭建有针对性的科技创新服务平台，建立系统化、全方位的离岸服务支持体系。

---

① 刘启雷，郭鹏，张鹏，陈关聚，雷雨嫣. 在华外资研发与区域自主创新的生态共演研究［J］. 科学学研究，2018，36（6）：1058-1069.

2. 优化科技创新服务运行机制

（1）完善产业技术联盟的科技成果共享机制。充分发挥市场在利益分配中的主体作用，以市场化利益分配机制为导向，实施以股权为基础的利益分配机制。建立高校、科研院所、技术主要完成人的技术、专利等智力成果入股机制，打破体制机制藩篱，将高校、科研院所、技术主要完成人纳入科技成果的市场化利益分配体系，对于科技成果转化获取的利润，落实每年按照股权比例进行股权分红的制度。

（2）构建开放共享互动的创新信息和创新资源共享网络。其一，完善科技创新服务平台建设，推动科技创新有效信息的高效共享流通，实现科技创新服务机构、科技成果转化中介机构、技术监管机构、信息服务机构、金融服务机构等各方信息互联互通，实现科技创新资源与信息共享。[①] 对于智能装备制造、生物医药等新一代重点发展领域，建立科技创新资源共享服务平台，推动科技创新资源的开放共享。其二，将云计算、人工智能、物联网、大数据等前沿科技应用于科技创新服务模式并进行优化创新，为构建开放共享互动的创新信息和创新资源共享网络提供坚实的技术支撑。其三，充分利用现有科研资源，促进国家工程实验室、国家重点实验室、分析测试中心、大型科学仪器中心等资源服务于企业。以产业关键核心技术攻关为重点，着眼于长江中游城市群组的高端装备制造、光电子信息、生物医药等领域，建立科技创新战略联盟。其四，发展湖北省科技创新专利运营基金，支持企业、高校、科研机构合作共建专利联盟，鼓励科研机构和高校共享技术，提升科技成果转化率。

（3）发挥科技创新的企业主体地位。企业要树立在科技创新合作中的主人翁意识，充分发挥自身在科技创新合作中的主体地位和连接功能。基于国家政策和市场需求，建立以科技龙头企业为先锋的科技创新战略联盟，建立完善的对话交流机制、利益共享机制和统一的技术标

---

① 王章豹，韩依洲，洪天求. 产学研协同创新组织模式及其优劣势分析［J］. 科技进步与对策，2015，32（2）：24-29.

准，充分推动科研机构、高校与企业之间的合作交流。在科技创新产学研合作中，企业应提供必备的场地、资金等资源条件，推动科技成果转化成高科技产品，实现企业与科研机构、高校的互利共赢。科技创新产学研合作的各主体发挥自身的优势，优化产学研合作中资源的配置，形成企业与科研机构、高校长期稳定互动、合作的机制。

二、科技创新国际合作的区域联动机制

1. 创建武汉、长沙、南昌"中三角"国际科学中心

加强中部区域创新合作，建立武汉、长沙、南昌"中三角"国际科学中心（见图1），[①] 引进海外智力与创新资本，积极组织开展国际大科学工程。以武汉、长沙、南昌为核心城市，充分发挥核心城市在技术、资金、人才等科技创新资源要素的辐射作用，强化区域资源共享、区域创新体系和区域协同政策，提升产业经济发展的软实力。

（1）发挥武汉、长沙、南昌的城市带动作用，共同培育"中三角"区域优势重点产业集群。开放核心城市在国家或省级公共信息服务平台上的信息，加强"中三角"地区工程技术中心、数据库平台、国家重点实验室、技术标准制定机构、网络信息服务平台等各机构间的信息共享交流。[②] 对武汉、长沙、南昌这三个"中三角"核心城市实施系统化的产业战略布局，利用武汉在先进智能制造、光电子信息、现代农业等领域的科技创新区域产业优势和资源优势，利用长沙在生物医药、新能源等领域的人才优势和产业优势，利用南昌在先进制造、智慧农业等方面的优势，充分发挥各城市的优势资源，各方优势互补、协同创新，推进"中三角"地区产业资源融合。在区块链、人工智能、大数据、物联网、云计算等高科技前沿技术的引领带动下，发挥武汉、长沙、南昌

[①] 谢科范，等. 加快把湖北建成创新强省研究［R］. 武汉理工大学，2017.
[②] 陈劲，尹西明. 建设新型国家创新生态系统加速国企创新发展［J］. 科学学与科学技术管理，2018，39（11）：19-30.

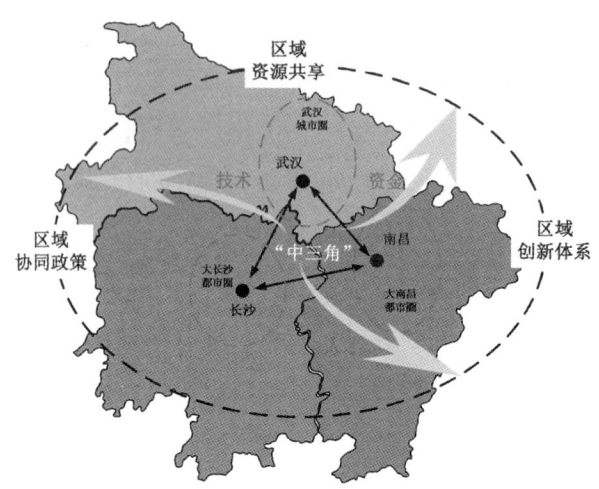

图 1 武汉、长沙、南昌"中三角"国际科学中心

等地区的地理优势,积极发展"中三角"地区多产业链协同,推动区域现代物流服务体系建设,共同培育"中三角"区域优势重点产业集群,通过"中三角"撬动湖北的区域创新合作。

(2) 构建"中三角"产学研一体化的区域创新体系。发挥"中三角"区域科技龙头企业的引领作用,开展重大关键技术攻关,促进产业经济协同,共建区域人才培养服务基地,逐步实现科研机构、高校、中介机构、企业等机构的互联互通、共同合作的区域产学研科技创新体系,强强联合,重点建设一批具有重大社会效益、重要带动作用的主导产业,大力支持配套产业技术的研发和应用。科学研判全球前沿高新产业技术发展趋势,针对"中三角"地区的发展需求,加强先进智能制造集群、"芯屏端网"集群、现代农业、生物医药等领域的协同创新发展[1]。优先开展在涉及重大产业、关键项目、战略发展等方面的产学研合作,重点研究区域优势重点产业,不断提升"中三角"地区在关键

---

[1] 赛迪智库规划所.2019先进制造业集群白皮书[J].中国工业和信息化,2019(11):46-65.

技术上的发言权,打造"中三角"区域具有自主知识产权的优势技术和产业品牌,推动"中三角"区域高端产业领域的协同跨越发展。

(3)加强"中三角"跨区域的人才交流。推进"中三角"区域产学研合作,鼓励"中三角"地区重点城市之间开展特色产业合作,促进社会资本在区域创新中发挥作用。围绕"中三角"优势产业集群,搭建配套的产业技术平台和人才培养基地,大力培养具有先进国际视野、优秀专业能力、优秀管理才能的复合式人才,推动技术交易、科技成果转化、科技创新信息服务等专业机构设立。建立"中三角"区域专业人才库和高端智库,定期组织召开学术会议、研讨会、座谈会,构建人才资源共享平台,促进区域间科技人才的交流和互动。系统建立"中三角"地区科技奖励、人才流动、人才培养等机制体制,全面促进"中三角"地区间的人才合作交流。

(4)出台"中三角"区域科技创新协同发展政策措施。依托"中三角"地区产业发展战略和优势产业资源,湖北省、湖南省、江西省三省共同制订符合"中三角"地区的区域发展规划,争取国家部委、相邻省份支持,力求实现"中三角"地区区域内部优势互补、协同发展、互利共赢的战略发展布局。构建"中三角"区域科技创新联席会议制度,建立"中三角"区域科技厅联席会议,就"中三角"地区重大产业经济发展项目定期开展专家研讨会,针对区域内科技创新战略进行协商和讨论,保证区域内发展步调一致,科技创新合作有序进行。

(5)建设"中三角"科创走廊。以光谷科创走廊为基础,向江西、湖南延伸,构建跨省域的"中三角"科创走廊,并与长三角G60科创走廊和粤港澳大湾区科创走廊相对接,发挥湖北在中部地区的创新支点作用。对外,通过"中三角"科创走廊,整合湖北省自贸区和江西内陆开放试验区的政策能量,融入"一带一路"科技创新共同体中,实现国内国外的区域创新对外开放合作。

2. 建设武汉、宜昌、襄阳"内三角"产业创新中心

依托"一主两副"的辐射带动作用,建设武汉、宜昌、襄阳"内

三角"产业创新中心（见图2）。① 发挥武汉中心城市优势，做好引领湖北省经济高速发展的"火车头"，发挥宜昌和襄阳省级副中心的作用，形成科技创新与经济发展的良性互动机制，促进"一主两副"引领下区域科技品牌、区域创新平台和资源共享平台能够全面辐射湖北省乃至海内外。

图2 武汉、宜昌、襄阳"内三角"产业创新中心

（1）加强政府主导，合理规划"内三角"产业创新中心建设。突出科技创新合作中政府的宏观调控作用，积极通过系列行政手段做好"内三角"建设规划，为"内三角"发展科技创新合作提供政策支持和相关资源。加强对"内三角"科技活动的财政支持力度，通过有效的科技保险、减税降费等调控措施为相关科技企业提供金融支持。通过政府主导，进一步激活"内三角"科技创新活力，加快建设宜昌、襄阳等地的重点实验室、科技孵化器、工程技术研究中心。通过政府规划和战略需求，促进"内三角"形成科技创新与经济发展的良性互

---

① 谢科范，等. 加快把湖北建成创新强省研究［R］. 武汉理工大学，2017.

动，提升"内三角"内部科技创新合力，以科技创新支撑经济发展，以经济发展支持科技创新，从而促进湖北省科技创新合作水平的整体提升。

（2）集聚创新资源，加快"内三角"产业创新中心平台建设。通过建设科技园区、产业孵化器、博士后流动站等创新平台，逐步实现湖北省科技创新资源集聚。[①] 提升科技资源的区域配置效率，合理规划"一主两副"核心功能，强化宜昌、襄阳对科技创新资源的聚集力、吸引力。加强科技创新人才储备，积累科技创新合作所需的知识、技术、管理等资源的区位优势，推进科技创新资源在"内三角"地区的流动共享。发挥宜昌和襄阳"两翼"的协同作用，合理承接武汉创新资源转移，依托自身产业优势，从而实现湖北省科技创新合作水平的整体提升。

（3）加强内部沟通，强化"内三角"科技创新辐射能力。切实发挥武汉"火车头"的牵引作用，以武汉市丰富的科技创新资源为依托，强化同宜昌和襄阳创新资源内部沟通，通过定向帮扶、定点结对等方式，共享科技创新资源。借助产业创新中心资源共享平台，实现科技文献、科技金融服务、知识产权、技术交易市场等资源共享，畅通科技创新信息交流，搭建科技创新资源市场交易平台。加强武汉作为核心城市的辐射作用，鼓励宜昌和襄阳引进武汉优秀的科技服务企业入驻，促进"内三角"内部科技创新合作水平。注重"一主两副"协同辐射效应，加强省内其他城市与"内三角"的科技合作，完善重要科技产业链，周边城市系统接收核心城市产业技术转移，扩大产业经济市场，培养科技创新新动能。依托核心创新资源和优势产业，强化"内三角"对海内外科技创新合作的辐射能力。

（4）依托强势产业，打造"内三角"地区科技创新品牌影响力。在武汉建设综合性科技中心、综合性产业中心，在宜昌和襄阳建立区域

[①] 严炜. 基于科技进步的湖北省循环经济发展研究［J］. 科技进步与对策，2015，32（11）：36-40.

创新中心。① 依托"内三角"国家高新区、国家级经济技术开发区等科技资源集聚平台，围绕以"芯屏端网"为重点的世界级产业集群、先进智能制造等优势产业，建设国际科技创新知名品牌，提升整体科技竞争力。引入科技企业良性竞争机制和科技保险制度，更大力度激发市场活力，营造良好的科技企业营商环境，鼓励科技企业开展重点项目攻关，打造科技企业核心竞争力和旗舰品牌。加快"内三角"产业融合，促进科技创新和科技合作服务深度融合，以点带面，稳步提升湖北省的科技创新整体水平。

三、科技创新国际合作的"两自"对接机制

武汉自贸区和东湖自主创新示范区作为国家战略，为提升湖北省的科技创新能力做出了突出的贡献，也提升了湖北省的科技创新国际影响力。自贸区以在贸易、投资、金融等领域进行制度创新为核心，创造了一系列可复制的改革创新成果，为各级创新市场注入了活力。自主创新示范区旨在通过创新引导转型，推动科技创新的体制改革与发展。

"两自"对接机制是将自贸区与自主创新示范区两个国家战略相结合，发挥各自的制度优势，促进两者的协同发展。自贸区与自主创新示范区的协同发展会产生叠加效果，"两自"对接机制对于湖北构建开放导向的科技创新合作机制具有积极的推动作用。在制度创新与科技创新融合的基础上实现"两自"对接，需要注意自贸区与自主创新示范区之间的关系。自主创新示范区需要借鉴自贸区的制度创新，通过自贸区的先进发展理念促进科技创新国际合作。同时，自贸区需要根据自主创新示范区的需求，进行有针对性的制度创新，更好地实现"两自"的叠加效应。

---

① 涂人猛．构建产业高质量发展体系的基本思路——以湖北省为例［J］．湖北社会科学，2019（7）：28-31．

1. 以自贸区的发展理念推动自主创新示范区建设

以"两自"对接机制推进科技创新合作,国际化理念需要贯穿始终。自贸区通过践行国际化标准、合理配置资源,加之充分利用政府的导向作用,已基本建成相对开放的现代市场体系[①]。实现"两自"对接机制,需要在自主创新示范区开展科技创新国际合作的工作中,借鉴自贸区的先进发展理念促进科技创新国际合作。充分发挥政府的作用,为科技创新国际合作提供政策支持,促进科技创新对经济的发展。遵循国际规定,并争取制定对自身有利的规则,致力于在全球范围内汇集先进的创新资源,成为创新资源往来的中心。

2. 以自贸区的制度创新推动自主创新示范区的科技创新国际合作

随着全球化的不断深化,科技创新国际合作越来越重要。构建和强化科技创新国际合作的"两自"对接机制,意味着自贸区与自主创新示范区形成优势联合,政策优势与技术创新能力结合起来发挥出复合效果。自主创新示范区通过借鉴在自贸区探索出的制度与政策创新,使得创新要素流动更便捷,科技创新活动更频繁,从而促进了科技创新国际合作的发展。

自主创新示范区要借鉴自贸试验区的制度经验,并建设机制灵活的自由创新特区、国际人才特区和国际知识产权特区。其中,自主创新示范区可以借鉴自贸区已有的利于吸引外国资本、企业与国际先进技术的管理模式,让来自国外的创新机构可以顺利入驻自主创新示范区。通过参考自贸区的经验,提高自主创新示范区中科技创新主体的质量,提升科技创新水平。自贸区的制度改革也涉及清关、检疫等方面,这些改革措施可以合理运用到自主创新示范区中,对科技创新机构、企业需要的物料进行适当免税,简化通关流程,提高科技创新资源的流动效率,以此来降低这些境外机构的科技创新成本,更好地推进科技创新国际合作。

---

① 陈姚朵,郝义国,涂山峰. 东湖高新区科技创新国际化发展研究[J]. 科技进步与对策,2016,33(6):40-46.

同时，国内的优秀科技创新企业也需要走出国门，通过项目合作、并购等形式与境外优质企业进行交流，并设立海外研发机构吸引海外优秀科技创新人才，与当地科研机构进行深度合作，提升企业的自主创新能力。自贸区在金融制度方面也有独到的经验，自主创新示范区可以结合实际参考自贸区的金融创新政策，利用提供自由贸易账户、境外人民币借款等服务降低科技创新企业的融资成本，拓宽融资渠道，使科技创新国际合作更加深入。

3. 自贸区加快制度创新以满足自主创新示范区的政策需求

东湖自主创新示范区目前还存在着一系列亟待解决的发展瓶颈，科技创新的成果转化、网络开放、资源交流等方面都面临着各种各样的问题，制约着科技创新的发展。为促进自主创新示范区的建设与发展，自贸区要关注自主创新示范区的制度需要，加快制度创新的步伐，积极开展科技创新国际合作体制改革和机制创新，充分利用国际国内的市场和资源，支持科技创新资源在产学研、内外资、政社企多主体的联动，围绕科技创新的方方面面进行制度创新。① 自贸区加快科技创新国际合作制度创新以满足自主创新示范区的政策需求，将可复制、可推广的制度经验传达给自主创新示范区，从金融、资源、权益保障等多方面助力自主创新示范区的科技创新发展。

四、科技创新国际合作的多元投入机制

实现科技创新国际合作的多元投入机制，就是在各级政府落实助力科技创新发展的相关政策的基础上，加大对科技创新国际合作的财政资金支持，并形成具有吸引力的优惠政策引导境外资本与个体投资者对科技创新国际合作的投资，减轻科技创新对国家资本的依赖，逐步呈现出多元化的投资格局，更有利于科技创新国际合作的健康发展。

---

① 肖金成，马燕坤，洪晗. 我国区域合作的实践与模式研究 [J]. 经济研究参考，2020（4）：15-31.

1. 政府财政投入

在科技创新国际合作的多元投入机制中，政府财政资金投入是十分重要的一环，发挥着引导其余各方投资的作用。① 建立科技创新国际化投融资体系，发挥政府统筹配置国际科技创新资源的能力，为科技成果转化、资产重组等活动提供有效的资金支持。

湖北省高校和科研单位科技创新国际合作的经费主要来源于政府财政投入。针对科研项目，各级政府主要通过财政拨款支持高校和科研单位完成国家或地方的重大科研项目，并通过政策支持帮助各项目的科研成果进行转化。政府对科技创新国际合作的财政投入主要运用在对外科技援助、设立科技创新国际合作专项、建立科技创新国际合作基地等方面，同时，鼓励高校、科技创新企业、科研机构吸收来自不同渠道的投资和科研经费，促成科技创新国际合作的多元化投入格局。

湖北省可以增加对科技创新国际合作的财政投入，并设立"企业新设海外研发机构支持专项"和"港澳台科技合作专项"，鼓励企业在外国设立或并购研发机构，并促进湖北的科技创新企业以产学研相结合的方式与港澳台地区的相关企业、高校和科研机构开展合作。

2. 企业投入

政策延续周期长、覆盖面广泛的税收优惠政策是政府鼓励企业科技创新与研发投入政策中很重要的一部分。完善税收支持体系，政府通过税收抵免、缩短折旧年限、降低企业所得税等税收优惠扶持措施减轻企业的税收负担，增加企业对科技创新国际合作的投入，鼓励企业和地方政府积极参与科技创新国际合作重大项目。

充分提高企业的自主创新水平，需要政府对科技创新企业增加研发投入起到引导作用，并促进传统产业往数字化、智能化的方向转型，在全球范围内推广大数据、人工智能等先进技术，增强湖北科创企业的国际影响力。拓展科技创新国际合作的新形式、新途径，以中外合资办

---

① 吴芸. 政府科技投入对科技创新的影响研究——基于40个国家1982—2010年面板数据的实证检验[J]. 科学学与科学技术管理，2014（1）：16-22.

企、境外并购、联合开发等合作形式,将境外优秀的科技创新人才、科技创新资本等创新资源引进国内,实现国内科技创新企业与国际先进资源的强强联合,落实科技创新国际合作的愿景,推动科技创新国际合作的跨越式发展。

鼓励在重大科技专项中引入国际合作研发,吸引海外要素参与。引导民间的国家科技合作投入,对于中方企业先期投入国际合作经费并吸引到海外研发资金的,省财政对其国际科技合作项目予以优先资助。

3. 其他投入形式

通过天使投资、基金、风险投资、科技债券等多种方式募集科技创新国际合作的经费,发挥政府的引导作用,打通吸引社会资本投入的渠道。

天使投资主要是在项目初期的投资,这种未看到成果即产生投资行为的投资方式对于投资人来说具有一定的投资风险,因此天使投资往往较为谨慎。政府通过提供具有针对性的优惠政策吸引天使投资,可以帮助科技创新企业或项目在发展前期得到必要的资金支持。

基金作为科技创新国际合作的经费来源之一,是政府出资并发挥其引导作用,帮助项目吸引社会资本的投资。政府引导基金投资科技创新国际合作并不是为获得收益,其形式主要是设立针对科技创新国际合作的专项基金。政府引导基金投资科技创新国际合作需要考虑基金的运作方式、管理模式和资金来源。具体而言,科技创新国际合作专项基金的运作方式可以参考美国小企业投资公司(SBIC)的做法(见图3),使政策性担保机构介入发挥担保作用,增加基金的可信度。在管理模式层面,科技创新国际合作基金需要通过统一的管理机构和监管机构进行统筹,高层面地统一部署基金投资的机制、方向、步骤、收益分配等内容,并对投资活动进行监管。基金的资金可以来源于多种渠道,并不局限于政府资金,要积极拓展科技创新国际合作基金的资金来源,引导社会资本参与其中,同时也要保证基金的质量。

同时,在国际科技合作经费投入方式上,尝试采用有偿拨付、以奖代拨、风险补偿等新的形式。通过慈善基金、社会捐赠的渠道增加科技

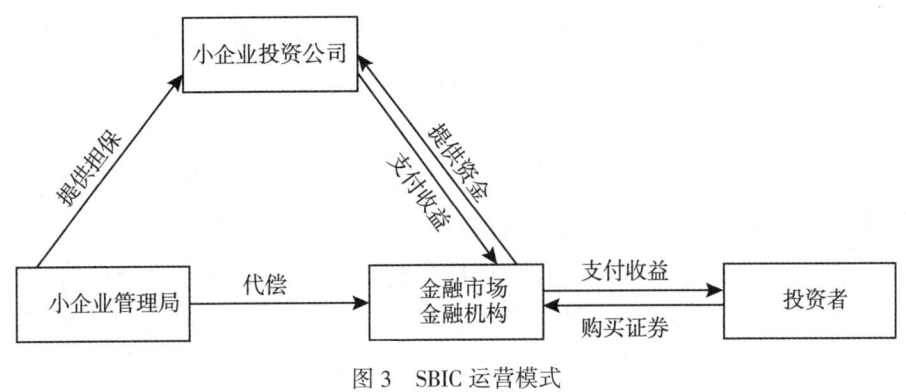

图 3 SBIC 运营模式

创新国际合作投入,也将是多元投入机制的重要发展方向。

五、科技创新国际合作的评价奖励机制

完善科技创新国际合作的评价激励机制,重点改善科技创新国际合作的工作评价机制、国际科技合作项目与基地的绩效考核机制,以及科技创新国际合作的奖励机制和监督管理机制。

1. 科技创新国际合作工作评价机制

建立科学的国际科技合作工作评价机制。在对单位和领导的科技工作绩效评价过程中,把科技对外开放合作工作作为一项重要的评价考核内容。引导高校、科研单位在考核教师、科研人员的科研绩效,以及评职等方面充分考虑国际科技合作成果的特殊性,科学制定科研评价体系。高校和科研单位应将国际科技创新合作项目纳入个人绩效的考评之内,使国际交流合作项目成果对个人绩效考核、职称评定等方面具有一定的帮助,增加教师和科研人员申报、联系和承担国际科技创新合作项目的积极性。

建立基于科技创新质量、贡献和绩效的科技创新国际合作价值评估体系,科学、全面地从社会、经济、文化等方面评估科技创新国际合作

项目的价值。同时，注重以科学的方法评价科技创新人才，不能仅仅依靠学历、论文、获奖来评判人才，而要根据具体需要进行全方位考核。

2. 科技创新国际合作项目与基地的考核机制

完善对科技创新国际合作项目的评价考核机制。在科技创新国际合作项目方面，通过建立完善的跟踪评估制度与管理问责制度，将权责划分清晰，避免相关部门与人员因权责不明晰造成的责任推卸。[①] 从目标完成情况出发对科技创新国际合作项目进行考核，同时建立科研容错机制，鼓励企业、高校与科研院所积极探索，发现具有新意的科技创新国际合作项目，给予科研机构自由选择课题与项目的权利。

建立对国际科技合作基地的动态评估考核机制，从组织管理、经费投入、业绩成效和成果宣传等方面对国家级和省级国际科技合作基地进行考察。全方位地评价国际科技合作基地在国际科技合作方面的落实情况，以及提升国际科技合作质量和水平方面的具体成效。避免简单以项目数量评价科研单位和基地，对运行良好的国际科技合作基地进行有条件支持，对运行较差的国际科技合作基地实行末位淘汰制。

3. 科技创新国际合作的奖励机制

完善科技对外开放的奖励机制，制定强有力的激励机制。以优厚的待遇和福利吸引有突出成果的海外优秀科技人才，对在科技对外开放方面做出成绩的单位及个人给予适当奖励。保留湖北省已有的外国文教专家编钟奖等奖项，学习借鉴上海、山东等省市，在湖北省科技奖励体系中设立国际科技合作奖，对为湖北的国际科技合作做出突出贡献的外方和中方人员予以奖励，鼓励国外专家参与湖北科技创新。

对科技创新国际合作项目尝试实行项目经费的"以奖代拨"机制。将科技创新国际合作工作绩效纳入各单位考核指标体系，注重发挥榜样的示范作用，开展一年一度的科技创新国际合作工作先进单位等评选表彰活动。建立以奖代拨的经费支持机制，鼓励各单位创造性

---

① 刘娅琴，李荧，施标. 农业科研院所科技创新平台的建设与管理——以上海市农业科学院为例 [J]. 上海农业学报，2018（3）：134-139.

地开展工作。

4. 科技创新国际合作的监督管理机制

国际科技合作基地是湖北省开展国际科技合作的重要载体，在发挥示范、引领和辐射作用方面有重要意义，为切实改变"重认定、轻监管"的局面，需制定相应的监督管理工作制度。针对重大科技创新国际合作项目，需制定专门的监督管理制度，各相关单位应及时沟通交流，加强对国际合作项目全过程的管理和跟踪检查，适时提出调整规划、完善政策的意见建议，以严谨缜密的过程管理确保国际合作项目办理及时、落实高效。积极推进督查评估工作，跟踪检查项目开展过程中政策执行、计划落实的情况，对在督查工作中发现的问题做到及时处理。相关督查部门负责定期上报重要合作事宜并进行督查，针对存在工作开展不尽责、履职不到位现象的相关责任单位与人员进行问责，避免产生项目延期、夭折等不良结果。

完善信息披露与信息公开制度，加强监测评估与信息共享。通过建立官方网站及时对相关政策进行更新，方便有需要的单位和个人获得确切的官方消息，实现政策公开。同时，建立科技创新国际合作项目信息平台，为投资方进行投资活动提供数据参考，也有利于与研究内容相关的项目之间进行信息交换，通过信息平台有效地进行信息披露和信息共享。

（本报告为湖北省2019年软科学研究计划重点项目成果）

课题负责人： 谢科范　武汉理工大学管理学院二级教授、博士生导师

报告撰稿人： 谢科范　梁本部　曾　格

加快武汉综合性国家科学中心建设研究

袁志明　等

一、综合性国家科学中心的概念内涵

（一）综合性国家科学中心的基本定义

综合性国家科学中心是指经国家法定程序批准设立的，以大科学装置或设施、大科研团队等作为核心，以世界一流创新型大学、研究机构与研发平台等作为主体，以一批多学科交叉前沿研究计划作为支撑，通过突破重大科学难题和前沿科技瓶颈，显著提升基础研究水平和原始创新能力，促进重大产业关键技术突破，从而推动科技创新治理、引领产业创新发展，提升国家科技竞争能力的开放式科研基地。综合性国家科学中心是我国参与全球科技合作与竞争的重要载体，是加快建设国家创新体系的重要平台，是支撑地方创新转型升级的重要基础。

（二）综合性国家科学中心的主要特征

1. 综合性国家科学中心的"国家性"特征

综合性国家科学中心汇聚了国家级的高端人才和基础设施，承担了重大的国家科研项目课题，以解决国家面临的重大核心关键技术为重要目标，代表国家参与国际科研合作。因此，综合性国家科学中心是国家意志的体现，承载着国家创新驱动发展的战略目标，承担着国家赋予的科技创新和区域发展的双重历史使命，代表了国家的国际科研竞争能力。

2. 综合性国家科学中心的"综合性"特征

通过连接政府、高校、科研院所和企业，综合性国家科学中心形成与产业需求相融合的组织机制和嫁接平台，催生变革性创新科技，对外释放辐射力，为国家和区域创新发展提供强大动力。因此，综合性国家科学中心不同于已经建立的一批基于单个大科学装置的各类国家科学中心，如强磁场科学中心、纳米科学中心、蛋白质科学中心等，也不仅限于多学科实验装置或大科学设施群以及其他功能性研发基地和支撑平台，它表现出"综合性"的特征，是以大科学设施为基础支撑，以原始创新为内核，囊括知名企业、一流大学、科研院所、国家重点实验室等一系列创新主体，发扬科学精神，培养创新文化，融通政产学研，开展多学科、多领域、交叉型、前沿性基础科学研究、重大技术研发和高新技术产业化活动。

3. 综合性国家科学中心的"中心性"特征

与经济、产业、文化、人才、交通乃至政治等活动相同，科技创新活动也呈现集聚效应，具体表现为中心的虹吸效应和辐射效应。综合性国家科学中心在空间上的设立，会在国际、国家和地方层面产生对人才、经费、大学、科研机构、企业和资本等创新要素的虹吸，使得中心形成和不断扩大；同时这些技术、资本、人才汇集所产生的先进理念、优质服务、优秀产品会向周边区域辐射。因此，"中心性"是综合性国家科学中心的另一关键特征。综合性国家科学中心集聚着多方优势资源，包括一批高水平创新主体和由国家统筹布局、依托高水平创新主体建设、可长期为高水平研究活动提供服务的大型设施群；它致力于将建设国际一流水平的大学、研发机构、重大科学设施作为策源地和风向标，超前引领和辐射带动周边区域乃至全国、全球科技创新活动和产业发展。

二、国内外综合性科学中心建设现状与特点

(一) 发达国家和地区综合性科学中心建设现状与特点

欧美日等发达国家并没有直接提及国家科学中心建设,但也曾出台类似刺激创新活动集聚的政策,如欧盟创新联盟与欧洲区建设、德国产业集群、法国"竞争极"、英国伦敦"科技城"、美国区域创新中心,以及日本东京"首都圈"等计划,都源于政府主导、助力国家形成创新优势集聚地区。下面以这些创新优势集聚地区(后文简称科学中心)的建设情况为例,分析国外综合性科学中心的建设运营特点、科技带动作用以及社会经济影响。

1. 国外综合性科学中心的建设运营特点

通过对各国综合性国家科学中心运行机制的分析,总结其建设运营,具备如下特点。一是以知识和核心技术为关键特征。企业、研究机构、大学、政府、中介组织和消费者等具有互补竞争优势的各类主体,以某一领域的知识和关键技术为核心,在创新链或价值链的作用下被相互连接、整合成为系统,形成资源集中、地理集聚和领域凝聚。二是高强度的研发经费投入。随着政府或私营企业大量、密集的投入,创新能力增强,创新收益增加,创新集群得到发展;反过来,创新集群的发展又为创新活动提供了更多的研发经费。三是多元参与的创新活动。企业、研究机构、大学、政府和中介组织等共同参与创新活动。研究机构和大学通过合作参与企业的创新活动,为集群提供研发和相关服务;大学向集群输送专业人力资源、教育培训和传递新的专业知识;政府的作用分别是主持者、协调者、项目经理、经纪人、连接网络或金融家;中介组织的作用是整合创新资源,提供创新服务。四是大量的知识转移和知识溢出。知识和资源在集群内部结合产生新知识,这些新知识溢出、转移到其他研究共同体,引发创造出更多的知识,产生了一个知识加速增长的过程。

2. 国外综合性科学中心的科技带动作用

综合性科学中心是开展卓越研究、提升国家创新能力的关键手段。设立科学中心，有利于提供宽松、稳定的科研环境，通过在设备支持、人员配备、学术自由和薪酬等方面提供最有利的条件，吸引、培养和留住最优秀的研究人员，把科学家有效地组织起来形成结构合理、能力互补的创新团队，鼓励科学家潜心研究，开拓新的学术方向，提升科学研究的品质。例如，美国北卡罗来纳州的三角科学园是美国公认最好的科学园区之一，园区产值居全美科技园区第二位，仅次于加州"硅谷"。18世纪末叶，北卡罗来纳是北美13个英殖民地之一，早期是个农业州，其经济基本上依靠烟草和棉花种植，人均收入全美最低。1959年北卡罗来纳三角科学园挂牌成立，经过几十年的建设，至20世纪90年代，园内聚集了大量公司和各类组织及研发机构，如微电子研究中心、生物技术中心、环保研究院、环境卫生研究所以及通用电气、杜邦、国际商用机器、思科、索尼、爱立信和北电网络等著名大公司的科研机构。园内拥有上万名科学家和工程师，曾有3位诺贝尔奖得主，近百位美国联邦一级科研机构国家科学院、国家医学科学院和国家工程科学院院士，具有博士头衔的人口密度居全美第一。2009年美国最重要的科学研究项目有24%是在北卡罗来纳三角科学园研究完成的，世界上最重要的学术刊物发表的科研论文有21%是园内科学家撰写的，园内科学家获得的技术专利约占全美的29%。北卡罗来纳三角科学园已发展成仅次于加州"硅谷"的科研中心，为美国科技在世界处于领先地位立下了汗马功劳。

3. 国外综合性科学中心的社会经济影响

科学中心在整合社会资源、集成综合优势、加强产学研合作、促进知识转移、驱动区域创新发挥着重要作用。科学中心的构成主体有共同的产业或经济发展目标，可以集中创新资源，强化集群内的知识溢出与机构间的互助学习，从而提高将研究成果转化为经济效益的效率。创新集群能够有效地将研发成果转化为经济效益与影响力，所以它能够促进集群内的企业发展及产业结构的升级，进而对整体社会、经济乃至文化具有影响和带动作用。例如，2010年，英国首相卡梅伦和伦敦市长鲍里斯·约翰逊共同启动了伦敦"科技城"项目，将包括奥林匹克公园在内的东伦敦建造成高科技产业中心。自此之后，英国政府投入4亿英镑支持科技城的发展，并制定了优惠政策进行扶持。全球科技企业纷至沓来。数据显示，2013年到2014年，1.5万余家高科技公司聚合于此，科技企业数量在欧洲遥遥领先，Google、Facebook、Twitter、Amazon等顶级公司落户于此。高科技产业集群为当地创造了大量的高薪就业岗位，咨询公司South Mountain Economics的研究数据显示，这片区域人才密度高居全球第一。同时，伦敦发展促进署的研究报告显示，科技城平均每年2.3%的增长速度，是全英平均0.5%经济增速的4倍多，且在未来10年将持续保持高速增长。2011年丹麦创新网络的行为与经济影响报告的研究结果也显示，参与创新网络后，企业创新的可能性提高了4.5倍、研发合作的可能性提高了4倍，其原因在于通过网络企业可以获得外部学习的机会从而提升了自身能力；网络还提供了找到合作伙伴并启动合作计划的机会。

(二) 我国综合性国家科学中心建设现状与特点

1. 我国综合性国家科学中心建设的政策依据

在当前严峻的国际竞争环境和新的经济发展形势下，综合性国家科学中心建设，是我国迎接国际科技创新发展新挑战、重塑经济新成长力和增长点、集中力量打造科技创新高峰的全新布局。在我国创新体系中，综合性国家科学中心承载着基础科学研究的重要职能，是原始知识创新的源头和关键技术创新的策源地。近年来，我国先后出台了一系列政策，加快推动了综合性国家科学中心的建设。

2012年9月，《关于深化科技体制改革加快国家创新体系建设的意见》强调，要加快开展科研体制改革，围绕科学前沿问题和国家战略需求开展基础研究，并通过机制创新激发创新活力、提升原始创新能力。2013年，《国家重大科技基础设施建设中长期规划（2012—2030年）》提出，要围绕能源、生命、粒子物理等重点科学领域，系统部署建设完善上海同步辐射装置、全超导托卡马克核聚变实验装置等大科学装置，有力支撑开展多学科前沿研究。2014年，《关于国家重大科研基础设施和大型科研仪器向社会开放的意见》要求统一将大科学装置等纳入网络平台管理，促进开放共享。2016年3月16日，全国人大批准的《国民经济和社会发展十三五规划纲要》，要求把发展基点放在创新上，加强基础研究，强化原始创新、集成创新和引进消化吸收再创新，瞄准国际科技前沿，依托现有先进设施等资源条件组建综合性国家科学中心，着力增强自主创新能力。2016年4月，国务院发布了《关于印发〈上海系统推进全面创新改革试验加快建设具有全球影响力科技创新中心方案〉的通知》，首次在国家层面提出建设上海张江"综合性国家科学中心"的概念。2016年5月，中共中央、国务院印发《国家创新驱动发展战略纲要》，提出创新驱动是国家命运所系、世界大势所趋、发展形势所迫，要有前瞻性开展基础研究布局，推动北京、上海等建成科技创新中心。2016年7月，国务院《"十三五"国家科技创新规划》讲一步提出按照创新型国家建设的总体部署，发挥地方主体作用，有效集聚各方科技资源和创新力量，在北京、上海、安徽等地建设国家综合性国家科学中心，在优势领域形成全球竞争力。2016年12月，国家发改委等多部委联合印发《国家重大科技基础设施建设"十三五"规划》，提出到2020年初步建成若干综合性国家科学中心，使其成为原始创新和重大产业关键技术突破的源头，成为具有重要国际影响力的创新基础平台。2018年1月，国务院《关于全面加强基础科学研究的若干意见》再次强调，强大的基础科学研究是建设世界科技强国的基石，要聚焦国家区域发展战略，支持上海张江等地建设综合性国家科学中心，打造原始创新高地，统筹部署和建设国家实验室、国家重大科技基础设施。2018年3月国务院印发《积极牵头组织国际大科学计划和大科学工程方案》，要求综合性国家科学中心积极参与并组织实施大科学计划，在世界科技前沿和国家关键领域开展高水平科学研究，实现资源开放共享和人员深入交流，努力在国际重大科技议题和规则制定中扮演关键角色。

可以看出，综合性国家科学中心的建设布局是在国家科技创新体系的整体布局下产生的，从属于国家科技创新总体布局。通过政策盘点，发现国家层面的相关政策着力强调五个方面：一是强调依托国家重大科技基础设施的建设与优化，大科学装置群是综合性国家科学中心的核心要件；二是将综合性国家科学中心定位为国家级基础研究平台，将满足国家战略需求的基础研究和应用基础研究作为其核心功能；三是强调综合性国家科学中心国家部署、地方建设，既满足国家创新战略要求，又考虑到区域创新条件，充分发挥地方主体作用，促进国家与区域创新系统的一脉相承和协同发展；四是强调多类创新主体的协同参与和系统建设，除大科学装置群之外，还包括建设高水平国家实验室、一流研究型大学和科研院所等创新平台与创新主体，充分发挥创新资源要素的集聚效应和协同效应；五是强调开放式创新，包括国内国际范围内的大科学装置等科技资源的开放共享和人才深度交流，通过参与大科学计划等融入全球创新网络。

2. 我国综合性国家科学中心的建设进展

2016年2月，国家发改委、科技部批复同意建设上海张江综合性国家科学中心，由上海市政府主导建设，中国科学院和部属重点高校为主要参与方。上海将建设张江综合性国家科学中心作为建设具有全球影响力的科技创新中心的核心任务之一。

2017年1月，安徽合肥综合性国家科学中心获批，由安徽省政府牵头，与中国科学院共同建设。合肥将聚焦能源、信息、材料、生命、环境等科学领域，开展多学科交叉研究、产生变革性技术、催生战略性新兴产业，成为国家创新体系的基础平台、科学研究的制高点、经济发展的源动力、创新驱动发展先行区。

2017年6月，北京怀柔综合性国家科学中心获批，由北京市政府和中国科学院共同建设。北京市决心将其打造成代表我国最高科技水平的科学研究和人才聚集高地，成为引领科技创新中心建设的核心支撑。

2019年8月，中共中央、国务院发布《关于支持深圳建设中国特色社会主义先行示范区的意见》，该意见指出，加快实施创新驱动发展战略，支持深圳强化产学研深度融合的创新优势，以深圳为主阵地建设综合性国家科学中心，在粤港澳大湾区国际科技创新中心建设中发挥关键作用。同时，未来深圳与大湾区其他城市联动发挥综合性国家科学中心功能作用。

3. 我国综合性国家科学中心的主要特点

上海张江、北京怀柔和安徽合肥三个已经进入实质性建设的综合性国家科学中心，既有共性特点，也有差异性特点（见表1）。

表1 上海张江、合肥、北京怀柔综合性国家科学中心建设情况对比

	主要大科学装置	主攻关键技术/项目	依托单位	主要优势
上海张江	超强超短激光实验装置、软X射线自由电子激光用户装置、活细胞结构和功能成像等线站工程、上海光源二期、量子通信等	量子通信、太赫兹技术产品、活细胞成像平台、干细胞转化、胶囊机器人、物联网/先进传感器示范工程等，偏向前沿研究	中国科学院上海分院、复旦大学、上海交通大学、同济大学等	国际化程度高，在汇聚人才、参与发起国际科技项目、建设全球创新网络方面拥有优势
合肥	全超导托卡马克、同步辐射、稳态强磁场等	量子信息技术、质子治疗系统及其产业化、超导核聚变中心等，综合性较强	中国科学技术大学、中国科学院合肥大科学中心等	拥有多个国家实验室、大科学装置，拥有雄厚的科教能力和研发实力
北京怀柔	高能同步辐射光源、极端条件实验装置、地球系统数值模拟装置等	清洁能源材料、材料基因组、先进光源技术、空间卫星技术、先进载运等，聚焦基础研究	中国科学院、清华大学、北京大学、北京航空航天大学等	依托首都北京的城市优势，在政策、金融、人才资源支持方面具有更多便利

三个中心的共性特点包括以下几点。一是大格局定位，广视野发展。三个中心都以体现国家意志、承载国家使命为使命，以国家重大需求为导向，把打造代表国家最高水平和国际一流水平的科学研究基地作为建设目标，体现出对创新型国家建设任务的有效分担，并一致将

2020年作为初步显现建设成效的里程碑。二是厚基础建设，独占性领航。三个中心都非常重视重大科学设施建设布局，尤其是以地方独有的大科学装置群领航中心发展，包括提升现有大科学装置性能和新建一批大科学设施，以此作为综合性国家科学中心开展前瞻性、领先性基础科学研究的依托条件。三是尖端化集聚，大体量运行。三个中心均瞄准优势领域，集中尖端力量，积极争取筹建国家实验室。四是科教间融合，主体间联动。三个中心均重视科教融合，把"双一流"大学和学科作为重要任务，力图强化科教力量布局前沿学科群，并强调高端人才的引进、培养和使用，把汇聚尖端人才群作为核心任务，提升学科领域实力和潜力。五是多平台对接，多链条融通。三个中心都在规划布局一批交叉前沿创新平台，把交叉性科学研究作为重要发力点，着力实现多学科交叉前沿领域重大原创性突破，均强调政策链、创新链、产业链、人才链等多链联动发展。

在差异性特点上，三个中心在拥有资源、核心力量和建设布局等方面存在差别。

上海张江综合性国家科学中心以上海为基地，具有更多国际化资源，在汇聚人才、参与发起国际科技项目、建设全球创新网络方面拥有优势。张江综合性国家科学中心是以张江综合性实验室为核心构成的，其中张江综合性实验室的主要架构是"1+N个研究方向"，其中"1"指一个大科学设施群，"N个研究方向"指光子科学与技术、生命科学、能源科技、类脑智能、纳米科技、计算科学等。

安徽合肥综合性国家科学中心主要依托中国科学院合肥物质科学研究院和中国科学技术大学等科教资源，开展更为综合化、基础研究和应用研究并重的研发，其建设布局体现出更强的综合性，包括建设两个国家实验室、8个大科学装置、N个交叉前沿研究平台和产业创新转化平台，以及3个双一流大学和学科。

北京怀柔综合性国家科学中心依托首都北京的城市优势，在政策、金融、人才资源支持方面具有更多便利，怀柔强力布局了多个大科学装置，其研究聚焦于基础研究领域，其布局包括建设和聚集1批重大科技基础设施、1批高端研发平台、1批顶尖人才和1批世界级科学研究机构。

4. 我国综合性国家科学中心的特色举措

（1）系统谋划，超前布局。

无论上海、合肥还是北京，均在大科学基础设施建设和前沿科技问题方面进行了超前布局。特别是合肥，早在20世纪就开始加强以物质科学为核心的学科建设，以此为基础衍生出了多个重大科技基础设施群。提前布局、系统谋划，才能够厚积薄发，成功承担国家赋予的综合性国家科学中心建设的职责。

（2）差异发展，错位竞争。

从上海、合肥、北京和大湾区四地建设综合性国家科学中心来看，四地之间具有不同的优势特色、创新方向和发展重点。上海偏向能源与光子科技，北京侧重基础研究与设施开发，合肥侧重科教综合，大湾区则以带动产业创新为主要职责。四地之间错位发展，避免了方向重复和资源浪费。

（3）龙头带动，圈层发展。

上海张江、合肥综合性国家科学中心的建设，都是以大科学装置和国家重点实验室为核心龙头，带动外围的协同创新体系。如合肥的"2+8+N+3"、上海张江的"1+4+N"等，形成"大科学装置集群-高校与科研院所-高新技术企业"的圈层式发展，构建"源头创新—技术开发—成果转化—新兴产业"的全链条创新体系。

（4）筑巢引凤，营造生态。

创新生态是吸引创新要素的决定性因素。上海、合肥、深圳等地在资金投入、招才引智、制度创新等方面开展了大量工作。地方政府持续加大科研投入，从科研用地、市政配套、项目支持方面予以充分保障，在人才引进策略上予以创新。通过多种形式招揽全球精英，加上在促进成果转化、鼓励科技金融等方面的配套支持，形成新的创新生态，支持了以人为本的综合性国家科学中心建设。

（5）举国之力，多方协同。

由于综合性国家科学中心是代表国家参与全球科技竞争与合作的重要力量，是国家创新体系建设的基础平台，其建设目的是为国家的重大社会经济和国家安全战略服务。因此，上海、北京、合肥等地的综合性国家科学中心的建设与运行，都是根据国家最新战略需求展开的，在发展思路和工作重点上，都体现了国家意志。从承担的主要任务角度来看，综合性国家科学中心瞄准的是国家重大科技项目和关键核心技术攻关，旨在解决一批"卡脖子"短板问题，而这类项目和技术具有高度复杂性和综合性，只有通过新型举国体制，规模化、建制化地组织科技力量，进行资源投入，才能够得到解决。从组织结构角度，现有的综合性国家科学中心不仅包括国家级实验室和大科学装置在内的重大科技基础设施群，还包括以中国科学院为代表的科研机构，以及众多研究型、创新型大学。综合性国家科学中心的建设，是通过新型举国体制加强各方协同，发挥我国体制优势的路径探索，其中包括中央与地方的协同，政府、科研机构、高校与企业之间的协同，以及国内外科研力量的协同。因此，综合性国家科学中心建设，具有新型举国体制下多方协同创新的特点。

三、加快武汉综合性国家科学中心建设的形势分析

（一）加快武汉综合性国家科学中心建设的必要性和紧迫性

1. 抢占新一轮科技革命先机急需加快武汉综合性国家科学中心建设

当前，全球新一轮科技革命正加速演进，学科多点突破、交叉融合趋势日益明显，科学探索从宏观到微观等各个尺度均沿纵深拓展，诸多重大科学问题正在寻求原始性、前沿性突破，众多颠覆性技术持续涌现，群体性技术革命必将引发全球创新版图加速重构，并将重塑世界产业结构和竞争格局。在此紧迫形势下，世界各国纷纷出台政策措施强化创新战略部署，我国也于 2016 年 5 月出台《国家创新驱动发展战略纲要》，提出创新驱动是国家命运所系、世界大势所趋、发展形势所迫，

部署创新发展路线图,到21世纪中叶建成世界科技创新强国,成为世界主要科学中心和创新高地,实现"从大向强"的转变。从世界科技强国的发展历程来看,国家级科研机构能够创造资源集聚效应,充分发挥科技创新竞争优势。综合性国家科学中心不仅拥有多种大型基础研究设施,还有具备国际影响力的大学和科研机构,顶尖的科研领军人物和一流水平的科研团队。这些要素能够更有效地聚焦生命、材料、环境、能源、物质等基础科学面临的重大科学问题,取得更多原创理论,提出更多原创发现,获取更多原创性突破。同时,能够促进多学科之间的相互渗透和融合,打破学科壁垒,催生新的交叉学科和新兴学科。另外,能够解决制约企业发展的技术创新瓶颈,成为新技术、新产品、新产业的原始创新来源。上海张江、安徽合肥、北京怀柔等综合性国家科学中心的陆续获批,标志着我国综合性国家科学中心正式进入建设阶段。

武汉有着悠久的历史和深厚的文化积淀,自古就是我国的水陆交通枢纽,也是我国经济地理的"心脏",在国家经济发展中有着举足轻重的地位。近代,通过实行洋务"新政"发展民族工业,武汉一度成为全国第二大工商业城市,在工业技术方面走在全国前列,为我国近代工业的发展奠定了基础。中华人民共和国成立70多年以来,武汉已发展成为全国重要的综合交通枢纽、工业基地和科教基地,部分领域的研发制造能力已达到国际先进水平。近五年以来,武汉发表论文中被《科学引文索引》(SCI)收录的论文数量居全国第五,为推动我国基础研究创新发展做出了重要贡献。正值我国建设创新型国家的关键阶段,武汉既面临在新一轮国际竞争中抢占世界科技中心的难得机遇,同时也存在被进一步拉开差距的风险。因此,加快综合性国家科学中心建设,是国家实现"跻身创新型国家前列"和"建成世界科技创新强国"的中长期目标的必要条件。武汉作为全国科研实力靠前的重要城市,应勇于担当历史和民族责任,为国家创新发展做出贡献。

2. 支撑长江经济带建设和中部崛起急需加快武汉综合性国家科学中心建设

党的十九大报告中指出:创新是引领发展的第一动力,是建设现代化经济体系的战略支撑。近年来，科技进步对我国经济发展的带动和支撑作用逐渐凸显，科技进步对经济增长的贡献率从2012年的52.2%增至2018年的58.5%。区域创新高地在推动区域经济社会协同发展方面作用显著。2018年，北京中关村、武汉东湖、上海张江、深圳、苏南、天津滨海、西安等7个国家自创区对所在地区GDP增长贡献率都超过20%，成为创新发展的"领头雁"。综合性国家科学中心是国家创新体系的顶尖平台，集基础研究、技术开发、产品中试、产业育成于一体，有利于突破一批重大科学难题和前沿科技瓶颈，引发颠覆性技术的突破和带动新兴产业成长，产生区域和城市创新的"连锁效应"。

2004年3月，国家提出中部崛起战略，2016年长江经济带综合开发上升为国家战略，湖北迎来了区域经济协同发展的大好时机，武汉市作为两项国家战略中的重要节点城市，将被打造为内陆开放型经济高地。

当前，长江经济带建设和中部崛起战略实施已经进入加速期，必须始终紧扣"创新、协调、绿色、开放、共享"的发展理念。2018年4月，习总书记在深入推动长江经济带发展座谈会上强调："正确把握破除旧动能和培育新动能的关系，推动长江经济带建设现代化经济体系"[①]。2019年5月，习总书记在推动中部地区崛起工作座谈会上指示："要贯彻新发展理念，在供给侧结构性改革上下更大功夫，在实施创新驱动发展战略、发展战略性新兴产业上下更大功夫"[②]。长江经济带和中部地区的发展需要摆脱投资驱动和要素驱动等数量型增长方式，以创新驱动经济高质量发展，提高自主创新能力，充分利用科技发展的动力，提升经济发展的质量和效率。

武汉作为长江经济带中游城市群和中部地区的核心城市，对长江经济带和中部崛起战略实施起着重要支撑作用。尽管武汉科教实力居全国

---

① 习近平. 在深入推动长江经济带发展座谈会上的讲话[M]. 北京：人民出版社，2018：21.

② 习近平在江西考察并主持召开推动中部地区崛起工作座谈会[EB/OL]. 2019-05-22. www.gov.cn/xinwen/content_5393815.htm.

前列，拥有多所全国重点大学和多家科研机构、30个国家（重点）实验室、27个国家工程（技术）研究中心以及多个国家重大科技基础设施，在产业基础、交通区位条件、自然环境和生态资源等方面具备良好的基础和优势。但在提供高质量科技供给引领区域高质量发展能力方面，离国家要求和人民期盼仍有一定差距。

2018年10月，湖北省委、省政府出台"科技创新20条"，提出5年筹集500亿元支持重大平台、重大项目、重点园区和重大人才团队建设。在重大平台方面，将实施重大科技基础设施带动战略，推进和谋划建设一批重大科技基础设施。在"科技创新20条"等政策的支持下，湖北省重点布局建设的"光谷科学岛"将成为国家实验室和重大科技基础设施的承载区，为建设综合性国家科学中心提供有力支撑。

因此，落实湖北省委省政府战略决策，加快建设综合性国家科学中心，有助于发挥武汉的科教和创新优势，增强武汉的原始创新能力，建立全链条创新体系，实现新旧动能转换，提供高质量科技供给，推动湖北新兴战略产业发展，带动长江中游城市群协同创新，增强中部地区的综合竞争能力。综合性国家科学中心的设立是国家意志的体现，国家在项目、政策等方面的支持将吸引全国乃至世界科技创新人才的目光，达到吸聚高端人才的效果。综合性国家科学中心以基础前沿科学研究为核心，将为中部地区核心技术创新、产业技术升级提供基部支撑，推动区域从模仿创新、浅层创新、二次创新向原始创新、深层创新、基础创新发展，从产业发展向技术发明、科学发现攀升。综合性国家科学中心拥有的大型科学装置，不仅能为新材料、新能源、电子、环境等新型战略产业提供科研实验平台，在其建设、运行和维护过程中，还将衍生出一批重大的原创成果和高新技术，成为地方新兴战略产业的孵化器和推进器。综合性国家科学中心带来的制度创新，有助于整合地方政府、高校、科研院所、企业等各方面资源，着力解决创新活动和成果转化不足、科技创新活动协同不够等突出问题，为区域创新发展提供强大动力。

3. 补短板推动湖北创新向纵深发展急需加快武汉综合性国家科学中心建设

当前,我国创新体系格局正在发生整体性、格局性的深刻调整,北京怀柔、上海张江、安徽合肥综合性国家科学中心已经启动建设,深圳综合性国家科学中心获批,粤港澳大湾区国际科技创新中心建设正在加快推进,南京、成都、西安等也已经与中国科学院签订战略合作协议,联手积极争取建设综合性国家科学中心。新一轮科技资源配置将对我国区域创新驱动发展战略的实施、新旧动能的转换起到至关重要的决定性作用。

近年来,湖北省特别是武汉市经济社会保持了较好的发展势头,新动能不断培育、新经济不断成长。但总体上来看,科技创新仍然尚未成为湖北经济社会发展的第一动力,区域创新能力尚未进入全国"第一梯队",湖北的科技创新生态体系建设还存在一些短板。

(1) 有部署少聚集,科学装置建设滞后。

加强重大科技平台建设,是"创新湖北"建设的重要一环。湖北省科技平台总体数量上具有优势,但以省市平台居多,国家级高水平科技创新平台数量相对不足,特别是大科学装置建设起步较晚。目前,武汉已建设的国家重大科技基础设施和国家重大创新平台仅有武汉国家生物安全实验室、脉冲强磁场实验装置、精密重力测量研究设施和武汉光电国家研究中心。从武汉市拥有的设施数量和学科相关性上看,尚未在一个相对集中的区域形成设施集群效应,与综合性国家科学中心的要求还存在一定差距。下一步,应着眼于建设综合性国家科学中心,对标国家重大科技基础设施地域集聚、学科关联的特征,推动重大科技基础设施形成集群效应。

(2) 有高原无高峰,学科布局有待完善。

目前,湖北省各学科之间发展不平衡(各学科发展水平差异较大)、不充分(位列全国前5的拔尖学科偏少)的问题比较突出,尚未形成具有湖北特色、与湖北科教大省地位相匹配的研究与创新体系。围绕大科学装置开展前沿学科布局的研究性大学、高水平研究机构相对偏少,顶尖人才相对匮乏,代表未来产业和技术创新的主体较少。除信息技术、生命健康等有代表性企业外,其他领域能承接前沿成果转移转化、发挥骨干引领作用的本土创新主体偏少偏小,高新技术企业数量与北京、深圳等地存在很大差距。

(3) 有创新少原创,基础研究急需发力。

近年来,湖北创新能力稳步提升,创新成果不断增多。湖北省"两院"院士、"973"首席专家、国家"杰青"等国家高层次人才的数量,获国家科技奖励数、国家科技经费资助额等重要创新指标均居全国前列、中部第一,但相比北京、江苏、上海、广东等科技发达省份,湖北省整体创新能力依然偏弱,部分指标甚至排在浙江、山东、重庆之后。湖北省作为我国传统科教大省,其基础研究竞争力曾长期位列全国前4,仅次于北京、上海、江苏。但进入21世纪以来,湖北省的基础研究地位逐渐被科教资源并不如湖北丰富的广东省超越和替代。例如,湖北省年度SCI论文数量、国家自然科学基金数量均在2009年被广东省超越,且湖北与江苏、广东的差距在不断拉大,山东与湖北的差距则不断在缩小。湖北省有必要继续加大基础研究投入力度,支持高等院校、科研机构、企业等开展基础研究,创造原创性成果,提高自主创新能力。

(4) 有竞争少合作,资源协调需更流畅。

武汉的高等院校和科研机构等科教资源丰富,但是长期以来,校地合作、校企合作效果不明显,地方政府在牵头组织、引导合作方面的投入不足,高校和科研院所的基础研究优势没有得到充分挖掘和扩散。受体制机制的制约,武汉高等院校和科研机构的科研仪器设备的利用率普遍不高,有些甚至长期闲置,造成了严重的资源浪费。此外,初创科技型中小企业在创新领域活跃,却没有能力购置和运行维护大型科研设施和仪器设备。急需在全省全市层面,完善有关制度和规范,建立更为高效的合作机制,为创新企业更加高效地利用全省科教资源提供便利。

(5) 总量高占比低,创新投入相对偏低。

目前,湖北省研发投入总量全国第七,中西部第一。但湖北省的研发投入强度低于全国平均水平，研发投入总量与科教大省地位还有一定落差，研发投入并不充分。2018年，中国全社会平均研发投入强度为2.19%，湖北省为2.09%，虽较2017年增长0.17%，但仍然不及全国平均水平，与北京、上海相差甚远，也低于江苏、广东、天津、浙江和山东等省市。特别是从地方政府科技支出占GDP的比例来看，湖北省在全国几乎垫底。作为研发创新的投入主体，湖北省工业企业研发投入增速呈逐年下降趋势。2018年，湖北省规模以上工业企业研发经费增速仅为12.1%，在中部地区排名靠后。

（6）有生源难留才，人才流失较为严重。

武汉的教育资源、大学生人数在中国名列前茅，但大学生的留存率并不高。武汉留不住大学生的症结在于产业结构过于单一、工资水平低以及强势"邻居"的虹吸。从《2019中国青年理想城报告》的数据来看，武汉在产业发展和工作机会丰富度上优势明显，仅次于北上广深和成都，但武汉经济过于依赖钢铁、汽车等传统重工业，新兴领域、互联网和新兴技术公司的数量不足，难以提供足够的就业岗位。产业结构存在缺陷的同时，较低的工资水平也加大了武汉留住人才的难度。据2020年4月智联招聘发布的《2020年春季中国雇主需求与白领人才供给报告》，2020年春季武汉平均招聘薪酬为9018元/月，高于成都的8402元/月，但与深圳的10616元/月相差甚远。产业结构不合理、招聘薪资低等短板造成的人才流失现在还在继续。以武汉大学和华中科技大学为例，两所高校2018届本科毕业生流向最多的省份都是产业结构更具优势、工资水平更富吸引力的广东省，比例分别为27.36%和26.74%。

（7）有成果难转化，政产学研脱节待解。

湖北高等院校、科研院所众多，科教资源丰富，但区域科技"创新供给"与经济发展"创新需求"存在错位，未能有效"对接"。"科技与经济两张皮"的现象依然存在，科技优势未能转化为生产力；技术产出多，技术吸纳少，人才和成果"东南飞"现象仍然比较严重。高等院校、科研机构通常以学科建设为目标，组织部署科技力量，难以按统一的目标凝聚和集成相关创新活动,创新成果难以与地方经济发展的需求、主导产业的需求相吻合。此外,高等院校、科研机构的科技活动多以出成果为导向,以争取政府奖励、发表论文和著作为目标,创新成果本身离商业化应用有较大距离,而企业需求的创新成果则是工程化后的成熟技术,以经济效益为目标。从而导致高等院校和科研机构的创新活动常常与地方经济发展的要求错位。

因此,加快武汉综合性国家科学中心建设,是优化我国科技创新资源布局和完善创新体制的重要举措,有利于创新人才和创新资源的进一步规模汇聚,促进均衡发展的需要;更是统筹协调湖北省、武汉市科技创新发展,推动湖北省创新驱动发展战略向纵深发展的迫切需求。加快综合性武汉国家科学中心建设,可以聚合在鄂科研机构及高等院校的优势科研力量,推进一批国内领先、国际一流的大科学装置和国家实验室落地,聚集一批高端工程创新平台,培养和吸引一批国际一流科技人才队伍,产出一批具有重大国际影响力的原始创新成果,完善湖北的产业创新体系,补全创新链条的短板,提升湖北省综合竞争实力。

(二) 加快武汉综合性国家科学中心建设的可行性

综合性国家科学中心本质上是根据国家和区域创新发展战略布局,以大科学设施为基础支撑,汇聚政府、高校、科研院所、企业等科技创新资源,产生创新集聚和辐射效应的大型科学平台。武汉市科教资源丰富,是国家科教战略力量的重要组成部分,拥有83所高校、111个科技研究机构、2个国家制造业创新中心、226户在汉投资世界500强企业、1个国家级高新区;"两院"院士等高层次科技人才数量均位居全国前列;在生命科学、脑科学与生物医学,空间科学与北斗卫星,纳米研究与新型材料,光学、光子学与光电子,人工智能与先进制造基础研究等若干领域的科技创新实力较强,形成了光电子信息、汽车及零部件、生物医药、节能环保四大世界级产业集群。加快武汉综合性国家科学中心建设具备较好的基础和一定的可行性。

1. 充足的智力资源为加快武汉综合性国家科学中心建设提供人才保障

武汉市拥有武汉大学、华中科技大学、中国地质大学（武汉）、武汉理工大学、华中农业大学等46所本科学校和37所专科学校，其中世界一流大学2所，世界一流学科建设高校7所。研究生与本专科在校生达百万以上，2019年留汉创业就业大学毕业生超过38.8万名，数量庞大的本专科院校学生为武汉市建设综合性国家科学中心提供了丰富的人才资源。

依托国家重点实验室、国家工程技术研究中心为代表的在汉国家级科研条件平台，武汉市目前拥有中国科学院院士及中国工程院院士78人，主要集中在地球科学、土木建筑工程、机械工程、材料科学、临床医学、工程与技术科学等领域。在新增院士数量方面，武汉市连续三年排名全国第三，仅次于北京、上海两地。

2018年以来，武汉市实施"四大资智聚汉工程"，充分利用本土科教资源培养储备人才，优化人才引进政策，集聚外籍外地院士，广揽高层次创新创业人才，打造国际人才汇聚高地，组建优秀创新队伍。通过实施"百万校友资智回汉工程"，成立"在汉高校校友总会联盟"，吸引百万校友聚力回报母校，助力武汉新发展；实施"高校科研成果转化对接工程"，致力于高校院所科技成果转化，把高端人才富变成武汉财富，把高校院所科技成果变成武汉发展成果；实施"海外科创人才来汉发展工程"，面向全球，重点引进诺奖级、院士级全球战略科学家、产业科学家、商界领袖和战略投资人作为"武汉黄鹤英才"。武汉市自2017年开始引进诺奖级人才，创建诺贝尔奖工作站，目前已引进8位诺贝尔奖获得者。另外，武汉市持续举办"楚才回家""光谷3551人才计划"等招才引智活动，引进一批国际顶尖人才、产业领军人才、高端双创人才，构筑人才"金字塔"。2019年武汉市人才引进情况如表2所示。

表2　　　　　　　　　　2019年武汉市人才引进情况

项　　目	数量（人/个）
新引进海内外顶尖人才	98
外籍外地院士	50
"黄鹤英才计划"人才	610
评选首届"武汉工匠"	230
百万校友资智回汉（签约人才项目）	101
留汉创业就业大学生	38.8万
新办理大学毕业生落户	19.01万

注：1. 新引进海内外顶尖人才含外籍外地院士。2. 数据来自武汉市招才局、武汉市政府工作报告。

2. 优异的区位优势为加快武汉综合性国家科学中心建设提供辐射空间

武汉，位于中国腹地中心、长江与汉江交汇处，是国家"五纵五横"运输大通道的中心节点，是国家中心城市、长江经济带中游城市群的核心城市、中部地区唯一的超大城市、华中地区和长江中游的经济、科技、教育和文化中心，也是国家重点打造的全国综合交通枢纽示范城市和国际性综合交通枢纽城市。得天独厚的地理区位，有利于集聚各类创新资源、辐射带动周边区域科技发展。

武汉已成为我国现代化运输方式的交通中心。陆路方面，以京广高铁、汉宜高铁和沪蓉高速、京珠高速为干线构成的快捷现代化交通体系使武汉市的辐射范围成倍扩大。目前，武汉市已经形成辐射武汉城市圈的1小时经济圈，辐射长株潭城市群、中原城市群的2小时经济圈，辐射北京、广州、上海、重庆等国内重要城市的4小时经济圈。航空方面，武汉市是国内首个航空运输综合改革试点城市，航空运输连通世界、直达五大洲。截至2019年7月，武汉已开通63条国际及地区航线、137条国内航线，通达27个国家及地区的52个城市。水运方面，武汉位于长江水运大通道的中心，是国家一类开放口岸和一级枢纽港。

倚靠长江黄金水道，武汉市将作为长江中游航运中心，承载国家新平衡新发展引领功能和支点作用，建设为具有全球供应链组织能力的国际航运中心。

2018年11月18日发布的《中共中央 国务院关于建立更加有效的区域协调发展新机制的意见》指出，武汉担负引领长江中游城市群发展重任，进一步强化了武汉"国家战略要津"的地位。在武汉城市圈基础上，加强与周边省市的科技合作，拓展辐射带动范围，在推动形成区域协同发展增长极中发挥更大作用。另外，国家"一带一路"倡议的实施和长江经济带建设的推进，为武汉市进一步拓展发展空间、强化中心城市功能提供了难得的机遇。

3. 丰富的科创平台为加快武汉综合性国家科学中心建设提供硬件保障

科技创新平台是综合性国家科学中心开展基础研究、原始创新的核心载体，武汉市集聚多个国家重点实验室、新型研发机构、知名企业研发中心、新型孵化器等科技创新平台载体，科研基础设施群趋于完善，为原始创新提供平台支撑。全国重要城市科技创新平台统计情况如图1、表3所示。

表3　　全国重要城市科技创新平台统计

科技创新平台类型	北京	上海	武汉	成都	西安	合肥	南京	郑州	全国
国家研究中心	3	0	1	0	0	1	0	0	6
国家工程实验室	61	9	4	2	6	1	3	2	167
国家重点实验室	79	32	17	9	11	1	18	0	253
国家临床医学研究中心	23	6	1	2	2	0	1	0	50
国家工程技术研究中心	64	22	18	10	2	5	16	6	360
国家工程研究中心	29	13	3	0	4	0	4	1	101
国家地方联合工程研究中心（工程实验室）	31	0	26	34	35	24	18	19	1006

续表

科技创新平台类型	北京	上海	武汉	成都	西安	合肥	南京	郑州	全国
企业国家重点实验室	24	8	3	1	2	1	3	1	99
国家企业技术中心	91	81	34	47	24	45	16	23	1564
省部共建国家重点实验室	0	1	2	0	2	1	0	1	37
合计	405	172	109	105	88	79	79	53	3643

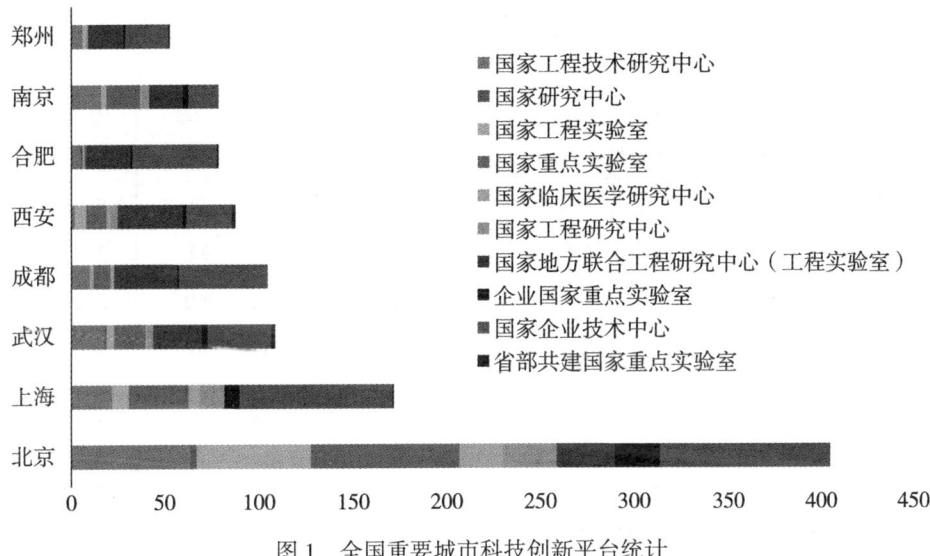

图1 全国重要城市科技创新平台统计

武汉市拥有以中国科学院武汉分院为代表的十余家国家级科研院所（中科院武汉分院6家研究所，1个大科学中心，1个创新研究院，2个特色研究所）、109个科技创新平台，科技创新平台总量仅次于北京和上海，涵盖1家国家研究中心、4家国家工程实验室、17家国家重点实验室、18家国家工程技术研究中心、1家国家临床医学研究中心、3家国家工程研究中心、26家国家地方联合工程研究中心（工程实验室）、3家企业国家重点实验室、34家国家企业技术中心等数量众多的国家级、省部级创新平台（见表4）。2019年武汉市新增省级以上创新平台155家，其中获批省级工程技术研究中心110家、省级工程研究中心22

家、省级企业技术中心 16 家、省级产业技术研究院 2 家。2019 年科技"小巨人"企业 1251 家，比上年增加 11 家①。依托不同类型的国家级创新平台，武汉市在生命科学、脑科学与生物医学，空间科学与北斗卫星，纳米研究与新型材料，光学、光子学与光电子，人工智能与先进制造等基础研究领域，以及在光电子信息、新材料、新能源、新能源汽车、高技术服务前沿核心技术领域保持高水平发展。

表4　　　　　　　　武汉市国家级科技创新平台统计

国家级科技创新平台类型	武汉	全国	占比
国家研究中心	1	6	16.67%
国家重点实验室	17	253	6.72%
省部共建国家重点实验室	2	37	5.41%
企业国家重点实验室	3	99	3.03%
国家工程技术研究中心	18	360	5.28%
国家临床医学研究中心	1	50	2.00%
国家工程实验室	4	167	2.40%
国家工程研究中心	3	101	2.97%
国家地方联合工程研究中心（工程实验室）	26	1006	2.58%
国家企业技术中心	34	1480	2.30%

武汉市已建成 2 个国家重大科技基础设施，其中"脉冲强磁场实验装置"已建成，"精密重力测量研究设施"正在建设之中。"脉冲强磁场实验装置"由华中科技大学承建，总投资 1.34 亿元，于 2008 年 4 月开工建设，2014 年 10 月通过验收。该装置被业内专家认定为是世界上最好的脉冲场之一，在电源设计和磁体技术方面取得的成就位列世界顶级，其脉冲磁场强度达到 90.6T，使我国成为继美国、德国之后世界

---

① 武汉市政府督查室. 全年完成情况［EB/OL］. 2020-04-01. http：//www.wuhan.gov.cn/ztzl/2019ngb/mbrwzxqk/skjj/202004/t20200414_998404.shtml.

上第三个突破90T大关的国家。"精密重力测量研究设施"建成后将为解决固体地球演化、海洋与气候变化、水资源分布和地质灾害研究中的科学问题提供重要支撑，为我国地球科学基础研究及精密重力仪器研制、测量与应用研究提供必要的实验条件，并满足我国地质调查、资源勘探、国家安全对重力数据和重力基准的战略需求。此外，武汉市正在建设和完善国家生物安全（四级）实验室、武汉光电国家研究中心、多模态跨尺度生物医学成像设施等大科学装置。

4. 优良的科创能力为加快武汉综合性国家科学中心建设提供发展源泉

武汉市科研投入逐年攀升，科研水平在国内中部城市中处于领先地位。2019年技术合同认定登记25094项，增长43.1%；技术合同登记成交额841.27亿元，增长16.4%。"四上"高新技术产业增加值4167.27亿元，比上年增长11.8%，占GDP比重25.7%。专利申请量77097件，授权量39258件，比上年增长27.4%和21.2%；发明专利申请量33202件，授权量11754件，增长15.5%和33.5%。每万人发明专利拥有量41.6件。PCT国际专利申请量1825件，增长23.7%（见图2)[①]。

围绕地球空间信息、信息光电子、新能源汽车、智能制造装备、船舶及海洋工程装备、高性能钢铁材料、粮食、畜禽、淡水水产、生物制药、互联网+大健康、环境保护、资源综合利用、汉江流域水资源高效利用和水生态安全等重点产业链，武汉市实施了一批科技重大专项。据统计，武汉市研究机构及企业近三年共计承担国家重点研发计划重点专项项目156个，国家杰出青年科学基金项目39个，国家自然科学基金重大项目23个。近五年荣获国家自然科学奖13项，国家技术发明奖19项，前者占全部获奖数量的6.4%，后者占全部获奖数量的7.6%。《自

---

① 武汉市统计局. 2019年武汉市国民经济和社会发展统计公报［EB/OL］. 2020-03-31. www.tjcn.org/tjgb/17hb/36260.html.

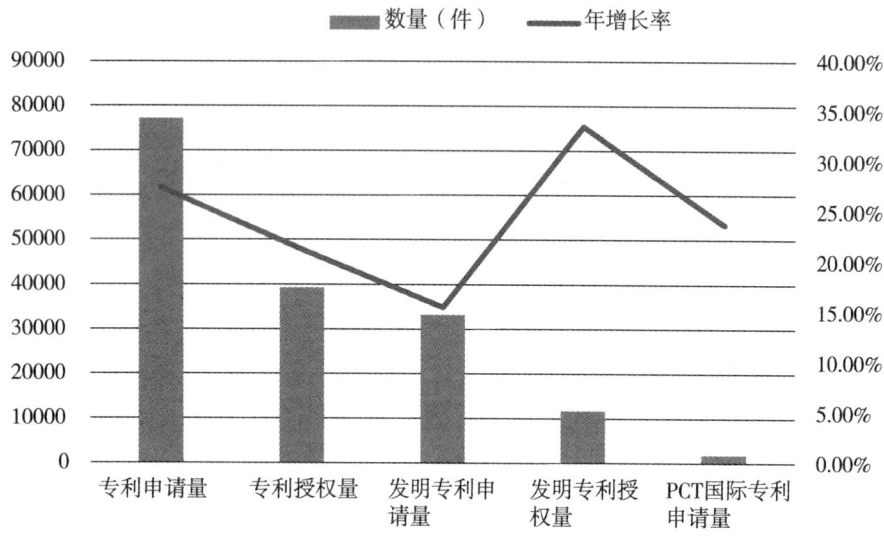

图 2　2019 年武汉市科技成果统计

然》增刊"2018 自然指数-科研城市"数据显示,① 武汉在全球位居第 19 位,国内位居第 4 位,仅次于北京（第 1）、上海（第 7）和南京（第 12），且过去六年武汉市在自然指数的上升速度要快于全球前 20 的其他任何城市。近三年重要城市项目统计情况如图 3 所示。

武汉市聚焦战略性新兴产业，保持研发定力，突破部分核心技术。武汉锐科光纤激光技术股份有限公司成功研制出我国首台万瓦光纤激光器，使我国成为全球第二个掌握该尖端技术的国家。经光纤通信技术和网络国家重点实验室、国家信息光电子创新中心、烽火通信和光迅科技联合攻关，我国首次完成"1.06Pbit/s 超大容量波分复用及空分复用的光传输系统"实验。武汉六点整北斗科技有限公司研发出全球首个基于北斗高精度定位技术的即时判北斗高精度警保联动智能系统……武汉市正在成长为创新发展核心承载区。

---

① https：//www.natureindex.com/supplements/nature-index-2018-science-cities/index

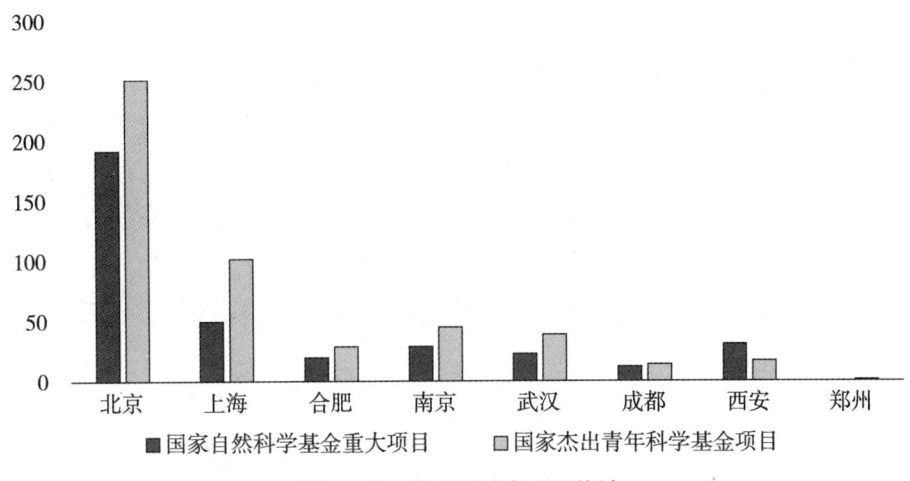

图3 近三年重要城市项目统计

5. 规模化产业创新集群为加快武汉综合性国家科学中心建设提供下游承接

2019 年，武汉市实现地区生产总值（GDP）16223.21 亿元，按可比价格计算，比上年增长 7.4%。其中，第一产业增加值 378.99 亿元，增长 3.0%；第二产业增加值 5988.88 亿元，增长 6.5%；第三产业增加值 9855.34 亿元，增长 8.2%。三产业结构调整为 2.3∶36.9∶60.8。"四上"高新技术产业增加值 4167.27 亿元，比上年增长 11.8%，占 GDP 比重 25.7%。"四上"高新技术企业净增 1046 家，入库数创历史新高，有力支撑了高新技术产业发展。2019 年，武汉市固定资产投资同比增长 9.8%，战略性新兴产业投资增长 22.5%，其中，新能源产业投资增长 57.0%，新一代信息技术产业投资增长 48.5%。以"芯屏端网"项目投资为主的高技术制造业投资增长 29.2%[①]。

武汉市高标准、高水平地建设了以中国光谷、武汉未来科技城、中

---

① 武汉市统计局. 2019 年武汉市国民经济和社会发展统计公报 [EB/OL]. 2020-03-31. www.tjcn.org/tjgb/17hb/36260.html.

华科技产业园、国际制造业资源配置中心、国家节能环保产业基地等为标志的一批国家产业化基地，形成了四大世界级产业集群。光电子信息产业集群，以长江存储、华星光电等企业为龙头，打造芯屏端云网智产业生态；汽车及零部件产业集群，大力探索5G技术、智能汽车、智慧交通融合发展模式，抢占下一代汽车发展制高点；生物医药产业集群，以高性能医疗器械、国家级药物研发等为主攻方向，打造集研发孵化、生产、物流为一体的生物产业全产业链；节能环保产业集群，大力发展节能技术，全面开放无污染治理清洁能源等市场，打造国家级节能环保产业集聚区。

目前，武汉市正在建设国家存储器、网络安全人才与创新、新能源和智能网联汽车、航天产业四大国家级产业基地和大健康产业基地，芯片、航天、网络安全、下一代汽车四大产业生态圈正逐步成型，未来将成为战略性新兴产业的重大支撑。

另外，武汉市依托东湖国家自主创新示范区，构建了资源共享、空间互补、协调发展的"一区多园"格局。目前，园区组建了一系列自主创新平台，建设了一批公共服务平台，为产业技术研发提供了强有力的支撑。园区创业氛围浓厚，已建有各类孵化器11家，聚集企业近2万家，每年平均新增企业2000余家。

四、加快武汉综合性国家科学中心建设的建议与举措

（一）总体原则

坚持以习近平新时代中国特色社会主义思想为指导，全面贯彻党的十九大会议精神，深入实施国家创新驱动发展战略和湖北省委、省政府关于科技创新发展的决策部署，抢抓国家新一轮科技战略布局调整机遇，围绕建设科技强省和服务我国中部高质量可持续发展的科技需求，聚焦光电科技、生物医药、智能制造、生态环保等重点创新领域，加快建设一批具有国际领先水平的重大科技基础设施、打造一批世界一流科

研人才队伍、组建一批国家级研究机构和国际性开放研究平台，进一步完善创新机制，优化创新环境，加大创新投入，加快推进武汉综合性国家科学中心建设。

（二）发展目标

5年内，以"光谷科学岛"为核心，以重大基础科研设施和高端创新平台建设为重点，争创1~2个国家实验室，建成3~5个国内领先、国际一流的大科学装置，建成5个国家级科技创新平台和5个国家级工程技术创新中心，基本建成武汉国家综合性科学中心的核心承载区。

10年内，以"光谷科创大走廊"为重点，建成1~2个国家实验室、10个国家级科技创新平台和10个国家级工程技术创新中心，形成由8~10个大科学装置组成的世界级重大科技基础设施集群，基本建成国内领先的国家综合性科学中心。

到21世纪中叶，建成布局合理、规模适度、国际领先的重大科技基础设施集群，形成先进的运行管理机制与高效的科技创新生态，聚集一批世界一流的科研团队与领军人才，取得一批有世界影响力的科研成果，催生一批具有变革性、能带动产业升级的高新技术，全面建成具有国际领先水平的综合性国家科学中心。

（三）重点任务

1. 加强战略规划，绘制科学中心建设蓝图

以建设武汉综合性国家科学中心为目标，加快编制并审定武汉综合性国家科学中心规划方案，积极争取国家发改委、科技部和中国科学院等国家部委和国家战略科技力量支持，纳入国家综合性科学中心建设总体规划。在《中国·光谷科创大走廊总体建设规划》《光谷科技创新大走廊核心承载区总体规划》框架下，加快编制并审定武汉"光谷科学岛"建设规划，以及武汉综合性国家科学中心重大科技基础设施规划、重大创新平台建设规划、人才战略发展规划、"中国科学院东湖科学中心"建设规划等系列子规划，绘好科学中心建设蓝图。

2. 加快推进落实，建设科技基础设施集群

以光谷科学岛为重点，加快重大科技基础设施、重大创新平台集聚，发挥示范、引领和辐射作用。一是加快推进精密重力测量等在建设施进度和武汉国家生物安全实验室等已建设施提升建设；二是以建促批积极争取作物表型组学研究（神农）设施等国家重大科技基础设施落户武汉；三是紧密对接国家战略部署，依托中国科学院、武汉大学、华中科技大学、华中农业大学等核心科研机构和重点高校，谋划第四代同步辐射光源、磁阱型聚变中子源、农业微生物和深部岩土模拟设施等一批具有湖北特色、与其他综合性国家科学中心错位发展的重大科学装置。逐步建成空间分布积聚、研究方向关联的重大科技基础设施集群，形成能够产出重大科技创新成果的战略高地。

3. 突出重点领域，支持创新平台加快落地

聚焦光电科技、生物医药、智能制造、生态环保等重点创新领域，由省市政府联合中国科学院、华中科技大学、武汉大学等在鄂重点科研院所与高等院校，以光谷科学岛为核心，建设一批先进的综合性科技创新平台，支持一批新型研发机构和创新团队的落户。一是重点布局建设东湖实验室、中国科学院东湖科学中心等重大平台/园区，谋划建设一批工业技术研究院。二是围绕重点创新领域，根据科学研究、技术创新和研发服务实际需求，动态设立调整研发单元，灵活配置现有科研人员，积极参与国际科技和人才交流合作，开发国外人才资源，吸纳、集聚、培养国际一流的高层次创新人才，促使一批高质量的创新团队落户科学岛。

4. 注重科教融合，完善高端人才引培机制

创新体制机制，大力培养和引进高端科技人才。一是根据综合性国家科学中心领域和人才具体需求，以培养高素质、高水平的专业人才和拔尖创新人才为目标，支持在鄂重点高校与科研院所分别或合作建立科教协同的育人平台。二是探索将科研人才、科研平台、科研项目等科研资源与人才培养工作相融合的新机制，形成与综合性国家科学中心相匹配的新型组织架构、管理体制、运行机制与人才培养模式，实现科研与教学的有机融合与相互促进。三是充分发挥综合性国家科学中心的平台优势，面向湖北省、武汉市科创领域急需的战略人才、领军人才、关键核心人才，探索和试点高端人才薪酬制度、人事制度、落户制度等系列创新人才支持政策，为高端人才营造优越的制度环境，通过"柔性引才""以才引才"等方式，广泛吸引集聚国内外高端研究人员和研究团队。

5. 深化国际合作，加快全球创新体系融入

通过基础研究与技术开发，壮大自身创新实力，加快融入和主动布局全球创新网络，不断提升在开放型科技交流合作中的话语权和影响力。一是依托国家重大科技基础设施，与国际知名科研机构开展多层次的合作，共同谋划国际大科学计划或国际研究计划，共建联合研究中心，开展学生联合培养。二是与国际知名创新中心建立常态交流机制，组建国际科技合作联盟，形成跨学科、跨领域、跨区域的协同创新网络。三是举办国际综合性科学中心研讨会，以及光电科技、生物医药、智能制造、生态环保等领域的国际学术会议及论坛，提高国际影响力。

（四）政策举措

1. 成立组织机构，统筹工作推进

成立加快武汉综合性国家科学中心建设工作领导小组，由省市主要领导牵头，省市相关部门和中科院、高校院所等有关单位负责人为成员。领导小组作为决策机构，负责审议和决定加快武汉综合性国家科学中心建设的有关重大事项，包括发展规划、年度工作计划、重大科技基础设施建设等相关工作。

设立加快武汉综合性国家科学中心建设工作办公室。负责落实领导小组的决策部署，制定相关管理制度和配套政策，编制并组织实施发展规划和年度工作计划，负责与国家部委沟通联系，统筹省内各方创新资源，谋划、争取重大科技基础设施和重大创新平台，加强高端人才引进，管理专项资金等。

组建加快武汉综合性国家科学中心建设专家咨询委员会。聘请有国

际视野的战略科学家担任主任,邀请国内外相关领域著名专家、战略科学家等担任委员,在武汉综合性国家科学中心建设的科技发展战略、发展规划、重大政策等方面发挥咨询作用。

2. 明确资金来源,多源支持建设

在科学谋划的基础上,建立稳定长效的多方联动资金投入机制。以省市地方政府为主导,争取国家部委、高校院所、领军企业和行业龙头,建立多元化的经费筹措途径,为武汉综合性国家科学中心建设提供充足的资金保障。一是省市层面加大财政资金投入支持力度,尽快设立武汉综合性国家科学中心建设专项基金,加大地方财政对重大科技基础设施建设的投入保障力度,切实加强对省内高等院校和科研机构开展基础研究的支持力度,面向国家战略需求和湖北省产业发展需求,有针对性地提升相关学科的基础研究能力,打造一批优势学科群。二是鼓励科研院所与高等院校通过积极争取国家、部委各类重大专项资金和优先安排专项资金等方式,在光谷科学岛建设新型研发机构及研发平台,实施重大项目,形成重大产出。三是创新投融资模式,鼓励支持领军企业和行业龙头企业投资建设工业技术研究院及配套实验设施,加快科技成果转化,提升创新体系整体效能。

3. 优化合作机制,合力共建共享

全面深化湖北省与国家部委及在鄂科研机构和高等院校的合作,签订合作共建协议,完善共建共管共享的合作机制。一是全面深化省部战略合作机制,就共建武汉综合性科学中心签订战略合作协议,争取国家发改委、科技部、教育部和中国科学院、中国工程院等国家部委和国家战略科技力量的大力支持。二是建立省、院、校合作共建机制,推动在光电科技、生物医药、智能制造、生态环保等重点创新领域共建一批高水平的基础研究机构或新型研发机构,吸引国内基础研究大院大所在科学岛成立分支机构或地方分部,在组织架构、运营管理、利益分配、激励机制等方面积极开展改革创新,建立起更加符合国际管理和市场规律,更加贴近社会经济和产业发展需求的科研体制。三是积极开展大装置预研和配套设施共建共管,推动省内重大科技基础设施和实验设备开放共享，依托重大设施开展联合科技攻关，力争实现前瞻性基础研究、引领性原创成果重大突破，以加快向综合性国家科学中心建设的步伐。

4. 倡导科创文化，营造创新环境

在全省范围内积极倡导科技创新理念，发动国家在鄂科教实体、省市地各类科研部门、科技创新企业、科技孵化机构、科技咨询机构及各类科技支撑服务机构的力量，开展多种形式的科学文化传播工作，提高公众科学文化素养，引导公众参与科技创新，在全社会培育创新意识、倡导创新精神。加大科技创新政策信息化建设，普及科技创新政策知识。深入实施知识产权战略，加强知识产权保护，营造激励创新的公平竞争环境。实行严格的知识产权保护制度，建立健全知识产权多元化纠纷解决机制，建立知识产权资本化交易制度，打造尊重知识、尊重创新的环境。

（本报告为2019年湖北省人民政府智力成果采购项目"加快武汉综合性科学中心建设研究"成果）

课题负责人： 袁志明　中国科学院武汉分院院长、研究员
课题组成员： 蔡长塔　中国科学院武汉分院分党组副书记
　　　　　　　张智雄　中国科学院武汉文献情报中心主任、研究员
　　　　　　　肖海金　中国科学院武汉分院
　　　　　　　王　勇　中国科学院武汉分院研究员
　　　　　　　马廷灿　中国科学院武汉文献情报中心
　　　　　　　姜　山　中国科学院武汉文献情报中心
　　　　　　　岳名亮　中国科学院武汉文献情报中心
　　　　　　　汤怡洁　中国科学院武汉文献情报中心
　　　　　　　岳　芳　中国科学院武汉文献情报中心
　　　　　　　叶　昀　中国科学院武汉分院

湖北省科技型企业创新生态研究报告

吴传清　孟晓倩　尹礼汇

党的十九届四中全会提出要完善科技创新体制机制，建立以企业为主体、产学研深度融合的科技创新体系，提升产业基础能力和产业链现代化水平。科技型企业是科技创新成果转化成现实生产力的重要主体。在创新驱动成为中国经济增长新动力背景下，创新生态逐步成为科技型企业提升和保持竞争优势的关键。分析研究湖北省科技型企业创新生态发展水平，具有重要的实践意义。

一、科技型企业创新生态评价指标选取与评价方法

（一）评价指标

关于科技型企业的内涵界定，学术界众说纷纭。Shearman 和 Burrell（1988）认为科技型企业是主要经营业务领域为从事高新技术产业的各类生产经营的技术类企业[①]。史竹琴（2017）指出科技型企业是指依靠某一项科技成果或尖端技术而设立的企业，具有高成长性，未来收入预期较好[②]。李恩平等（2017）认为科技型企业是指在发展过程中将科技创新作为企业的核心价值源泉，将科技成果转化为现实生产力，提供相

[①] Shearman C, Burrell G. New technology-based firms and the emergence of new industries: some employment implications [J]. New Technology Work & Environment, 2010 (3): 87-99.

[②] 史竹琴. 科技型中小企业创新生态系统构建与运行机制研究 [D]. 太原：太原理工大学，2017.

关技术服务的企业①。国家科技部火炬中心将科技型中小企业定义为：依托一定数量的科技人员从事科学技术研究开发活动，取得自主知识产权并将其转化为高新技术产品或服务，从而实现可持续发展的企业。结合以上所述，科技型企业一般具备以下基本内涵和显著特征：以技术创新为主；以科技型人员的科研创新活动为基础；将科技成果转化为现实生产力，主要生产科技类产品及服务。

关于创新生态的内涵界定，学术界多从创新生态构成要素的视角来阐释。常洁（2018）认为创新生态是创新机构（企业、大学、研究机构等）以及创新服务机构（政府、中介等）与创新环境相互作用而形成的动态整体②。段杰（2020）从创新主体、创新资源、创新环境和创新能力等主要构成要素的视角，探讨创新生态的内涵。③

科技型企业创新生态是指：以科技型企业为主体，大学、科研机构、政府、金融机构等投融资平台和创新环境要素（基础设施、政策、文化等）相互依赖、相互作用和相互适应而形成的复杂网络结构。

借鉴相关研究成果，研究科技型企业创新生态发展水平主要涉及创新主体竞争力、创新支持能力、创新资源要求、创新环境适宜度等方面。本研究从创新主体竞争力、创新资金支持（金融等融资机构、政府等）、创新资源（高校、科研机构等）和创新环境（经济、资源、创新环境）等层面构建省域科技型企业创新生态评价指标体系，涉及4个一级指标、7个二级指标、28个三级指标的指标体系（见表1）。

本研究侧重从省域比较的视角，研判湖北省科技型企业创新生态发展水平。相关数据采自《中国科技统计年鉴》《中国高技术产业统计年鉴》《中国火炬统计年鉴》以及EPS数据库、各省市统计年鉴。

---

① 李恩平，郭晋宇. 中国省际全要素能源效率差异的空间统计分析[J]. 统计与决策，2017（6）：123-126.

② 常洁. 生态系统视角下科技型中小企业技术创新发展[J]. 生产力研究，2018（11）：132-136.

③ 段杰. 粤港澳大湾区创新生态系统演进路径及创新能力：基于与旧金山湾区比较的视角[J]. 深圳大学学报（人文社会科学版），2020，37（2）：91-99.

表1　　　　　　　科技型企业创新生态评价指标体系

一级指标	二级指标	三级指标	权重
创新主体竞争力	创新主体指标	高科技产业企业数（个）	0.0366
		高科技产业从业人员年平均人数（人）	0.0377
		高科技产业出口交货值（亿元）	0.0451
		高科技产业R&D活动人员折合全时当量（人年）	0.0387
		高科技产业R&D经费内部支出（万元）	0.0389
		高科技产业专利申请数（件）	0.0401
		R&D人员全时当量（人年）	0.0353
		R&D经费内部支出（万元）	0.0359
		R&D经费投入强度	0.0325
		有效发明专利数（件）	0.0374
		高科技产业产值占GDP比重	0.0325
		高新技术企业数量（个）	0.0369
		高新技术企业产品销售收入（亿元）	0.0358
		科技活动人员数（万人）	0.0360
创新资源	学校和科研机构	高等学校个数（所）	0.0325
		高等学校R&D从业人员数（人）	0.0329
		发表科技论文数	0.0336
		教育经费（万元）	0.0325
		每万人在校大学生人数	0.0314
创新环境	经济环境	外商直接总额（万美元）	0.0368
		GDP输出值（亿元）	0.0333
		二三产业占比	0.0312
	创新环境	科技企业孵化器数量	0.0360
		技术市场成交额（万元）	0.0397
	资源环境	电力消费量（亿千瓦小时）	0.0330
		工业污染治理完成投资（亿元）	0.0341

续表

一级指标	二级指标	三级指标	权重
创新资金支持	政府资金	财政科学技术支出（亿元）	0.0345
	中介机构资金	投资金额（万人民币）	0.0391

科技型企业创新生态评价从以下四个方面进行度量。

（1）创新主体竞争力。主要从科技型企业角度来度量不同省份创新生态发展水平，主要包括科技型企业的数量、科技型企业的创新投入水平和创新产出水平等指标，共有14个三级指标。

（2）创新资源。衡量不同省份高校和科研机构创新发展基础水平，主要包括5个三级指标，高等学校个数、每万人在校大学生人数、高等学校R&D从业人员数、发表科技论文数和教育经费等。

（3）创新环境。度量企业所处的创新环境水平，主要包括经济环境（外商直接总额、GDP值和二三产业占比）、创新环境（科技企业孵化器数量和技术市场成交额）和资源环境（工业污染治理完成投资和电力消费量）3个二级指标共7个三级指标。

（4）创新资金支持。从企业创新资金来源角度来度量科技型企业创新生态发展水平，主要有政府资金支持和金融等中介机构资金支持2个三级指标。

（二）评价方法

评级指标体系确立的直接目的是获取科技型企业创新生态综合评价结果，判断湖北省科技型企业创新生态发展水平，而各指标权重会影响最终的评价结果。

在综合评价指标体系的应用中，确定指标权重的方法主要有主观赋权法和客观赋权法。客观赋权法主要根据原始数据信息所提供的信息量来确定指标权重，而主观赋权法更多是根据主观上对各指标的重视程度来确定指标权重。结合两者特点，本报告采用客观赋权法，即熵权法评价湖北省科技型企业创新生态发展水平。

使用熵权法确定权重，可消除确定权重的人为主观因素。根据熵值大小，即各项指标值的变异程度，可计算出不同指标的权重。具体计算过程如下。

首先，利用极差标准化方法对各项指标进行无量纲化处理，然后将数据进行标准化。数据标准化采用以下公式。

正向指标：

$$Z_i = \frac{X_i - X_{\min}}{X_{\max} - X_{\min}}, \ i = 1, 2, 3, \cdots, n$$

负向指标：

$$Z_i = \frac{X_{\max} - X_i}{X_{\max} - X_{\min}}, \ i = 1, 2, 3, \cdots, n$$

其中，Z_i 为数据标准化值，X_i 为数据原始值，$X_{\max}$ 为原始数据组中最大值，$X_{\min}$ 为原始数据组中最小值。

其次，根据熵权法求指标客观权重，这个过程先计算各指标熵值，再计算各指标权重，各项指标的权重计算结果如表1所示。

最后，为了全面、科学和客观掌握省域科技型企业创新生态发展水平，在获得评价指标标准值和权重系数的基础上，应用线性加权综合法将28个评价指标值和权重系数"合成"为省域创新生态发展水平评价值。记为：

$$x_i = \sum_{j=1}^{31} z_{ij} w_j, \ i = 1, 2, \cdots, n$$

其中 x_i 为第 i 个省份的创新生态发展绩效评价值，z_{ij} 为标准化后的数据，w_j 为熵权法算出的权重。

二、湖北省科技型企业创新生态发展水平评价

从表2可见，湖北省着力推动科技成果转化和高技术产业发展，科技进步和创新对全省经济社会发展的支撑引领作用不断增强，各项创新指标屡创新高。

表2　湖北省科技型企业创新生态评价指标的描述性分析

一级指标	二级指标	三级指标	2013	2014	2015	2016	2017	2018
创新主体竞争力	创新主体指标	高科技产业企业数	830	920	1037	1063	1195	1136
		高科技产业从业人员年均人数（人）	293598	320261	349825	352588	384161	358114
		高科技产业出口交货值（亿元）	415.94	315.82	598.54	766.30	715.40	777.68
		高科技产业R&D活动人员折合全时当量（人年）	24479	25642	23673	21218	21000	21735
		高科技产业R&D经费支出（亿元）	73.22	81.60	94.12	103.03	113.66	145.44
		高科技产业专利申请数	3351	3455	4232	6045	6213	7539
		R&D人员全时当量（人年）	133061	140741	135481	136608	139990	155547
		R&D经费内部支出（万元）	446.20	510.90	561.74	600.04	700.63	822.05
		R&D经费投入强度	1.80	1.87	1.90	1.86	1.92	2.09
		有效发明专利数	5824	6782	8744	10826	13214	17034
		高科技产业产值占GDP比重	0.10	0.10	0.12	0.13	0.14	0.14
		高新技术企业数量	2081	2533	3242	4209	5261	6437
		高新技术企业产品销售收入（亿元）	6350	7587	9475	11502	12266	14400
		科技活动人员数（万人）	18	20	23	25	27	31
创新资源	学校和科研机构	高等学校个数	123	127	126	128	129	128
		高等学校R&D从业人员数	128185	155811	156366	159992	162520	162364
		发表科技论文数	70435	72728	72464	76053	77258	80866
		教育经费（亿元）	897.23	987.45	1143.51	1300.93	1382.18	1527.27
		万人在校大学生数	245.12	244.10	241.06	238.21	237.36	243.07
创新环境	经济环境	外商直接总额（万美元）	654.00	777.00	892.31	993.16	1151.03	1422.75
		GDP（亿元）	24791	27379	29550	32665	35478	42022
		二三产业占比	0.87	0.88	0.89	0.89	0.90	0.91
	创新环境	科技企业孵化器数	44	45	55	67	176	192
		技术市场成交额（亿元）	397.62	580.68	789.34	903.84	1033.08	1204.09
	资源环境	电力消费量（亿千瓦小时）	1629.75	1656.54	1665.16	1763.11	1869.00	2071.43
		工业污染治理完成投资（亿元）	25.17	26.30	15.80	36.90	17.46	26.51

续表

一级指标	二级指标	三级指标	2013	2014	2015	2016	2017	2018
创新资金支持	政府资金	财政科学技术支出（亿元）	77.21	134.46	157.36	190.11	234.27	268.49
	中介机构资金	投资金额（亿元）	125.03	205.67	295.30	599.59	560.61	281.13

资料来源：数据整理自《中国科技统计年鉴》《中国高技术产业统计年鉴》《中国火炬统计年鉴》和EPS数据库、各省市统计年鉴。

（一）创新生态发展水平分类评价

1. 创新资源

截至2018年，湖北省共有高校128所，其中"985""211"高校7所，每万人在校大学生人数为243.07人，高校数量和发表科技论文数在全国排名第5位，科研实力和科教资源位居全国前列。2018年湖北省技术合同成交金额达1204.09亿元，同比增长17%，全国排名第4位。实现技术合同科技成果供需对接，建立湖北省科技成果转化平台，实现PC端与移动端两大互联网模式的结合，提供线上交易、政策咨询、投融资和其他增值服务，实现科技成果精准对接。

但长期以来，经济发展与科技成果转化"两张皮"的现象仍旧存在，创新资源的"富矿"还没有充分转化为发展的财富。人才利用率不高与流失率偏大并存、人才结构性变动与结构性人才缺失并存一直是湖北省劳动力要素方面亟待突破的两大重点，在各项人才战略集聚叠加的"人才大战"期间，如何有效吸引和集聚武汉经济高质量发展的急需性人才是湖北省提升人力资本供给效率的重要内容。需要进一步完善产学研协同创新机制，发挥湖北省科研院所优势，支持企业与科研院所联合建立技术研发平台，完善和落实企业与科研院所风险共担、利益共享的协同创新机制。实施聚商育商工程，进一步降低制度性交易成本，探索企业用工成本、物流成本、涉企收费等领域的政策体系创新。

2. 创新主体

湖北省高新技术企业发展势头良好。2018年，全省高新技术企业数量达到6437个，高新技术企业产品销售收入为14400亿元，同比分别增长22%和17%，高新技术企业成为带动全省经济高质量发展、产品和产品结构优化升级的中坚力量。有效发明专利数量从2013年的5824件增长到2018年的17034件，增长了2.9倍。产业链向中高端升级趋势明显，初步形成一批具有一定规模优势的战略性新兴产业集群，同时现代服务业加速发展，信息、物流、电子商务等生产性服务业对经济社会发展的支撑和带动作用逐步增强。不断优化的产业结构和不断提升的产业发展质量正在重塑湖北产业新体系，湖北省在迈向经济高质量发展的轨道上已积蓄强劲动能。

3. 创新环境

在创新载体建设方面，2018年，湖北省有科技型企业孵化器数量192个，与2013年的44个相比，增长率为336%，在全国排名第6位，但是和广东、江苏等东部沿海地区相比差距较大，创新载体建设仍需加强。

在经济环境建设方面，湖北省经济结构进入深度调整期，二三产业占比在逐渐增加，产业结构呈现向服务型经济转型趋势，2017年湖北省第三产业占比首次超过第二产业，2019年全省第三产业占比首次超过了50%，服务业对经济增长的贡献率为50.01%，第三产业已然成为湖北省经济发展的主导力量。围绕产业升级需求，在推进产业转型升级、建设国家创新中心、加快新兴产业发展等相关领域陆续出台了若干政策及规划保障措施，为湖北省经济高质量发展提供了有益的制度支持。

4. 创新资金支持

2018年，湖北省科技财政支出金额为268.49亿元，在全国排名第7位，但从金融等中介机构对企业投资总额来看，湖北省金融等中介机构投资总额为281.13亿元，在全国排名第13位，投资水平较低。而金融资本是引导创新、鼓励创新的关键保障，虽然近年来湖北省以科技金融为引领，实现了金融业的快速增长，基本确立了中部地区金融龙头地位，但总体来看辐射力和影响力与建设国家中部核心省份的发展目标仍有差距，特别是资本市场不够发达、上市公司总数和市值偏低等对湖北省金融的集聚能力和资金与产业的结合效率有一定影响，加快补齐短板，以湖北具有独特优势的科技金融为突破口，进一步发挥要素市场增长较快优势，打造金融领域的新增长点和核心竞争力。

（二）创新生态发展水平整体评价

为了更直观、清晰地对湖北省科技型企业创新生态发展水平进行分析，本研究通过构建31个省份2013—2018年的创新生态评价指标体系，利用熵权法测算31个省份创新生态发展水平，对湖北省创新生态发展水平进行横向和纵向比较，从而研究湖北省在长江经济带和全国创新生态排名情况（见表3、表4）。

表3　**2013—2018年全国31省份科技型企业创新生态评价结果**

地区/年份	2013		2014		2015		2016		2017		2018	
	得分	排名	得分	排名	得分	排名	得分	排名	得分	排名	得分	排名
湖北	0.86	7	0.97	7	1.07	7	1.22	7	1.33	7	1.46	7
上海	1.40	6	1.51	6	1.79	4	1.85	6	1.96	6	2.12	6
江苏	2.97	2	3.16	2	3.39	2	3.63	2	3.81	2	4.18	2
浙江	1.43	5	1.55	5	1.78	5	1.97	4	2.12	4	2.40	4
安徽	0.73	14	0.82	11	0.88	12	1.03	10	1.07	10	1.19	10
江西	0.45	18	0.48	18	0.57	18	0.63	18	0.72	18	0.84	17
湖南	0.65	15	0.71	15	0.80	14	0.82	14	0.99	12	1.07	12
重庆	0.49	17	0.57	17	0.59	17	0.71	17	0.75	17	0.83	18
四川	0.86	8	0.90	10	0.97	9	1.07	9	1.15	9	1.35	8

续表

地区/年份	2013 得分	2013 排名	2014 得分	2014 排名	2015 得分	2015 排名	2016 得分	2016 排名	2017 得分	2017 排名	2018 得分	2018 排名
贵州	0.28	25	0.33	25	0.33	25	0.36	25	0.40	25	0.45	23
云南	0.33	24	0.35	24	0.38	24	0.39	24	0.42	23	0.45	24
北京	1.77	3	1.98	3	2.29	3	2.51	3	2.83	3	2.90	3
福建	0.77	10	0.92	8	0.91	10	0.95	11	1.03	11	1.11	11
甘肃	0.27	26	0.27	26	0.29	26	0.33	26	0.34	27	0.34	26
广东	3.56	1	3.81	1	4.24	1	4.88	1	5.80	1	6.67	1
广西	0.35	23	0.36	23	0.43	20	0.43	22	0.46	22	0.52	21
海南	0.15	29	0.17	29	0.16	29	0.23	28	0.18	29	0.19	29
河北	0.62	16	0.70	16	0.72	16	0.77	16	0.86	15	0.98	14
河南	0.83	9	0.91	9	0.98	8	1.11	8	1.22	8	1.29	9
黑龙江	0.43	20	0.46	19	0.51	19	0.53	19	0.52	20	0.53	20
吉林	0.37	21	0.41	20	0.40	22	0.45	21	0.47	21	0.49	22
辽宁	0.73	12	0.79	14	0.77	15	0.79	15	0.83	16	0.93	16
内蒙古	0.36	22	0.37	22	0.38	23	0.39	23	0.41	24	0.42	25
宁夏	0.16	28	0.19	28	0.18	28	0.21	29	0.21	28	0.23	28
青海	0.12	30	0.12	30	0.15	30	0.16	30	0.15	30	0.17	30
山东	1.45	4	1.68	4	1.73	6	1.91	5	2.11	5	2.26	5
山西	0.44	19	0.40	21	0.43	21	0.46	20	0.52	19	0.56	19
陕西	0.73	13	0.79	13	0.86	13	0.92	12	0.98	13	1.05	13
天津	0.74	11	0.81	12	0.91	11	0.90	13	0.92	14	0.96	15
西藏	0.08	31	0.08	31	0.09	31	0.08	31	0.08	31	0.11	31
新疆	0.23	27	0.26	27	0.28	27	0.30	27	0.37	26	0.30	27
全国	0.79		0.87		0.94		1.03		1.13		1.24	

资料来源：根据测算结果整理。

表4　　2018年全国31省份科技型企业创新生态分类评价结果

地区/指标	创新主体	排名	资金支持	排名	创新资源	排名	创新环境	排名
湖北	0.0929	7	0.0106	7	0.0873	6	0.0697	9
上海	0.1448	5	0.0268	4	0.0679	11	0.0973	6
江苏	0.3029	2	0.0269	3	0.1199	1	0.1589	2
浙江	0.1753	4	0.0192	5	0.0717	9	0.1084	4
安徽	0.0819	10	0.0121	6	0.0588	14	0.0596	12
江西	0.0615	16	0.006	12	0.0576	15	0.0428	19
湖南	0.0707	14	0.0068	10	0.0715	10	0.0532	18
重庆	0.0684	15	0.0031	19	0.0532	17	0.0425	20
四川	0.0853	8	0.0087	9	0.0822	7	0.0626	11
贵州	0.025	22	0.0037	17	0.0427	24	0.029	28
云南	0.0233	24	0.0023	22	0.0428	23	0.0325	25
北京	0.1855	3	0.0415	2	0.1017	3	0.107	5
福建	0.0783	11	0.005	14	0.0515	18	0.0636	10
甘肃	0.0176	25	0.0008	29	0.0332	25	0.0319	26
广东	0.4747	1	0.0478	1	0.1155	2	0.1858	1
广西	0.0247	23	0.0027	20	0.0485	21	0.0359	22
海南	0.0093	29	0.0008	29	0.0218	28	0.0097	31
河北	0.0529	18	0.0041	16	0.0651	13	0.0731	8
河南	0.0827	9	0.006	12	0.0889	5	0.0793	7
黑龙江	0.0273	20	0.0013	26	0.0504	20	0.0306	27
吉林	0.0271	21	0.0014	25	0.0506	19	0.0408	21
辽宁	0.0559	17	0.005	14	0.0669	12	0.0592	13
内蒙古	0.0163	27	0.0011	27	0.0325	26	0.0561	16
宁夏	0.0169	26	0.0011	27	0.0172	29	0.0333	24
青海	0.0118	28	0.0003	31	0.0067	30	0.0265	29
山东	0.1409	6	0.0096	8	0.0963	4	0.14	3

续表

地区/指标	创新主体	排名	资金支持	排名	创新资源	排名	创新环境	排名
山西	0.0295	19	0.0025	21	0.0453	22	0.0567	15
陕西	0.0752	13	0.0032	18	0.0778	8	0.0556	17
天津	0.0755	12	0.0064	11	0.0576	15	0.0575	14
西藏	0.0024	31	0.0022	24	0.0038	31	0.0205	30
新疆	0.0092	30	0.0023	22	0.0273	27	0.0339	23

资料来源：根据测算结果整理。

如表3所示，湖北省在长江经济带整体创新生态发展水平中排名第4位，在全国排名第7位，可见湖北省创新生态发展水平较高，比全国平均创新生态发展水平高出了18.2%，但和排名第一位的广东省创新生态发展水平差距较大，仅占广东省创新生态得分的21.9%。从时间趋势来看，湖北省科技型企业创新生态得分从2013年的0.86增长到2018年的1.46，增长了70.1%，增长速度较快。

从表4的评价结果来看，湖北省作为长江经济带的重要省份之一和中部地区的工业和科教大省，产业发展基础厚实，湖北省的创新主体和创新环境排名在长江经济带排名第4位，在创新资金支持方面排名第5位，科教资源优势明显，有着丰富的科研机构和高校资源，在创新资源方面排名第2位，但也面临战略性新兴产业和高新技术产业发展滞后、农业产出比例较高、科教资源优势尚未充分转化为产业发展优势等问题，急需通过创新驱动传统产业转型升级。湖北省应积极发挥科教资源优势，不断建立以平台为载体承担项目的工作机制，不断优化覆盖基础研究、应用开发、成果转化等各个环节，支撑工业、农业、社会发展等各个领域的技术创新平台体系；坚持发挥市场在创新资源配置中的决定性作用，建设完善市场化的科技中介、创业孵化、资源共享、科技金融等服务机制。

通过比较湖北省创新生态评价指标体系和武汉市相关数据可以看出，武汉市经济总量占湖北省比例接近40%，财政科技支出占比湖北省50%以上，其所拥有的高校院所、高新技术企业、科技人才、技术创新平台、创业孵化平台等资源更是占到湖北省的70%以上，武汉市对周边市县经济社会发展产生的"虹吸"效应，远大于作为省会城市和国家中心城市的辐射带动作用，使湖北省城乡"二元结构"有进一步加剧的趋势。周边县市区由于科技资源较少、产业基础薄弱、创新型企业较少、创新创业载体数量不多且层次不高、承接科技成果和科技人才能力不足、创新驱动发展环境不够优化，使得产业转型升级速度与大中型城市的差距不断拉大。

和沿海发达地区相比，湖北省存在科技型企业主体数量较少、规模较小，以及企业研发投入水平较低、创新资源不足、创新成果较少、产学研合作不紧密等问题。新兴产业发展虽然点多面广，但是高新技术企业总数只相当于上海、北京、广东、江苏等的1/3~1/2，缺乏具有地区支撑力、行业带动力、国际影响力的龙头创新企业。企业R&D投入、科技活动人员总数等与江苏、浙江、广东等省差距较大。由于企业承载能力的不足，湖北省高校院所每年产出的丰富科技成果和培养的大批科技人才"输入"与"输出"严重失衡，"孔雀东南飞""墙内开花墙外香"的现象较多，科教资源对本省经济社会发展的促进作用难以得到充分发挥。

三、优化湖北省科技型企业创新生态的对策建议

建设现代化经济体系，推动湖北省经济高质量发展，从根本上讲要靠创新。"十四五"时期，提升湖北省科技型企业创新生态发展水平，必须进一步深化科技创新体制机制改革，完善科技创新体制机制。

（一）完善"五链"协调机制

一是加强湖北省的创新链、资金链、产业链、人才链、政策链"五链统筹"。围绕主导产业，统筹先进制造业、协同创新、人才培养引进、政策保障、组织实施五大体系，围绕产业链、部署创新链、完善

资金链、形成人才链、优化政策链,形成"五链"融会贯通的科技型企业创新生态环境。

二是促进全链式产业链创新。加快湖北省产业链整合创新,稳固全域产业链,提升区域竞争力。完善创新全流程接力机制,推进跨区域的生产体系建设和非均衡的价值分布空间,形成专业化生产制造与知识链、创新链的整合,以区域知识产权交易平台为抓手,体现科研转化、人才价值体现的要素市场化。通过战略联盟,实现区域产业链资源整合和优势互补的区域开放效应。通过合资、合作、合并等方式,加速企业链跨区域整合,形成产业链配套体系的集聚化和价值高端化。

(二) 完善创新资源集聚和高效配置机制

一是要加强高端要素培育。加大科技创新要素培育,集中优势科研力量和行业领军企业开展关键共性技术攻关,力争在制约经济社会转型发展亟须攻克的重大技术、事关产业国际竞争力提升的关键核心技术或"卡脖子"技术、抢占新一轮科技革命和产业变革制高点的原创性前沿重大技术等领域取得突破。加大现代金融要素培育,积极发展湖北省科技银行、民营银行和外资金融机构,鼓励国有银行开展中小微企业服务,形成大中小组合、国有民营外资多元的银行体系。

二是集聚创新资源打造"创新共同体"。集聚创新资源,坚持市场导向,处理好普惠政策与重点发力的关系,在空间布局上聚焦重点园区,全力建设新型研发机构标志区,在政策支持上聚焦重点新型研发机构,大力扶持孵化能力强的项目。在区域经济的高速发展下,未来区域经济从区域经贸合作向协同创新转变,从共建生产链向共建优质生活圈转变,全方面集聚、配置人才、企业、产业等创新资源,进一步深化与知名高等院校、重点实验室的战略合作,在形成创新共同体四大要素(大学、科研院所、企业、投融资机构)中,谋求建立紧密联系和互动网络,形成创新生态系统、创新创业社区。

三是完善创新资源高效配置机制。加大政府创新投入,建立部门统筹协调机制和信息共享机制,改革和完善政府创新投入的统筹使用、管理监督和绩效评估体系,促进科研设备和信息资源开发共享,提高政府创新资源使用效率。

(三) 完善创新型成果转化激励机制

一是推动技术成果与产业发展深度融合。面向产业发展需求设置科技计划重点专项,以促进产业结构战略性调整和产业技术升级为主攻方向,重点支持地方优势产业关键核心技术攻关,强化高质量的科技成果有效供给,逐步实现科技成果供给与产业创新发展需求之间的高效对接。同时建立行业"卡脖子"关键技术成果转移转化政府采购机制。加大政府采购力度,创新采购支持机制,切实支持重点关键技术产品攻关成果的推广应用。通过政府采购、完善重大技术创新成果推广应用保险补偿机制等,为突破"卡脖子"技术创造迭代创新的市场环境。

二是发挥科技型企业的主体作用,建立财政资金与市场金融资本联动推进机制,积极推进财政资金、金融以及社会资本协同互动、统筹联动,大力创新财政资金市场化运作方式。设立科技成果产业化基金,引导创投机构设立科技成果转化子基金,为科技型企业开展成果转化应用提供资金支持。

三是提升科技成果转化率。探索"校区+园区+社区"联动创新创业模式,加快大学科技园发展,推动高校联园区、院系进企业、创业到社区。建立高校院所的考核激励、成果所有人的收益激励、企业承接转化的激励、金融配套激励等全链条的激励机制,全方位激励高校院所科技成果的转化。

(四) 完善产学研融合协同创新机制

一是搭建协同创新联盟或共同体。高校不仅要顺应企业技术创新的多样化需求,更要主动联系企业,在深入磋商中激发和挖掘企业技术创新需求,会同有关科研院所,探索合作举办技术研究院和专项研发中心,创造条件结成协同创新联盟或共同体。通过设立产学研协同创新管理委员会,发挥高校吸引企业家参与机制的作用,促进现代企业制度、现代大学制度、现代科研管理制度相结合。

二是搭建产学研深度融合的资源服务平台。借助区域或跨区域的网络和大数据平台、科技中介服务平台、知识产权和技术交流交易平台，按产业链汇聚融合研发创新资源，共建协同创新资源中心。营造动态集群综合体，集实体合作、虚拟研发、投资融资、资源共享、合作管理等多功能于一体，方便企业、高校、科研院所相互了解研发成果信息、借调互换研发人员、联合组建攻关团队。引导需方企业提供资金或设立基金，以风险投资、股份合作、股份制等方式引进社会资本。

（五）完善科技型企业创新保障机制

一是建立健全科学分类的创新评价制度体系。推进湖北省高校和科研机构分类评价。完善人才评价制度，推行第三方评价。改革国有企业的评价机制，把研发投入和创新产出绩效作为重要考核指标。

二是要积极培育创新文化机制。一方面，要建立宽松的创新生态环境，允许积累、允许试错，努力培育潜心科研的氛围；另一方面，要进一步增强创新观念，提高全民科学文化素质，建立健全激励创新的管理体制和运行机制。

三是要进一步转变政府职能，创新监管方式和管理理念，坚持简政放权、放管结合、优化服务，降低制度性交易成本，大力破除市场准入壁垒，为企业创新发展提供更为优质高效的公共服务、创造更为公平便利的市场环境。

（本报告为国家社会科学基金项目"推动长江经济带制造业高质量发展研究"（19BJL061）的阶段性成果）

课题负责人：吴传清　武汉大学经济与管理学院、中国发展战略与
　　　　　　　　　　规划研究院教授、博士生导师
报告撰稿人：吴传清　孟晓倩　尹礼汇

数字经济引领湖北高质量发展的对策研究

刘 钒 马 祎 余明月

党的十八大以来,习近平总书记就加快发展数字经济发表了一系列重要指示,做出实施国家大数据战略,构建以数据为关键要素的数字经济的重要部署。2019年12月,中央经济工作会议提出,继续大力发展数字经济,着力推动高质量发展。数字经济不仅对GDP增长有重要贡献,而且能够满足人民日益增长的美好生活需要,更体现了五大发展理念的具体要求,有助于推动质量变革、效率变革、动力变革,本质上高度契合高质量发展的内在要求。近年来,湖北省贯彻落实"数字中国"战略,制定实施数字化发展规划和行动计划,加快推进新一代信息技术与经济社会发展紧密融合,数字产业化、产业数字化、数字化治理等取得明显成效。在2020年新冠肺炎疫情防控中,湖北省数字经济表现出很强的韧性和潜力。然而,与我国部分发达地区相比,湖北省数字经济整体水平还有不小差距,以数字经济引领高质量发展仍然存在不少制约因素。面向"十四五",湖北省应继续落实"数字中国"发展战略,全力打造具有湖北特色的数字经济引领高质量发展区域样本。

一、数字经济高度契合高质量发展内涵

2017年,党的十九大报告明确提出建设数字中国的要求。2019年,国务院政府工作报告再次明确提出要壮大数字经济。大力发展数字经济,对我国实现高质量发展意义重大。新时代我国经济发展要提高整个供给体系的质量,必须充分发挥供给侧各个要素的潜力,提高全要素生

产率。而发挥数据的基础资源作用和创新引擎作用，加快形成以创新为主要引领和支撑的数字经济，正是提高全要素生产率的重要途径。通过推动实体经济和数字经济深度融合，不仅能够对传统企业进行信息化的深度改造，提高其生产效率，而且能够激发众多市场主体的内生动力，从根本上实现信息技术从助力经济发展的辅助工具向引领经济发展的核心引擎转变。发展数字经济高度契合高质量发展内涵，具体表现在四个方面。

（一）数字经济对GDP增长的重要贡献

1. 数字经济规模逐年扩大

数字经济的本质在于信息化，数字经济的发展离不开信息技术领域的持续技术创新。数字化的知识和信息以及现代信息网络技术所带来的技术进步，不仅为社会化大生产提供所需要的大数据、云计算、人工智能等各种现代信息技术，而且为企业生产经营、供应链管理提供数据支撑，促进新产业、新业态、新模式的不断涌现，从而产生新的增长红利，促进经济发展向高质量转型升级。近年来，我国积极布局信息前沿技术研发，加之国内庞大的市场体量和网民基数，数字经济发展规模迅速扩张，尤其是在电子商务、移动支付等领域已处于全球领先水平。数字经济日益成为中国经济的重要组成部分，日益成为推动经济增长的新引擎。

我国数字经济产值占GDP比重逐年攀升，2018年全国数字经济总量达到31.3万亿元，占GDP比重达到34.8%，占比超过1/3，同比提高1.9%（见图1）。2018年，数字经济对我国GDP增长的贡献率达到67.9%，超过部分发达国家水平。规模不断扩大的数字经济已经成为拉动我国GDP增长的核心动力之一。

2. 数字经济的增速持续高位运行

随着我国主动适应经济发展新常态，经济增长从高速转为中高速，从规模速度型粗放增长转向质量效率型集约增长，从要素投资驱动转向创新驱动，突出经济发展质量成为中心问题。当前，我国面临比较严峻

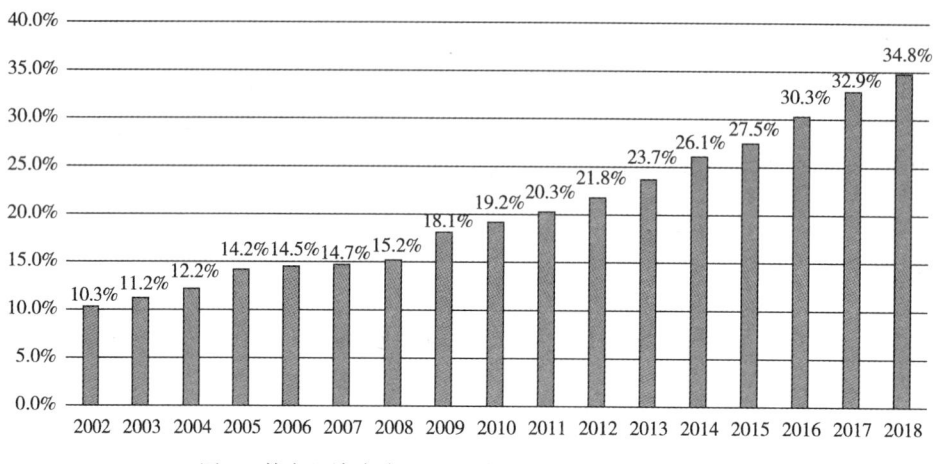

图1 数字经济占全国GDP的比重（2002—2018年）
数据来源：中国信息通信研究院

的国内外形势，经济出现下行压力日益加剧，数字经济的持续稳定快速发展，成为保持经济长期稳定的"关键一招"。从2003年到2018年，我国数字经济的增速连续16年保持两位数增长，且其增速明显高于同期GDP增速，大部分年份的数字经济增速几乎达到同期GDP增速的2倍，部分年份超过3倍，增速差距有扩大之势（见图2）。未来，伴随着数字技术创新加速向传统产业融合渗透，数字经济持续高位增长对经济增长的稳定作用将更加显著。

（二）数字经济满足人民日益增长的美好生活需要

新时代不平衡不充分的发展制约着人民日益增长的美好生活需要的满足，阻碍人民生活的全面建构及生活品质的提升。唯有破解不平衡不充分的发展问题，以高质量发展方式坚持质量型增长，才能满足人民群众多样化、多层次、多方面的需求。在信息化时代和网络化社会中，发展数字经济是满足人民日益增长的美好生活需要的基本途径，有利于推进供给侧改革解决供求结构性问题，在高质量美好生活需要的引领下提

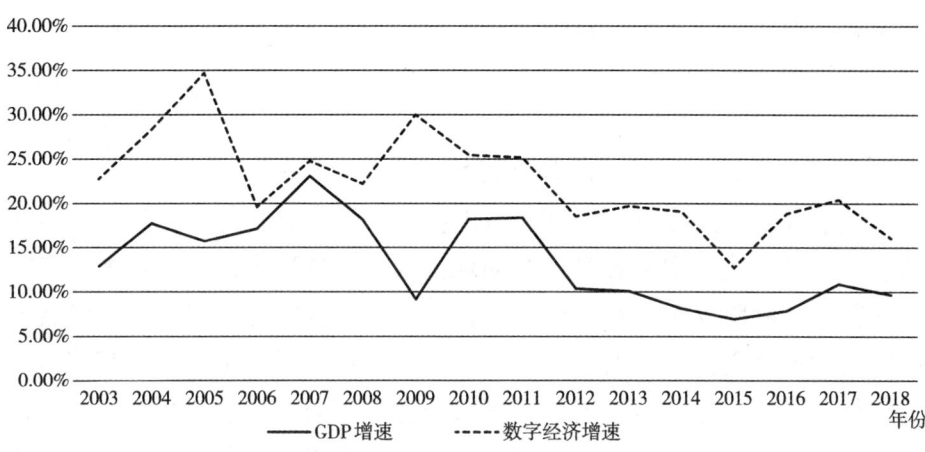

图 2　我国数字经济增速与 GDP 增速的比较（2003—2018 年）
资料来源：国家统计局、中国信息通信研究院

高供给质量，更好满足居民生活消费提升的需求。

1. 数字经济创造美好生活新便利

信息惠民、数字为民。发展数字经济可为人民追求美好生活需要提供便利的信息与数据服务，让人民群众用得上、用得起、用得好这些新便利，最大程度共享数字化发展的成果。《数字中国建设发展报告2018》显示，我国新一代信息基础设施建设加快，信息技术创新能力逐步增强，数据资源体系建设成效明显，电子政务和新型智慧城市建设水平明显提升，网络扶贫与数字乡村建设接续推进，数字经济的发展不断增强了人民群众的获得感、幸福感、安全感。

对新时代美好生活而言，越智能、越便捷的服务越能满足人民的需求。智慧政务、智慧产业、智慧民生等数字产品与服务，已经让人民享受到了数字经济发展的便捷成果。例如，福建的"公务云"平台、浙江的"一网通办"等"互联网+政务"举措，只需掏出手机登录系统，办事人员就可及时处理事务；只需进入相关应用，住房公积金、医保等信息便可迅速知晓，这样就实现了"最多跑一次"、甚至"一次都不跑"的便捷。让"数据多跑路、群众少跑腿"的各种网络便民服务，实实在在地提升了人民群众的幸福指数。未来，数字化、网络化、智能化将以更多的智能和便捷丰富人们的美好生活，并塑造人们美好生活的新空间。

2. 数字经济打造美好生活新层次

数字经济涉及数据化管理、智能技术、数字文化等多个领域，各种新业态、新模式如雨后春笋不断涌现，为人们创造出形态丰富的新产品与新服务。刷脸支付、智慧餐厅、云 VR 等，不仅给人们带来新的智能体验与智能感受，而且增进了人们的生活乐趣，激发了人们对智能生活的向往。可以预见，未来的智能制造、智能家居、智能出行等数字化产品与服务将更多提供个性化的产品、差异化的服务、多样化的选择，更好地满足人民群众消费升级的需求，促进信息消费向智能化、高端化发展。

当前，我国数字经济已经进入"互联网+"新时代。"互联网+教育"使学生可以获得更多、更公平、更优质的教育资源；移动支付、网上购物、网约车则变革着人们的消费与出行方式，无不体现着数字技术与教育、金融、交通、医疗、制造业、农业等各行各业的深入融通。未来，5G、物联网、区块链、人工智能等新一代信息技术将共同构建物理世界和数字世界融合的网络共同体，"信息孤岛"将彻底打破，数据世界将完全成形，万物互联的格局也将到来。这种形态正是数字化为人民创造的美好新未来。

(三) 数字经济体现五大发展理念

"创新、协调、绿色、开放、共享"五大发展理念是习近平新时代中国特色社会主义思想的重要内容，是新时代指导我国经济社会发展的核心准则，是实现高质量发展的根本遵循。数字经济形态本质上体现了五大发展理念的内涵实质。

一是集中体现了创新的内在要求。数字经济是新技术革命的产物，是一种全新的经济形态和资源配置方式，最能体现技术创新、商业模式创新以及制度创新的要求，创新是其与生俱来的内在特质。二是充分体现了协调的内在要求。数字经济具有跨越时空的普惠性特征，以打破"信息孤岛"的壁垒为手段，加速数据资源的流动，提高供给与需求匹配的效率，提升了资源配置效率，有助于促进不同地区和人群均衡发展，对于实现城乡之间、区域之间的协调发展将会产生很大作用。三是完美体现了绿色的发展理念。数字经济能够有效杜绝传统经济对有形资源的过度消耗，减少环境污染和生态损害，有助于推动形成绿色、低碳、可持续的社会经济发展模式，能够极大地提升资源的利用率。四是最大化体现了开放的理念。数字经济的最大特点就是基于互联网，而互联网的本质属性之一就是开放共享。我国蓬勃发展的网络购物、移动支付、共享经济等数字经济新业态与新模式就是数字经济开放特性的最好证明。五是体现了共享的发展理念。数字经济为后发地区、低收入人群创造了更多参与经济活动、共享发展成果的机会，是缩小贫富差距、实现共同富裕的有力途径。

（四）数字经济有助于推动质量变革

高质量发展中的"质量"范畴不仅包括产品质量，还包括服务质量。要实现高质量发展，就应该保持产品质量和服务质量的可靠性与持续改进，坚持"质量为先"，打造"中国制造"品牌影响力，不断推动各产业向价值链的中高端迈进。李克强总理在出席第39届国际标准化组织大会时强调：要促进中国经济迈向中高端，立足提高产品和服务质量，将不断升级的标准与富于创新的企业家精神和精益求精的工匠精神更好结合，鼓励企业做标准的领跑者，在追求高标准中创造更多优质供给，更好满足消费升级需求。发展数字经济是一场深刻的质量革命，有助于提升产品和服务质量。以数字技术为支撑，大力发展先进制造业、现代农业和高端服务业，加强企业和行业的质量管理，有助于中国制造和服务成为高质量的标杆。

1. 数字技术创新与质量总体正相关

内生增长理论认为，技术创新投入的增加有利于提高一国的生产技术水平，从而改善产品质量，促进经济增长。程虹等利用来自广东省制造业企业关于"转型升级、提质增效"的企业劳动力匹配调查数据，深入分析后发现，企业技术创新投入与产品质量水平总体正相关（见图3）。其中，市场份额小于1%的企业，研发支出占销售收入比重仅为0.89%；市场份额超过51%的企业，研发支出占销售收入比重高达4.31%。换言之，市场份额小的企业技术创新投入小，市场份额大的企业技术创新投入大。根据ISO的定义，质量是一组固有属性满足要求的程度，既包含产品的可靠性、耐用性、安全性等固有属性，也包含满足消费者需求的层面。企业产品的市场份额反映了产品对消费者需求的满足程度，是企业产品质量的重要指示变量。研发的持续投入一般来说可带来技术进步，因而技术创新可提升产品质量。对于一个企业，其生产产品的质量高低，取决于企业自身技术工艺装备水平和产品的更新换代速度。

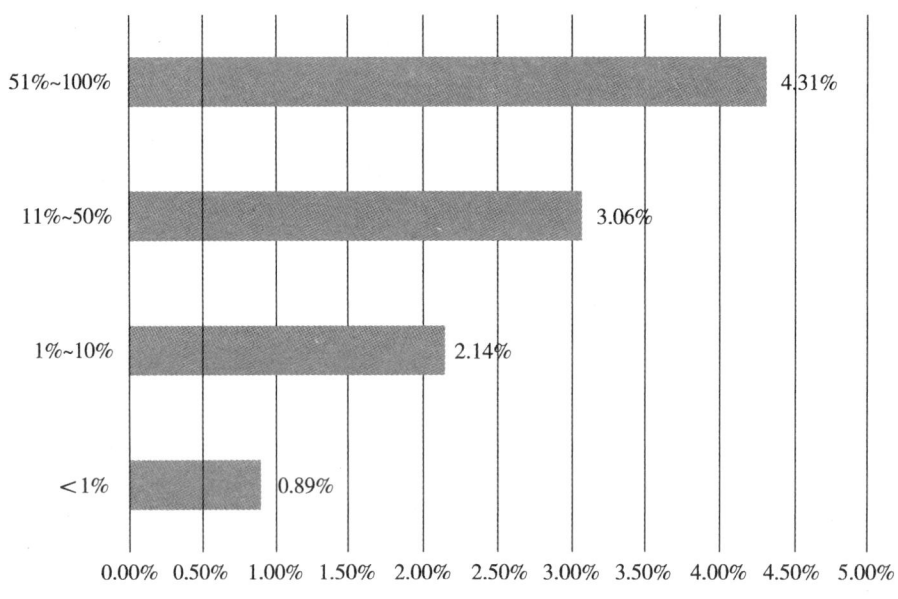

图3　不同市场份额企业的技术创新投入

2. 数字经济有助于推动质量变革

数字经济以数据为生产要素，通过汇聚数据资源进行"数聚"创新，促进经济实现包容性增长与可持续性发展，推动质量变革。

新一代数字技术与制造业深度融合，为振兴实体经济提供动力：一是借助人工智能等监测生产过程，及时调整生产参数，避免生产过程中的误差，利用互联网或工业云平台实现供应链协同、协同研发等新模式，全面提升产品质量；二是利用智能工厂，实现个性化定制和服务型制造，满足用户的特定需求，优化购买体验，提升服务质量；三是利用互联网平台，及时获取用户的反馈信息，进行售后处理，提升售后服务质量。

新一代数字技术还可助推农业现代化转型。农业智能装备、遥感无人机等装备的应用实现了农业智能监测、智能喷洒、智能施肥和智能勘探，带来了农产品质量与收益双丰收。农产品可追溯制度逐步完善，实现了质量安全追溯科学化、标准化，推动我国农产品例行监测总体合格率逐年上升。

新一代数字技术还进入壁垒较高的教育、医疗等公共服务行业。教育行业的"人工智能+教育"，从学习者角度出发的自我适应学习系统可为学生生产智能化的学习内容；从教学者角度出发，依托人工智能实现口语测评、学情智能测评、虚拟学习助手等应用，有效提升教学反馈和教学质量。医疗行业的"互联网+医疗"逐步普及了网上预约、网上挂号等老大难问题，未来或通过信息化手段实现医疗服务的数字化、智能化和自动化，缓和看病难问题将大有可为。

(五) 数字经济有助于推动效率变革

近年来，我国经济发展的成本优势和人口红利逐渐减弱，市场交易成本有攀升的趋势，严重影响了市场主体的活力和资源配置的效率，阻碍了经济转型升级的进程。市场交易成本抑制了我国社会主义市场经济功能的发挥，增加了市场的不稳定性和不确定性，影响了生产要素的合理安排，使边际成本上升，但边际收益并未上升，导致可进行的交易由于交易成本的存在而无法完成，降低了潜在增长率，实际增长率也会受到较大影响。目前，我国经济呈现"L"形发展态势，经济增长空间受限，有步入"中等收入陷阱"的风险，一个重要的原因就是成本逐年上升。这是任何经济体在发展过程中都会面临的考验，我国也不例外。降低市场交易成本是快速改善我国经济下行状况的一剂良方。要推动高质量发展，就必须提高经济运行的整体质量，提高资源配置效率，提高劳动力、资金、土地等生产要素的生产率，降低市场交易成本。数字经济以较少的资源消耗和要素投入使产品和服务不仅物美而且价廉，符合市场经济的效率观。发展数字经济，降低市场交易成本，推动效率变革，是实现高质量发展的必然要求。

1. 数字经济降低搜寻成本

数字经济可提高搜索匹配能力，降低交易费用，打破时空界限，在更大市场范围内搜寻长尾需求，以低成本快速将供需双方匹配起来，促进长尾经济繁荣。信息技术降低搜寻成本的基本机制可以概括为，信息技术将许多原本被搜寻成本约束或抑制的经济活力释放出来，从而催生了大量新经济模式。这些新经济模式能够从需求端、供给端和市场端优化经济结构。当市场处在 A 状态，搜寻的边际成本较高，供需无法以低成本方式匹配，部分交易无法达成，市场范围小。而数字经济条件下，时空界限被打破，搜寻配对能力提高，搜寻的边际成本曲线下移，达到 B 均衡状态，搜寻成本减少，供需以低成本方式匹配，交易达成，市场范围扩大（见图4）。

2. 数字经济降低交易达成和履行的成本

美国经济学家科斯从交易成本的角度分析了企业的本质，他强调企业和市场之所以同时存在，是因为有的交易在企业内部进行成本更小，而有的交易在市场进行成本更小。交易成本在市场和企业这两个组织之间不相同的主要因素在于信息的不完全性。根据科斯的理论，企业的规模应该扩张到一个平衡点，在这一点上再多增加一次企业内部交易所花费的成本与通过市场进行交易所花费的成本相等。

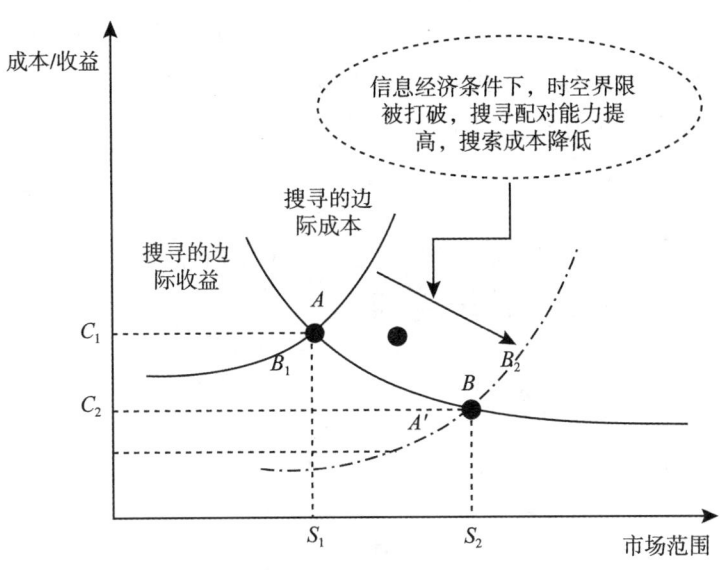

图4　数字经济降低搜寻成本示意图①

数字经济条件下，企业间的市场交易成本大幅降低，促使企业的规模越来越小。这种趋势发展到极端，企业的边界缩小到个人，就呈现为"P2P"的经济模式。数字经济时代带来的交易费用降低是平台经济繁荣的重要原因，互联网平台在很大程度上是作为个性化的"P2P"经济组织者而存在。此外，互联网社区使消费经验的信息传播更加便利，也成为降低交易的事后治理成本的重要方式。信息技术通过降低交易达成和履行的成本影响经济运行的基本机制可以概括为，在信息技术-经济范式下，随着信息不对称大幅下降，无论企业还是市场中交易达成和履行的成本都会下降，许多原本被约束或抑制的新经济组织模式得以涌现。这些新的经济组织模式将从需求端、供给端和市场端优化经济结

---

① 中国信息通信研究院. 中国信息经济发展白皮书（2016）[EB/OL]. 2016-09-21. www.cbdio.com/BigData/content_5274971.htm.

构,为经济增长提供新动能。当市场处在 A 状态,市场交易成本和企业组织成本都较高,供需无法以低成本方式匹配,部分潜在交易因边际成本大于边际收益而无法达成;在信息技术支撑下,信息不完全性降低,市场交易成本和企业组织成本下降,在 A′达均衡状态,供需以低成本方式匹配,潜在交易达成(见图5)。

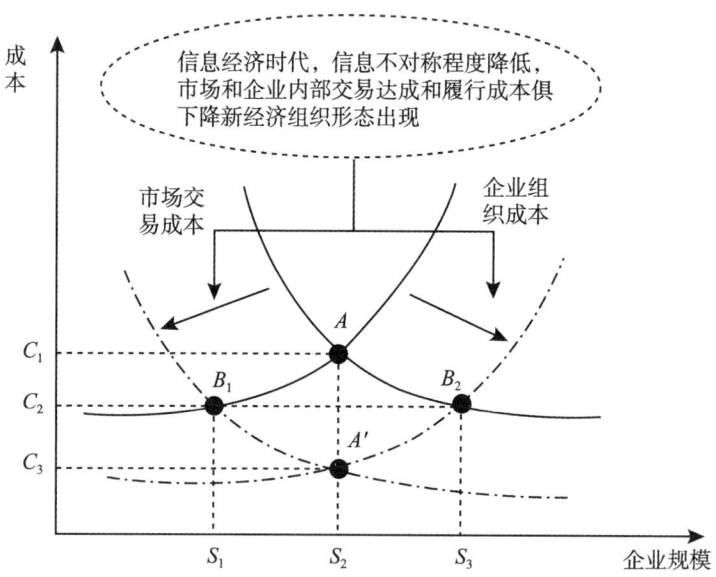

图5 数字经济降低交易达成和履行的成本示意图①

3. 数字经济有助于推动效率变革

数字经济不仅提高了生产效率,也提高了交易效率,降低了技术、知识、服务方面的搜寻、议价、决策、监督等交易成本,推动分工不断深化。例如,电子商务的蓬勃兴起大幅降低了商品交易过程中的搜寻、定价、信用、支付等成本,实现了新需求的汇聚、新市场的培育,带来了新职业的涌现(个人卖家、服务商、"网红"、导购达人、砍价师)

---

① 中国信息通信研究院. 中国信息经济发展白皮书(2016)[EB/OL]. 2016-09-21. www.cbdio.com/BigData/content_5274971.htm.

和新产业的形成,并最终带来了经济增长。信息技术扩散与分工深化相互作用的基本逻辑是:信息技术扩散→交易成本降低→市场边界扩张→产业分工深化→分工深化的收益和成本达到平衡→新一轮信息技术扩散,在扩张期→停滞期不断交替的周期中,产业分工持续深化,交易成本持续下降(见图6)。

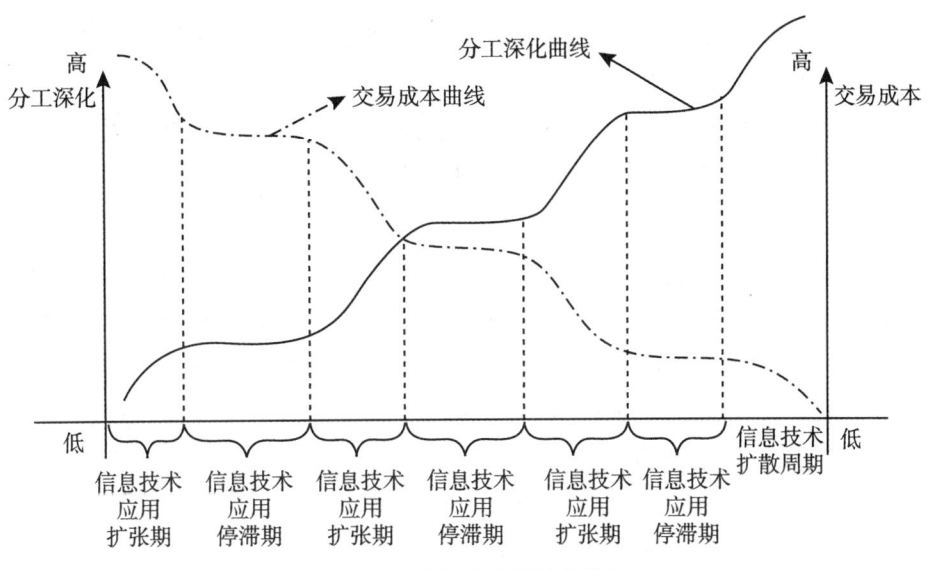

图 6 数字经济提高交易效率的机理

资料来源:阿里研究院.2018 全球数字经济发展指数.杭州:阿里研究院,2019.

(六)数字经济有助于推动动力变革

由于传统生产要素受边际报酬递减的制约,随着经济体量的增大,资本、劳动等传统生产要素对经济的驱动作用会减弱,要保持高质量发展,就要从知识上发力,以新技术、新产业、新产品、新业态模式为核心创造新动能,以知识、技术、信息、数据等新的高级生产要素为支撑推动高质量发展。

科技创新是高质量发展的根本动力。一方面,科技进步会带来新产品、新业态、新模式，催生新产业，形成发展新动能；另一方面，利用新技术改造传统产业，实现传统产业科技化，迸发新的活力，引领传统产业步入高质量发展道路。率先发展数字经济的国家或地区可在新一轮科技革命和产业变革中脱颖而出，为高质量发展提供强大动力。数字技术本身就是科技革命的创新成果，并以数字化方式实现不同形式的创新。基于数据驱动的新动能正日趋成为经济发展的主力。面对新一轮技术革命，加快数字化进程，对促进我国产业迈向全球价值链中高端、培育壮大新动能意义重大。

根据经济增长理论，经济增长一般源于要素投入的增加以及要素效率的提升，索洛增长模型认为经济增长的来源有三种：一是增加要素的投入及改变要素的比例；二是增加新的生产要素；三是改变全要素生产率，即提高除了劳动力和资本等之外的其他要素的贡献。第一种增长路径是传统经济的增长模式，是一般国家工业化发展的必经路径，即使是在数字经济时代也是必不可少，既包括数字要素投入的增加，也包括投入质量的提高，可以对生产资料在各部门质量进行分配，保证经济发展投入要素的充足性和持续性，将生产点尽可能靠近生产可能性曲线，即在既定的条件下达到产出最大化。在第二种增长路径下，对于数字经济来说，数字要素代入经济增长模型，可以增加生产要素种类，也能提升原有要素的生产效率。随着大数据、云计算、5G等新一代信息技术的广泛使用，需要将一些新的要素加入经济增长模型。这种数字要素本身对生产函数不能产生质的影响，但改变了传统要素规模报酬不变的假设。数字经济时代人、物、资金之间的数据传递效率更加快捷，将市场的不同参与主体和客体信息互通，提升了信息的有效性。数字经济对这三种增长路径都有强化作用，主要体现在以下方面。第一，对于要素增长占主导地位的增长路径，数据也是一种生产要素，能够直接促进经济增长，数字经济是经济增长的一个部门，其规模的大小影响了经济增长的数量。随着产业结构调整，数字经济作为继农业经济、工业经济、服务业经济之后的最重要的一个产业发展方向，代表了未来经济增长的方向。第二，数字经济对传统经济的促进体现在，数字经济与传统经济融合，促进了经济增长和质量提升。如果说第一阶段是经济增长的增量阶段，第二和第三阶段则是经济增长内涵改变阶段。传统要素的数字化，包括劳动力、资本等数字化发展，与数字要素的融合，彻底改变了经济形态，经济更加智能化。

以数字经济的测算为例。中国信息化百人会提出，数字经济包括基础型数字经济、新生型数字经济、效率型数字经济（部分）、融合型数字经济及福利型数字经济五大部分。其中，基础型数字经济主要体现为信息产业，融合型数字经济主要包括ICT资本存量带来的产出增长份额，效率型数字经济是指因全要素生产率中ICT技术进步带来的增长。图7系统阐述了信息技术推动经济增长、数字经济培育新动能的机理。其中，Y表示产出，A表示希克斯中性技术进步，Nu_{ICT}表示信息通信技术进步，Nu_{OTC}表示除信息通信技术外的其他类型的技术进步，R_{esi}表示除技术进步外的其他影响产出效率的因素（如组织结构改进等），F表示生产函数，K_{NICT}表示非信息经济资本存量，M表示中间投入，H表示人力资本，L表示劳动人数，G表示数字经济资本存量计算方法，K_{ICT}表示以数量计量的数字经济资本存量，ETC_{ICT}表示包含在数字经济资本存量里的信息通信技术进步。

二、数字经济发展评价实证分析

（一）评价指标体系构建

本研究通过将湖北省与我国数字经济发展典型省份的数字经济发展状况进行比较，客观评价近年来湖北省数字经济发展的成效和不足。为此，本研究结合数字经济的概念、内涵、特征以及中国的数字发展战略，从基础型数字经济、资源型数字经济、技术型数字经济、融合型数字经济和服务型数字经济这五个方面来设计数字经济发展评价指标体系。其中，基础型数字经济和资源型数字经济是数字技术实现的物理载体和信息载体，是数字经济的基础；技术型数字经济是数字经济发展的

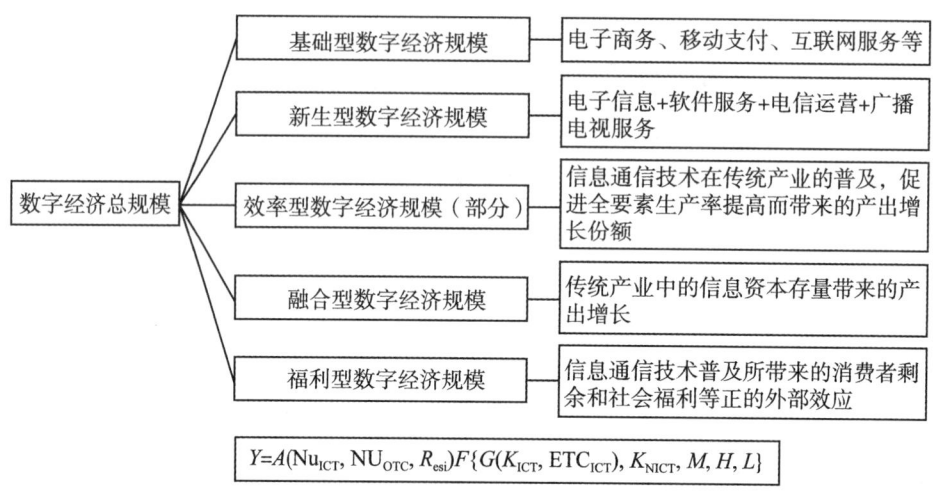

图7 数字经济培育新动能机理

资料来源：根据中国信息化百人会《中国信息经济发展报告》整理绘制。

主线，是数字经济发展的核心驱动力；融合型数字经济和服务型数字经济重点体现数字技术在生产和生活领域的各类应用。

具体来说，基础型数字经济主要体现为数字基础设施建设，包括数字产品和数字服务的生产和供给，如电子信息制造业、信息传输业和软件信息技术服务业等，体现了数字经济的"硬实力"。因此，本研究选用移动电话普及率、光缆线路长度、互联网域名数、电子信息制造业发展指数和软件信息技术服务业发展指数作为数字基础设施的衡量指标。

资源型数字经济体现了数据资源的利用，包括潜在数据资源及数据资源的利用。潜在数据资源是指潜在的数据规模，如移动用户规模、手机APP的历史访问记录等，这些数据蕴含着巨大的经济价值。数据资源的利用则主要体现为数据资源的集聚和应用。因此，本研究选用政府信息公开数量作为数据应用的衡量指标，选用移动互联网接入流量、移动互联网用户数和宽带接入用户数作为潜在数据资源的衡量指标。

技术型数字经济主要体现为数字经济领域的前沿技术、颠覆式技术的投入，以及围绕技术转移、转化带来的技术输出。目前我国数字技术的更新主要体现在技术自主研发、技术获取与改造升级。因此，技术型数字经济指数从投入与产出两个方面出发，选取高技术产业专利申请数、高技术产业R&D人员折合全时当量、高技术产业投资额、在统孵化器数量和高等学校发表科技论文等五项指标来衡量。

融合型数字经济主要体现为通信技术、网络技术等与传统产业的融合带来的规模增长，重点指数字经济与第一、二产业的融合。融合型数字经济的发展与基础型信息经济的发展相辅相成，都是数字技术和设施在传统产业中的应用。因此，本研究从数字技术与工农业的融合角度出发，选取有电子商务交易活动企业占比、农业电商综合示范县数量、大中型工业企业R&D项目数和两化融合管理体系贯标示范企业数作为衡量指标。

服务型数字经济主要指数字技术与第三产业的融合，是针对消费者各方面生活需求提供的便捷、高效、快速的数字服务。具体包括基础应用（社交、网络搜索等）、商务类应用（网上购物、生活服务、旅行等）和公共服务（教育、医疗、政务和出行）等方面。因此，本研究选取网络零售额占GDP比重、公共图书馆电子阅览室终端数、科技服务业固定资产投资占全社会固定资产投资比重和政务服务机构微博数量等作为服务型数字经济的衡量指标。

本研究构建的数字经济发展评价指标体系如表1所示。

表1　　　　　　　　数字经济发展评价指标体系

一级指标	二级指标
基础型数字经济	移动电话普及率
	光缆线路长度
	互联网域名数
	电子信息制造业发展指数
	软件和信息技术服务业发展指数

续表

一级指标	二级指标
资源型数字经济	政府信息公开数量
	移动互联网接入流量
	移动互联网用户数
	宽带接入用户数
技术型数字经济	高技术产业专利申请数
	高技术产业R&D人员折合全时当量
	高技术产业投资额
	在统孵化器数量
	高等学校发表科技论文
融合型数字经济	有电子商务交易活动企业占比
	农业电商综合示范县数量
	大中型工业企业R&D项目数
	两化融合管理体系贯标示范企业
服务型数字经济	网络零售额占GDP比重
	公共图书馆电子阅览室终端数
	科技服务业固定资产投资占全社会固定资产投资比重
	政务服务机构微博数量

（二）评价指标的赋权

一般而言，对评价指标赋权的方法分为主观赋权法、客观赋权法和组合赋权法。学术界比较成熟的客观赋权法包括熵权法、变异系数法、因子分析法等。本研究采用熵权法对评价指标进行赋权。在熵权法中，某个指标的信息熵值越小代表该指标的变异程度越大，即该指标提供的信息越多，进而证明该指标在综合评价中的作用越大，故该指标的权重也就越大。本研究进行熵权法赋权的方法如下。

1. 数字来源

考虑到数据指标的可获得性与可比性,本研究从《中国统计年鉴》《中国信息产业年鉴》等专题数据库中遴选2013—2017年的统计数据进行量化分析。

2. 数据标准化

将指标数据进行标准化无量纲处理:假设给定了 k 个指标 X_1, X_2, $\cdots$, X_k,其中 $X_i = \{x_1, x_2, \cdots, x_n\}$;假设对各指标数据标准化后的值为 Y_1, Y_2, $\cdots$, Y_k,那么 $Y_{ij} = \dfrac{X_{ij} - \min(X_i)}{\max(X_i) - \min(X_i)}$。

3. 计算指标的信息熵

根据信息论中的信息熵定义,一组数据的信息熵可以根据以下公式来计算:$E_j = -\ln(n)^{-1} \sum_{i=1}^{n} \ln p_{ij}$ ($j = 1, 2, \cdots, p$)。

4. 确定指标的权重

根据信息熵的计算公式,计算出各个指标的信息熵为 E_1, E_2, $\cdots$, E_k。通过信息熵计算各指标的权重:$W_i = \dfrac{1 - E_i}{k - \sum E_i}$ ($i = 1, 2, \cdots, k$)。

本研究使用 Matlab 软件测算出各个指标的权重,结果如表2所示。

表2　　数字经济发展评价指标的权重

一级指标	一级指标权重	二级指标	二级指标权重
基础型数字经济	0.232	移动电话普及率	0.044
		光缆线路长度	0.043
		互联网域名数	0.046
		电子信息制造业发展指数	0.052
		软件和信息技术服务业发展指数	0.047

续表

一级指标	一级指标权重	二级指标	二级指标权重
资源型数字经济	0.208	政府信息公开数量	0.061
		移动互联网接入流量	0.072
		移动互联网用户数	0.038
		宽带接入用户数	0.037
技术型数字经济	0.267	高技术产业专利申请数	0.069
		高技术产业R&D人员折合全时当量	0.082
		高技术产业投资额	0.035
		在统孵化器数量	0.038
		高等学校发表科技论文	0.042
融合型数字经济	0.133	有电子商务交易活动企业占比	0.030
		农业电商综合示范县数量	0.046
		大中型工业企业R&D项目数	0.031
		两化融合管理体系贯标示范企业	0.026
服务型数字经济	0.160	网络零售额占GDP比重	0.041
		公共图书馆电子阅览室终端数	0.041
		科技服务业固定资产投资占全社会固定资产投资比重	0.041
		政务服务机构微博数量	0.037

(三) 省域数字经济发展评价实证

本研究选取浙江、广东、北京、四川、湖北等五个省（市）进行省域数字经济发展评价实证分析。除湖北外，其余四省数字经济发展在全国都具有典型代表性。本研究选用功效系数法作为规范化方法，将各个指标得分映射到 [60，100] 这个分数间，按照百分制中60及格、100满分的原则进行评分。利用上述评价指标体系及赋权，测算的五省评分结果如表3所示。

表3　　2017年典型省（市）数字经济发展状况得分

	湖北	北京	浙江	四川	广东
基础型数字经济指数	15.63	19.08	18.93	16.65	20.80
资源型数字经济指数	14.59	13.82	17.19	14.78	19.17
技术型数字经济指数	18.91	18.84	18.71	18.53	24.66
融合型数字经济指数	9.98	11.68	9.91	9.46	9.95
服务型数字经济指数	13.01	11.74	12.87	12.65	14.71
数字经济指数	72.12	75.16	77.62	72.06	89.28

根据评分，本研究将数字经济发展水平划分为起步阶段、发展阶段、领先阶段等三个阶段。数字经济指数评分在80分以上的地区是广东省，其已将数字化技术普遍应用到城市发展的多个领域，当前数字经济发展重点是关注用户体验的提升，以及通过云计算、大数据、物联网等新一代数字技术的推广应用实现更高效、更智能的发展需求。数字经济指数评分介于60~79分的地区包括北京、浙江、四川与湖北。这类地区已经具备比较完善的区域信息基础设施，数字化应用在部分领域已经开展，正处在数字经济发展的快车道，但是距离领先水平还存在差距。处于这一阶段的地区需要重点解决数字化技术如何与民生、治理、产业更广泛更深入融合的问题，以及如何运用数字技术解决地区发展关键诉求等问题。数字经济指数评分在59分及以下的地区，一般还处在数字经济发展初期，数字化应用水平还比较低。这一阶段的地区需要重点解决信息基础设施建设和数字化应用规划等基本问题。

典型省（市）数字经济发展水平比较如图8所示，数字经济发展水平基本符合从东部沿海向西部内陆逐渐降低的态势，与地区经济发展水平基本呈正相关关系。广东省的电子信息产业基础雄厚，电子商务发达，省内广州和深圳两座一线城市形成"双核驱动"，处于数字经济发展的领先阶段。东部沿海的浙江省凭借传统产业的基础优势，加上在承接国际电子信息相关产业转移、搭建全球高端人才及技术链接方面具有绝对优势,数字经济龙头企业引领带动作用明显,数字经济整体发展情况良好。北京作为我国政治、文化、国际交流和科技创新中心,数字化资源具有得天独厚的优势,众多数字经济企业云集,为大力发展数字经济奠定了非常坚实的基础,高层次创新人才资源也为北京发展数字经济提供了充足的人才保障。湖北省和四川省虽然地处中西部内陆地区,但仍凭借传统产业基础和新兴产业领域的消费红利,紧紧跟随经济发达地区的步伐,在数字经济发展上取得了不俗成绩,进展十分明显。

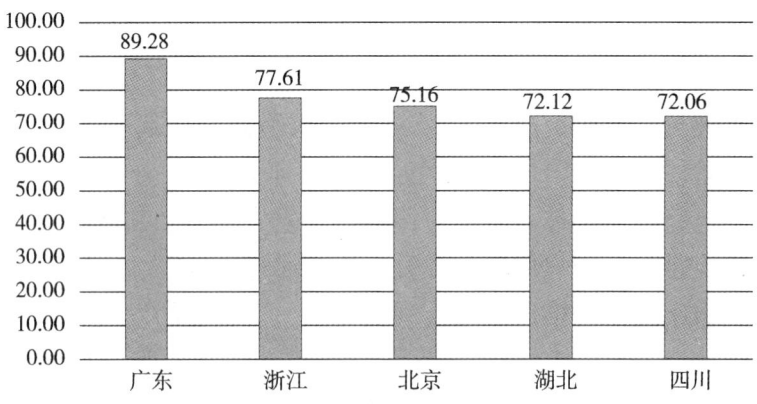

图8 典型省(市)数字经济指数(2017年)

(四)湖北省数字经济发展比较

从一级指标来看,湖北省基础型数字经济指数在各省份中位列最后一名,数字基础设施建设存在着互联网普及率不高、信息化程度不足等明显弊端,在宽带网络扩建、电子信息制造业等方面仍有较大发展空间。广东和北京的数字经济基础领域发展相对领先:广东的电子信息制造业在全国首屈一指;北京则在软件和信息技术服务业方面优势明显,同时北京还拥有全国最高的互联网和移动电话普及率。

从资源型数字经济来看,湖北凭借在政府信息公开数量上较好的表现，与北京和四川的发展水平相近，都属于第二梯队。广东凭借其全国接近半数的上市大数据企业和国内透明度最高的政务开放平台，在数字经济资源领域首屈一指。浙江主要受益于本地丰富的科研资源和超前的行业布局，近年来大数据产业发展非常迅速。

从技术型数字经济来看，湖北近年来正在加速形成高新技术产业竞速发展的局面，一些核心关键技术不断取得突破。湖北企业对布局数字型高新技术研发的热情比较高。

从融合型数字经济来看，湖北与广东、浙江和四川处于同一水平，但均落后于北京。湖北虽然有丰富的科教资源和深厚的工业基础，但产业结构偏重问题长期存在，制造业数字化、智能化转型困难重重，数字化、智能化融合程度较低。湖北省有电子商务交易活动的企业占比处于最末位，说明当前企业电子商务发展还有很大进步空间。

从服务型数字经济来看，湖北省得分仅次于广东省。从具体指标分析，一方面，湖北省网络零售和政府信息公开表现亮眼，科技服务业固定资产投资也名列前茅；另一方面，政务服务机构微博微信数量相对偏少。湖北应在继续发挥以网络零售和政府信息公开为代表的服务型数字经济的同时，着力促进数字教育、数字医疗、数字政务服务、智慧旅游、共享经济等协同发展。

三、湖北省以数字经济引领高质量发展的成效与经验

湖北省委、省政府高度重视数字经济的发展，提出大力发展以数字经济为核心的新经济，加速推进政府数字化转型，以数字政府建设服务和带动数字经济快速发展。近年来，湖北省数字经济蓬勃发展，呈现出规模持续扩张、增速稳步上升的特点。据中国信息化百人会和中国信息通信研究院测算显示，2015年湖北省数字经济全国排名第9位，总体规模为8019万元，占GDP比重达到27.1%。2016年，湖北省数字经济全国排名第8位，总体规模为9477万元，较2015年增速达18%。2017年湖北省数字经济全国排名第7位、中部排名第1位，总量达到

1.21万亿元。尽管湖北省数字经济发展水平与发达省份存在差距，但正在加快追赶的步伐。具体而言，湖北省数字经济发展在数字技术、数字产业、数字政务、战略支撑等方面取得了明显成效。

（一）政府重视以数字经济引领高质量发展

数字产业化，产业数字化已成为湖北省发展数字经济的共识。5G、人工智能、工业互联网、大数据、物联网等词汇频繁出现在湖北各地政府工作报告和年度工作计划中。

武汉提出大力发展以集成电路为代表的高新技术产业、战略性新兴产业和高端成长型产业，培育"国之重器"的"芯"产业集群，加强人工智能、量子科学、未来网络等数字领域的战略布局，力争突破一批前沿领域核心技术。

襄阳提出大力开展"千企登云"，推动数字技术与实体经济深度融合。例如，基于大数据、人工智能，加快建设国家工业互联网标识二级节点；在数字经济、智慧经济、分享经济、创意经济等新经济领域引进和孵化一批市场主体；积极创建国家级云计算产业示范基地和软件服务外包基地等。

宜昌提出"扶持企业技改，推进新型工业化"，强力推进新型工业化，加大工业技改力度，重点围绕智能制造、绿色制造、质量提升谋划项目，确保技改投资800亿元，占工业投资比重超过50%，规模工业企业技改面新增25%以上。

荆州提出深化"互联网+政务服务"改革，力争让群众和企业办事像网购一样方便，全面推行"一次办好、一网覆盖、一站式服务"，"一窗受理"事项达到80%以上，确保政务服务事项网办率达到85%以上、减少办事提供材料70%以上、300个以上高频事项实现"不见面审批"。

十堰大力发展智能制造、信息技术等新兴产业，深入落实"万企万亿技改工程"，改造升级轻工纺织、冶金化工等产业，提升技改投资比重，确保技改投资200亿元以上。

黄石推进先进制造业与现代服务业融合发展，按照"先进制造+现代服务"的思路，积极开展智能化、数字化融合贯标和智能制造试点，鼓励纺织服装等消费品工业利用互联网平台深挖市场需求，开展个性化产品定制。特别是黄石提出放大中国工业互联网创新大会永久会址的品牌效应，着力引进一批互联网、智能制造、电子信息等关联企业，努力打造全国工业互联网产业创新发展先行区。

荆门加快人工智能与产业发展融合，不断拓展大数据应用空间，在生产经营、精准医疗、城市管理等领域实施一批示范项目，实现规模以上企业"上云"全覆盖。

恩施土家族苗族自治州提出做实互联网大数据中心、电子信息产业园，抓好州高新区立讯精密电子信息产业园、来凤互联网大数据中心等数字产业项目，加强数字恩施地理信息平台建设。

神农架林区提出加强"大数据+"建设，提升社会治理水平，提升公共服务水平。

（二）制定数字化规划和行动计划，落实数字中国战略

第二届数字中国建设峰会上发布的《数字中国建设发展报告2018》显示，全国各省积极落实数字中国战略，制订实施数字化规划和行动计划，信息化发展水平均得到不同程度提升。其中，湖北省信息化发展评价指数排名全国第9位。

为落实数字中国战略、加快建设数字中国，湖北省委、省政府于2018年发布的《关于2018年全省国民经济和社会发展计划的报告》将大力发展数字经济视为深化供给侧结构性改革、培育壮大新经济新动能的重要举措。湖北省政府提出，加快实施《中国制造2025湖北行动纲要》和万亿战略性新兴产业推进方案，研究制定《湖北省数字经济发展行动纲要》，为发展数字经济创造良好的政策环境。

第一，湖北省大力推进数字经济与实体经济全面融合。《湖北省工业互联网三年工作方案（2018—2020）》提出，到2020年建成全国先进的互联网基础设施，打造20个全国行业级工业互联网平台，带动10

万家中小企业上网入云。为此，湖北省积极促进信息化和工业化深度融合，推动电子商务提档升级，加快数字乡村建设，改造提升传统制造业。

第二，湖北省大力推进数字经济与乡村振兴全面融合。湖北省贯彻落实《数字乡村发展战略纲要》，提出在实施乡村振兴战略进程中，必须把数据和信息融入乡村振兴全过程，让互联网在农业生产和流通环节中不断深化，统筹推动城乡信息化融合，使网络信息化在全省农村社会的影响不断扩大。湖北省在《湖北省农村电商工程三年（2018—2020年）行动方案》中提出，把农村电子商务作为推进乡村振兴战略的重要抓手，以"农产品上行"为重点，积极推进电子商务进农村综合示范全覆盖，打造千亿级产业。湖北已有7个县成为农业电商综合示范县数量，3万湖北"新农人"在淘宝上开店销售农产品。

第三，湖北大力发展"互联网+"为代表的新业态。数字经济带动商贸物流业发展迅猛。2018年，全省商贸物流业务规模不断扩大，完成快递业务量13.53亿件，同比增长33.6%；其中，电商类快件业务量达7.19亿件，增长52.6%，增速较上年加快15.7个百分点。此外，"互联网+"极大地促进了服务业繁荣。2018年，全省软件和信息技术服务业营收达到350.96亿元，增长率达到15.0%，成为规上其他营利性服务业的主要增长点。

第四，湖北大力发展新一代信息技术产业。湖北省编制了《大数据发展行动计划（2016—2020年）》，提出到2020年，将湖北建成国内一流的大数据应用示范基地、产业发展高地、资源集聚洼地和创新人才孵化中心。2017年，武汉东湖高新区出台了全国首个区域性《促进人工智能产业发展的若干政策》，明确提出，到2020年光谷人工智能核心产业规模达100亿元，带动相关产业规模超过500亿元，进入国内人工智能产业发展第一梯队。又如，湖北省为加速"一芯两带三区"区域和产业布局，抢抓5G发展新机遇，抓紧制订了5G产业发展行动计划（2019—2021年），提出经过3年左右努力，将湖北省打造成5G网络高地和5G产业高地，力争5G核心产业（通信服务和设备制造）产值过 2000 亿元，带动相关产业过 10000 亿元，建设全国具有重要影响的 5G 产业发展先行区。

第五，湖北省大力优化信息基础设施建设。2015 年，湖北省就发布了《加快信息基础设施建设工程行动方案》，提出按照城市宽带提速升级与农村电信普遍服务同步推进、固定宽带提速与无线宽带升级统筹实施、网络扩容升级与高速应用推广协同发展的要求，着力推动宽带网络普及提速、着力开展光纤到户升级改造、着力推进第四代移动通信（4G）网络建设覆盖、着力推广三网融合普及，加快构建高速畅通、覆盖城乡、提速降费、服务便捷的信息基础设施服务体系。近年来，湖北省扎实推进 IPv6 规模部署，不断提升网络基础设施建设与服务质量，为促进线上线下融合创新打下坚实基础。

第六，湖北省不断优化数字人才引进政策环境。2017 年以来，湖北省陆续出台了《湖北省关于为引进海外高层次人才提供工作条件和特定生活待遇的若干规定》《湖北省引进海外高层次创业人才工作细则》《重点学科、重点实验室引进海外高层次人才工作细则》《大型企业和国有金融机构引进海外高层次人才工作细则》等一系列高层次人才引进政策，持续优化包括数字人才在内的各类高层次人才引进机制，着力营造良好的数字产业创新创业生态环境。

（三）数字技术创新不断突破，数字产业集群持续壮大

湖北省以创新型省份建设为抓手，深入实施创新驱动发展战略，在人才、资金、机制等多方面积极推进数字技术创新。表 2、表 3、图 8 等显示，湖北省技术型数字经济指数为 18.91，在北京、四川、广东、浙江和湖北五省中排名第二，仅次于广东省。表 2 还显示，湖北省对高新技术创新的投资较高，在 R&D 人员折合全时当量和技术获取与改造支出方面均有良好表现。2013 年至 2018 年，全省高新技术产业增加值由 2960 亿元增至 6653 亿元，拥有国家级高新区 19 家，数量居全国第 4 位。其中，东湖国家自主创新示范区在全国高新区综合评价中居第 5 位，作为打造新兴产业集群典型被国务院通报表扬。2018 年，湖北区

域科技创新综合水平位居全国第 7 位。这些成绩的取得无不表明湖北省数字技术创新已经取得较大突破。

湖北省在数字技术创新取得丰硕成果的同时，移动互联网、智能制造装备等典型数字产业规模逐步扩大，呈现良好发展态势。2018 年，湖北省已拥有 16 个国家级和 26 个省级新型工业化示范基地，形成各类产业集群 100 多个。截至 2018 年年底，仅武汉东湖高新区就聚集了 2100 多家数字企业，包括估值 15 亿美元的斗鱼、估值 10 亿美元的卷皮网、斑马快跑、直播优选等四家本土独角兽企业，以及东湖大数据、合刃科技、极目智能、库柏特等准独角兽企业，数字产业从业人员超过 10 万人。湖北的光通信已成为国内外知名度高、附加值高、竞争力强的数字产业品牌。未来，湖北省正在通过建设运营更多以数字产业为主导的产业新城，进一步聚集更多的数字企业，打造中部数字产业高地。

（四）提升信息化服务水平，助力政务服务数字化转型

湖北省贯彻落实国务院《关于加快推进全国一体化在线政务服务平台建设的指导意见》，制订了以云计算、大数据、物联网、人工智能、区块链等技术为支撑，以一体化在线政务服务平台为载体，以数字化、数据化、智能化、智慧化为实施路径，推动政府全方位、系统性变革，建立决策科学、治理精准、服务高效的新型政府运行模式的具体计划。表 2、表 3 显示，湖北省服务型数字经济指数为 13.01，仅次于广东省。其中，网络零售占比、政务服务机构微博微信数量等二级指标均名列前茅。这得益于湖北省积极促进电子政务发展，大力提升政府信息化服务水平。

湖北省依托省级电子政务网络平台资源和涵盖人口、自然资源、空间地理及宏观经济等综合领域的数据库平台，建立起上下并联的行政审批和电子监察平台，面向企业、居民提供网上"一站式"政务服务，实现阳光高效办事；通过加强移动政务服务，发展移动执法和政务服务设施，政务服务逐步向掌上延伸。例如，全省数字政府支撑平台"楚天云"极大促进了政务信息融合共享。依托"全省一朵云"的顶层综

合体系，该平台在全省范围内实现了政务服务全覆盖，并向互联网+医疗健康、交通、教育等公共服务领域高速推进。目前，全省已有70多个省直部门、700多个应用系统"上云"。针对地域偏远、经济欠发达的农村地区，湖北省移动基站等通信基础设施建设日益完善，"让数据多跑路，让群众少跑腿"也已逐渐成为现实。例如，湖北移动在宜昌远安、秭归等县持续推进农村宽带服务和物联卡技术应用，结合当地安监、城管、交通等部门的管理需求，运用北斗卫星导航技术和物联卡嵌入技术，创新开发出一系列基层政务管理应用平台，实现了人与人、人与车、人与路，甚至人与危化品的有效连接和对话。又如，在荆州、恩施的偏远地区，依托移动信息化和物联卡技术服务于电子商务、智慧旅游、智慧民生等众多领域的项目落地，对社会生活信息化产生了积极影响。

湖北省政府信息公开水平不断提高，开放型、透明型、服务型政府建设初具成效。湖北省委、省政府高度重视政府信息公开工作，在政策、财政和人力等方面予以高度支持。在政策上，湖北省先后出台《关于全面推进政务公开工作的实施意见》《全省政务公开工作要点》和《湖北省政府公开信息目录》等文件，从战略高度为政府信息公开工作提供了良好的环境。在经费上，湖北省仅2016年就给政府信息公开工作投入保障经费2865万余元；在途径上，湖北省以主动公开信息为主要方式，并且积极回应公民的信息公开申请需求。

四、湖北省以数字经济引领高质量发展的制约因素

湖北省的数字经济整体发展水平与数字经济发达地区相比，还有不小差距，发展速度仍显缓慢。2018年，北京和上海的数字经济占GDP比重均超过50%，而湖北省仅为35%；北京和上海的数字经济就业岗位占比分别为44.1%和47.2%，而湖北省刚过30%。2019年，入选"中国互联网企业100强"的湖北企业仅有斗鱼、盛天网络两家，而北京和上海分别有31家和16家。课题组使用自主设计的评价指标模型，

采用过去5年的数据样本,对湖北、浙江、四川、广东和北京五省市的数字经济指数进行量化计算。结果显示,湖北省数字经济指数(按百分制为72.12)仅略高于四川(72.06),与广东(89.28)的差距十分明显,与浙江(77.62)、北京(75.16)相比也有一定距离。整体上看,湖北省数字经济发展面临"前有标兵、后有追兵"的紧迫形势,以数字经济引领高质量发展也存在不少制约因素。

(一) 制造业数字化转型规模不够且创新不足

表2、表3显示,湖北省融合型数字经济指数为9.98,与排名靠前的浙江省(融合型数字经济指数为11.68)相比还有较大差距。从二级指标看,湖北省智能化、数字化融合程度较低,"两化"融合管理体系贯标示范企业较少,电子商务发展水平还不够高。近年来,在国内外经济下行压力加大的形势下,湖北传统制造业面临增长乏力、产能过剩、效益不高、创新不足等共性问题,制造业数字化智能化转型困难重重。

一是数字化制造整体规模偏小,数字化创新资源和产业资源分散在央企、校企、民企,体制机制不活,市场开拓力不强,具有创新精神和国际竞争力的数字化龙头企业十分缺乏,对全省工业转型升级的促进作用还需增强。

二是制造业数字化所需的关键核心技术研发能力和成果转化能力都比较弱,制造业协同创新氛围不浓,产学研推进数字化转型缺乏系统性和持久性。"重模仿、轻创新,重引进、轻开发"现象依然比较多,拥有自主知识产权的核心技术产品偏少,关键技术及核心部件受制于国外。例如,2011—2016年,湖北省先进制造产业规模翻了一番,但增幅呈下降趋势,2015年、2016年的增幅甚至低于2012年的水平,如图9所示。

三是湖北省电子信息制造业(数字制造业)整体上面临利润空间有限、复合型人才不足、中小企业融资渠道不畅、项目贡献不高等不利于稳定发展的制约因素。

出现上述情况的原因在于,政府推动制造业数字化转型还存在机制

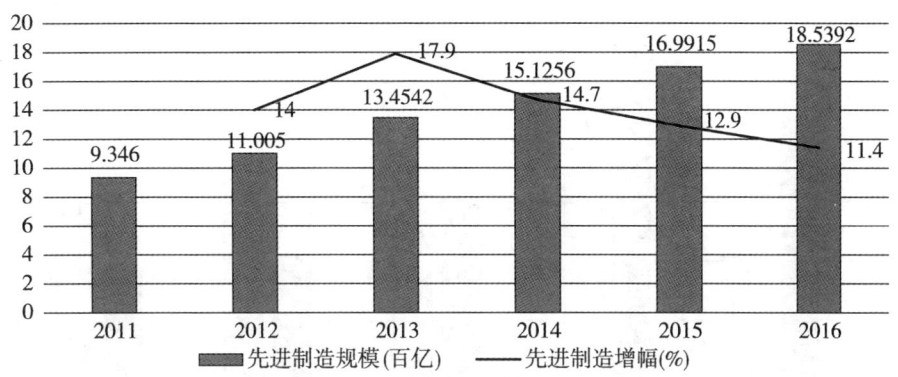

图9 湖北省先进制造业发展走势（2011—2016年）

障碍。《中国制造2025湖北行动纲要》和万亿元战略性新兴产业推进方案真正需要落实到地方和企业时，大多考虑到地方财政和社会效益，希望企业上项目、扩产能、增税收、促就业，而不是推进智能化、信息化、数字化建设。当然，企业自身技术实力和资金实力也在很大程度上制约了企业数字化转型的进展。

（二）大数据产业发展和大数据应用相对滞后

国内最权威的《2019中国大数据产业发展白皮书》显示，2018年湖北省大数据产业发展指数位居全国第8位、中部第1位。在大数据管理和应用层，湖北省集聚了如烽火科技、光电工研院、武汉迈异信息等一批优质企业，加上招商引入的阿里、华为、腾讯、用友、浪潮等国内知名云服务和大数据服务企业，夯实了全省大数据产业发展与大数据应用的基础。2018年，湖北省大数据处理和应用企业超过150家，规模以上数据采集和存储企业62家，全省大数据产业规模达到389亿元，同比增长29%，位居中部第一。湖北与北京、广东等发达省份的大数据产业规模和大数据应用指数如图10所示。

然而，湖北省大数据产业发展仍处于起步阶段，在大数据产业规模

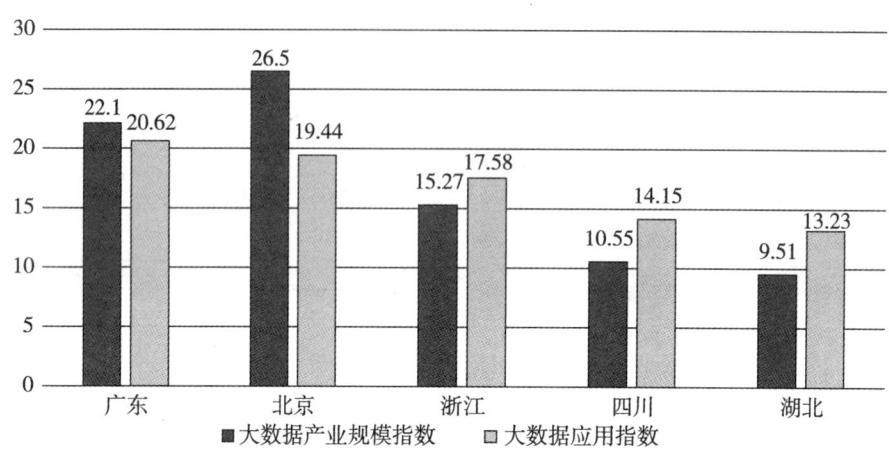

图10 发达省份的大数据产业规模和大数据应用指数①

和大数据应用渗透方面与发达地区存在较大差距。一是多层次的大数据产业生态尚不完善，技术型初创企业较多，领军企业和拥有行业主导地位的企业十分缺乏；二是行业间、单位间、部门间存在比较严重的数据壁垒，很多单位尚未实现数据的关联、集聚与共享；三是大数据应用面临较多的技术难题，制约了对大数据经济社会价值的深度挖掘；四是在全社会鼓励双创的环境下，不可避免地存在一些操弄大数据概念的企业，整个行业发展良莠不齐。

（三）基于数字经济孕育新模式新业态有待加强

湖北省基于数字经济培育新模式、新业态的过程中，"伪创新"、同质化、低端化发展问题时有发生，"劣币驱逐良币"效应造成行业短视性、投机性发展，新模式新业态潜力尚未得到充分挖掘。

一是数字产业配套能力不强。经济学研究充分证明，产业配套能力对新业态、新模式的发展存在显著关联效应。但湖北省数字产业链条不

---

① 赛迪顾问股份有限公司大数据产业研究中心. 2019中国大数据产业发展白皮书［EB/OL］. 2019-09-12. www.ccidgroup.com/sdgc/14517.htm.

完善，与数字化服务延伸不够，数字行业人才红利释放不够。

二是数字企业的创新主体作用不足。相比于广东、浙江等数字经济发达地区，湖北省数字企业拥有的核心技术或自主知识产权产品还不多，工艺先进但产品市场占有率不高的现象比较普遍。更不用说，还有相当一部分数字企业只是对上游产品进行加工装配，产品的附加值不高，缺乏核心竞争力。

三是数字经济效益提升缓慢。基于数字经济探索培育新模式、新业态，往往需要较大投入，加之劳动力、资金成本等全面上涨的叠加影响，加大了数字行业中新模式、新业态企业的生产经营压力。新经济企业盈利能力偏弱已成为制约湖北省数字经济发展的重要因素。

（四）数字基础设施建设仍需提速

由于种种原因，基础型数字经济指数与发达地区相比差距较大。截至2017年，湖北省移动电话普及率为84.9部/百人，远低于102部/百人的全国平均水平；互联网普及率、光缆线路长度和互联网域名数也落后于发达省份。数字基础设施建设滞后在较大程度上制约了湖北省数字经济整体发展。一是数字新业态不断涌现导致流量爆发式增长，湖北省网络带宽不足以支撑业务发展，传统网络扩容压力巨大，体验性较差，需要更加敏捷、智能、开放的数字网络环境。二是企业用户需求多样化急需在靠近用户侧就近提供内容存储、计算、分发服务，以满足低时延处理、高宽带传输、本地化等要求。三是数据安全面临威胁，高危漏洞数量和网络攻击有增无减，对湖北省传统物理基础设施的数字化改造增加了保障网络安全的难度。

五、湖北省以数字经济引领高质量发展的重要举措

整体上看，湖北省数字经济发展还存在一些突出问题，表现为制造业数字化转型规模及创新略显不足、大数据产业发展及应用相对滞后、数字新产业新模式拓展不够、数字基础设施建设仍需提速、数字创业创

新氛围还不浓厚、高端数字人才比较缺乏等。在新一轮数字经济浪潮中，湖北省应继续落实"数字中国"发展战略，积极创建国家数字经济示范省份，努力打造具有湖北特色的数字经济引领高质量发展区域样本。

（一）用新一代数字技术提高供给体系质量

湖北省应坚持以供给侧结构性改革为主线，从制造业、服务业、高新技术产业等各方面发力，运用新一代数字技术全方位提升全社会供给质量。

——用新一代数字技术改造提升制造业。湖北省应全力推动数字技术与制造业的融合发展，用新一代数字技术对制造业生产方式、发展模式和产业生态进行全方位、全角度、全链条深刻改造，以制造业数字化提升"湖北智造"水平。一是将工业互联网作为加速制造业数字化的关键基础设施，高水平谋划工业互联网平台体系，探索从智能化改造、企业上云、工业互联网平台搭建到工业信息工程公司培育一整套覆盖融合全链条的立体化、有针对性的推进方案。二是推进"互联网+智能制造"和"人工智能+制造"，着力在先进装备制造、智能感知元器件、工业云平台、新型人机交互等装备制造业核心领域取得突破。三是推进光电子信息、汽车及零部件、生物医药及医疗器械三大世界级产业集群的建设，开展核心技术攻关，参与全球智能制造竞争与合作，打造一批具有较强国际竞争力和全球资源整合能力的跨国企业，建设全国一流的数字化制造业创新中心。

——用新一代数字技术加快培育服务业新动能。湖北省应以数字产品和数字服务为载体，构建数字内容产业链，向服务业产业链前后端延伸，进一步拉伸服务业数字化的链条，加快创新传统服务模式。一是纵深推进工艺设计、现代物流、金融服务、检验检测、供应链等生产性服务业数字化转型，支持生产性服务企业利用互联网搭建智能设计、智慧物流、智慧供应链、智慧能源等面向特定环节、特定场景的平台。二是加强物联网、移动互联网、人工智能与生活性服务业深度融合，发展智慧旅游、智慧健康、智慧养老、智慧教育等新业态。三是加强文化资源的数字化采集、保存和应用，积极培育网络文学、网络影视、动漫游戏、数字影视、数字广告等数字文创产业。

——用新一代数字技术提高社会资源配置效率。湖北省应利用数字技术有效实现供给侧和需求侧精准匹配、智能匹配，基于数字技术有效解决信息不对称问题，释放数据作为关键生产要素的潜力，帮助社会生产解决效率低下和相对过剩等依靠传统手段难以解决的问题。

——用新一代数字技术拓展新兴产业发展空间。湖北省应加快孵化新型集成电路、区块链、量子通信、柔性电子等新兴产业和新兴业态。一是利用国家集成电路基金的杠杆撬动作用，聚焦嵌入式中央处理器、工业控制、高端存储等重点领域，打造包括芯片设计、芯片制造、封装测试在内的集成电路产业链，力争在国际领先的纳米先进工艺上取得根本性突破。二是瞄准区块链前沿技术攻关，在非对称加密技术、分布式账本技术、共识机制技术、智能合约技术等领域实现突破，打造全球区块链技术应用高地。三是推进虚拟现实（VR）、显示器件、光学器件、人机交互等有潜力的新兴产业的关键共性技术研发，加强柔性显示、柔性传感、柔性固体器件等柔性电子产业化，培育新一代信息产业的新增长极。

——用新一代数字技术促进科技成果转移转化。湖北省应加快使用新一代数字技术完善科技成果转化网络，利用数字技术加强相关部门之间的协同配合，跨区域整合成果、人才、资本、服务等创新资源，基于数字技术构建覆盖面更广、功能更强大的科技成果转移转化平台，通过数字技术深度应用为破解成果转化痛点、堵点提供支撑。

——用新一代数字技术激发大众创新创业活力。湖北省应利用数字技术，探索解决创业者面临的资金需求、市场信息、政策扶持、技术支撑、公共服务等瓶颈问题的新方式，加强创新创业公共服务资源开放共享，依托"互联网+"、大数据等，推动各行业创新商业模式，建立和完善线上与线下、境内与境外等创新创业联动机制，最大限度释放各类市场主体的创新创业活力。

（二）围绕营造良好政策环境统筹数字经济顶层设计

湖北省应继续完善数字经济高效、合理、科学发展的顶层设计，继续提供有效的制度安排以营造更优良的数字经济发展政策环境。

——面向"十四五"抓紧研究制定符合省情的数字经济发展规划，设计数字经济发展中长期路线图，明确战略重点和战略目标。

——制定更加开放包容的企业进入机制，放宽数字融合性产品和服务的准入限制，为数字企业发展壮大营造良好氛围。

——探索设立数字经济管理机构，协调数据开放、数据使用、数据决策、数据保护等各方面事务，进一步推动公众信息服务需求迫切的公共类数据资源的依法开放。

——加大维护数字隐私和数字安全的力度，构建坚实的数字经济安全防护体系，创新网络信息平台的监管模式，实现从数据形成、存储到传输、应用以及共享的全过程无缝监管。

（三）围绕"芯屏端网"联动打造数字化产业生态

湖北省应加快推进数字产业化和产业数字化步伐，提升数字产业化的内核功能，打造国际一流、自主可控的数字产业生态。

——加快存储器、商业航天、网络安全人才与创新、新能源和智能网联汽车四大国家新基地和大健康产业基地建设，全力打造"芯屏端网"万亿元光电子信息产业集群。

——布局数字经济高端产业，进一步优化数字产业空间布局，利用数字化、网络化、智能化、绿色化推动湖北产业由"智变"到"质变"。

——构建以骨干企业为核心、产学研用高效协同的数字产业集群，为产业数字化提供坚实基础，以螺旋交织的方式推动数字产业化和产业数字化协调并进。

(四) 围绕数字红利惠民共享加快信息基础设施建设

湖北省要继续抓紧推进数字基础设施建设，继续提高互联网普及率及信息化程度，扩大数字红利普及范围。

——以5G网络建设为抓手建设新一代信息基础设施，深入推进信息基础设施共建共享，推进网络提速降费、网络宽带扩容等措施，不断夯实信息消费的网络基础设施，为壮大信息消费能力扎好根基。

——大力实施云计算工程，发展公共云计算服务，科学布局云数据中心，支持信息技术企业加快向云计算产品和服务提供商转型，形成技术先进、结构合理、协调发展的云数据平台新格局。

(五) 围绕公共服务数字化转型加快"数字政府"建设

湖北省应继续坚持用户体验优先的原则，扎实做好"数字政府"建设工作，着力点应放在保证信息时效、打破"信息孤岛"、推进数据开放等群众反映强烈的问题上。

——面向"十四五"加快制定政府数字化转型规划和工作方案，进一步明确市场监管、公共服务、社会治理、政府运行、经济调节等重要领域的政府数字化履职内容。

——完善覆盖全省、统一接入的城市政务大数据中心，建立并完善全域深度应用、上下联动、纵横协管的协同治理和应急管理大数据平台。

——完善跨部门、跨地域、跨系统的"政务云"，建设政务大数据共享交换平台，加快推进各级政府、各部门、各系统之间的数据互通。

(六) 围绕精准脱贫攻坚加快数字化农业体系建设

湖北省要加快信息技术在农村的普及推广应用，围绕农业生产智能化、经营信息化、管理数据化、服务在线化的目标，全面提高农业数字化水平。

——加快推进农村电子商务综合示范县建设，稳步推进"淘宝村"

"淘宝县"、农村电商平台的发展,发挥农村网络零售的就业拉动和收入带动作用。

——加快建设农村基础数据资源体系,盘活乡村数据资源,运用数字化技术和农村数据资源提升新农村建设能力。

(七)引导企业向"平台-价值"型数字化转型

湖北省要紧抓"流量高地、数据高地已是商业价值高地"的机遇,发挥平台企业海量用户优势,引导更多企业向数字化"平台-价值"型企业转型。

——精心培育一批数字经济航母级平台型企业,推动数字经济平台型企业和独角兽企业海外上市,探索"平台型企业+独角兽+瞪羚"的孵化模式。

——鼓励企业建设或升级已有的创业创新平台,打造以企业核心业务为引领,更大范围集成创新的信息资源、设备资源、服务资源、客户资源、人力资源的数字化创新网络。

——推动建立数字经济企业联合体、数字产业技术创新联盟和数字产业园区,促进区域与行业数字企业的产品匹配和服务交互,形成以创新链为纽带、以价值链为主线的共生模式。

(八)加强数字经济人才培养,提高公众数字素养

湖北省应依托高教资源丰富的巨大优势,加快数字专业人才培养,突破信息技术高端人才匮乏的制约。构建坚实的数字经济智力支撑体系,

——鼓励省内高校加大数字类专业人才培育力度,围绕区块链、人工智能、5G等新一代数字技术培育专业技术人才,鼓励不同类型高校建立数字人才联合培育机制。

——鼓励地方政府以购买服务的方式加强对人才数字应用能力的培训,鼓励高校、科研机构的数字技术专家面向社会大众开展数字经济知识、技能和应用教育,提高公众数字素养。

——在深化人才评价机制改革中,针对数字经济和数字技术发展迅猛、迭代迅速等鲜明特点,探索建立适应数字经济发展要求的人才考核评价机制,促进数字型人才在政府、企业、高校、智库间实现柔性流动。

(本报告为湖北省科协科技创新智库2019年研究课题成果)

课题负责人: 刘　钒　武汉大学发展研究院副院长、副教授、博士
报告执笔人: 刘　钒　马　祎　余明月

"十四五"时期推动湖北城市群加快发展的理性思考

杨明杏

一、加快发展城市群是"十四五"经济社会发展的重要任务

(一) 城市群已经成为经济社会发展的主要空间承载形式

从国际经验看,城市群已成为发达国家城市化的主体形态,既是创造就业和人口居住的城市密集区,也是支撑经济发展、参与国际竞争的核心区。如美国67%的国内生产总值集中在大纽约区、大洛杉矶区和五大湖区三大城市群。从国内发展看,当前经济发展的空间结构正在发生深刻变化,中心城市和城市群正在成为承载发展要素的主要空间形式。以北京、天津为极核的京津冀城市群、以上海为中心的长三角城市群,以广州、深圳、香港、澳门为极核的粤港澳大湾区城市群,以及长江中游城市群等,都是我国人口主要聚集地,也是我国产业水平高、科技含量高、效率效益高的经济"精华"所在和重要增长极。从湖北实践看,武汉城市圈、"襄十随"城市群、"宜荆荆"城市群聚集了湖北GDP和人口的绝大部分。其中,武汉城市圈以湖北省31%左右的国土面积,承载了全省54%的人口,创造了全省64%左右的GDP。

(二) 城市群发展是大区域整体崛起的龙头和支撑

纵观世界经济发展史,大区域的崛起,无不是依托城市群发展实现

的。全球最繁华的四大湾区（东京湾区、纽约湾区、旧金山湾区、粤港澳大湾区）之一的东京湾区，就是由以东京、横滨、名古屋为代表的城市群组成的。从20世纪60年代到80年代，东京湾区GDP爆发式增长，占日本GDP的比重从20世纪50年代的25%左右，上升到20世纪80年代的30%左右，近年来又进一步上升到35%左右，是日本经济发展最重要的增长极。韩国的经济腾飞，以首尔为代表，由首尔、仁川、京畿道城市群组成的首尔都市圈厥功至伟。近年来，首尔都市圈的人口和GDP牢牢占据韩国总人口和GDP总量的"半壁江山"。

习近平总书记在中部地区崛起工作座谈会上，对促进中部地区高质量发展，推动中部地区崛起再上新台阶作出重大部署，提出明确要求。从中部地区整体看，实现中部崛起要靠城市群发力和支撑。从湖北发展看，加快将湖北建成中部崛起重要战略支点，为推动中部崛起再上台阶做出湖北贡献，城市群也承担着核心使命和关键任务。

（三）加快发展城市群是推动高质量发展的主要抓手

高质量发展是"十四五"及未来一段时间经济社会发展的主题，其根本在于经济的活力、创新力和竞争力。加快发展城市群，是推动经济发展质量变革、效率变革、动力变革，提高全要素生产率，不断增强我国经济创新力和竞争力的重要路径。随着经济的高质量发展，新兴产业和产业形态不断涌现，产业规模化、分工专业化、结构复杂化，使得产业与产业、产业与科教、产业与文化、产业与生态、产业与园区、产业与城镇等经济社会要素、形态的关联日趋紧密，日益呈现出融合发展的格局。适应、支撑这种融合发展的空间形态只能是城市群。2019年，国家发展改革委发布了《关于培育发展现代化都市圈的指导意见》（发改规划〔2019〕328号），指出城市群是新型城镇化主体形态，是支撑全国经济增长、促进区域协调发展、参与国际竞争合作的重要平台。这也表明在未来相当长一段时间，区域协调发展和经济高质量发展的一个重要抓手就是以突出发展城市群为重点的新型城市化。

(四) 我国进入城市群加快发展的历史阶段

城市群的兴起与发展大体是与人类文明主要由农业文明向工业文明、生态文明的演变进化，生产类型主要由农业向工业、服务业的延伸发展相伴而生，沿着乡村—集镇（集市与城镇）—中小城市—（超）大城市—城市群的线路演进。通常，当城市化率超过 30% 时，人口、资金等开始向城市集聚，大中小城市进入普遍发展阶段。而当城市化率超过 50% 时，人口、资金、产业等开始向大城市集聚，相应的，城市化进入大城市化阶段，其主体形态是大城市化的城市群。2019 年，我国城市化水平已经达到 60.6%，同年湖北的城市化率达到 61%，已经跨过了城市群发展的门槛，到了加快发展城市群的历史阶段。

二、"十四五"时期是湖北省城市群加快发展大有可为的关键时期

(一) 城市群发展不够是制约湖北省区域协调发展的主要症结

"十一五"以来，湖北先后提出并实施了"四基地一枢纽""两圈两带一群""一主两副多极""一芯两带三区"等产业和区域发展战略（布局），武汉、襄阳、宜昌等中心（副中心）城市能级不断提升，"汉孝随襄十"汽车制造走廊建设初具规模，长江经济带建设顺利起步，区域协调发展的节点和主骨架基本形成。但也要看到，湖北区域协调发展仍然存在一些重大问题。一是"一城独大"。湖北 GDP 的 37% 来自武汉市，武汉和偏远市州的发展水平差距仍在拉大。2019 年，除武汉以外的 16 个市州，GDP 4000 多亿元的有 2 个（襄阳和宜昌），其余市州 GDP 均在数百亿元至 2600 亿元之间，GDP 在 3000 亿～4000 亿元和 5000 亿～10000 亿元的区段亟待补齐空缺。二是"东强西弱"。在"两圈"中，东部的武汉城市圈强于西部的鄂西生态文化旅游圈，江汉平原"中部凹陷"、十堰、恩施等西部山区经济发展水平低。在三个城市

群中,东部的武汉城市圈初步具备城市群的雏形,西部的"襄十随""宜荆荆"城市群建设没有实质性进展。在三个中心(副中心)城市中,东部的武汉市经济体量比较大,科技水平和要素聚集度较高,对城市群带动作用较强。西部的襄阳、宜昌两市的经济体量还不够大,并未完全发挥中心城市的带动作用。这些问题的症结主要在于城市群结构不优、发展不够协调。

症结之一,"中心"功能不强。武汉市是国家中心城市,是湖北区域发展的龙头。2019年武汉市GDP总量达16223亿元,在全国副省级城市中稳居第一方阵。从体量规模上看实现了"大"。但武汉市的城市功能,特别是带动区域发展的"中心""龙头"功能发挥不够,四个中心(经济中心、高水平科技创新中心、商贸物流中心、国际交往中心)建设水平不高,对城市群和省域其他地区的影响是"虹吸"大于"辐射"。

症结之二,"两副"支撑不力。襄阳、宜昌两个省域副中心城市创新能力总体不强,产业结构层级较低,农业经营模式粗放,制造业总体处于中低端,服务业发展严重滞后。按照中共湖北省委提出的武汉市、襄阳和宜昌两市、其他市州GDP各占"三分之一"的格局,襄阳和宜昌两市差距最大,且在"襄十随""宜荆荆"城市群中的辐射带动效应非常有限。

症结之三,机制发育不足。在武汉城市圈、"襄十随""宜荆荆"城市群中,略具规模的只有武汉城市圈。"襄十随""宜荆荆"城市群总体上"有名无实"。即使发展较快的武汉城市圈,城市群发展的机制也存在许多问题,如城市群内基础设施互联互通短板突出,产业分工协作不够密切,产业的关联配套、联结耦合不够,同质化竞争比较严重。公共服务共享程度不高,技术开发、招商引资、外贸出口、财政税收、土地征用、工商管理等方面政策存在差异,地域分割、行业垄断、市场壁垒问题比较普遍。就全省看,推进城市群协调发展也缺乏有效机制、长效机制,特别是跨区域协调发展机制不健全,域内各市产业有关联但无融合,沟通有平台但缺机制,联动发展、一体化发展步履维艰。

(二)"十四五"时期是加快发展湖北省城市群的重要机遇期

即将到来的"十四五"及未来一段时间,是湖北城市群壮龙头、优结构、实机制,加快发展大有可为的五年,面临难得的机遇。

一是支持城市群发展的政策叠加。十九大以来,党中央把中心城市和城市群发展提升到新高度,做了多次强调和部署。2019年,中央财经委员会第五次会议提出,要增强中心城市和城市群等经济发展优势区域的经济和人口承载能力,并提出在建设用地、能耗双控制度、财政转移支付、市场一体化等方面,加大对中心城市和城市群发展的支持。

二是区域和产业发展布局优化。2019年,按照湖北省委、省政府谋划部署的"一芯驱动、两带支撑、三区协同"的区域和产业发展布局,各地策划了一批重大项目,编制实施了"产业地图",资源要素、支持政策更多向中心城市和城市群聚集。这既有利于推动中心城市的发展,又有利于促进城市群的内在联系更加紧密。

三是中心城市辐射带动作用增强。特别是武汉市经过近几年的快速发展,产业基础和经济实力更加雄厚,已逐步由对周边城市单向"虹吸"为主、"极化"为主,过渡到双向吸引、极化与辐射并存的阶段,溢出和扩散作用开始显现,尤其是产业已明显呈现向外延伸扩散态势,对其他城市(群)的带动能力更强。

四是"规划编制年"有利于重新审视和布局。2020年是"十四五"规划编制年,也是上一轮武汉城市圈相关规划的截止期。在编制"十四五"规划时,可对湖北城市群发展进行重新审视、系统规划,确定新的发展定位、目标、重大举措,谋划重大支撑项目,进而促进城市群加快发展。

(三)加快发展湖北省城市群的综合优势

一是产业体系优势。湖北的农业、工业、服务业门类,特别是制造业体系完备、体量较大。全省共有17个千亿级产业,从传统的钢铁、汽车产业,到新兴的"芯屏端网"、生物医药、人工智能等现代高技术产业，产业体系比较齐全、配套能力较强，有利于吸引大批人才、资金、技术等要素向湖北聚集。这是湖北城市群加快发展的重要基础。二是科教文化优势。2019年，湖北拥有普通高校128所，在校大学生150多万人、研究生16万人，名列全国前列。拥有1个国家研究中心、27个国家重点实验室、19个国家级工程技术研究中心、170个省重点实验室、660家省级工程技术研究中心。湖北区域科技创新水平位居全国第七，高新技术企业数量、国家级高新区数量等均为全国领先、中部第一。这是湖北聚集资源要素特别是各类人才的重要前提，是湖北城市群加快发展的重要依托。三是城市经济优势。湖北的城市经济比较发达，武汉市是中部地区唯一的国家中心城市、是长江经济带上中下游的枢纽城市，是以武汉、长沙、南昌为极点的长江中游城市群的"黄金一角"。一定意义上，武汉之于湖北，犹如上海之于长三角，武汉"1+8城市圈"犹如上海"1+8"大都市圈。这是湖北城市群加快发展的重要支撑。四是生态环境优势。湖北气候湿润、雨量充沛，森林覆盖率在42%左右，人均淡水拥有量名列全国前列。武汉市是全球人均拥有淡水量最多的城市。这为湖北成为宜居宜业和宜学宜创的"宝地"、产业融合和人口聚集的"重地"增添了几分胜算。这也是湖北城市群加快发展的重要条件。

三、用新思路扎实推动湖北省城市群加快发展

产业发达、区域协调、动力强劲、治理有效，是湖北经济社会高质量发展的重要目标。实现这一目标的有效路径之一就是加快发展湖北城市群。

（一）统筹谋划布局湖北城市群

当前湖北城市群分"三块"（武汉城市圈、"襄十随"城市群、"宜荆荆"城市群）分头建设，总体上弊多利少、弊大于利。其利主要有二：一是分头建设有利于突出各城市群建设主题，如武汉城市圈是国

家批复的"两型社会建设"试验示范区，实际上作为城市群建设推进，有名有实。二是有利于发挥襄阳、宜昌两个省域副中心城市的地方政府积极性。其弊主要有三：一是布局分散。一个省分三个城市群建设，容易把区域内统一的产业体系、市场体系、社会服务体系、交通基础设施体系等人为地分割，使城市群建设"支离破碎"，不利于区域协调发展。二是力量分散。仅凭省级财力、人力、物力、项目等，不足以支撑三个城市群建设同时铺开，必然导致有的城市群建设进展不快，或流于形式。三是"中心"分散。目前湖北城市体系格局是以武汉为"主中心"、以襄阳、宜昌为"副中心"，三个群（圈）各有一个中心，而三个"中心"极易没有"中心"。事实上，襄阳、宜昌两市都没有起到"中心"作用。襄阳对"群"内的十堰、随州等市，宜昌对"群"内的荆州、荆门、恩施等市州，既没有行政推动、政策落实上的协调能力，也没有科技研发、产业发展上的辐射带动能力。"群"内其他市州也不服气，不利于调动多数市州的积极性。

有鉴于此，"十四五"时期要统筹谋划布局湖北的城市群发展，要以武汉国家中心城市建设为龙头，以沿长江城市带（包括黄石、黄冈、鄂州、武汉、咸宁、仙桃、荆州、荆门、宜昌等城市）、沿汉江城市带（包括武汉、孝感、随州、襄阳、十堰等城市）为两翼，有重点分层次推进湖北"全域"城市群建设，加快发展分工有序、功能互补、高效协同的"湖北城市群"（或"大武汉城市群"），带动区域协调发展，打造推动湖北经济社会高质量发展的动力系统。首先，要突出武汉国家中心城市建设。强化武汉"四个中心"的城市定位，提升塑造城市品位，增强资源要素聚集能力和辐射带动区域发展功能，加快建设湖北城市群的极核，昂起湖北城市群加快发展的龙头。其次，要优先推进沿长江城市带发展。要以武汉为中心，以沿长江联系相对紧密的武（汉）鄂（州）黄（石）黄（冈）为重点，以长江黄金水道为纽带，依托湖北航空港经济综合实验区、光谷科技创新大走廊、武汉新港等重大项目、重大平台，整合四市资源推动相关地区交通共建、产业共融、科技共兴，加快建设沿长江城市带核心区。同时，向西、南辐射带动咸宁、仙桃、荆州、荆门、宜昌等沿江城市发展。最后，要按照先易后难、逐步推进的思路，有序推进沿汉江城市带发展。以规划编制、基础设施建设、产业发展、文化旅游为突破口，以汽车等制造业高质量发展为纽带，以促进"带"内各城市联动发展为重点，推动包括武汉、孝感、随州、襄阳、十堰等城市在内的沿汉江城市带发展。

（二）夯实加快发展湖北城市群的产业基础

无论是加快发展湖北城市群，还是推动产业链基础高级化和产业链现代化，都要求进一步做实做强湖北制造业这一"产业底盘"。要加快传统产业技改，实施"机器换人、设备换芯、生产换线"行动，加快网络化、数字化、智能化改造，实现转型升级；推进5G及信息光电子、新能源汽车、高端装备制造等新兴产业发展，做强光电子信息、"芯屏端网"、新能源及智能网联汽车等重点优势产业链。努力使湖北走在中部地区提升产业链基础能力和产业链现代化水平的前列。要发挥武汉城市经济优势，推进实体产业沿武汉市—武鄂黄黄沿长江城市带核心区—沿长江城市带和沿汉江城市带这一路径，梯次转移和布局产业和项目。具体路径如下：一是增量布局。利用编制"十四五"规划的机遇，把央企新基建、中央支持湖北发展一揽子政策、"十四五"重点产业布局、重大基础设施项目向宜昌、襄阳，以及沿长江城市带、沿汉江城市带其他城市倾斜。二是存量调整。对武汉城市发展的功能重新定位，突出中心、引领、服务、支撑等功能，有序将武汉部分高校、产业转移到宜昌、襄阳，以及沿长江城市带、沿汉江城市带其他城市。

（三）完善加快发展"湖北城市群"的推进机制

一是要统筹编制好湖北城市群发展的规划。以编制"十四五"规划为契机，综合编制湖北城市群（或大武汉城市群）整体发展规划。相应地编制湖北城市群发展的综合交通、生态环境保护、产业发展、要素市场、公共服务等专项规划。上一轮武汉城市圈规划已经到期，新一轮武汉城市圈规划要将城市圈建设的功能回归到"两型社会建设"试验示范，而不作为单独的"城市群"建设。二是要完善推进湖北城市群加快发展的工作机制。对湖北省已经分别设立的城市群建设领导机构（协调机构）进行梳理、合并，重新成立由省委、省政府主要领导领衔负责、省发展改革委牵头、相关部门参与、相关城市组成的领导（协调）机构，统一组织领导和统筹协调湖北城市群建设工作。三是要加强推进工作落实落地。打通政策壁垒，建立跨区域协商、合作平台，完善正向激励机制、合作共享机制、考核评估机制、跟踪督办机制，协调落实城市群发展的推进措施，把相关政策细化、实化，使加快发展湖北城市群的各项措施落到实处。

（四）出台支持加快发展湖北城市群的政策措施

以编制"十四五"规划为契机，重新审视湖北在城市群建设中的成效与问题，优化城市群在国土空间布局、基础设施布局、产业功能布局等方面的顶层设计，以规划引领统筹、促进协同。认真谋划湖北城市群发展的重大项目库，积极争取国家项目，把城市群发展落实到项目化、工程化、清单化上。建设用地资源向武汉、宜昌、襄阳，以及鄂州、黄石、黄冈等中心城市和沿长江城市带、沿汉江城市带的重点城市倾斜，使其有更大发展空间。落实城镇建设用地规模与吸纳农业转移人口落户数量挂钩政策。完善能源消费双控制度，加大对中心城市和城市带重点城市能耗指标保障。完善和落实财政转移支付同常住人口挂钩机制。统筹推进市场一体化、公共服务均等化，让资源要素包括人才流动更自由。研究出台支持"飞地经济"发展的指导意见，明确"飞地经济"和共建园区财力权益和统计指标等关键数据的分配机制。借鉴合肥、成都和济南等省会城市的做法，调整武汉行政区划范围（可以考虑将鄂州划入武汉市），拓展武汉发展腹地。

报告撰稿人：杨明杏　中共湖北省委政策研究室（省委改革办、省委财经办）二级巡视员

湖北省"十四五"时期健康社区建设策略探析
——基于武汉市社区应对公共卫生应急事件的回顾分析

张欲晓 等

"十四五"时期是我国经济社会发展的重要历史性窗口期，是全面完成小康社会建设战略目标，向全面实现社会主义现代化迈进的承上启下的关键时期。随着我国发展改革历程中物质和精神文明成果的迅速积累，全民健康日益成为现代化国家治理体系的重要目标。健康社区是健康中国治理体系的最小单元，是医疗卫生体制改革推进的基本细胞，对我国卫生事业规划整体布局至关重要。正在全球蔓延的新冠肺炎疫情和我国外防输入、内防反弹压力的严峻形势，使得我国健康社区建设在"十四五"规划开局迎来了卫生需求复合增长、经济发展与常态防控并举的"后疫情"期，即"卫生新常态期"。这也意味着健康社区建设要跨越这一挑战阶段，顺利完成"十四五"整体规划中的卫生健康有关部署，除了要适应现代化城市治理对公共卫生能力的新要求，更需要吸收前期公共卫生应急应对经验，承载常态期防控任务，持续作为联动其他机构的"健康中轴线"存在。本文以早期新冠肺炎疫情应对的典型城市武汉市为例，对疫情高发期至常态期武汉市社区防控应对、健康维护的服务资源配比进行分析，以典型地方公共卫生应急期的成果、问题为经验和导向，提出湖北省健康社区建设需率先解决的问题及相应策略。

一、湖北省典型城市公共卫生应急事件社区应对的背景

武汉是我国抗击新冠肺炎疫情"湖北保卫战"的重中之重，武汉

市社区应对新冠疫情具有典型意义。2020年1月中旬新冠肺炎疫情在武汉市及湖北省内相关城市进入发展期，2020年1月25日，国家卫健委发布《关于加强新型冠状病毒感染的肺炎疫情社区防控工作的通知》，要求充分发挥社区动员能力，实施网格化、地毯式管理，群防群控，稳防稳控。2020年2月13日，湖北省委书记在新冠肺炎疫情防控工作专题会上指出要把防控力量下沉社区，全面实施小区适度封闭式管理，强化小区防控，做到深入细致排查全覆盖，应隔尽隔、应收尽收、应治尽治。社区在湖北省新冠肺炎疫情抗疫线上是一个关键又特殊的属性存在，是疫情初期应对、中期突破、后期攻坚、常态夯实的根基。

武汉市的社区是新冠肺炎疫情期最为典型和复杂的卫生应急社区范例，其实践元素包括作为自治组织的社区街道、基层医疗机构及部分物业组织。职责内容上具有公共卫生、应急保障、生活服务等多种公共属性，包括整治社区公共卫生环境，承担患者筛查、转运、收治的配合与衔接，同时肩负抗疫中后期非新冠肺炎患者、普通居民生活服务职责，既是此次公共卫生应急体系的主要组织，又履行城市治理角色义务。

湖北省包括武汉市在内的社区健康服务长期以群众日常公共服务需求为主，其内容呈现出面广量大、种类繁多、专业要求不高等特点，社区行政人员日常工作低端重复，专业技能受训度低，在健康服务方面与基层医疗机构之间联动不强，疫情突发迅猛，社区防控人员资源匮乏，服务配置总量有限，公共卫生综合信息联通受阻，以上社区服务的局限性一度在抗疫初期工作中凸显，在湖北省新型冠状病毒感染肺炎疫情防控指挥部（下称指挥部）实施社区服务优化、人员下沉相关策略后，社区抗疫人员总量提升、卫生可供服务优化，社区应急防控与健康维护能力迅速发展，为扭转武汉乃至全国抗疫形势起到了根本性作用。

二、武汉市社区应对疫情的服务配置分析

为充分了解疫情期间武汉市社区应对情况与经验成果，为健康社区建设策略的提出实证支撑，本文依据国家卫健委、武汉市卫健委疫情数

据通报，结合武汉市 15 个区的 1406 个社区人力资源数据，通过疫情期间国家相关部门和湖北省政府的相关政策文件，梳理社区防控工作的重心与主题，采用 python 语言获取武汉市社区网格员数量及分布，采用四分位法界定疫情期间新增确诊病例、新增疑似病例等数据范围。在非新冠肺炎患者社区服务需求统计上，选取老年高血压、糖尿病患者数据为代表性慢性病服务人群，综合利用 Excel 建立数据库进行社区服务产出描述分析。

（一）武汉市社区服务资源配置要素分析

人力资源是社区服务资源的重要内容，社区网格员是在一个社区网格化管理组织中承担具体任务的工作人员，承担采集居民基础信息、联络社情民意、调解矛盾纠纷、服务特殊人群、巡查社会治安等工作。依据对武汉市 12202 名社区网格员信息、数据频数和地理空间分布分析，武汉市网格员区域配置和社区配额状况如表 1 所示。

表1　　　　　　　　　　武汉市网格员分布[①]

区域	n	平均数
蔡甸区	621	1.91±2.12
东湖生态旅游风景区	84	4.67±4.24
东湖新技术开发区	673	6.23±5.49
东西湖区	776	5.43±5.11
汉阳区	672	5.84±2.66
洪山区	1400	8.00±4.39
黄陂区	807	1.17±1.94
江岸区	926	6.21±2.97
江汉区	870	7.98±5.27

① 数据来源：武汉市社区人力资源数据报表。

续表

区域	n	平均数
江夏区	831	2.36±2.51
硚口区	871	6.70±2.86
青山区（化工区）	699	5.78±4.49
武昌区	1268	8.93±4.08
武汉经济技术开发区（汉南区）	603	6.48±5.92
新洲区	1101	1.64±1.89
总计	12202	3.65±4.11

结果显示，武汉市黄陂区社区网格员平均数仅为1.17，人力资源配置情况居于武汉市十五个区的末端；洪山区网格员总数和平均数均为武汉市最高，和黄陂区相比差距较大，然而社区网格员平均数也仅为8名。由此可见武汉市基层社区服务资源相对配置不均，绝对配置量紧缺。根据武汉微邻里网格员登记情况，武汉市1406个社区的网格员频数分布如表2所示。

表2　　　　　　　　　武汉市社区网格员分布情况

	四分位数		
	P25	P50	P75
社区网格员	1.00	2.00	6.00

由此可见武汉市社区网格员配置中位数仅为2，绝大部分社区网格员配额在1~6名，社区服务资源配置不够标准化，绝对配置量较小。

（二）疫情期武汉市社区服务量分析

疫情期间"四类人"病例是社区的重点服务对象，也是社区网格员服务量评估的重要参照标准。依据武汉市每日确诊、疑似、密接人数变动趋势，可将武汉市疫情发展划分为三个阶段：疫情发展期（1月23

日—2月4日），疫情平稳期（2月5日—2月19日），疫情低位期（2月20日—3月7日）。基于国家卫健委、武汉市卫健委发布的每日疫情通报，结合武汉市防疫指挥部社区疫情感染调查报告，综合分析武汉市社区服务量配比情况，评估武汉市疫情期间不同阶段社区负担服务量。

1. 疫情发展期社区抗疫人员服务比

疫情发展阶段处于疫情初期，武汉市每日确诊病例增长，社区作为衔接救治供需的主要中间节点，对接复杂的救治需求与医疗资源挤兑下的救治空间，抗疫整体工作处于摸索状态。社区救治和防控主力为常态期社区服务人员，具体服务项目包括摸清社区人员留汉、离汉及居家隔离基本情况，通过电话、微邻里软件、上门等确定社区人员检测及就诊需求，联动基层社区医疗机构，确诊患者密切接触者如家庭成员的登记工作，确诊患者离开小区后的消杀工作等，此时社区工作内容以公共卫生内容为主，具有明显的疾控性质，工作人员储备在应对工作量上具有缺口（见表3）。

表3　　　　　　　　疫情发展期社区网格员服务比①

服务比＼服务对象	新增确诊病例
网格员服务比	2.65

2. 疫情平稳期社区抗疫人员服务比

疫情平稳阶段为疫情发展中位运行期，等待检测隔离点、新冠肺炎定点医院、方舱医院准备完毕，社区处于各类隔离和救治机构的分流点和抗疫前沿关口，全面实施社区适度封闭式管理，强化属地责任、强化社区防控，完善上门摸排等工作。社区在进行疫情防控同时还负担社区

---

① 数据来源：国家卫健委每日疫情通报，武汉市社区人力资源数据报表以及武汉市疾病控制中心系统。

居民生活保障（如辖区居民物资需求、团购需求的整合和对接工作，非新冠肺炎患者的药品代购、转送救治的保障工作等），服务对象比第一阶段覆盖更为广泛。此时社区工作具有明显的疾控和公共服务双重属性，在战疫最紧张的时候，基层社区承担着繁重的疫情防控工作，指挥部落实的"人员下沉"策略及时充实了社区疫情防控力量、协助网格员进行疫情防控，极大缓解了社区网格员负担（见表4），下沉的各级政府党员干部、各行各业志愿者将社会治理的协同性发挥明显。

表4　　　　　　　　　　　疫情平稳期服务比①

服务比＼服务对象	新增确诊病例	重症患者
网格员服务比	0.64	0.18
协管、安保下沉人员服务比	3.22	0.88
社区抗疫人员服务比	3.86	1.06

3. 疫情低位期社区抗疫人员服务比

疫情低位期为疫情控制阶段，新增确诊病例数平稳下降，社区防控工作有条不紊，除坚持把握抗击疫情的重心外，武汉市社区各项策略加强了对社区居民的保障服务。具体服务内容包括协助非新冠肺炎人员复诊求诊，普通居民生活物资组织购买，爱心菜等补助物资发放，孤寡老人、留守儿童等弱势群体生活如看护及理发、上门帮扶等，同时为武汉市政府的复工复产准备政策提供境外、市外返汉的行政审批协助，在各类下沉人员协助下，社区服务人员不足现象基本消失（见表5）。此阶段社区工作内容具有明显的社会公益性、行政许可性，社会治理的协同性、全链性更加明显。

---

① 数据来源：国家卫健委每日疫情通报，武汉市社区人力资源数据报表以及武汉市疾病控制中心系统。

表5　　　　　　　　　　疫情低位期服务比①

服务对象 服务比	新增确诊	新增疑似	重症患者	发热患者	老年两病患者
网格员服务比	5.69	6.29	0.23	0.61	0.005
下沉人员服务比	76.93	84.91	3.17	8.22	0.07
社区抗疫人员	82.62	91.2	3.40	8.83	0.075

三、武汉市社区应对突发公共卫生事件的问题与经验

我国社区本质是基层群众自治制度，作为我国的四项基本政治制度之一，在国家治理的"细胞层"发挥着重要的功能。随着我国特色社会主义事业进入新时代，基层自治在新时代中国国家治理与地方治理中的重要性日益提升。社区治理即社区基层党组织、基层政府、社会组织、社区居民等主体，依据法律、法规及社区公约、规范等要求，通过协商对社区公共事务进行有效管理，实现社区和谐发展的各种活动。此次新冠肺炎疫情期间基层的重要性得到深刻彰显，作为决战的基础防线和抗击疫情的前沿关口，社区负有排查应收尽收、酒店隔离、方舱医院的名额争取、转运转诊陪车的衔接、出院手续经办等连接需求和救治的巨大工作。据国家卫健委统计，2017年全国医护比为0.9，然而疫情平稳期仅武汉市社区网格员面对新增确诊病例的服务比低至0.64，武汉市社区网格员的抗疫服务负担较重。此时社区楼栋物业承担了部分社区的商业服务功能，依据中国小区平均人口数并结合小区平均入住率上限，参照物业专业体系配置基准研究成果，可计算出小区物业服务比为0.19，社区网格员都呈现出人力资源紧张状态，因此社区防线思路正确，但准备和基础薄弱，社区疫情初期应对多项健康需求面临较大压力

---

① 数据来源：国家卫健委每日疫情通报，武汉市社区人力资源数据报表以及武汉市疾病控制中心系统。

和问题。

(一) 社区工作职能法理、法规定位不明确

在法律定义上，基层群众自治制度是我国城乡居民以法律法规政策为依据，在城乡基层党组织领导下，在居住地范围内，依托群众自治组织，直接行使民主选举、民主决策、民主管理和民主监督等权利，实行自我管理、自我服务、自我教育、自我监督的制度与实践。社区作为"居委会"的代名词承担着大量行政事务，然而社区的法律地位一直处于模糊的尴尬状态，与基层政府派出机关的法律关系仅以"指导、支持和帮助"等法律原则概括，居民自治的法律规定与社区承接行政职能存在冲突。由于社区法律定位不明确，尤其对于公共卫生方面协调职责缺乏法理支撑，加之社区工作人员的行政编制和相应待遇缺失，因此抗疫前期存在职能缺位现象，依赖若干社区临时性政策进行补充。

(二) 社区人员的单一性与抗疫需求的复杂性错位

湖北省大部分城市包括武汉市，社区网格员由街道办统一考试面试录用，2017年国家人力资源统计数据显示社区聘用人员平均月工资为2700元。与较低薪酬对应的是从业人员的学历和教育水平普遍偏低，社区日常工作的低端重复性使得社区工作人员的工作结构单一，公共卫生领域基础知识匮乏，健康教育水平有限，对防控措施的宣传度和理解度不够完全，疫情期间抗疫工作的统筹安排和落实防控的业务极为复杂烦琐，基层医疗机构技术参与不足，抗疫前期社区薄弱的人资基础应对疫情能力有限。同时部分社区人员法治意识和健康意识不强，存在在疫情低位期过度防疫现象。

以上问题在湖北省其他地市同样存在，襄阳、随州等地也存在着社区人员身兼多职的情况，既要负责新冠肺炎疑似患者的登记和排查，又要肩负起社区辖区内居民生活必需品的代购和发放及社区居民的心理疏导工作，社区原有工作人员配备应对疫情期若干健康需求有限，同时社区服务人员公共卫生相关知识储备不足，行政编制的缺失和法律地位定

义模糊等共同导致社区防控工作开展受限。

四、加快湖北省健康社区建设的建议

新冠肺炎疫情虽然是区别于常态期城市治理的突发公共卫生事件范畴,但从武汉市抗疫实践来看,常态期社区参与城市治理的深度、广度以及健康服务整合程度与社区应对疫情的效率直接相关,即应急治理与常态治理之间有着深刻的强逻辑。应以武汉市社区抗疫问题与成果为切入点,基于社区疫情期应对服务人力资源分析,深度剖析构建湖北省等地方健康社区要素配置,总结社区从公共卫生到民生服务全链条覆盖的经验,提出湖北省健康社区建设为核心的社会治理新模式,以期为后续其他人口规模相近的中部省份城市创新健康社区建设,进而探索城市现代化治理新路径提供参考。从当前疫情防控和健康社区建设的需要,以及中长期城市治理体系需要出发,湖北省"十四五"时期健康社区建设策略可从法律、行政、能力三个方面入手,努力提高社区治理的效率和质量。

(一)法律上解决社区依法防控的适法困境,形成定位明确的顶层架构

社区组织的合法性是社区组织发挥作用的基本前提,为日常生活中社区承担多样化行政工作提供法律和依据,有利于优化社区工作结构,改善我国城市社区部分重大健康服务项目缺失的问题,提高社区人员服务工作开展的积极性,提高社区公共卫生治理水平。加强健康治理有关的法制工作,国家相关部门以健康社区建设为契机,以困境为导向,共同推动社区"法治"的整体建制工作。有关部门和地方政府,在社区健康职能对应的各上位法指导下,相应的下位法应当由碎片化转为系统化,地方法规与地方实际相结合,提高地区行政法规效力,法律上明确社区、社区工作人员、街道办事处及其相互关系,赋予社区明确的治理职能和定位,突出基层医疗机构的重要地位;为社区组织的行政管理部

门明确监督、监管职责；明确公众参与是公共卫生管理的一项基本策略，也是公共卫生目标实现过程中的重要保障机制。

（二）行政上解决社区编制与职位的缺失，形成组织的根本稳固形态

社区组织是具有中国城市特色的治理组织形态。同时治理作为一种结构，理应将重点放在国家与非国家行动者之间组织与制度的安排。社区人员行政地位和其承担的行政事务之间的错位在疫情中凸显。社区转入事业编制的探索与我国事业编制改革目标、基层群众自治制度并不冲突。结合湖北省绝大多数城市社区行政公立性、公益性属性明显的特质，将部分街道、社区表现优异的工作人员转入事业编制，及时设置、落实城市管理网格员、社群健康助理员等国家人力资源社会保障部发布的新职位，将其纳入社区网格员职位配额，在行政意义上使社区和街道办事处共同承担社区工作，激发社区网格员服务工作积极性，实现政府行政模式和社区居民自治的有效衔接，促进社区公共部门更好地扮演社区治理角色；吸收此次下沉策略经验成果，用党建统领社区联防联控和群防群控工作，完善社区卫生健康治理体制，将健康社区创建纳入基层社区公共事务管理范畴，形成社区健康服务考评机制；创办和落实基层社区卫生服务中心建设，改革基层医疗机构绩效考核制度和人才招募标准；社区居民委员会设卫生健康工作委员会，由社区党支部（总支）书记任主任，选聘优秀社区医生进入"两委"，协调社区爱国卫生运动、突发公共卫生应急演练、家庭医生签约服务和居民疾病健康管理等相关工作。

（三）能力上加强社区卫生服务建设，形成健康社区核心的技术基础

明确健康社区链应包括社区公共卫生机构、社区街道管理机构两个主要端口，形成社区公共卫生机构技术支撑、社区行政管理机构协调托底，小区物业单位辅助联动的社区健康网，将基层医疗机构纳入健康社

区治理主体；设立"全科医生专项工程"和家庭医生签约服务，推进社区医防融合，引导优质资源下沉；借鉴疫情期社区、定点医院、方舱联动经验，加快分级诊疗制度建设，强化基层首诊和转诊制度完善；借鉴典型地方后疫情期"城市大脑"的探索，建立健康医疗大数据中心，将居民的就医信息、体检信息、购药信息、第三方机构检验信息等个人健康监测信息动态整合，推进数据下沉社区，实现"互联网+"的健康社区医共体建设；发挥医保杠杆作用，建立门诊统筹基金，通过基金预算管理，鼓励患者就近就医用药；整合财政基本公共卫生经费，以家庭为单元、按人头付费，引导居民有序就医。切实转变基层社区医疗服务内容和服务模式，在公共卫生体系中发挥社区医疗机构的重要基层作用。

课题负责人： 张欲晓　武汉大学健康学院副研究员、博士、博士后
课题组成员： 孟洁洁　胡琪雯　邱久芸　曹沛宇　程　蕾

湖北省环境规制对绿色全要素生产率影响研究

张司飞　孙逸昕　张　硕

近年来，我国高投入、高消耗、高污染的外延型经济增长方式使大量资源被消耗、环境被破坏，成为制约经济和社会可持续发展的关键因素。面对经济与生态发展不协调的问题，党中央、国务院围绕"生态文明建设"和"绿色发展"出台了一系列重大决策部署。2012年，党的十八大做出"大力推进生态文明建设"的战略决策；2015年，"增强生态文明建设"写入五年规划，"绿色发展理念"被提出；2016年，习近平总书记在推动长江经济带发展的座谈会上提出"走生态优先、绿色发展之路"；2017年，党的十九大指出"加快生态文明体制改革，建设美丽中国"；2018年，"生态文明建设"写入宪法；2019年全国"两会"，习近平总书记指出："保护生态环境和发展经济从根本上讲是有机统一、相辅相成的。一句话，'绿水青山就是金山银山'。"坚持走以生态优先、绿色发展为导向的高质量发展新路，是处理好发展与环保的根本之策。

位于长江经济带"龙腰"重点部位的湖北省，被赋予寻求创新性绿色发展机制的使命。虽然湖北省当前对环境保护的重视力度空前，但主要污染物排放量仍远高于环境容量，推进绿色发展尤为重要。绿色发展要求以节约资源和保护环境为宗旨，从经济学本质上讲是绿色全要素生产率的持续改善，① 故绿色全要素生产率成为新常态下实现高质量经

---

① 温湖炜，周凤秀. 环境规制与中国省域绿色全要素生产率——兼论对《环境保护税法》实施的启示［J］. 干旱区资源与环境，2019，33（2）：9-15.

济和节能减排协调发展的必然要求。① 生态环境部在 2019 年公布了《中国经济生态生产总值核算发展报告》，其中建立了经济-生态生产总值综合计算体系，该体系不仅考虑了生产活动的经济价值和生态环境为经济发展所提供的绿色环境福利，也将经济活动产生的生态环境污染和破坏纳入其中，并提出该体系完备后会作为地方政府政绩评估的参考指标之一。由此可见，绿色全要素生产率不仅是权衡经济发展和资源环境保护的关键点，也将成为湖北省发展的重要努力方向。

目前，湖北省急需从资源能源消耗型向生产率和技术拉动型的模式发展，且环境规制的不断增强可能会对湖北省绿色全要素生产率产生影响。分析研究湖北省环境规制对绿色全要素生产率的影响具有重要意义。

一、湖北省生态环境治理现状

在被誉为"千湖之省"的湖北省，星罗棋布的湖泊像散落的珍珠，被交错的河流编织成引人入胜的水乡泽国风光。水质一直是生态环境的重要指标，2010 年后湖北省总体水质逐渐恶化；2013 年湖北省加强了水环境监测治理，水质状况稳步好转；2018 年湖北省开展八大行动"全力打好碧水保卫战"，总体水质从良好转优。2019 年，湖北省优良水质比例为 86%，仅主要湖泊存在轻度污染。空气状况和湖北省人民的健康生活息息相关，湖北省环境空气质量持续改善但不容乐观。2019 年湖北省环境空气质量优良天数比例为 77.7%，主要污染物排放量和单位 GDP 二氧化碳排放量持续下降，提前一年完成"十三五"国家下达的空气质量改善的目标。但湖北省 17 个重点城市中，仅神农架林区和恩施自治州达到《环境空气质量标准》，其他城市在 PM10、PM2.5、臭氧等空气污染物方面超标，襄阳、武汉空气质量较差，襄阳重污染发

---

① 陈诗一. 中国的绿色工业革命：基于环境全要素生产率视角的解释（1980—2008）[J]. 经济研究，2010（11）：21-34.

生情况最差。

整体生态环境状况方面，根据《生态环境状况评价技术规范》，湖北省生态环境状况指数（EI）为70.50，生态环境状况为良好（EI≥75为优，55≤EI<75为良）。从各地区来看，神农架林区（80.62）、恩施州（78.54）、宜昌市（77.97）、十堰市（76.32）和咸宁市（75.44）生态环境状况较好。上述5个地区的生态环境状况指数值均高于湖北省生态环境状况指数值，生态环境状况均为优，占湖北省国土总面积的44.07%；其余地区生态环境状况均为良，占湖北省国土总面积的55.93%。生态环境状况指数最低的地区分别为潜江市（57.35）、仙桃市（57.20）和天门市（56.70）[1]。

生态环境的持续改善受益于湖北省有力的环境规制措施。近年来，湖北省大力践行习近平生态文明思想，积极落实湖北省委、省政府《关于大力加强生态文明建设的意见》，扎实推进污染防治攻坚战，切实抓好长江大保护，强化生态环境监管执法，深入开展生态文明体制改革创新，以高水平的保护推动高质量的发展，生态环境质量总体保持巩固改善，增加了人民群众的环境获得感、幸福感、安全感。

湖北省环境规制举措主要包括以下几点。一是聚焦蓝天、碧水、净土污染防治攻坚战。目前湖北省已经围绕加快产业结构优化升级，推动能源结构优化调整，工业、生活、农业、航运污染"四源齐控"，推动《土壤污染防治法》贯彻落实等具体任务助力蓝天保卫战，推进"水环境、水资源、水生态"的协同共治以及改善全省土壤环境质量。二是切实抓好长江大保护。湖北省统筹长江大保护"十大标志性战役"和长江保护修复攻坚战"八大专项行动"，持续开展"绿盾"专项行动，在全国率先完成长江入河排污口航测任务，全面完成"三磷"企业环境问题排查，"四个三"重大生态工程进展顺利。三是用足"三线一单"的抓手。湖北省开展生态保护红线、环境质量底线、资源利用上线和环境准入负面清单的编制。湖北省共有1200多个管控单元，通过

---

[1] 数据来源于湖北省生态环境厅环境数据。

空间管控,推动区域与规划环评落地,把资源、环境承载力与发展协调起来,从源头解决环境污染与破坏问题。四是制定出台《湖北省清江流域水生态环境保护条例》《湖北省固体废物环境违法行为举报奖励暂行办法(试行)》《湖北省表面涂装(汽车制造业)挥发性有机物排放标准》《湖北省印刷行业挥发性有机物排放标准》等一批规范性文件和技术标准,进一步健全和完善湖北省生态环境治理体系。五是用心深化"放管服"改革。湖北省在严格依法监管的同时,完善环保政务服务"一张网"建设,严禁生态环保"一刀切",加强对企业法律、技术、项目、管理的生态环保指导和服务,切实维护企业的合法权益,打造公平高效的营商环境,促进企业健康、安全、清洁、可持续发展。

二、绿色全要素生产率与环境规制文献回顾

(一)绿色全要素生产率的应用

索罗提出全要素生产率(TFP)的分析框架后,传统全要素生产率被广泛运用于新古典增长的核算。但传统 TFP 只考虑了资本和劳动要素,没有考虑与绿色发展息息相关的资源消耗和环境污染等投入、产出要素。Chung 等(1995)最先思考排放的污染物对社会所造成的危害,并建议把污染排放当作"坏"的产出纳入全要素生产率的分析体系。[1] 同时,部分学者开始在传统全要素生产率分析基础上将资源作为投入要素纳入全要素生产率核算框架体系,以反映除资本、劳动要素以外的经济增长来源。这类考虑了资源和环境因素约束、能体现绿色发展理念和生态文明要求的新型全要素生产率逐渐被定义为绿色全要素生产率(GTFP)。绿色全要素生产率能反映去除能源消耗和环境污染后的真实的生产率。因此,测算 GTFP 成为衡量加入环境约束后的经济增长的有

---

[1] Chung Y. H., R. Färe, S. Grosskopf. Productivity and undesirable outputs: a directional distance function approach [J]. Microeconomics, 1995, 51 (3): 229-240.

效方法。

学者们对绿色全要素生产率已有大量应用研究。通过分析绿色全要素生产率的空间异质性、关联性和机理性，学者们发现我国绿色经济效益具有明显的区域异质性，东部地区绿色效率较高，中部地区次之（汪克亮，杨力等，2012；车磊，白永平等，2018；陈瑶，2018；孙欣等，2019）。很多因素直接或间接地影响绿色全要素生产率，比如技术创新对绿色全要素生产率的提高通常具有促进作用（宋马林和王舒鸿，2013；万伦来和朱琴，2013；张江雪等，2015；岳鸿飞，2018；袁宝龙和李琛，2018；吴传清和邓明亮，2019），其他因素有公众参与（高艺等，2020）、生产性服务业集聚（陈晓峰，2020）、外商直接投资（赵明亮，刘芳毅等，2020）、交通基础设施（徐海成，徐思等，2020）、产业结构优化（张国庆，闫慧贞，2020）等。

聚焦湖北省绿色全要素生产率的研究同样颇多。汪朝阳（2017）利用索洛余值法和状态空间模型估计了湖北省绿色全要素生产率，发现环境污染对湖北省经济影响大，湖北经济绿色转型压力巨大。[①] 张虎和宫舒文（2017）聚焦于湖北省工业，采用 DEA-Malmquist 指数法测度了湖北省工业绿色全要素生产率，通过方差分解发现从长期来看产业结构及科研创新是工业绿色发展和转型的重要驱动力。[②] 同样运用 DEA-Malmquist 指数法，秦臻等（2019）测算了中部地区六省的绿色全要素生产率，发现湖北省绿色全要素生产率处于较低水平。[③] 姜旭等（2019）基于湖北省，运用 SBM-DEA 模型和动态面板广义矩估计（GMM），发现土地出让市场化促进的产业结构高度化正向发展对绿色

[①] 汪朝阳. 湖北绿色全要素生产率的估算与分析［J］. 统计与决策，2017，20(28)：113-116.

[②] 张虎，宫舒文. 基于 DEA-Malmquist 的工业绿色全要素生产率测算及分析——以湖北省为例［J］. 江西师范大学学报（自然科学版），2017，41(5)：529-534.

[③] 秦臻，倪艳，孙亚杰. 湖北省绿色全要素生产率测算及影响因素分析［J］. 统计与决策，2019，35(12)：139-142.

全要素生产率有提升作用。①

(二) 环境规制与绿色全要素生产率

环境问题很多时候必须通过政府制定环境规制政策对利益体进行调节，才能保证环境与经济协调发展 (Callan S. J. T. J. M.，1996)。环境规制是解决环境污染外部性的有效途径，主要包括制定相关法规和征收环境税费。环境规制与绿色全要素生产率之间的影响机理在学术研究中主要有以下三种观点。

第一种观点是环境规制增加了经济主体额外的治污减排成本，会对绿色全要素生产率产生消极作用，即遵循成本说。具体而言，企业投入更多资源治理污染或采用更清洁的原材料来满足规定的环境标准，侵占了原来用于研发和生产性投资的资金，拖累了企业的技术进步，降低了企业收益率，抑制了绿色全要素生产率的增加。② Zárate-Marco (2012)、李春米和魏玮 (2014)、蒋林萍 (2016) 的研究也证实了这一想法。孙玉环和刘宁宁 (2018) 发现适当加强环境规制产生的创新补偿效应不足以弥补企业因此产生的规制遵循成本，致使全要素生产率降低。第二种观点是在环境规制工具恰当、强度合理的情况下，能够致使经济主体主动创造新产品、引进绿色技术，并以此更新原有的经营管理方式，从而促进绿色全要素生产率的提高，即创新补偿说。具体而言，先进的技术和管理方式会使企业获得比之前更多的利润，企业因环境规制产生的成本会得到弥补甚至产生更多收益。Domazlicky 和 Weber (2004)、Zhang (2011)、Dong 等 (2015)、郭妍和张立光 (2015)、陈超凡等 (2018) 的研究验证了环境规制对绿色全要素生产率的改善作用。第三种观点是两者之间的影响关系不确定。Ricci 等 (2011) 研究

---

① 姜旭，卢新海，龚梦琪. 土地出让市场化、产业结构优化与城市绿色全要素生产率——基于湖北省的实证研究 [J]. 中国土地科学，2019，33 (5)：50-59.

② Christainsen G. B.，R. H. Haveman. The contribution of environmental regulations to the slowdown in productivity growth [J]. Journal of Environmental Economics & Management，1981，8 (4)：381-390.

发现环境规制对绿色全要素生产率短期产生直接负向效应，长期有促进作用。殷宝庆（2012）从行业异质性的视角出发，发现环境规制与绿色全要素生产率整体呈现"U"形趋势。蔡乌赶和周小亮（2017）考虑环境规制种类的异质性，发现命令控制型、自愿型、市场激励型环境规制效果不同。

本文将基于学者们的相关研究，聚焦于湖北省，测算湖北省绿色全要素生产率，分析湖北省绿色全要素生产率和环境规制的现状，研究环境规制对绿色全要素生产率的潜在影响。

三、湖北省绿色全要素生产率测算及现状分析

（一）绿色全要素生产率测算模型

数据包络分析（DEA）是近年来测算效率的主要方法之一，DEA模型利用线性规划原理构造一个生产前沿面，估计产出距离函数，对具有可比性的同类型生产决策单位进行相对有效的评价。在湖北省绿色全要素生产率的测算中，每一个城市是一个生产决策单位，通过所有城市的数据确定每一个时期生产的最佳前沿。

利用 Chambers（1996）的 Malmquist-Luenberger 生产率指标（ML指数）可以完成对湖北省绿色全要素生产率的测算及分解。[①] ML指数的核心思想是使用距离函数的比率来计算投入产出效率。测算绿色全要素生产率要构建从 t 到 $t+1$ 时期考虑非期望产出的 ML 指数，参考相关研究（杜海东，关伟等，2017）对 SBM 方向性距离函数进行线性规划求解[②]，得到第 t 期到第 $t+1$ 期的 ML 指数及其分解见式（1）。

[①] Chambers R.G., X.R.F. Ure, S. Grosskopf. Productivity growth in APEC countries [J]. Pacific Economic Review, 1996, 1 (3): 181-190.

[②] 杜海东，关伟，王嵩，等. 我国海洋科技进步贡献率效率研究——基于索罗和三阶段 DEA 混合模型 [J]. 海洋开发与管理, 2017, 34 (4): 70-80.

$$ML = \frac{1 + D_0^{t+1}(x^{t+1}, y^{t+1}, z^{t+1})}{1 + D_0^t(x^t, y^t, z^t)} \times$$

$$\left\{ \frac{1 + D_0^t(x^{t+1}, y^{t+1}, z^{t+1})}{1 + D_0^{t+1}(x^{t+1}, y^{t+1}, z^{t+1})} \times \frac{1 + \overrightarrow{D_0^t}(x^t, y^t, z^t)}{1 + \overrightarrow{D_0^{t+1}}(x^t, y^t, z^t)} \right\}^{\frac{1}{2}}$$

$$= TC \times (PEC \times SEC)$$

$$= TC \times EC \quad (1)$$

x^t、y^t、z^t 分别表示 t 时期的投入、期望产出和非期望产出，x^{t+1}、y^{t+1}、z^{t+1} 分别表示 $t+1$ 时期的投入、期望产出和非期望产出。$D_0^t(x^t, y^t, z^t)$、$D_0^{t+1}(x^t, y^t, z^t)$ 分别表示 t 时期和 $t+1$ 时期考虑非期望产出时决策单元的距离函数。ML 指数可分解为技术进步指数和技术效率变化指数，技术进步指数表示相同投入在不同时期的最优产出水平之比，而技术效率指数表示不同时期的实际产出水平与各自最优产出水平的距离之比。TC 表示技术进步，PEC 表示纯技术效率变化，SEC 表示规模效率变化，EC 为 PEC 和 SEC 之积，表示技术效率变化。

（二）数据与指标选择

把湖北省 2000—2018 年 12 个地级城市每年的绿色经济发展状况看作独立的决策单元（DMU），测算 2001—2018 年①湖北省绿色全要素生产率。投入和产出指标数据来源于《中国城市统计年鉴》《湖北统计年鉴》《湖北省国民经济与社会发展统计公报》、湖北省各城市统计年鉴等。

传统全要素生产率在测算过程中基本不考虑资源投入，而绿色全要素生产率需要考虑经济、环境与资源的和谐统一，因此评价指标的选取既要考虑经济要素，又要兼顾环境及资源要素。选取变量指标如下：

---

① 《中国城市统计年鉴》《湖北统计年鉴》等未发布 2019 年的数据，本研究报告数据统计截至 2018 年。

(1) 劳动投入。选择各城市的从业人员数量作为劳动投入,单位为万人。

(2) 资本投入。用"永续盘存法"估算的各城市的资本存量来衡量,根据王小鲁等(2000)、单豪杰(2008)的计算方法估算出资本存量,单位为亿元。

(3) 资源投入。在生产活动中能源资源的消耗具有明显的中间投入品性质,因此将能源资源投入作为非期望产出(污染排放)的重要来源。本文基于数据的可得性选取了城市用电量,单位为千瓦时。

(4) 期望产出。参考其他学者的研究,① 本文选择地区生产总值来衡量各城市的期望产出。以各城市国内生产总值指数为折算系数,计算出各年以1998年为基期的不变价的地区生产总值,单位为亿元。

(5) 非期望产出。国内外相关研究大多使用某一个或几个具体的污染指标作为非期望产出指标(李斌等,2013;张建清,付利苹等,2016;周四军等,2017)。本文选择工业SO_2排放量和工业废水排放量作为非期望产出指标,避免单一污染物指标可能带来的误差。变量指标汇总如表1所示。

表1　　　　　　　　绿色全要素生产率评价指标体系

变量		指标
投入变量	劳动投入	从业人员数量(单位:万人)
	资本投入	资本存量(单位:亿元)
	资源投入	城市用电量(单位:千瓦时)
产出变量	期望产出	地区生产总值(单位:亿元)
	非期望产出	工业SO_2排放量(单位:万吨)
		工业废水排放量(单位:万吨)

---

① 王星,盖美,王嵩. 山东省区域碳排放绩效评价[J]. 资源开发与市场,2017,33(2):150-155.

(三) 绿色全要素生产率变动及分解

用 DEAP2.1 软件测算湖北省 2001—2018 年绿色全要素生产率变动,并分解为绿色技术进步和绿色技术效率变化。统计结果如表 2、图 1、表 3 所示。

1. 湖北省 2001—2018 年绿色全要素生产率及分解

表 2 统计了湖北省 2001—2018 年绿色全要素生产率及分解。将绿色全要素生产率(TFP)、绿色技术进步(TC)、绿色技术效率变化(EC)绘制成图 1,可以更加直观地观察到三项指标的变化规律。

表 2　　　湖北省 2001—2018 年绿色全要素生产率及分解

年份	绿色 TFP	绿色 TC	绿色 EC	传统 TFP	绿色 TFP 变动
2001—2002	0.627	0.615	1.019	0.961	-0.373
2002—2003	0.983	0.992	0.991	1.006	-0.017
2003—2004	0.793	0.837	0.948	0.920	-0.207
2004—2005	1.050	1.000	1.050	1.076	0.050
2005—2006	1.008	0.983	1.025	0.991	0.008
2006—2007	0.973	0.964	1.009	1.018	-0.027
2007—2008	0.953	0.976	0.976	1.027	0.047
2008—2009	0.987	0.965	1.023	1.026	-0.013
2009—2010	1.005	1.033	0.973	0.998	0.005
2010—2011	0.888	0.901	0.986	1.036	-0.112
2011—2012	1.202	1.170	1.027	1.191	0.202
2012—2013	0.876	0.874	1.002	1.132	-0.124
2013—2014	0.956	0.937	1.020	1.102	-0.044
2014—2015	0.924	0.926	0.998	1.098	-0.076
2015—2016	0.995	0.998	0.997	1.010	-0.005
2016—2017	0.694	0.703	0.987	1.119	-0.306

续表

年份	绿色 TFP	绿色 TC	绿色 EC	传统 TFP	绿色 TFP 变动
2017—2018	0.486	0.509	0.954	1.051	−0.514
均值	0.904	0.905	0.999	1.045	−0.096

资料来源：根据测算结果整理。

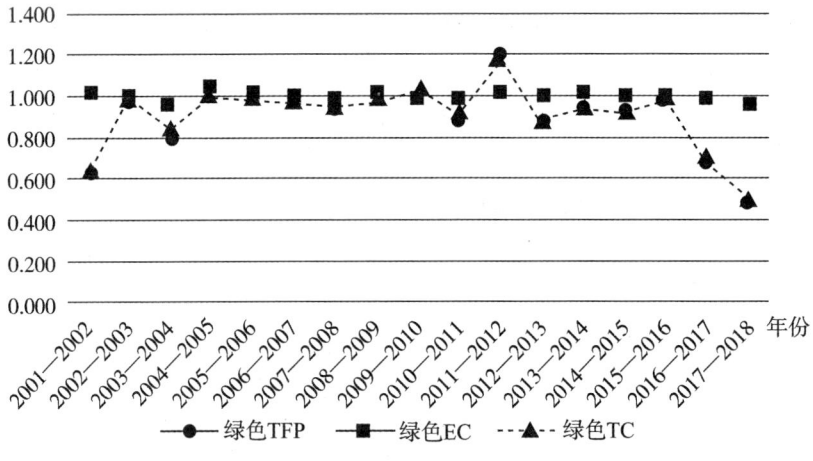

图1 湖北省2001—2018年绿色全要素生产率及分解

如表2所示，2001—2018年湖北省绿色全要素生产率均值为0.904，最大值1.202，最小值0.486。在测算的17个时期中，仅有4个时期绿色全要素生产率大于1，大部分时期绿色全要素生产率小于1，表明湖北省绿色全要素生产率下降多于增加。2001—2005年绿色TFP增加明显，2015—2018年绿色TFP下降明显，其余时期，绿色TFP围绕1小幅波动，增加、下降趋势均处于较小范围。对比传统全要素生产率均值1.045，绿色全要素生产率较低，且17个时期内仅有2个时期的绿色全要素生产率大于传统全要素生产率。由此可见，考虑到环境资源投入产出后，全要素生产率有所下降。

将绿色全要素生产率分解为绿色技术进步和绿色技术效率变化，如表2第三列和第四列所示。绿色技术效率变化普遍比绿色技术进步大，且技术进步指数较小，说明湖北省在提高绿色全要素生产率的过程中技术进步存在缺陷。技术效率变化围绕 1 发生微小且稳定的变动，说明湖北省各时期产出水平良好，十分接近最优产出水平；而技术进步波动较大，说明湖北省绿色技术进步不能稳定地增长提升。

如图 1 所示，湖北省绿色全要素生产率（TFP）与绿色技术进步（TC）的变化趋于同步，表现出较强的正相关关系，而绿色技术效率变化（EC）围绕 1 小幅波动，说明湖北省绿色全要素生产率的变动主要是依靠绿色技术进步拉动，也受到绿色技术退步制约，在 2001—2018 年平均受到 9.5% 的制约。

基于以上现象，可以认为湖北省绿色全要素生产率发展不足的主要原因是不足且不稳定的绿色技术进步。湖北省具有较强的人力资本和研发环境，以发明专利为衡量指标的技术创新一直处于上升趋势且位于全国前列，但在绿色技术方面的科研创新却存在不足。因此，湖北省在推进经济高质量发展进程中，应该从传统的要素投资驱动向技术驱动转变，注重绿色全要素生产率的提升。应继续加大绿色技术创新，在产业转型升级过程中加强绿色科技研发，大力支持发展绿色产业，构建产业文明，增强资源循环利用等绿色科技的运用。力求以绿色技术带动劳动、资本、资源的投入，创造更多经济价值和社会效益。

2. 湖北省地级市绿色全要素生产率及分解

表 3 统计了湖北省 12 个地级市的绿色全要素生产率、绿色技术进步、绿色技术效率变化和传统全要素生产率在 2001—2018 年的平均值。

表 3　　　　　　　　湖北省地级市绿色全要素生产率及分解

城市	绿色 TFP	绿色 TC	绿色 EC	传统 TFP
武汉市	0.985	0.985	1.000	1.241
黄石市	0.820	0.820	1.000	1.004
十堰市	0.835	0.835	1.000	1.089
宜昌市	0.954	0.954	1.000	1.107

续表

城市	绿色 TFP	绿色 TC	绿色 EC	传统 TFP
襄阳市	0.914	0.914	1.000	1.098
鄂州市	0.929	0.929	1.000	0.977
荆门市	0.882	0.885	0.997	0.994
孝感市	0.835	0.838	0.997	0.998
荆州市	0.826	0.815	1.013	1.105
黄冈市	0.862	0.880	0.979	1.008
咸宁市	0.910	0.921	0.988	0.986
随州市	0.919	0.906	1.014	0.964

资料来源：根据测算结果整理。

湖北省12个地级市的绿色全要素生产率平均值均小于1，处于较低的水平。相比之下，有7个城市的传统全要素生产率大于1，且所有城市的绿色全要素生产率均低于传统全要素生产率，表明加入资源环境的投入产出后，绿色全要素生产率变得不足。

绿色全要素生产率分解为绿色技术进步和绿色技术效率变化后，12个城市中有8个城市的绿色技术效率平均值为1，表明实际产出水平与各自最优产出水平相比恰到好处。其余城市的技术效率变化指数和1仅有微小差异，表明所有城市的实际产出水平整体上接近最优产出水平。所有城市的技术进步指数平均值均小于1，表明绿色技术创新存在不足，说明湖北省应加强在绿色生产技术方面的研发。武汉市的技术进步指数在湖北省处于最高水平，其次是宜昌市、鄂州市，而荆州市、黄石市、十堰市的技术进步较为落后。

四、湖北省环境规制测度及现状

（一）环境规制的测度

目前，关于环境规制的测度尚无统一的标准，现有研究中较常使用的代理变量有：工业治污费用的投入比重（李小平，卢现祥等，2012）、废水排放达标率、二氧化硫和烟尘去除率、固体废物综合利用率等污染排放的处理程度（李玲和陶锋，2012）、环境污染治理投资额、工业污染投资额（郑思齐，万广华等，2013；张娟，耿弘等，2019）、人均收入（陆旸，2009）。对于污染排放的治理效果，就是地方政府环境规制的强度。本文从环境规制治理效果的综合视角考虑，借鉴 Javorcik 和 Wei（2001）的测度方法，① 使用单位产量的污染物排放来衡量环境规制的强度，既能够反映各城市的经济效益，也能够反映各城市政府对企业污染排放的控制力度。具体测度方法见式（2）。

$$eri_{it} = \frac{i\text{年}i\text{地区工业}SO_2\text{排放量} + i\text{年}i\text{地区工业废水排放量}}{2 \times i\text{年}i\text{地区的实际地区生产总值}} \quad (2)$$

为了后续实证分析过程的方便，将该指数做倒数计算，得到 $ERI_{it} = 1/eri_{it}$，ERI_{it} 越大，表示每一单位的地区生产总值所排放的二氧化硫和废水越少，环境规制强度越大。选取工业二氧化硫和工业废水排放量基于以下原因：一是我国政府和决策机关把减少二氧化硫的排放作为环境保护"十一五""十二五"规划中最重要的目标之一；二是我国以煤烟型为主的能源结构，导致二氧化硫成为主要的大气污染；三是湖北省位于长江经济带中游，长江废水流入量达全国的40%。

（二）湖北省环境规制状况

图 2 描绘了湖北省 12 个地级市 2001—2018 年环境规制强度趋势，环境规制强度用百分比表示。图 3 展现出湖北省各地级市 2001—2018 年平均环境规制强度。

如图 2 所示，湖北省 12 个地级市环境规制强度均呈上升趋势，环境规制逐年严格。2010 年之前，各城市环境规制强度普遍不高，尽管当时"推进可持续发展"已被提出，但相较于经济发展质量，湖北省

---

① Javorcik B. S., S. J. Wei. Pollution havens and foreign direct investment: dirty secret or popular myth? [J]. Contributions in Economic Analysis & Policy, 2005, 3 (2): 1244-1247.

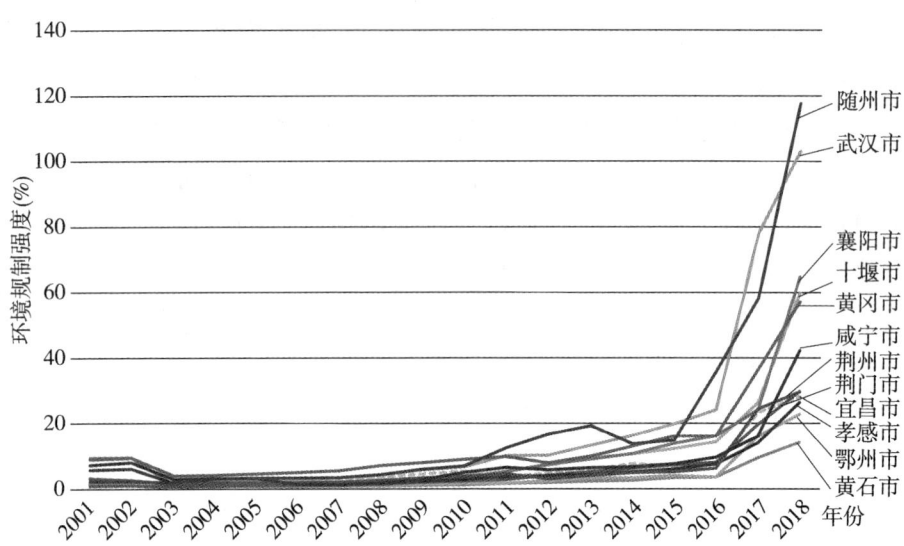

图2 2001—2018年湖北省12个地级市环境规制强度趋势
资料来源：根据测算结果绘制。

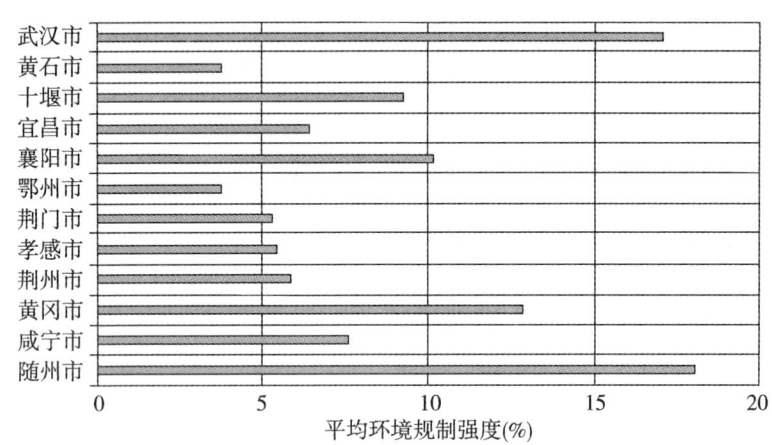

图3 2001—2018年湖北省12个地级市平均环境规制强度
资料来源：根据测算结果绘制。

更加追求经济增长速度。此时，湖北省主要发展有比较优势的能源和制造业，污染物排放控制和环境规制力度普遍不足。2010年后，随着湖北省不断转变经济增长方式，更加重视经济发展和生态保护的协调以及可持续发展，湖北省各城市环境规制逐渐加强。2012年党的十八大提出"大力推进生态文明建设"的战略决策，纳入"五位一体"总体布局后，湖北省环境规制力度开始明显增强。尤其近年来，随着"绿色发展理念"和"推动经济高质量发展"的提出，湖北省进一步加大了对污染的治理强度，环境规制力度显著增强。

近年来，生态文明建设的持续推进促使湖北省更加重视经济的绿色发展，采取更加严苛的环境规制。2016年，习近平总书记提出长江经济带应坚持"共抓大保护、不搞大开发"的发展要求。2017年中央经济工作会议指出，推进长江经济带发展要以生态优先、绿色发展为引领。同年，党的十九大提出坚决打赢"污染防治攻坚战"。2018年4月，习近平总书记在武汉召开长江经济带发展座谈会，提出要把握"五个关系"，以长江经济带发展推动经济高质量发展。2019年，习近平总书记以"四个一"强调生态文明建设的重要性。同时，十九届一中、二中、三中、四中全会对坚持和完善生态文明制度体系不断提出新要求。湖北省作为依托长江建设发展的省份，在全国经济社会发展大局中占据重要位置，成为推动我国经济社会可持续发展的重要基础与新动能，应是践行创新、协调、绿色、开放、共享五大新发展理念的典型示范。近年来湖北省显著加强环境规制，更加重视绿色发展，推进产业文明，不断追求经济高质量发展、可持续发展。

图3展现了湖北省各地级市2001—2018年平均环境规制强度。结合图2和图3，随州市、武汉市、黄冈市环境规制强度较大，襄阳市、十堰市次之，而黄石市、鄂州市环境规制强度较小。这表现出湖北省各城市对环境治理、绿色发展的重视程度不同、举措力度存在差异。我国经济已由高速增长阶段转向高质量发展阶段，加快推进生态文明建设、促进绿色发展需要每一座城市的共同努力，黄石市、鄂州市等环境规制力度较弱的城市应跟紧经济可持续发展步伐，加快推进经济增长方式转变，采取更加绿色、可持续的方式促进经济发展，找寻经济发展和生态文明的平衡点，探寻新的经济发展模式。

五、湖北省环境规制对绿色全要素生产率影响的实证分析

(一) 变量选取与数据来源

本文选取2001—2018年这一期间湖北省12个地级市的相关数据，绿色全要素生产率和环境规制变量已在前文中做出详细解释，其他的实证基础数据，如外商直接投资额、地区生产总值、第二产业产值、年末常住人口数和高等学校大学生人数等均来自《中国城市统计年鉴》《湖北统计年鉴》、湖北省各城市历年统计年鉴与统计公报等。

控制变量包括以下几个。

(1) 外商直接投资（FDI），用实际利用外资金额与地区生产总值的比值度量。一方面外商直接投资可以内部化实现技术转移，带来外部经济，促进全要素生产率提升①；另一方面较低强度的环境规制会成为发达国家的"污染避难所"。②

(2) 人力资本（EDU），利用高等学校大学生人数衡量。理论上一个地区的人才资本储备是创新的关键因素，对技术的消化吸收、模仿示范以及自主创新都离不开各种类型人才，人力资本作为知识受体及传播与推动技术进步的主体，对GTFP的提升至关重要。

(3) 城市产业结构（STRU），利用第二产业占GDP比值衡量。

(4) 地区经济发展水平（PGDP），用人均GDP表示。

表4列举出以上变量指标取对数的描述性统计。湖北省城市间的经

---

① 刘凤朝，潘雄锋. 中国技术市场发展与经济增长关系的实证研究［J］. 科学学研究，2006（1）：62-66.

② 张中元，赵国庆. FDI、环境规制与技术进步——基于中国省级数据的实证分析［J］. 数量经济技术经济研究，2012（4）：19-32. 尹飞霄，朱英明. 环境规制对中国对外直接投资的影响——基于中国省际动态面板数据的实证分析［J］. 技术经济，2017（9）：106-113.

济发展水平、人力资本储备具有较大差距。以人力资本为例，各城市高等学校在校大学生平均人数的最大值是最小值的 120 倍，① 可见不同城市在技术研发和技术创新方面实力相差甚远。

表4　　　　　　　　　　变量指标描述性统计

变量	衡量指标	符号	均值	标准差	最小值	最大值
被解释变量	绿色全要素生产率（CCR 模型）	$lnGTFP_{CCR}$	-0.053	0.095	-0.374	0
	绿色全要素生产率（全局 ML）	$lnGTFP_{ML}$	-0.842	0.672	-3.377	0.634
	绿色全要素生产率变化（ML 指数）	lnML	-0.119	0.293	-1.456	1.014
	绿色技术进步	lnTC	-0.118	0.266	-1.448	1.013
	绿色技术效率变化	lnEC	-0.001	0.897	-0.362	0.374
解释变量	环境规制	lnERI	1.493	1.109	-0.808	4.768
	技术创新	lnTI	6.121	1.749	1.386	10.793
控制变量	外商直接投资	lnFDI	0.286	0.781	-2.258	2.151
	产业结构	lnSTRU	3.851	0.155	3.432	4.133
	人力资本	lnEDU	10.412	1.277	5.707	13.781
	经济发展水平	lnPDGP	0.641	0.863	-1.058	2.754

资料来源：由 stata13 整理所得。

（二）平稳性检验

在对面板数据进行回归之前，必须保证数据是平稳的，防止出现伪回归的问题，因此对所有数据进行单位根检验。单位根检验按照不同的原假设有不同的方法，进行 LLC 检验、Breitung 检验、IPS 检验的结果

---

① 此时的最大值和最小值是未取对数的原始值。

如表5所示。变量数据全部通过了LLC检验,且Breitung检验、IPS检验效果也较好。

表5 面板数据单位根检验

变量	水平统计量		
	LLC检验	Breitung检验	IPS检验
$lnGTFP_{CCR}$	−2.9151***	−4.6571***	−3.6497***
$lnGTFP_{ML}$	−1.7035**	−1.0270	−1.8126**
lnML	−3.7493***	−7.0824***	−7.0164***
lnTC	−1.7534**	−6.3739***	−5.9017***
lnEC	−7.0098***	−5.6730***	−7.4910***
lnERI(T−1)	−7.5701***	0.3994	−2.6770***
lnTI	−3.8751***	−1.6974**	−3.2947***
lnFDI	−1.6722**	−1.8871**	0.5717
lnSTRU	−1.8219**	−1.3562*	1.4583
lnEDU	−3.8449***	−1.0943	−3.4095***
lnPDGP	−12.6758***	−3.3455***	−4.4782***

注：***、**和*分别表示在1%、5%和10%的水平上显著。
资料来源：由stata13整理所得。

(三) 实证分析

1. 环境规制对绿色全要素生产率及其变化的影响

根据前文对绿色全要素生产率和环境规制的测算描述及理论基础,探讨基于湖北省的面板数据,环境规制对绿色全要素生产率及其变化率的影响。应用DEAP2.1软件采用DEA-CCR模型测算2001—2018年湖北省12个城市的绿色全要素生产率,即假设独立决策单元(DMU)处于固定规模报酬情形下的总效率,用$lnGTFP_{CCR}$表示。绿色全要素生产率的变化率依照前文应用ML指数。基于学者的相关研究,环境规制对绿色全要素生产率的影响可能存在线性关系，也可能存在倒"N"形非线性关系。因此，两种关系分别设定模型如下。

$$\ln \text{GTFP}_{\text{CCRit}}/\ln \text{ML}_{it} = a_0 + a_1 \ln \text{ERI}_{it-1} + \sum \text{control} + \varepsilon_{it} + \mu_i + v_t \tag{3}$$

$$\ln \text{GTFP}_{\text{CCRit}}/\ln \text{ML}_{it} = a_0 + a_1 \ln \text{ERI}_{it-1} + a_2 \ln \text{ERI}_{it-1}^2 + a_3 \ln \text{ERI}_{it-1}^3 + \sum \text{control} + \varepsilon_{it} + \mu_i + v_t \tag{4}$$

其中 i 表示城市，t 表示年份，GTFP_{CCR} 表示绿色全要素生产率，ML 表示绿色全要素生产率的变化率，ERI 为核心解释变量环境规制，$\sum \text{control}$ 表示控制变量的集合，a_0 为常数项，ε_{it} 为随机干扰项，μ_i 为个体效应，v_t 为时间效应。为了降低模型设定存在的异方差、多重共线性等问题引起的误差，将方程中所有变量取对数。环境规制和绿色全要素生产率之间可能因为存在双向因果关系而产生内生性问题，一般利用工具变量解决。以往的研究表明引入内生变量滞后项可以有效避免因遗漏变量以及内生变量本身带来的内生性问题（宋文飞，李国平等，2014），因此将环境规制滞后一期作为工具变量。

进一步将 ML 指数分解为绿色技术进步（TC）和绿色技术效率变化（EC），探究环境规制的影响。设定模型如式（5）。

$$\ln \text{TC}_{it}/\ln \text{EC}_{it} = b_0 + b_1 \ln \text{ERI}_{it-1} + \sum \text{control} + \varepsilon_{it} + \mu_i + v_t \tag{5}$$

所有回归均采用双向固定效应，实证结果如表 6 所示。

表6　　　环境规制对绿色全要素生产率及其变化率的影响

被解释变量	(1) $\ln \text{GTFP}_{\text{CCR}}$	(2) $\ln \text{GTFP}_{\text{CCR}}$	(3) lnML	(4) lnML	(5) lnTC	(6) lnEC
lnERI	-0.0567**	-0.0559*	-0.315***	-0.285***	-0.268***	-0.0475**
	(0.0222)	(0.0260)	(0.0483)	(0.0568)	(0.0402)	(0.0182)
lnERI²		-1.43e-05		-0.000109		
		(3.80e-05)		(0.000130)		

续表

被解释变量	(1) $\ln GTFP_{CCR}$	(2) $\ln GTFP_{CCR}$	(3) lnML	(4) lnML	(5) lnTC	(6) lnEC
$lnERI^3$		1.58e-07		9.87e-07		
		(3.08e-07)		(1.17e-06)		
lnFDI	-0.0156	-0.0166	0.174***	0.171***	0.158***	0.0160
	(0.0178)	(0.0176)	(0.0398)	(0.0375)	(0.0353)	(0.0136)
lnSTRU	-0.0280	-0.0253	-0.285	-0.305	-0.179	-0.106*
	(0.0890)	(0.0984)	(0.235)	(0.199)	(0.221)	(0.0537)
lnEDU	-0.0337*	-0.0340*	0.0712	0.0691	0.131***	-0.0594*
	(0.0167)	(0.0169)	(0.0489)	(0.0479)	(0.0375)	(0.0283)
lnPGDP	0.0888**	0.0890**	0.357***	0.344***	0.266***	0.0906***
	(0.0356)	(0.0350)	(0.0867)	(0.0903)	(0.0703)	(0.0282)
Constant	0.438	0.431	0.428	0.506	-0.606	1.033**
	(0.333)	(0.373)	(1.129)	(1.028)	(0.983)	(0.416)
控制变量	是	是	是	是	是	是
城市固定效应	是	是	是	是	是	是
年份固定效应	是	是	是	是	是	是
观测值	216	216	216	216	216	216
R^2	0.143	0.148	0.424	0.432	0.442	0.073
城市数量	12	12	12	12	12	12

注：①括号内为纠正了异方差后的 t 值；② ***、**和*分别表示在1%、5%和10%的水平上显著。

资料来源：由stata13回归结果整理。

表6第（1）列和第（2）列表示环境规制对DEA-CCR模型测度的绿色全要素生产率的回归结果，第（3）列至第（6）列显示环境规制对绿色全要素生产率变化的影响，第（3）列和第（4）列针对ML指数，第（5）列针对绿色技术进步，第（6）列针对绿色技术效率变化。第（1）列和第（2）列环境规制对DEA-CCR模型测度的绿色全要素生

产率回归的 R_2 较小，基本不具备解释说明能力，表明环境规制对 CCR 绿色全要素生产率本身没有影响。而第（3）列和第（4）列中，环境规制对绿色全要素生产率的变化率即 ML 指数具备解释能力。两列结果中，环境规制的一次项都对 ML 指数产生强烈的负向影响，在1%水平上显著且系数绝对值较大。这说明就湖北省而言，环境规制的增强并没有很好地促进绿色全要素生产率的提高，环境规制对企业的绿色生产率造成了消极影响。这可能是由于环境规制采取收取"环境税""排污费"，制定法规标准等强制性措施，极大地增加了企业的治污成本，而非通过企业源头减量化、加强绿色技术创新等方式达到环境标准。同时，这凸显了环境规制强度和绿色经济发展之间的不平衡，随着湖北省各城市环境规制强度的陡然上升，企业可能无法适应急剧加强的环境规制，不能及时转变生产方式。相较于第（3）列，第（4）列加入环境规制的二次方项、三次方项，由此发现应用于湖北省面板数据，环境规制对绿色全要素生产率变化没有非线性关系。同时，控制变量对绿色全要素生产率的变化产生一定影响，外商直接投资产生1%水平的正向显著影响，表明投资对全要素生产率的强烈驱动作用。经济发展水平同样在1%水平上产生显著正向影响，且系数较大，表明经济发展水平和绿色发展之间相适应是十分重要的。

作为 ML 指数的分解指标，环境规制对绿色技术进步和绿色技术效率变化影响不同，根据 R^2 判断环境规制对技术效率变化没有解释能力。对于绿色技术进步，环境规制在1%水平上产生显著负向影响，说明湖北省环境规制措施没有促进生产企业革新绿色技术，企业可能将更多费用投入治理污染，使表面上尽可能达到环境标准，而非进行了生产方式绿色化转型。外商直接投资、人力资本的投入和经济发展水平均在1%水平上对绿色技术进步产生显著促进作用，这与预期一致，也说明湖北省在投资环境、劳动力活力和经济发展环境方面状况良好。

湖北省的情况基本印证了"遵循成本说"，即环境规制增加了经济主体额外的治污减排成本，对绿色全要素生产率产生消极作用。企业投入更多资源治理污染或采用更清洁的原材料来满足规定的环境标准，侵占了原来用于研发和生产性投资的资金,拖累了企业的技术进步,降低了企业收益率,抑制了绿色全要素生产率(Christainsen, G. B. and Havenman, R. H., 1981)。

2. 环境规制对绿色全要素生产率影响的中介效应

在前文的理论作用机制分析中,已经探讨了环境规制可能会对绿色全要素生产率产生直接或间接的影响;在绿色全要素生产率指数的分解实证中,也已证明绿色全要素生产率的变化主要来自绿色技术进步的变化。因此进一步将技术创新作为中介变量来考虑环境规制对绿色全要素生产率的间接影响。

根据前文实证检验结果,环境规制对绿色全要素生产率的影响集中于变化率(ML 指数),所以在中介效应的分析中借鉴邱斌等(2008)的方法,将初始年份 2001 年的绿色全要素生产率设定为 1,之后每年的绿色全要素生产率将 ML 指数相乘即可得到。使用 ML 指数构造的绿色全要素生产率,用 $\ln\text{GTFP}_{\text{ML}}$ 表示,全局 ML 指数具有传递性特征,即 $\text{ML}_t^{t+1} \times \text{ML}_{t+1}^{t+2} = \text{ML}_t^{t+2}$。首先,将环境规制对 ML 指数测度的绿色全要素生产率回归如下:

$$\ln\text{GTFP}_{\text{ML}_{it}} = a_0 + a_1 \ln\text{ERI}_{it-1} + \sum \text{control} + \varepsilon_{it} + \mu_i + v_t \quad (6)$$

之后,参考温忠麟等(2014)提出的中介效应检验方法,建立如下中介效应模型,其中 TI 表示中介变量技术创新。

$$\ln\text{TI}_{it} = b_0 + b_1 \ln\text{ERI}_{it-1} + \sum \text{control} + \varepsilon_{it} + \mu_i + v_t \quad (7)$$

$$\ln\text{GTFP}_{it} = c_0 + c_1 \ln\text{ERI}_{it-1} + c_2 \ln\text{TI}_{it} + \sum \text{control} + \varepsilon_{it} + \mu_i + v_t$$
$$(8)$$

中介效应模型能够具体解释自变量环境规制对因变量绿色全要素生产率的影响机制,这个影响能够从环境规制对绿色全要素生产率的直接影响和环境规制通过中介变量技术创新对绿色全要素生产率产生的间接影响这两个方面展开介绍。首先,对 ERI 和 GTFP 进行回归建立式(6),检验回归系数 a_1 的显著性;其次,建立 ERI 对 TI 的回归公式(7),检验回归系数 b_1 的显著性;再将 ERI 和 TI 对 GTFP 进行回归如公式（8），检验系数 c_1 的显著性。如果 a_1、b_1、c_2 均显著，则是中介效应显著。在存在中介效应的情况下，如果 c_1 不显著，就说明此时的中介效应是完全中介效应；如果 c_1 显著，则表示此时的中介效应是部分中介效应。但在实证检验中，完全中介效应的情况很少出现，当结果显示为完全中介效应时，就排除了其他中介变量存在的可能性（Pituch, K. A. and Whittaker, T. A., et al., 2005）。

表7　　　　　环境规制对绿色全要素生产率的中介效应

被解释变量	模型（1）$\ln GTFP_{ML}$	模型（2）$\ln TI$	模型（3）$\ln GTFP_{ML}$
lnERI	-0.429***	0.769***	-0.382***
	(0.0990)	(0.0830)	(0.0958)
lnTI			0.041**
			(0.136)
lnFDI	0.122	-0.263*	0.113
	(0.136)	(0.120)	(0.123)
lnSTRU	-0.262	1.968	-0.224
	(0.599)	(1.138)	(0.623)
lnEDU	-0.166	1.074***	-0.125
	(0.0927)	(0.327)	(0.0989)
lnPGDP	0.319		0.352**
	(0.193)		(0.324)
Constant	2.297	-13.72**	3.405
	(2.830)	(4.754)	(3.260)
控制变量	是	是	是
城市固定效应	是	是	是
年份固定效应	是	是	是
观测值	216	216	216

续表

被解释变量	模型（1） lnGTFP$_{ML}$	模型（2） lnTI	模型（3） lnGTFP$_{ML}$
R^2	0.399	0.827	0.495
城市数量	12	12	12

注：①括号内为纠正了异方差后的 t 值；② *** 、** 和 * 分别表示在1%、5%和10%的水平上显著。

资料来源：根据stata13回归结果整理。

环境规制、技术创新和绿色全要素生产率的中介效应估计结果如表7所示，从模型（1）发现，采用ML指数测度的绿色全要素生产率依旧受到环境规制的显著负向影响，系数为-0.429，在1%水平上显著。模型（2）的回归结果检验了环境规制对技术创新的影响，影响系数为0.769且高水平显著，说明环境规制强度的增加能够让企业主动进行技术创新。在模型（3）中，环境规制系数正负性与模型（1）一致且显著，技术创新的影响系数在5%水平上显著为正，说明技术创新在环境规制与绿色全要素生产率之间存在显著的中介效应，且为部分中介效应。这表明，在环境规制影响绿色全要素生产率的过程中，技术创新扮演着重要的中介作用，表现出环境规制→技术创新→绿色全要素生产率的传导机制。从控制变量看，人力资本水平系数对技术创新为正且显著，表明目前湖北省的人力结构比较适应技术创新需要。就经济发展水平而言，其影响系数为0.352且在1%水平下显著，说明经济发展水平能够有效地促进绿色全要素生产率的提高。

综合湖北省环境规制对绿色全要素生产率的直接影响和中介效应，可以得出结论：湖北省环境规制增强对绿色全要素生产率提高产生消极影响，主要原因是其拖累了企业技术进步；湖北省环境规制增强能促进技术创新，间接促进绿色全要素生产率提高，但目前这种"创新补偿效应"不能完全弥补"遵循成本效应"，环境规制依然制约绿色全要素生产率，湖北省环境规制没有完全激发企业的技术创新。

（四）空间相关性问题

考虑到湖北省绿色全要素生产率、环境规制和技术创新是否会产生空间效应，需要对空间相关性进行检验。以绿色全要素生产率为例，一方面，当某一个城市绿色全要素生产率提高的时候，周围城市看到这一现状后，会学习相应措施并做出改变以提高自身的绿色全要素生产率，这是模仿效应；另一方面，当周围城市绿色全要素生产率提高的时候，自然而然会产生技术溢出，进而对本城市的绿色全要素生产率产生促进作用，这是溢出效应。以上两种是产生正向的空间溢出，但也可能存在搭便车和将本城市的污染物排放至其他城市的现象，导致不能有效带动周围城市绿色全要素生产率的增长。

引入地理距离权重矩阵和经济地理权重矩阵，利用 Moran's I 指数对湖北省 12 个地级市 2001—2018 年的绿色全要素生产率、环境规制和技术创新进行空间相关性检验。检验结果表示，湖北省绿色全要素生产率、环境规制和技术创新整体上空间相关性不强，仅 2009 年、2013 年、2014 年、2017 年的绿色全要素生产率和技术创新表现出显著的空间竞争性，其他年份各项指标均无空间相关性。

六、结论及政策建议

在生态优先，绿色发展的背景下，本文结合湖北省现状探讨了环境规制对绿色全要素生产率的影响，以期为湖北省推进经济高质量发展进程中环境规制的制定提供科学的经验依据。研究发现：（1）湖北省绿色全要素生产率水平较低，主要受制于技术进步的缺陷。（2）湖北省各城市绿色全要素生产率存在较大差异，绿色技术效率水平均较高，绿色技术进步方面或多或少均存在缺陷。（3）湖北省各城市环境规制强度近五年显著增强。（4）湖北省环境规制对绿色全要素生产率的变化率及技术进步产生不利影响，环境规制和绿色生产存在不相适应的问题。(5) 在环境规制对绿色全要素生产率影响过程中，技术创新具有显著正向中介效应，湖北省加强环境规制产生的创新补偿效应不足以弥补企业因此产生的规制遵循成本，湖北省环境规制没有完全激发企业技术创新。

根据上述研究结论，本文认为实现绿色全要素生产率的提高需要同时以生态环保和技术创新为抓手。应从环境规制和技术创新两个角度同时采取措施促进湖北省的绿色全要素生产率。

第一，因地制宜设置合理的环境规制强度。首先，湖北省各地区相关部门要根据当地资源损耗、环境污染、技术创新水平及产业所处发展阶段进行多方面的综合评估和考虑再制定相应的环境规制。因为环境规制所带来的经济效益会在各地区之间表现出不同的效果。其次，要防止盲目增强环境规制强度给企业带来沉重的成本负担，防止高成本投入制约企业的技术创新。政府部门一定要认识到环境规制强度设置的宗旨是激励企业进行技术创新，让湖北省的企业从"末端处理"向"系统治理"转变，积极主动地进行节能减排。同时，政府要创新环境税、排污权交易等环境规制的方式，例如我国生态环境部进行环境保护制度创新，设立全国碳排放权交易市场，以市场机制的方式对温室气体的排放进行管制。

第二，激发企业创新创造活力，以技术创新引领绿色发展。湖北省在推进经济高质量发展进程中，应从传统的要素投资驱动向技术驱动转变，力求以绿色技术带动劳动、资本、资源的投入，创造更多经济价值和社会效益。要提高湖北省企业对治污技术的重视程度，增加企业绿色技术创新的投入，增强资源循环利用等绿色科技的运用。政府应大力支持发展绿色产业，提高绿色化和低碳化产业在湖北省的战略地位，重点发展高端制造业和新能源产业，通过增强技术创新能力来推动绿色全要素生产率的提高。各地市要利用各自资源禀赋进行优势互补，创新绿色工业技术，然后通过产业技术转移和合作带动湖北省整体的绿色技术创新，共建绿色技术创新体系，实现湖北省的绿色发展。

第三，推进资源型产业生态化。产业生态化是实现经济可持续发展的有效途径。推动末端治理策略向源头减量化、清洁生产等预防性策略转变，可以更好地促进经济可持续发展。应当在湖北省整体构建绿色低碳循环发展产业体系和清洁低碳、安全高效的现代能源体系，延长绿色产业链，创造新的经济增长点。生态工业园区内，企业和企业之间密切合作，合理循环利用当地资源，实现经济获利、环境改善和产业发展的多重目标。同时，企业行为与产业生态观存在有效互动的逻辑可能，引导企业基于合理的经济动机最广泛地参与产业生态实践，是产业生态观普及的关键。

报告撰稿人： 张司飞　武汉大学中国中部发展研究院副研究员、硕士研究生导师
　　　　　　　孙逸昕　武汉大学中国中部发展研究院硕士研究生
　　　　　　　张　硕　安永（中国）企业咨询有限公司深圳分公司

湖北省上市公司发展现状与对策建议

黎苑楚 陈丹 李磊

上市公司作为引领区域发展的关键少数，对地方产业与经济发展具有重要支撑作用。近年来，湖北省高度重视上市公司的培育与发展，先后出台了《省人民政府关于进一步推进企业上市工作的意见》（鄂政发〔2018〕17号）等政策意见，从后备资源培育、扶持力度、服务体系等方面对湖北上市企业培育工作进行了部署。2019年，湖北省A股上市公司数量在全国排名从2018年的第11位提升至第10位，与湖南省并列。本文重点从上市公司数量、规模、经营情况、资本市场利用、研发投入等方面对湖北省上市公司发展情况进行了分析，并就湖北省上市公司发展存在的问题进行了剖析，提出了促进湖北省上市公司高质量发展的对策建议。

一、湖北上市公司基本情况[①]

（一）上市公司数量

截至2019年12月31日，湖北省上市公司数量总计121家，其中境内A股上市公司105家，B股上市公司3家，境外上市公司16家，

[①] 为更好了解湖北省上市公司在全国发展水平，本文主要选取了两个经济发达省份（广东、浙江）和四个上市公司发展水平与湖北省相当的中西部省份（湖南、四川、河南、安徽）的上市公司的相关指标进行了参照对比分析。本文数据主要来源于wind数据库，上市公司行业分类标准为证监会分类标准。本文的研究对象为境内A股上市的105家湖北省上市公司，其中上市公司市值等相关数据的选取时间截至2019年12月31日。

有1家公司（长飞光纤）在A股、港股两地上市，2家公司（华新水泥、安道麦）同时在A股、B股上市。剔除多地上市及在美股退市的企业，湖北共有上市公司121家。

过去十年，湖北省A股上市公司数量从2010年的71家增长至2019年的105家，增长率为57.8%。同期全国上市公司数量从2010年的2010家增长至3756家，增长率高达86.9%。湖北省上市公司数量增长水平较全国同期增幅存在一定差距（见图1）。

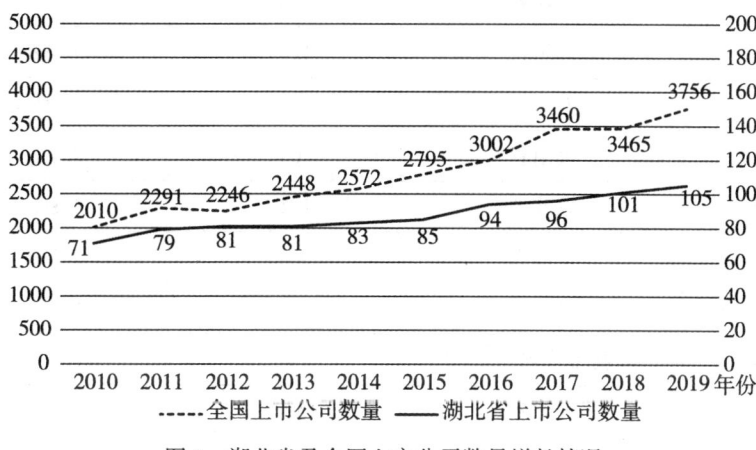

图1　湖北省及全国上市公司数量增长情况

1. 全国排名情况

截至2019年12月31日，全国A股上市公司数量共3756家，①，湖北省105家，占比2.8%，与湖南省并列排名第10位（见表1）。

表1　　　　　　　　2019年全国上市公司数量分布情况

排名	省份	数量	占比
1	广东省	614	16.3%

---

① 全国上市公司数量选取时间截至2020年7月11日，若未来有退市企业，可能数量会有增减。

续表

排名	省份	数量	占比
2	浙江省	457	12.2%
3	江苏省	423	11.3%
4	北京市	343	9.1%
5	上海市	301	8.0%
6	山东省	210	5.6%
7	福建省	138	3.7%
8	四川省	126	3.4%
9	安徽省	107	2.8%
10	湖南省	105	2.8%
10	**湖北省**	**105**	**2.8%**
12	河南省	81	2.2%
13	辽宁省	73	1.9%
14	新疆维吾尔自治区	57	1.5%
15	河北省	57	1.5%
16	其他	559	14.9%
	总计	3756	100%

2. 资本市场分布情况

2019年，湖北省共有5家企业实现在境内外资本市场上市（4家在境内上市），其中，"五方光电""奥美医疗"在中小企业板上市，"帝尔激光"在创业板上市，"嘉必优"在科创板上市，"斗鱼"在纳斯达克上市。

截至2019年底，湖北121家上市公司资本市场分布情况为：深圳证券交易所上市公司64家，上海证券交易所42家，美国证券交易所1家，纳斯达克上市公司5家，香港联交所上市公司9家（见表2）。

表2　　　　　　2019年湖北省上市公司资本市场分布情况

序号	上市地点	企业家数
1	深圳证券交易所	64
2	上海证券交易所	42
3	美国证券交易所	1
4	纳斯达克	5
5	香港联交所	9
	总计	121

3. 行业分布情况

湖北省上市公司所处行业分布比较广泛，涵盖了证监会行业分类的10类一级行业。各行业上市公司中，制造业上市公司数量最多，共67家，占比63.8%。批发和零售业上市公司10家，占比9.5%；电力、热力、燃气及水生产和供应业，建筑业上市公司各5家，占比4.8%；其余6个一级行业上市公司18家，共占比17.2%（见表3）。

表3　　　　　　　湖北省上市公司行业分布

序号	所属行业	上市公司数量	占比
1	制造业	67	63.8%
2	批发和零售业	10	9.5%
3	电热燃及水供应业	5	4.8%
4	建筑业	5	4.8%
5	房地产业	4	3.8%
6	运输邮政业	3	2.9%
7	金融业	3	2.9%
8	文体娱乐业	3	2.9%
9	信息技术服务业	3	2.9%

续表

序号	所属行业	上市公司数量	占比
10	公共设施管理业	2	1.9%
	总计	105	100%

(二) 湖北省上市公司规模情况

本节主要从上市公司市值和资产（总资产、净资产）两个方面对湖北省上市公司规模情况进行分析。

1. 总体规模情况

2019年，湖北省A股上市公司数量105家，在全国占比2.8%，排名第10位；上市公司市值总额12469亿元，在全国占比1.9%，排名第11位；上市公司总资产总额17940亿元，在全国占比0.6%，排名第11位；上市公司净资产总额5551亿元，在全国占比1.4%，排名第10位。尽管湖北上市公司规模指标在全国排名与数量排名相当，但市值、总资产与净资产等总额指标在全国的占比明显低于上市公司数量在全国的占比，这表明湖北省上市公司平均规模较小，在全国处于偏低水平（见表4）。

表4　　　　　　　　湖北及参照省份上市公司规模情况

	上市公司数量			市值		
	数量	占比	排名	数值/亿元	占比	排名
湖北省	105	2.8%	10	12469	1.9%	11
湖南省	105	2.8%	10	9939	1.5%	13
四川省	126	3.4%	8	17971	2.8%	8
河南省	81	2.2%	12	9993	1.6%	12
安徽省	107	2.8%	9	13824	2.2%	10
浙江省	457	12.2%	2	46848	7.3%	4
广东省	614	16.3%	1	124308	19.3%	2

续表

	总资产			净资产		
	数值/亿元	占比	排名	数值/亿元	占比	排名
湖北省	17940	0.6%	11	5551	1.4%	10
湖南省	17122	0.6%	13	4448	1.1%	14
四川省	20434	0.7%	10	6083	1.5%	8
河南省	15773	0.6%	14	4217	1.0%	15
安徽省	13939	0.5%	15	5937	1.5%	9
浙江省	79482	2.8%	6	19038	4.7%	4
广东省	328806	11.7%	2	53313	13.1%	2

2. 平均规模情况

2019年，湖北省上市公司平均市值为118.7亿元，为全国平均水平的69%，全国排名第16位；平均总资产170.9亿元，为全国平均水平的23%，排名第19位；平均净资产62.3亿元，为全国平均水平的51%，排名第15位；平均负债率46.9%，排名第18位。相较于规模总量而言，湖北省上市公司平均规模显著低于全国平均水平（见表5）。

表5   湖北省上市公司平均规模比较

	平均市值		平均总资产		平均净资产		平均负债率	
	数值/亿元	排名	数值/亿元	排名	数值/亿元	排名	数值/%	排名
湖北省	118.7	16	170.9	19	62.3	15	46.9%	18
湖南省	94.7	22	163.1	21	59.4	18	44.5%	10
四川省	142.6	7	162.2	22	52.7	21	44.8%	12
河南省	123.4	13	194.7	14	45.6	24	49.3%	24
安徽省	129.2	11	130.3	24	60.6	17	45.6%	14
浙江省	102.5	19	173.9	18	45.6	23	40.5%	3
广东省	202.5	3	535.5	4	101.0	6	44.6%	11
全国	171.2		747.7		121.7		45.5%	

3. 规模增长情况

近三年，湖北省上市公司总市值与平均市值波动较大。2018年受二级市场估值影响，总市值与平均市值均出现显著下降，较上年减少了26.4%。上市公司平均市值为逐年减少趋势，但是2019年增加较为明显，表明湖北省上市公司过往几年在资本市场表现不佳，但2019年增长趋势较好。

近三年，湖北省上市公司总资产及平均总资产均保持相对稳定的增长，但增速逐渐放缓。2019年上市公司总资产达17940亿元，较上年增长率为17.2%。2019年平均总资产171亿元，较上年增长率为12.5%（见图2）。

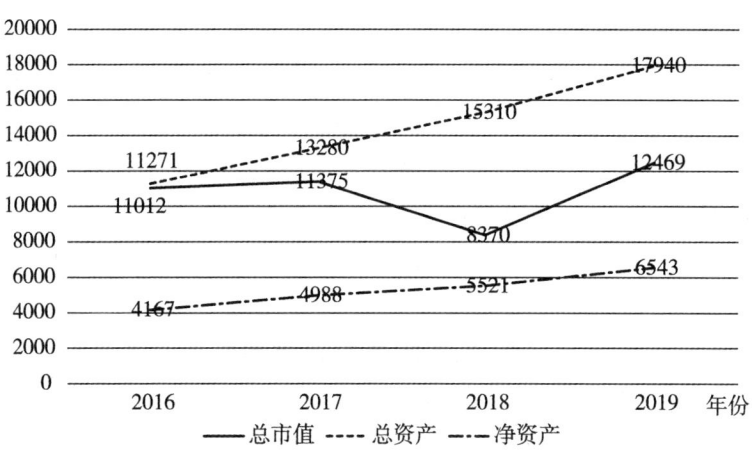

图2 湖北省上市公司总量规模指标变化情况（单位：亿元）

湖北省上市公司净资产总量及平均净资产增长趋势与总资产增长趋势类似，其中2019年增长较快。2019年净资产增长率为18.5%，平均净资产增长率为12.7%。

可见近年来湖北上市公司总资产规模和净资产规模均平稳增加，其中2019年涨幅略高，表明近三年湖北省上市公司规模在逐渐扩大（见图3）。

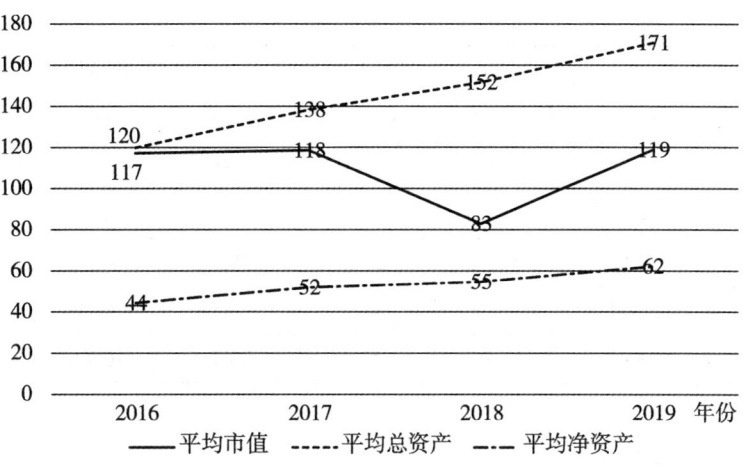

图3 湖北省上市公司平均规模指标变化情况（单位：亿元）

（三）湖北省上市公司经营情况

本节主要从营业收入和扣除非经常性损益后的净利润两个方面对湖北省上市公司的经营情况进行分析。

1. 总体经营情况

截至2019年底，湖北省上市公司实现营业收入总额8653亿元，在全国占比1.7%，排名第10位；扣除非经常性损益后净利润（后文简称扣非后净利润）总额331亿元，在全国占比1.0%，排名第12位。湖北省上市公司收入、净利润均低于全国平均水平，特别是利润占比仅1.0%，表明湖北省上市公司盈利能力显著低于全国平均水平（见表6）。

表6　湖北省上市公司营业收入和净利润比较

	营业收入			扣非后净利润		
	数值/亿元	占比	排名	数值/亿元	占比	排名
湖北省	8653	1.7%	10	331	1.0%	12
湖南省	6235	1.2%	14	214	0.6%	15

续表

	营业收入			扣非后净利润		
	数值/亿元	占比	排名	数值/亿元	占比	排名
四川省	7347	1.5%	13	510	1.5%	9
河南省	5652	1.1%	15	241	0.7%	14
安徽省	9724	1.9%	12	595	1.7%	8
浙江省	25911	5.1%	4	1245	3.7%	4
广东省	69942	13.9%	1	5644	16.6%	2

2. 平均经营情况

2019年,湖北省上市公司平均营业总收入为82.4亿元,为全国平均水平的61.4%,全国排名第16位;平均扣非后净利润3.1亿元,为全国平均水平的34%,排名第16位。相较于其他省份而言,湖北省上市公司平均营收及扣非后净利润排位相对靠前,在全国各省份中处于中游水平(见表7)。

表7　　　湖北省上市公司平均营收和净利润比较

	平均营业总收入		平均扣非后净利润	
	数值/亿元	排名	数值/亿元	排名
湖北省	**82.4**	**16**	**3.1**	**16**
湖南省	59.4	22	2.0	24
四川省	58.3	23	4.1	10
河南省	69.8	19	3.0	17
安徽省	90.9	15	5.6	9
浙江省	56.7	24	2.7	20
广东省	113.9	10	9.2	4
全国	134.2		9.1	

3. 经营增长情况

近三年,湖北省上市公司的营业总收入与平均营收均保持逐年增长的趋势。近三年湖北上市公司数量累计增长 11.7%,营收累计增长 61.7%,营收增长幅度显著高于数量增长幅度。相较 2017 年、2018 年,2019 年上市公司营收增速有所提升,达 19.81%,显著高于过去两年增速(见图 4)。

图 4 湖北省上市公司经营指标变化

近三年,湖北省上市公司扣非后净利润总规模变化幅度较大,2017 年增幅较小,与 2016 年基本持平,2018 年净利润下跌至 214 亿元。2019 年增幅较大,增长约 54.7%。近三年湖北省上市公司平均经营指标增长趋势与总量经营指标增长趋势接近(见图 5)。

(四)湖北省上市公司研发情况

本节主要从湖北上市公司的研发投入和研发投入占营收比例两个方面进行分析。

1. 研发投入总体情况

2019 年年底,湖北省 105 家上市公司中共有 87 家上市公司披露了其研发费用情况,占比 82.9%;全国上市公司中披露研发投入的企业共 3246 家,占比 86.4%,湖北省有研发投入的上市公司数量占比略低

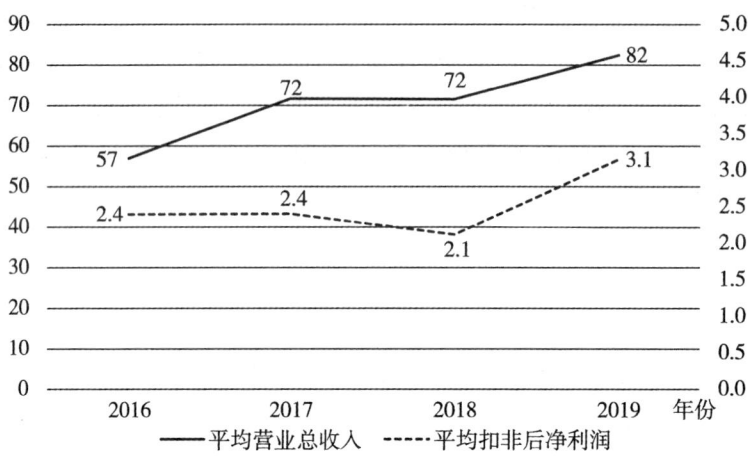

图 5　湖北省上市公司平均经营指标变化

于全国水平。

截至 2019 年 12 月 31 日，湖北省上市公司总研发投入合计达 240 亿元，占全国上市公司研发投入比重为 2.79%，在全国排名第 7 位，在参照的中西部省份中位居第 1；上市公司平均研发投入 2.76 亿元，在全国排名第 7 位；总研发投入占总营收比重为 2.8%，在全国排名第 2 位，在参照的中西部省份中排名第 1 位（见表 8）。

表 8　湖北省上市公司 2019 年研发投入情况

	研发投入			平均研发投入		研发占营收比	
	金额/亿元	全国占比	排名	金额/亿元	排名	研发占营收比	排名
湖北省	240	2.8%	7	2.76	7	2.8%	2
湖南省	150	1.7%	12	1.62	19	2.4%	6
四川省	161	1.9%	11	1.55	20	2.2%	11
河南省	144	1.7%	13	1.92	13	2.5%	4

续表

	研发投入			平均研发投入		研发占营收比	
	金额/亿元	全国占比	排名	金额/亿元	排名	研发占营收比	排名
安徽省	212	2.5%	8	2.26	10	2.2%	12
浙江省	717	8.3%	4	1.69	17	2.8%	3
广东省	1569	18.3%	2	2.81	5	2.2%	8

尽管湖北省总研发投入、平均研发投入、研发投入占营收比例均为全国前10位，但湖北有研发投入上市公司占比低于全国平均水平，湖北上市公司研发投入金额与发达地区相比仍有较大差距。这主要是由于湖北省上市公司中部分上市公司（主要为央企上市公司）的研发投入金额较大，而部分上市公司研发投入较低甚至无研发投入，说明部分湖北上市公司科技创新意识有待进一步加强。

2. 研发投入增长情况

近三年，湖北省上市公司的总研发投入保持稳定的增长，2019年较2018年的研发投入同比增长了33.3%。

2016年至2018年，湖北省上市公司总研发投入占营收比保持在2%左右，三年依次为2.14%、2.12%、2.49%，2019年总研发投入占营业收入比重增加较为明显，达到2.77%，可见近两年湖北省上市公司研发占营收比增长较为迅速（见图6）。

总体来说，湖北省上市公司近三年平均研发投入呈现较为稳定的增长，2019年平均研发投入达2.76亿元，较2018年同比增长26.02%（见图7）。

（五）湖北省上市公司对经济社会影响

1. 上市公司在全国地位情况

截至2019年12月31日，湖北省境内A股上市公司数量105家，在全国占比2.8%；总市值12469亿元，占比1.9%；总资产总规模

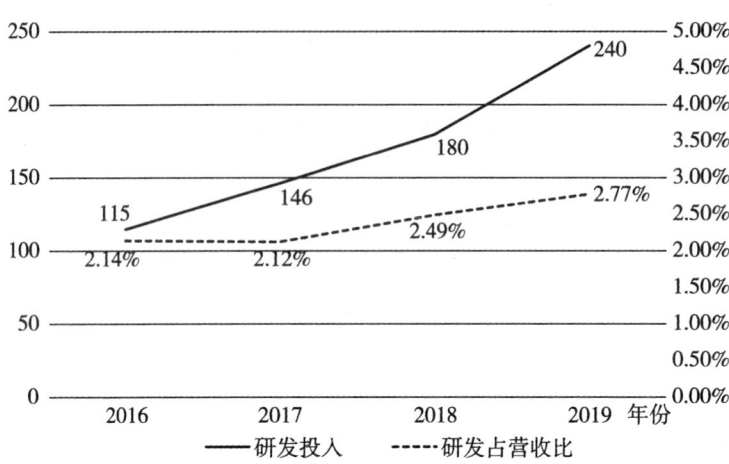

图6 湖北省上市公司研发投入和研发投入占营收比

图7 湖北省上市公司平均研发投入

17940亿元,在全国占比0.6%;净资产总规模5551亿元,在全国占比1.4%;营业收入总规模8653亿元,在全国占比1.7%;扣非后净利润总规模331亿元,在全国占比1%;总研发投入合计240亿元,在全国占比2.79%。

2. 上市公司在湖北经济中的地位

作为省内优秀企业"关键的少数",2019年,湖北省95家境内A股产业类(除去金融业、房地产业、文体娱乐业)上市公司总资产总规模12916亿元,占湖北省15589家同期规模以上工业企业总资产(42224亿元)的30.6%,占2019年湖北省生产总值(45828亿元)的28.2%;营业收入8653亿元,占同期规模以上工业企业销售收入(45662亿元)的18.9%;利润总额331亿元,占湖北省同期规模以上工业企业利润总额(2868亿元)的11.5%(见图8)①。

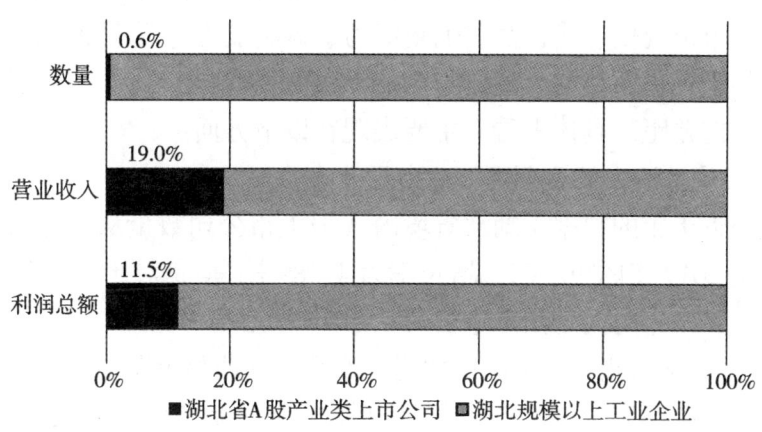

图8 湖北省A股产业类上市公司在湖北规模以上工业企业占比

3. 上市公司对湖北社会贡献情况

(1)就业贡献。

截至2019年年底,湖北省上市公司就业人口60.17万,湖北省总就业人口3548万,上市公司就业贡献占比为1.7%;2019年全国上市公司总就业人口2425.31万,湖北省上市公司就业人口占全国上市公司总就业人口比重为2.5%。截至2019年年底,湖北省常住人口5927万,湖北省上市公司就业人口占湖北省常住人口比重为1%。

---

① 相关数据来源于国家统计局与湖北统计局官网。

（2）税收贡献。

2019年，湖北省境内A股105家上市公司贡献企业所得税共计143.1亿元，占湖北省全年地方财政税收收入5786.9亿元的2.5%。

二、湖北上市公司发展存在问题

上市公司作为地方产业与经济发展的"领头羊"，已成为引领湖北经济转型升级的重要动力"源头"。近年来，省政府对推进企业上市工作日益重视，湖北企业上市工作取得了一定成效。但整体来看，湖北上市公司在市值规模、成长性、创新能力、盈利能力、资本市场运作能力等方面的表现仍不尽如人意，与湖北GDP全国排名第7的"地位"相比存在一定差距。具体来看，主要表现在以下方面。

1. 数量增幅略低于全国、后期增长乏力

纵观近十年的数据，湖北省境内A股上市公司数量从2010年的71家增长至2019年的105家，增长率为47.89%，但是对比全国上市公司数量情况，十年时间全国上市公司从2010家增至3756家，增长率高达86.87%，可见湖北省较全国同期增长水平存在明显差距。

此外，据不完全统计，当前已申报国内主板IPO申请在排队企业（除已发行、终止审查、终止注册外）共2614家，其中湖北仅73家，占比2.79%，与当前湖北上市公司数量在全国占比持平，湖北上市企业可能面临增长乏力、后劲不足的情况。

2. 规模较小，平均市值及资产规模显著偏低

截至2019年12月31日，湖北省上市公司数量105家，在全国占比2.8%，在各省市中排名第10位；湖北省上市公司市值达到12469亿元，在全国占比1.9%，在各省市中排名第11位；总资产总规模17940亿元，在全国占比0.6%，排名第11位；净资产总规模5551亿元，在全国占比1.4%，排名第10位。

2019年，湖北省上市公司平均市值为118.7亿元，全国排名第16位，低于全国平均水平；平均总资产170.9亿元，排名第19位，显著

低于全国平均水平;平均净资产62.3亿元,排名第15位,显著低于全国平均水平;平均负债率46.9%,排名第18位(共32个省市)。

与湖北省GDP在全国排名第7、占比4.62%的情况相比,湖北上市公司市值、资产等规模指标显著低于湖北GDP在全国占比与排名,同时也低于上市公司数量在全国的占比。

3. 经营指标贡献不够突出、成长乏力

湖北省105家上市公司营业收入总规模8653亿元,在全国占比1.7%,在全国各省市中排名第10位;扣除非经常性损益后的净利润总规模331亿元,在全国占比1%,在全国各省市中排名第12位。对比湖北省GDP在全国占比4.38%、上市公司数量在全国占比2.8%的情况,整体来看,湖北省上市公司的总体经营指标在全国的占比和贡献均不高。

近年来,湖北省上市公司成长性总体一般,两极分化较为严重。据万德数据,2019年湖北主板上市公司净利润增长率分别为53.5%,在中西部对比省份中位居第一。而2019年湖北中小企业板上市公司和创业板上市公司净利润增长率分别为1.46%和-98.59%,在中西部对比省份中位居下游,可见湖北省主板上市公司整体盈利能力较强,成长明显,而中小企业板和创业板上市公司盈利能力较弱,盈利增长缓慢甚至下降。

4. 创新投入与创新能力两极分化,多数上市公司创新能力不高

2019年,湖北省105家上市公司中共有87家上市公司披露了其研发费用,占比为82.9%;全国上市公司中披露研发投入的企业有3246家,占比86.4%,表明湖北省有研发投入的上市公司占比低于全国平均水平。

2019年,湖北省上市公司总研发投入合计达240亿元,占全国上市公司研发投入比重为2.8%,在全国各省市中排名第7位;上市公司平均研发投入2.76亿元,在全国各省市中排名第7位;研发投入占营收比达2.8%,在全国排名第2位。尽管湖北省上市公司研发投入总量不低,但本课题组深入研究表明,湖北上市公司研发投入的主要来源为中央国有上市公司,其他所有制上市公司,特别是地方国有上市公司研

发投入显著偏低。湖北省央企上市公司以19.1%的数量占比创造了54.23%的研发投入；而地方国有上市公司数量占比14.29%，其研发投入仅占比6.53%。

2018年湖北省上市公司专利总数5934件，占湖北省专利总量的6.19%，而湖北省专利总量占全国专利总量的4.04%。2016—2018年湖北省103家上市公司软件著作权共467件，其中35家公司有软件著作权，软件著作权普及率34%。根据《湖北科技成果产出报告》，除居前的10余家上市公司外，其他公司发明专利授权数不多，许多上市公司还低于湖北省重点企业平均水平。除了武汉邮科院等国企外，掌握"国之重器"的企业较少。根据紫金传媒智库发布的《2018年度中国A股上市公司创新指数500强总榜单》，湖北上榜公司共11家，占比2.2%；其中，制造业创新上市公司（251家）中湖北上榜8家，占比3.19%；其他三家上榜的企业分别属于水利、环境和公共设施管理业，电力、热力、燃气及水生产和供应业，建筑业。湖北省共有19家国家级技术研发中心，但主要集中在大学与研究所，上市公司没有国家级工程研发中心。

5. 结构性矛盾较为突出，急需优化

一是行业结构有待提升。湖北省传统制造业、建筑类上市公司数量最多，高技术含量、高收益的先进制造业、金融类上市公司数量与规模均不大，盈利水平明显低于全国平均水平。

二是所有制结构有待优化，主要体现在以下几个方面。首先湖北省中央上市公司相对数量多、规模大，但其平均经营状况低于全国平均水平。2019年湖北省中央国有企业（数量占比19%）实现湖北省上市公司中39.2%的营业收入（总规模达3391亿元），实现扣非后净利润总规模145.2亿元（占比43.9%）。但湖北中央国有企业平均营业收入（169.5亿元）与平均扣非后净利润（7.3亿元）低于浙江、广东等发达省份及全国平均水平。其次民营上市公司发展质量不高。2019年民营企业市值规模6006.7亿元，占比48.1%；实现营业收入总规模3176.5亿元，占湖北上市公司累计收入的36.7%；实现扣非后净利润总规模95.9亿元,仅占湖北上市公司总扣非后净利润的29%,民营企业整体盈利能力仍显不足。最后,地方国有上市公司数量少、规模小、盈利能力不足,与沿海发达地区存在较大差距。2019年湖北地方国有上市公司市值规模946亿元,占比7.59%,均小于发达地区及全国平均市值规模占比。

三是上市公司区域分布不够均衡、收入贡献不均衡。湖北上市公司在省会城市的数量、规模占比高于发达区域省份和部分中部区域省份,2019年武汉市上市公司实现营业收入总规模4700亿元,占比54.3%,非省会城市上市公司培育工作有待加强。2019年,武汉地区上市公司贡献了湖北省上市公司48.9%的扣非后净利润,低于其数量占比。

6. 利用资本市场不足,手段单一

过去三年,湖北省上市公司增发募资、债券融资、资本市场并购等情况均表现为波动或有所下降的情况。融资方式方面,除增发外,配股、可转债、可交换债等融资均不多。

2019年,湖北省上市公司增发再融资的企业数量及融资规模均大幅上升,共有10家上市公司进行规模为808.73亿元的增发募资,相比而言,2018年共有6家上市公司进行了规模为54亿元的增发募资。2019年,湖北省上市公司发行可转债规模34.6亿元,显著低于2018年的91.6亿元,而全国同期可转债发行规模由2018年的794亿元增长到2019年的2798亿元。2019年共有5家湖北省上市公司进行定增重组,交易总规模609亿元,相较而言,2018年湖北省仅有2家湖北省上市公司进行了定增重组,交易规模203亿元。总体来说,2019年湖北省上市公司利用资本市场规模较小,资金来源较为单一,其中湖北省上市公司股权融资与并购交易规模有了一定的扩张,但是债券融资规模有逐年下降的趋势。可见湖北省上市公司对多层次资本市场利用程度比较低,资本运作意识有待提高,上市公司依托资本市场推进产业整合和转型升级的步伐有待进一步加强。

7. 国际化视野与经营水平有待提高

湖北省上市公司国际化经营水平基本与全国平均水平持平。2019

年，在湖北省 105 家 A 股上市公司中，共有 62 家企业（占比 59.0%）披露了境外营业收入的情况，略低于全国上市公司披露的境外营业收入的情况（占比 60.7%）。2019 年湖北省上市公司实现境外营业收入总规模 1257 亿元，占湖北省上市公司总营业收入的 14.5%。同期，全国上市公司实现境外营业收入总规模 49355.6 亿元，占全国上市公司总营业收入的 9.8%。湖北上市公司的境外营业收入占全国累计境外营业收入的比重为 2.5%。

总体而言，湖北省上市公司国际化经营水平与全国水平持平，但是湖北省上市公司境外业务头部效应较为明显，除了少数头部企业以外，绝大部分湖北省上市公司境外销售能力较弱，境外市场占有率比较低，在国际资本市场上的影响力较低。

三、依托上市公司促进湖北省创新转型发展的对策建议

上市公司是推动湖北实施创新驱动战略的引领者，是推动产业转型升级的示范者，也是带动行业持续成长的产业龙头。由前文可看出，湖北省上市公司作为省内优秀企业的"关键少数"，为湖北的工业经济发展、就业、税收等贡献了重要力量，是湖北省未来转型与高质量发展的重要支撑。通过进一步发挥资本市场作用，加大力度促进企业上市、推动多层次资本市场健康发展，坚持做强存量与做实增量相结合，实现"质量变革、效率变革、动力变革"，是建设金融强省、产业强省、经济强省的重要手段，是新时代推动湖北省高质量发展的重要路径。

（一）进一步加大企业上市力度，做大上市公司基础底盘

当前，湖北省上市公司数量偏少、规模偏低。要进一步加大湖北企业上市的促进力度，做大上市公司数量、规模，做强引领湖北转型发展的底盘。

（1）进一步动员、引导、服务企业上市，做大上市公司数量与规模。

定期组织上市相关培训，引导企业树立现代企业经营理念，立志面向全国、立志做行业龙头、立志走向资本市场。以政府为主体，定期分行业对规模以上企业开展全面调查，及时筛选出符合国家产业政策、主营业务突出、竞争能力较强、经营业绩良好、发展潜力较大、成长性较好的上市后备企业，建立分层次、分行业、分梯队的后备企业资源库。进一步树立服务意识，举各级政府合力，共同解决企业上市过程中遇到的遗留问题，实行特事特办、急事急办，尽快增加湖北上市公司数量。

（2）鼓励兼并重组，实现间接上市。

加大对运作规范、盈利能力较好、仅因其规模较小达不到上市条件的民营企业的关心支持力度，积极引导支持上市公司通过兼并收购等方式实现重组，使部分优质中小民营企业也获得上市发展机会。对通过兼并重组方式实现上市的企业给予一定程度的奖励等政策支持。

（3）强化主体责任，进一步优化上市公司的区域布局与行业布局。

针对县域经济、民营经济发展不足的现状，进一步发挥政府责任主体作用，建立省市推进上市公司成长发展的联动机制，积极落实已有的优惠政策措施，积极引导股权投资机构参与股改，及时完善并出台更具力度、更加精准的上市激励政策。进一步加强政策激励，优化上市阵容，重点推动湖北省十大产业企业上市。在推动优势行业企业上市的同时，积极培育扶持薄弱产业企业走向资本市场。

（二）坚持重点突破，将促进上市公司的创新转型发展作为推进经济转型和高质量发展的突破口和示范支撑

上市公司在区域产业和经济中的占比高、贡献大，要坚持做大增量与做强存量并重，进一步做大做强现有上市公司的规模与竞争力。

（1）建议省经信厅牵头，联合省政府金融局、省科技厅等组成专责部门，共同负责上市公司（产业龙头）相关工作。

设立产业投融资、资本市场研究与资本创新培训学院，定期跟踪湖

北省投融资体系、资本市场发展概况，建立资本市场智库保障。为企业、机关干部提供专业化金融培训服务，为湖北省上市公司培育、资本市场发展与上市公司服务提供人才保障。全面调研湖北省上市公司发展情况，定期跟踪监测上市公司创新发展情况，在了解上市公司发展需求和发展战略的基础上，建立上市公司发展战略与政府产业发展计划的对接机制。

（2）重点依托上市公司创新引领优势，打造中部"产业创新大脑"。

进一步突出上市公司在创新发展中的引领作用，联合大院大所共建研究院等技术创新平台，提升自主创新能力。充分发挥武汉中部智力中心、大学之城、人才之都的优势，制定优惠政策，对接省政府基础研发平台建设计划，开展"上市公司创新平台专项建设行动"，鼓励湖北重点产业类上市公司牵头组织重大项目开发与创新平台，吸引特色行业"头部"上市公司与高校院所，在汉共建市场化化运行的新型研究院，探索"上市公司+新型研究院+孵化+投资"的产业培育模式，将武汉打造为中西部地区的"产业创新大脑"与辐射中心。

（3）支持上市公司实施重大技术创新工程，打造具有全球竞争力的核心龙头企业。

从整体情况来看，湖北省上市公司在自主创新能力和行业附加值上与发达地区相比还存在一定差距，提高自主创新硬实力，是上市公司当前应对国际动荡形势、国内经济调整期的必然选择。一是引导湖北省上市公司持续加大研发投入，升级发展动能，不断强化自身"内功"修炼意识，保持核心竞争力。二是积极优化政府科技投入方式，将政策支持和市场化引导相结合，鼓励上市公司在鄂开展技术创新、成果转化、技术转移等，充分发挥上市公司头部效应，将湖北省上市公司打造成湖北省企业技术创新的生力军。三是鼓励上市公司加快市场化战略重组、扩大企业产能等，打破"技术壁垒和技术瓶颈"，提升核心竞争力和做大龙头企业规模，加快形成一批在国内外有重大影响、具备湖北区域名片的地标性龙头企业。

（4）依托上市公司与资本市场开展产业招商引资，打造上市公司引领产业发展示范区。

发挥上市公司作为区域与产业发展关键少数与"领头羊"的重要作用，引导资金、人才、技术、管理等各类创新产业资源向湖北省集聚。利用资本优势，以上市公司为源头，启动开展资本招商、基金招商，拓展产业发展空间，引领区域经济转型升级。鼓励地方围绕本地上市公司中具有核心竞争力与产业配套优势的产业方向建设产业园区，发挥上市公司的龙头引领作用，培育区域产业链与产业集群。

（三）进一步发挥股权投资作用，培育发展上市公司，形成产业转型发展的新动能

创业投资和股权投资是现代金融中最活跃、最具渗透性的要素，也是地方政府依靠现代金融扶持实体经济最有效的切入点与突破口。调查显示，股权投资和创业投资机构在破解科技企业"融资难、融资贵"难题、对接资本市场、培育与发展上市公司中起到了关键性作用。要进一步发挥引导基金的辐射与撬动作用，培育上市公司，服务上市公司围绕产业链做大做强。

（1）突出优秀拟上市公司融资需求，发展创投与股权投资基金。

投资基金作为促进企业直接融资的重要方式，可显著改善企业资本结构、完善企业治理体系，是企业依托战略投资人，快速解决资本、人才、技术、管理等问题的重要手段，是培育上市公司与产业龙头的重要基础。要进一步发挥政府引导基金的撬动和放大作用，通过市场化运作，引导社会资本向湖北实体产业，特别是向战略新兴产业领域的高成长性企业与上市后备企业聚集，力争湖北省直接融资达到30%以上，获得资本市场股权融资企业占湖北省规上企业的12%以上。将建立区域股权投资服务体系作为深化区域经济、科技体制改革，培育上市公司（产业龙头）的重要手段，培育湖北高质量发展的新动能。

（2）聚焦产业链、技术链布局，打造服务上市公司创新转型发展的投资"接力棒"体系。

抓上市企业创新源头，依托国家光电子创新中心、国家智能制造创新中心等优势创新平台，部署关键技术研究。同时，依托这些高端创新源头，发起设立特色产业孵化基地和创投基金，形成"研发+孵化+投资"的新型产业培育体系，形成关键技术创新和成果转化、产业化的良性互动。

（3）以上市公司做大做强和增强产业集成能力为目标，实施"龙头企业和头部上市公司发展引领计划"。

突出上市公司在产业资源配置和引领产业高质量发展中的主导地位，组织省内国资平台、龙头企业，成立"湖北省优质上市公司战略投资平台"，发起设立"上市公司战略投资基金"，吸引各类资本直接投资优势上市公司定向增发及配套融资，投资优势上市公司子公司分拆上市、新三板精选层优质企业公开融资，依托优质上市公司围绕产业链、部署创新链，推动产业链延伸与整合，依托资本市场引领转型发展，带动湖北省产业提质增效。

（四）突出改革驱动，促进上市公司深化体制机制改革

在湖北省上市企业中，实际控制人为国有及国有控股的企业达45家，占比逾四成，特别是央企上市公司占比高、规模大、实力强。相对民营企业来说，这些上市公司普遍实力较强、管理规范，但同时也存在决策效率不高，创新活力不足等问题。

（1）进一步解放思想，积极推进国有上市公司混合所有制改革。

进一步推动各级国有企业不同层级的混改、不同所有制结构的混改，为国有上市公司引入市场化战投资源。鼓励核心团队成员持股，通过体制机制的创新理顺国有大股东权益与上市公司高效发展之间的关系，实现国有体制下的市场化现代管理体系。鼓励地方国有上市公司与央企上市公司混改，引导央企上市公司在湖北进一步加大投入、导入更

多产业资源。

（2）鼓励省属国企设立混改基金，投资民营科技企业，培育湖北上市后备企业。

当前，国务院及各省市国资委都将发起设立"国有基金"作为推进混合所有制改革的重要抓手，国有资本在私募基金中占有重要一席。2020年4月，湖北省级股权引导基金针对新冠肺炎疫情对投资企业影响的调研中，部分民营企业明确提出，希望国有企业参股，发展混合所有制促进企业发展。这是新形势下支持和促进民营企业发展的重要思路。建议国资委进一步动员各级国有企业，联合发起设立国企改制和新兴产业发展基金，引导促进国有资本对湖北战略新兴产业、疫后重点机遇行业民营企业的股权投资，为湖北省经济转型升级培育新增长点。

（3）以骨干技术人员和高管参股为突破口，推动上市公司团队股权激励，激发骨干人员创新活力。

核心团队是支撑企业发展的源动力，利用股权、期权激励吸引高端人才、留住骨干员工、激发员工创新活力和主人翁意识已经成为现代企业管理体系中最普遍的做法。鼓励湖北省上市公司积极开展"员工股权激励计划"，帮助上市公司骨干团队共享资本市场红利，形成上市公司，特别是国有上市公司持续创新的长效机制。推广东湖高新区成功经验，设立"湖北人才激励代持基金"，鼓励重点企业大力推进骨干科技人员、高管团队持股计划，解决团队人员参股的资金"瓶颈"，依托股权留住人才、留下产业。

（4）发挥国有平台优势，建设省级现代制造业基础投资平台，打造服务企业和上市公司创新转型发展的投资生态圈。

股权投资、创业投资具有平台化、专业化、市场化、生态化特色，是现代产业体系的重要内涵和支撑，而国有投资平台在其中起到了举足轻重的示范、辐射、聚集、带动作用。实践证明，作为区域股权投资发展和资本市场建设的"基础设施"，国有平台是撬动社会资本效应最大、投资管理最规范、投资风险最可控、渗透性最强的投融资形式，是创新政府投入、提升财政（国资）投入效率和效益的最有效形式。建议将制造业投资基础平台建设纳入重要议事日程，将国有平台为特色的区域"中心""基础"投资平台，打造为聚集专业人才、整合行业资源、撬动社会资本促进现代制造业与高新技术产业发展，培育催生新业态新模式的"源头"，成为引领以高新技术为主导的新经济成长壮大的示范"窗口"。

（五）依托资本市场，鼓励湖北上市公司通过并购重组做大做强

产业并购重组是企业实现跨越发展、技术突破和转型升级的重要手段之一，是领军企业成长的必经路径。要树立"并购重组是最快的转型升级"的观念，发挥产业并购、重组在"动能转换"中的"尖兵"作用，鼓励湖北省上市公司通过并购重组加快产业链延伸。湖北省上市公司 2019 年参与并购交易企业数量虽有所增长，但并购频次少、交易规模小。基于此，要推进实施"湖北上市公司并购重组行动"，发挥上市公司"以大带小"作用，重点推动上市公司以高端技术、人才、品牌为重点的跨境并购，重点实施以集成国内行业优势资源为目标的产业链并购，重点开展以盘活存量资产为目标的资源整合兼并，形成上市公司通过资本市场并购重组、加快企业发展、技术突破和产业转型的新发展模式。

(1) 突出"三个重点"，推进上市公司并购重组。

要重点动员上市公司发挥资本市场的杠杆作用，利用资本着眼"三个重点"。

重点推动上市公司以高端技术、人才、品牌为重点的跨境并购。积极鼓励推动上市公司开展以高端技术、高端人才和高端品牌为重点的跨境并购，鼓励引入先进技术、商业模式、人才团队、市场渠道、高端品牌等资源，形成一批技术含量高、发展质量好、产业带动强的全球行业龙头企业。大力支持湖北省上市公司开展对产业转型升级有重要战略意义的境外并购，持续优化政策制度，创新服务模式，为上市公司"走

出去"保驾护航。

重点实施以集成国内行业优势资源为目标的产业并购。积极鼓励湖北上市公司围绕自身主营业务，通过产业并购重组吸纳创新要素、整合市场资源、优化产业链供给效率。充分利用上市公司头部效应，逐步实现由"点"（龙头企业）到"线"（产业链）、由"线"（产业链）带"面"（产业集群）的产业"领创"发展模式。

重点开展以盘活存量资产为目标的资源整合兼并。充分发挥上市公司的资源整合能力，兼并重组省内低效和经营困难的企业，以资本、产业优势盘活存量有效资产，参与"僵尸企业"出清。加强组织协调，建立健全土地处置、股权转让、资产重组等快速处置机制，服务上市公司做大做强。

（2）搭建促进上市公司并购的支撑体系。

推动建设区域并购重组研究中心。依托区域高校特色学科和专业化投资平台，打造上市公司并购重组研究中心，围绕上市公司的并购重组领域，构建集理论研究、实务交流、人才培养、咨询服务为一体的高水平研究服务机构和人才智库。鼓励各类投资机构、银行积极参与上市公司的并购重组。通过并购基金、股权投资基金、并购贷款等方式为上市公司产业并购提供融资支持。鼓励外资参与上市公司的跨境并购重组，鼓励依托海外资本市场筹措资金，利用当前境外资金的低位优势降低并购成本，提高并购效率和资本回报率。

（六）发挥上市公司资源配置作用，打造上市公司引领区域产业发展新模式

上市公司既是利用资本市场的桥头堡，更是细分行业产业链的龙头、区域经济发展的基石和风向标。要进一步强化上市公司在产业链和区域经济中的突出作用，引领产业集群发展、区域转型。

（1）进一步突出上市公司在区域和行业发展中的引领作用。

以地方上市公司为龙头，制订"优势产业链培育行动"，加大政

策、人才、资金等资源向重点产业链上市公司及其上下游倾斜，打造以上市公司为龙头的产业创新服务综合体，以上市公司为载体建设产业创新中心和公共服务平台，带动区域产业链的形成。

（2）进一步发挥上市公司产业提升带动作用，培育具有国际竞争力的产业集群。

依托上市公司、产业龙头及细分行业隐形冠军的资源配置、产业引领、人才集聚功能，围绕当地上市公司所属领域，联合上市公司设立一批产业投资基金，引进培育一批上市公司产业链上下游相关企业，打造若干以上市公司为龙头的现代产业集群。发挥上市公司以大带小作用，实现打造一个龙头企业、带动一个产业链、形成一个产业集群的目标，进一步增强上市公司引领和支撑区域经济发展的作用。

（3）重点推进"上市公司+投资基金"的产融发展模式。

支持上市公司与投资机构发起设立产业链投资基金，围绕其产业上下游开展产业链投资和并购，以资本为纽带，延伸上市公司价值链，做强产业链，做深价值链，做大产业群，提高核心竞争力。进一步统筹产业链、创新链、资金链布局，省地联动，推进"1+1行动"（"一家上市公司设立一支股权投资基金专项行动"），支持上市公司围绕主业和核心竞争力提升开展产业整合，发挥产业龙头在资源配置中的引导作用，加快形成上市公司与配套企业联动发展新格局。

（七）坚持国际化导向，促进上市公司提升国际竞争力

抢抓一带一路、长江经济带等机遇，依托国家相关政策，推动上市公司开展国际化业务。积极与各类国际化资本合作，以资本为纽带，开展国际产业并购与整合。鼓励上市公司联合国际知名研发机构、孵化器，设立产业链相关投资基金，孵化产业链优质项目。积极推动湖北 QFLP 试点落地，引进海外低成本资金，为湖北省上市公司提供产业发展资金资源。鼓励上市公司明确自身发展战略，对国内外生产要素进行合理配置，吸引和培育具有国际化经营经验的专业人

才，建设能在国际化环境中长期发展的运营机制，提升企业核心竞争力。以"一带一路"建设为重点，坚持"引进来"和"走出去"相结合，完善对外投资体制和政策，激发上市公司对外投资潜力，提升国际经营能力。

（本报告为 2018 年湖北省经济与信息化厅"制造业强省研究"课题成果）

报告撰稿人：黎苑楚　湖北省高新产业投资集团有限公司总经理、研究员、博士
　　　　　　陈　丹　湖北省高新产业投资集团有限公司副总经济师、博士
　　　　　　李　磊　湖北省高新产业投资集团有限公司硕士

附录：
表 1　重点行业上市公司相关指标情况
表 2　不同区域上市公司相关指标情况
表 3　不同所有制上市公司相关指标情况
表 4　湖北省上市公司基本情况

表 1　　　　　　　　重点行业上市公司相关指标情况

数量行业分布	占比		营业总收入行业分布	占比	
	湖北省	全国		湖北省	全国
制造业	63.81%	62.75%	制造业	49.57%	33.12%
金融业	2.86%	2.93%	金融业	7.06%	17.28%
房地产	3.81%	3.25%	房地产	2.80%	4.90%

续表

总市值行业分布	占比		扣非后净利润行业分布	占比	
	湖北省	全国		湖北省	全国
制造业	66.79%	43.67%	制造业	58.89%	17.05%
金融业	9.01%	26.67%	金融业	8.97%	59.61%
房地产	1.39%	3.48%	房地产	1.37%	6.11%

总资产行业分布	占比		研发投入行业分布	占比	
	湖北省	全国		湖北省	全国
制造业	37.16%	8.55%	制造业	82.83%	66.81%
金融业	20.88%	75.88%	金融业	0.07%	0.28%
房地产	5.28%	4.13%	房地产	1.11%	0.18%

净资产行业分布	占比		所得税行业分布	占比	
	湖北省	全国		湖北省	全国
制造业	47.55%	24.62%	制造业	40.96%	21.36%
金融业	12.23%	42.16%	金融业	10.58%	39.90%
房地产	3.88%	5.26%	房地产	4.08%	11.37%

表2　　　　　　　　　不同地域上市公司相关指标情况

数量地域分布	占比		营业总收入地域分布	占比	
	湖北省	全国		湖北省	全国
省会城市	56.19%	45.85%	省会城市	58.90%	30.00%
非省会城市	43.81%	54.15%	非省会城市	41.10%	70.00%
总计	100.00%	100.00%	总计	100.00%	100.00%

续表

总市值地域分布		占比		扣非后净利润地域分布		占比	
		湖北省	全国			湖北省	全国
省会城市		57.01%	30.86%	省会城市		46.40%	26.00%
非省会城市		42.99%	69.14%	非省会城市		53.60%	74.00%
总计		100.00%	100.00%	总计		100.00%	100.00%
总资产地域分布		占比		研发投入地域分布		占比	
		湖北省	全国			湖北省	全国
省会城市		57.01%	37.07%	省会城市		55.93%	29.63%
非省会城市		42.99%	62.93%	非省会城市		44.07%	70.37%
总计		100.00%	100.00%	总计		100.00%	100.00%
净资产地域分布		占比		所得税地域分布		占比	
		湖北省	全国			湖北省	全国
省会城市		59.08%	34.53%	省会城市		45.10%	28.70%
非省会城市		40.92%	65.47%	非省会城市		54.90%	71.30%
总计		100.00%	100.00%	总计		100.00%	100.00%

表3　　　　　　　　不同所有制上市公司相关指标情况

数量所有制分布		占比		营业总收入所有制分布		占比	
		湖北省	全国			湖北省	全国
民营企业		53.33%	59.58%	民营企业		36.71%	20.24%
中央国有企业		19.05%	10.09%	中央国有企业		39.19%	40.48%
地方国有企业		14.29%	19.36%	地方国有企业		12.13%	21.51%

续表

总市值所有制分布			扣非后净利润所有制分布		
	占比			占比	
	湖北省	全国		湖北省	全国
民营企业	48.17%	32.97%	民营企业	28.99%	8.65%
中央国有企业	28.03%	24.65%	中央国有企业	43.91%	36.37%
地方国有企业	7.59%	18.01%	地方国有企业	8.90%	13.21%
总资产所有制分布			研发投入所有制分布		
	占比			占比	
	湖北省	全国		湖北省	全国
民营企业	34.02%	6.52%	民营企业	32.04%	37.78%
中央国有企业	35.81%	37.21%	中央国有企业	54.23%	31.81%
地方国有企业	10.40%	7.16%	地方国有企业	6.53%	19.69%
净资产所有制分布			所得税所有制分布		
	占比			占比	
	湖北省	全国		湖北省	全国
民营企业	35.33%	16.97%	民营企业	29.89%	15.93%
中央国有企业	37.05%	37.43%	中央国有企业	36.99%	35.10%
地方国有企业	10.26%	15.72%	地方国有企业	10.09%	16.42%

表4　湖北省上市公司基本情况（截至2019年12月31日）

	证券简称	城市	上市日期	上市地点	上市板
1	鄂武商A	武汉市	1992-11-20	深圳	主板
2	百川能源	武汉市	1993-10-18	上海	主板
3	长航凤凰	武汉市	1993-10-25	深圳	主板
4	安道麦A	荆州市	1993-12-03	深圳	主板

续表

	证券简称	城市	上市日期	上市地点	上市板
5	华新水泥	大冶市	1994-01-03	上海	主板
6	航天电子	武汉市	1995-11-15	上海	主板
7	宏发股份	武汉市	1996-02-05	上海	主板
8	三安光电	荆州市	1996-05-28	上海	主板
9	ST宜化	宜昌市	1996-08-15	深圳	主板
10	闻泰科技	黄石市	1996-08-28	上海	主板
11	长江传媒	武汉市	1996-10-03	上海	主板
12	京汉股份	襄阳市	1996-10-16	深圳	主板
13	祥龙电业	武汉市	1996-11-01	上海	主板
14	汉商集团	武汉市	1996-11-08	上海	主板
15	天茂集团	荆门市	1996-11-12	深圳	主板
16	湖北广电	武汉市	1996-12-10	深圳	主板
17	*ST盈方	荆州市	1996-12-17	深圳	主板
18	襄阳轴承	襄阳市	1997-01-06	深圳	主板
19	中信特钢	黄石市	1997-03-26	深圳	主板
20	ST双环	应城市	1997-04-15	深圳	主板
21	中百集团	武汉市	1997-05-19	深圳	主板
22	葛洲坝	武汉市	1997-05-26	上海	主板
23	人福医药	武汉市	1997-06-06	上海	主板
24	*ST金钰	鄂州市	1997-06-06	上海	主板
25	*ST斯太	荆州市	1997-06-27	深圳	主板
26	居然之家	武汉市	1997-07-11	深圳	主板
27	长江证券	武汉市	1997-07-31	深圳	主板
28	美尔雅	黄石市	1997-11-06	上海	主板
29	东湖高新	武汉市	1998-02-12	上海	主板
30	启迪环境	宜昌市	1998-02-25	深圳	主板

续表

	证券简称	城市	上市日期	上市地点	上市板
31	当代文体	武汉市	1998-03-03	上海	主板
32	武汉控股	武汉市	1998-04-27	上海	主板
33	湖北能源	武汉市	1998-05-19	深圳	主板
34	京山轻机	京山市	1998-06-26	深圳	主板
35	石化机械	武汉市	1998-11-26	深圳	主板
36	新洋丰	荆门市	1999-04-08	深圳	主板
37	兴发集团	宜昌市	1999-06-16	上海	主板
38	福星股份	汉川市	1999-06-18	深圳	主板
39	东风汽车	襄阳市	1999-07-27	上海	主板
40	*ST凯迪	武汉市	1999-09-23	深圳	主板
41	广济药业	武穴市	1999-11-12	深圳	主板
42	长源电力	武汉市	2000-03-16	深圳	主板
43	*ST高升	仙桃市	2000-04-27	深圳	主板
44	华工科技	武汉市	2000-06-08	深圳	主板
45	凯乐科技	荆州市	2000-07-06	上海	主板
46	ST昌鱼	鄂州市	2000-08-10	上海	主板
47	安琪酵母	宜昌市	2000-08-18	上海	主板
48	三峡新材	当阳市	2000-09-19	上海	主板
49	长江通信	武汉市	2000-12-22	上海	主板
50	*ST中珠	潜江市	2001-05-18	上海	主板
51	济川药业	荆州市	2001-08-22	上海	主板
52	烽火通信	武汉市	2001-08-23	上海	主板
53	精伦电子	武汉市	2002-06-13	上海	主板
54	光电股份	襄阳市	2003-11-06	上海	主板
55	楚天高速	武汉市	2004-03-10	上海	主板
56	健民集团	武汉市	2004-04-19	上海	主板

续表

	证券简称	城市	上市日期	上市地点	上市板
57	马应龙	武汉市	2004-05-17	上海	主板
58	ST仰帆	武汉市	2004-06-07	上海	主板
59	中航机电	襄阳市	2004-07-05	深圳	中小企业板
60	三特索道	武汉市	2007-08-17	深圳	中小企业板
61	武汉凡谷	武汉市	2007-12-07	深圳	中小企业板
62	光迅科技	武汉市	2009-08-21	深圳	中小企业板
63	中元股份	武汉市	2009-10-30	深圳	创业板
64	南国置业	武汉市	2009-11-06	深圳	中小企业板
65	回天新材	襄阳市	2010-01-08	深圳	创业板
66	台基股份	襄阳市	2010-01-20	深圳	创业板
67	鼎龙股份	武汉市	2010-02-11	深圳	创业板
68	永安药业	潜江市	2010-03-05	深圳	中小企业板
69	国创高新	武汉市	2010-03-23	深圳	中小企业板
70	高德红外	武汉市	2010-07-16	深圳	中小企业板
71	九州通	武汉市	2010-11-02	上海	主板
72	华中数控	武汉市	2011-01-13	深圳	创业板
73	力源信息	武汉市	2011-02-22	深圳	创业板
74	天喻信息	武汉市	2011-04-21	深圳	创业板
75	金运激光	武汉市	2011-05-25	深圳	创业板
76	骆驼股份	襄阳市	2011-06-02	上海	主板
77	宜昌交运	宜昌市	2011-11-03	深圳	中小企业板
78	三丰智能	大冶市	2011-11-15	深圳	创业板
79	华昌达	十堰市	2011-12-16	深圳	创业板
80	华灿光电	武汉市	2012-06-01	深圳	创业板
81	顾地科技	鄂州市	2012-08-16	深圳	中小企业板
82	富邦股份	应城市	2014-07-02	深圳	创业板

续表

	证券简称	城市	上市日期	上市地点	上市板
83	菲利华	荆州市	2014-09-10	深圳	创业板
84	凯龙股份	荆门市	2015-12-09	深圳	中小企业板
85	盛天网络	武汉市	2015-12-31	深圳	创业板
86	久之洋	武汉市	2016-06-02	深圳	创业板
87	海波重科	武汉市	2016-07-19	深圳	创业板
88	中船应急	武汉市	2016-08-05	深圳	创业板
89	振华股份	黄石市	2016-09-13	上海	主板
90	农尚环境	武汉市	2016-09-20	深圳	创业板
91	泰晶科技	随州市	2016-09-28	上海	主板
92	塞力斯	武汉市	2016-10-31	上海	主板
93	理工光科	武汉市	2016-11-01	深圳	创业板
94	精测电子	武汉市	2016-11-22	深圳	创业板
95	瀛通通讯	咸宁市	2017-04-13	深圳	中小企业板
96	海特生物	武汉市	2017-08-08	深圳	创业板
97	锐科激光	武汉市	2018-06-25	深圳	创业板
98	明德生物	武汉市	2018-07-10	深圳	中小企业板
99	长飞光纤	武汉市	2018-07-20	上海	主板
100	天风证券	武汉市	2018-10-19	上海	主板
101	中贝通信	武汉市	2018-11-15	上海	主板
102	奥美医疗	枝江市	2019-03-11	深圳	中小企业板
103	帝尔激光	武汉市	2019-05-17	深圳	创业板
104	五方光电	荆州市	2019-09-17	深圳	中小企业板
105	嘉必优	武汉市	2019-12-19	上海	科创板
106	东贝 B 股	黄石市	1999-07-15	上海	主板
107	周黑鸭	武汉市	2016-11-11	香港联交所	主板
108	融众金融	武汉市	2016-01-28	香港联交所	主板

续表

	证券简称	城市	上市日期	上市地点	上市板
109	东阳光药	宜都市	2015-12-29	香港联交所	主板
110	斗鱼	武汉市	2019-07-17	纳斯达克	主板
111	TL NATURAL GAS	荆州市	2018-05-18	纳斯达克	主板
112	高鹏矿业	襄阳市	2015-01-09	香港联交所	主板
113	旅业国际	宜昌市	2014-06-27	香港联交所	主板
114	中电光谷	武汉市	2014-03-28	香港联交所	主板
115	卓尔智联	武汉市	2011-07-13	香港联交所	主板
116	敦信金融	武汉市	2010-11-23	美国证券交易所	主板
117	金凰珠宝	武汉市	2010-08-18	纳斯达克	主板
118	冠均国际控股	宜昌市	2016-11-25	纳斯达克	主板
119	东风集团股份	武汉市	2005-12-07	香港联交所	主板
120	中汽系统	荆州市	2004-08-24	纳斯达克	主板
121	嘉耀控股	宜昌市	2014-06-27	香港联交所	主板

湖北省高新技术产业与工业高质量发展耦合协调度研究

邹 蔚　彭 锐　宋维玮

中共十九大报告中指出,中国特色社会主义进入了新时代,我国经济发展已由高速增长阶段转向高质量发展阶段。在推进经济发展从"要素驱动"走向"创新驱动"的过程中,高新技术产业作为科技创新的重要表现之一,是否能充分发挥其"领头羊"的作用,提高科技支撑能力,促进经济质量和效率变革,是区域实现高质量发展的重要因素之一。

2020年新冠肺炎疫情的暴发,对湖北省经济平稳运行和高质量发展造成了一定程度的负面影响。本文结合近年来湖北省高新技术产业与工业高质量发展情况,探索其进一步的发展路径,对"湖北保卫战"取得决定性胜利后的经济复苏及社会发展具有重要的现实意义。

1　机理研究

从系统论的角度而言,高新技术产业与工业高质量发展既各自作用又相互影响,形成"高新技术产业—工业经济"大系统。而耦合就是指两个或两个以上的体系紧密配合,并通过相互作用彼此影响,是一种相互依赖、协调与促进的动态关联关系。[①]

---

① 张勇,蒲勇健,陈立泰. 城镇化与服务业集聚——基于系统耦合互动的观点 [J]. 中国工业经济,2013 (6):57-69.

高新技术产业系统由产业投入、产业效益、创新能力和产业潜力四个部分构成，其中产业投入和创新能力是高新技术产业发展的前提，产出效益和产业潜力是衡量高新技术产业发展的重要指标。[①]

董登珍和陈蓉蓉[②]根据高技术产业间的关联效应及其增长的乘数效应，阐述了高技术产业对产业结构升级和经济增长的突破性作用。张达君和赵鑫[③]指出高新技术产业促进经济增长的方式包括扩大产业规模、结构优化和产业升级等。姚寿福和张华[④]采用基尼系数测定了四川工业集中度，最后分析得到高新技术产业的集中度变化对经济增长有显著影响。施晓丽和李艳婷[⑤]基于柯布-道格拉斯生产函数构建面板数据模型，分析了长江经济带高技术产业聚集的专业化程度对区域创新的促进作用。而黄宝凤[⑥]等人进一步引入门槛回归模型进行分析，得到前期高新技术产业聚集规模对区域经济增长有显著促进作用，而超过门槛值后，其对经济增长则开始出现规模收益递减。

总体而言，高新技术产业具有低消耗、污染小、创新性高等特点，符合我国目前经济发展方式转型中对产业的选择。高新技术产业发展是工业高质量发展的前提，其促进作用包括创新能力提升、产业结构优化、资源环境改善等。工业作为高新技术产业发展的载体，高新技术产业的发展需要较多的科技投入，并且研发风险较高，因此需要一定的资

---

① 徐波，万国伟，杨丽丽．我国高技术产业与区域经济协调关系的时空差异——基于四大经济区域数据的分析［J］．地域研究与开发，2018，37（2）：41-46．

② 董登珍，陈蓉蓉．高技术产业关联带动经济增长的机制与对策［J］．武汉理工大学学报（社会科学版），2007（1）：58-61．

③ 张达君，赵鑫．高技术产业对经济增长的影响机制及发展建议［J］．经济纵横，2017（10）：81-86．

④ 姚寿福，张华．产业集聚与经济增长关系的实证研究——以四川省为例［J］．生产力研究，2012（7）：108-110．

⑤ 施晓丽，李艳婷．高技术产业集聚对区域技术创新能力的影响研究——基于长江经济带的考察［J］．重庆理工大学学报（社会科学），2019，33（7）：46-54．

⑥ 黄宝凤，武翰涛，曹增栋，毛婷．高技术产业集聚对经济增长的非线性效应——基于门槛回归的经验研究［J］．管理现代化，2019，39（3）：30-34．

金基础，而工业高质量发展就能对其提供支撑和保护作用。两系统所构成的耦合机制如图 1 所示。

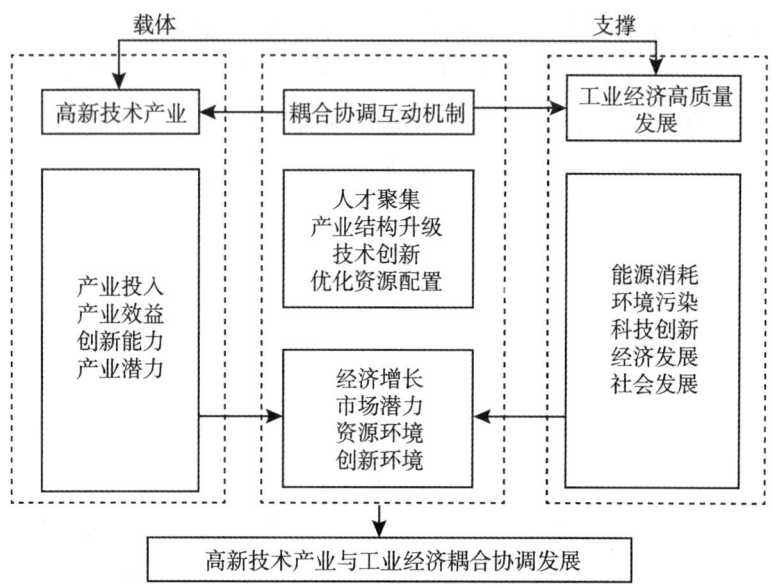

图 1　高新技术产业与工业高质量发展耦合协调机制

2　湖北省高新技术产业发展现状分析

2.1　高新技术产业生产经营情况分析

由于 2017 年湖北省高新技术产业主营业务收入及利润总额相关数据缺失，本文采用 2016 与 2018 年的平均值进行补充。

（1）高新技术产业主营业务收入

图 2 反映了湖北省 2011—2018 年高新技术产业主营业务收入及其增长率。湖北省高新技术产业主营业务收入由 2011 年的 1552 亿元增至 2018 年的 4340 亿元，年均增长率为 15.82%，增速较快。从图 2 中可

见，湖北省高新技术产业主营业务收入在2011—2015年保持着较高的增长速度，而2015年后其增长速度出现明显下降。

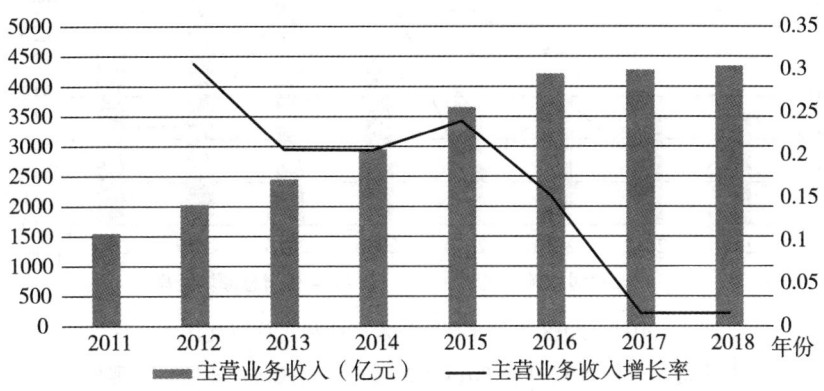

图2　2011—2018年湖北高新技术产业主营业务收入及其增长率

资料来源：根据2012年至2019年的《中国科技统计年鉴》整理得出。

（2）高新技术产业利润总额

图3反映了湖北省2011—2018年高新技术产业利润总额及其增长率。湖北省高新技术产业利润总额由2011年的130亿元波动上涨至2018年的304亿元，年均增长率为12.89%。从图3中可见，湖北省高新技术产业利润总额在2014年较前一年有所下滑，但2015年和2016年迅速恢复，且同比增长率都超过了30%。近两年其增长速度再次放缓。

（3）高新技术产品出口贸易额

图4反映了湖北省2011—2018年高新技术产品出口贸易额及其增长率。湖北省高新技术产品出口贸易额由2011年的4321百万美元波动上涨至2018年的11442百万美元，年均增长率为14.93%，增速较快。从图4中可见，湖北省高新技术产品出口贸易额在2011—2017年呈稳定上升的趋势，其中2015年增长速度达到最快，而近两年增速有所减缓，在2018年甚至出现了负增长。

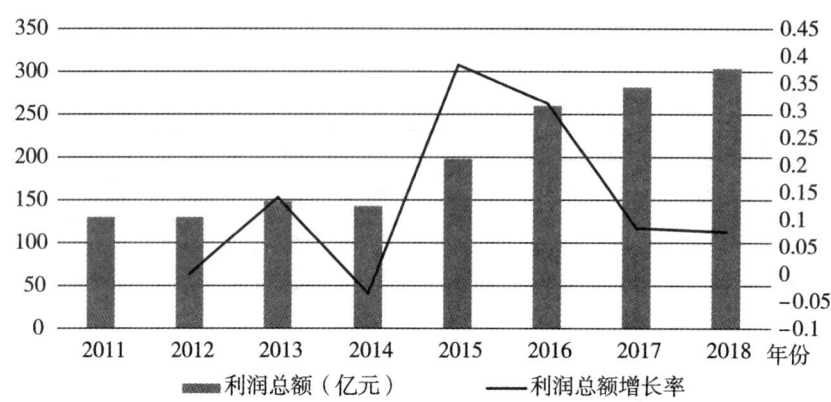

图3 2011—2018年湖北高新技术产业利润总额及其增长率

资料来源：根据2012年至2019年的《中国科技统计年鉴》整理得出。

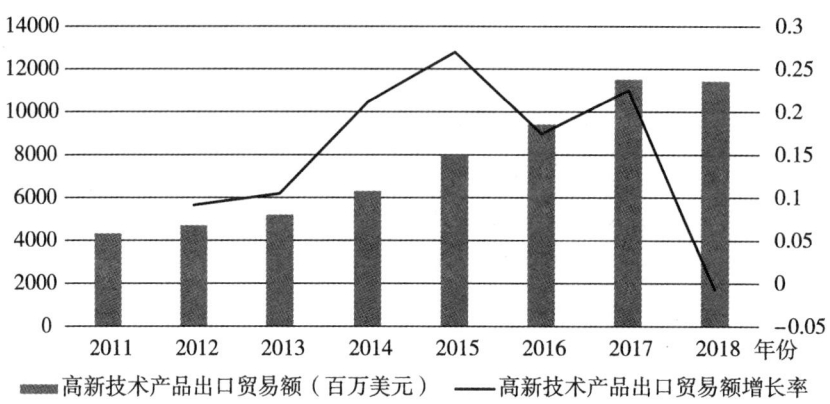

图4 2011—2018年湖北高新技术产业出口贸易额及其增长率

资料来源：根据2012年至2019年的《中国科技统计年鉴》整理得出。

为了更好地了解湖北省高新技术产业生产经营各项指标在中部地区和全国的情况，表1列出了2011—2018年湖北省高新技术产业的主营业务收入、利润总额和产品出口贸易额在占中部地区和全国的比例。从表1中可见，湖北省高新技术产业主营业务收入在中部地区和全国占比均呈波动上升的趋势；湖北省高新技术产业利润总额在中部地区占比波动上升，在全国占比基本持平；湖北省高新技术产品出口贸易额在中部地区占比下降较为明显，2011年在中部占比超过1/4，但在2014年却跌至13.72%，至2018年也仅波动上升至15.90%。此外，其在全国的占比却有一定的提升。

从表1中可见，湖北省高新技术产业生产经营指标虽在全国范围有所提升，但在中部地区的占比却有所下滑，自中部崛起战略实施以来，中部地区的经济发展迅速，湖北省应把握住良机，争取在中部地区发展过程中实现带头崛起。

表1 2011—2018年湖北高新技术产业生产经营指标占中部地区及全国比重

年份	湖北省占中部地区比重			湖北省占全国比重		
	主营业务收入	利润总额	高新技术产品出口贸易额	主营业务收入	利润总额	高新技术产品出口贸易额
2011	16.25%	15.89%	25.69%	1.77%	2.48%	0.79%
2012	18.26%	15.00%	16.10%	1.98%	2.10%	0.78%
2013	17.31%	15.63%	14.04%	2.11%	2.05%	0.79%
2014	17.33%	13.47%	13.72%	2.31%	1.77%	0.96%
2015	17.54%	15.34%	14.56%	2.61%	2.20%	1.22%
2016	17.72%	17.58%	16.49%	2.74%	2.52%	1.56%
2017	17.91%	18.65%	18.10%	2.68%	2.50%	1.72%
2018	18.10%	19.68%	15.90%	2.76%	2.95%	1.54%

资料来源：根据2012年至2019年的《中国科技统计年鉴》整理得出。

2.2 高新技术产业R&D活动情况分析

（1）高新技术产业R&D机构数情况

图 5 反映了湖北省 2011—2018 年的高新技术产业 R&D 机构数及其增长率。湖北省高新技术产业 R&D 机构数由 2011 年的 140 所增至 2018 年的 294 所，年均增长率为 11.18%。从图 5 中可见，湖北省高新技术产业 R&D 机构数在 2012 年增长迅速，同比增长达到 82.85%，随后在 2013 有所下降，且呈现负增长。近几年湖北省高新技术产业 R&D 机构数呈小幅度波动上升的趋势。

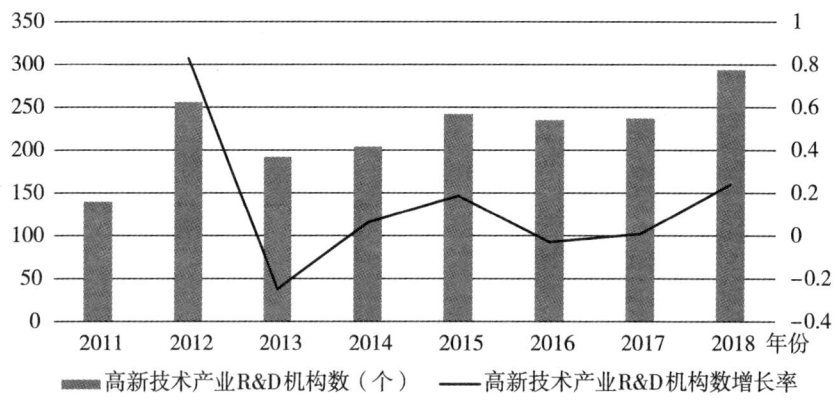

图 5　2011—2018 年湖北高新技术产业 R&D 机构数及其增长率

资料来源：根据 2012 年至 2019 年的《中国科技统计年鉴》整理得出。

（2）高新技术产业 R&D 经费内部支出情况

图 6 反映了湖北省 2011—2018 年高新技术产业 R&D 内部经费支出及其增长率。湖北省高新技术产业 R&D 内部经费支出由 2011 年的 475139 万元增至 2016 年的 1454447 万元，年均增长率为 17.33%。从图 6 中可见，湖北省高新技术产业 R&D 经费内部支出一直保持着逐年上升的趋势。其增长率在 2012 年达到 30.26% 后有所下降，2013—2017 年增长速度都维持在 10%~20%，2018 年其增长速度再次加快，达到 27.96%，增长较为稳定。

（3）高新技术产业 R&D 人员情况

图 7 反映了湖北省 2011—208 年高新技术产业 R&D 人员及其增长

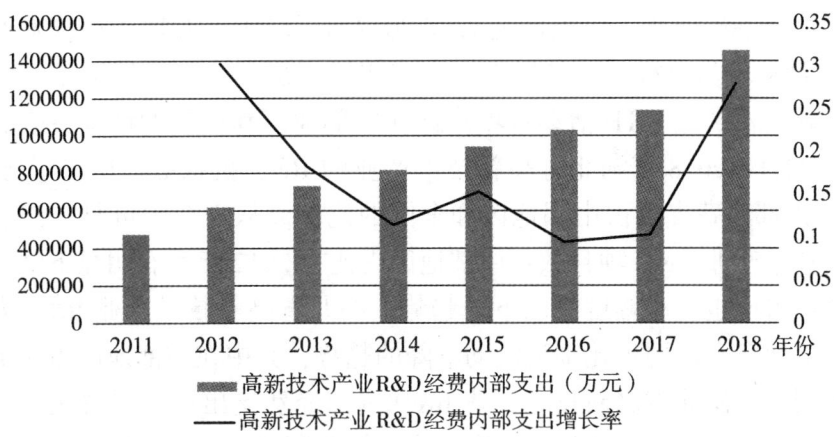

图6 2011—2018年湖北高新技术产业R&D经费内部支出及其增长率

资料来源：根据2012年至2019年的《中国科技统计年鉴》整理得出。

率。湖北省高新技术产业R&D人员由2011年的18127人增至2017年的21735人，年均增长率为2.63%。从图7中可见，湖北省高新技术产业R&D人员增长率有明显下降的趋势，并在2014年R&D人员达到峰值后，2015—2017年都呈现负增长，2018年才略微有所回升。

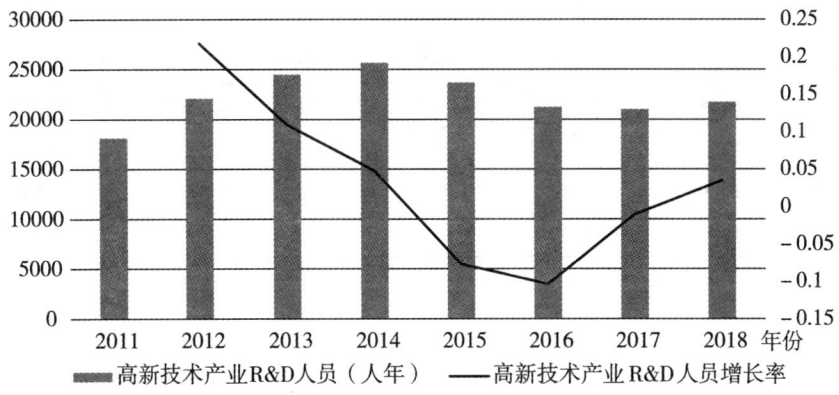

图7 2011—2018年湖北高新技术产业R&D人员及其增长率

资料来源：根据2012年至2019年的《中国科技统计年鉴》整理得出。

综合上述分析，可见湖北省在 2012 年和 2018 年对高新技术产业 R&D 活动较为重视，对其投入力度有明显增加。为了更好地了解湖北省高新技术产业 R&D 活动各项指标在中部地区和全国的情况，表 2 列出了 2011—2018 年湖北省高新技术产业的 R&D 机构数、R&D 人员和 R&D 内部经费支出占中部地区和全国的比例。从表 2 中可见，湖北省高新技术产业 R&D 项目数在中部地区占比在 2012 年后有明显下降，且在全国占比也呈小幅度波动下降趋势；湖北省高新技术产业 R&D 人员在中部地区和全国占比都呈波动下降的趋势，其中在中部地区占比下降较为明显；湖北省高新技术产业 R&D 内部经费支出在全国占比波动上升，而在中部地区占比呈小幅度下降。综上所述，湖北省还需进一步加大高新技术产业 R&D 活动的投入。

表 2　2011—2018 年湖北高新技术产业 R&D 活动指标占中部地区及全国比重

年份	湖北省占中部地区比重			湖北省占全国比重		
	R&D 机构数	R&D 人员	R&D 经费内部支出	R&D 机构数	R&D 人员	R&D 经费内部支出
2011	15.84%	29.28%	32.55%	2.36%	3.55%	3.30%
2012	21.00%	35.20%	42.63%	2.64%	3.54%	3.57%
2013	16.41%	33.37%	36.79%	2.14%	3.65%	3.60%
2014	15.11%	31.02%	35.37%	2.08%	3.66%	3.59%
2015	14.83%	24.98%	32.59%	2.15%	3.26%	3.58%
2016	12.59%	22.41%	31.56%	1.71%	2.90%	3.53%
2017	10.98%	19.65%	28.33%	1.51%	2.81%	3.57%
2018	12.64%	19.24%	29.93%	1.83%	2.55%	4.09%

资料来源：根据 2012 年至 2019 年的《中国科技统计年鉴》整理得出。

2.3　湖北省高新技术产业新产品开发及销售情况分析

（1）高新技术产业新产品开发项目数情况

图 8 反映了湖北省 2011—2018 年高新技术产业新产品开发项目数

及其增长率。湖北省高新技术产业新产品开发项目数由2011年的1945项增至2017年的3316项,年均增长率为7.92%。从图8中可见,湖北省高新技术产业新产品开发项目波动较大,大部分年份增速较快,基本稳定在15%~21%,其中2012年同比增长最大,达到了20.51%。而在2013年和2015年的增长速度有所下滑,甚至出现负增长,其中2015年跌幅较大,达到20.65%。

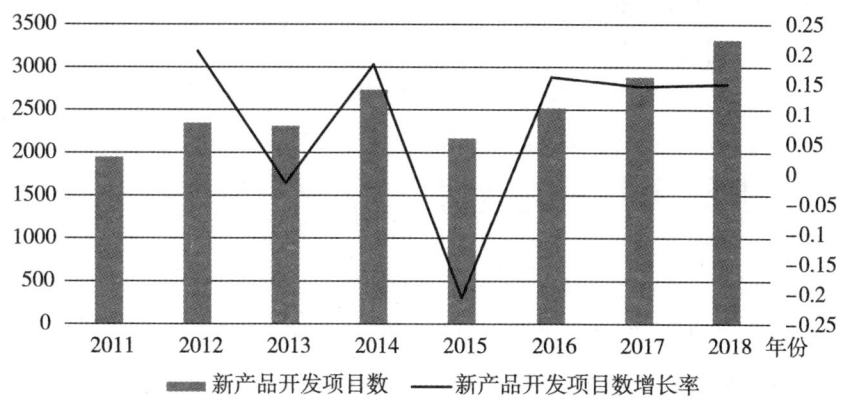

图8 2011—2018年湖北高新技术产业新产品开放项目数及其增长率
资料来源:根据2012年至2019年的《中国科技统计年鉴》整理得出。

(2)高新技术产业新产品开发经费支出情况

图9反映了湖北省2011—2018年高新技术产业新产品开发经费支出及其增长率。湖北省高新技术产业新产品开发经费支出由2011年的551062万元增至2018年的1598881万元,年均增长率近16.44%,可见湖北省对新产品开发的投入越来越重视。从图9中可见,湖北省高新技术产业新产品开发经费支出一直呈稳定上升的趋势,且在2018年达到最大增幅,同比增长24.87%。

(3)高新技术产业新产品销售收入情况

图10反映了湖北省2011—2018年高新技术产业新产品销售收入及其增长率。湖北省高新技术产业新产品销售收入由2011年的3220194

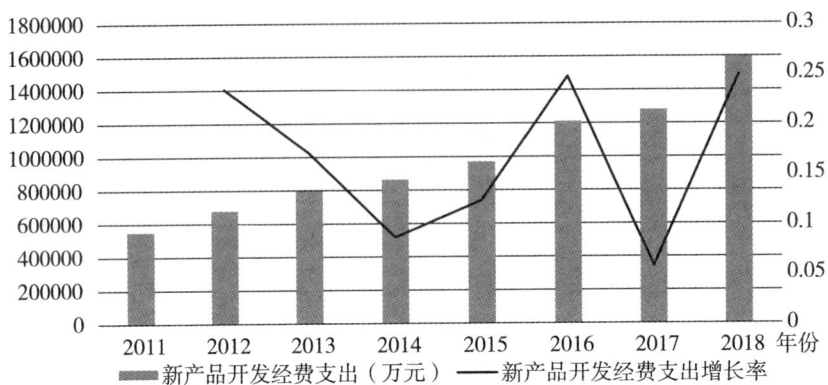

图9 2011—2018年湖北高新技术产业新产品开发经费支出及其增长率
资料来源：根据2012年至2019年的《中国科技统计年鉴》整理得出。

万元增至2017年的15836867万元，年均增长率达15.55%。从图10中可见，湖北省高新技术产业新产品销售收入在2012年增幅较大，同比增长47.62%；2013—2015年保持着较为稳定的增长率；2016年增长速度有所下降但仍保持正增长；而2017年后增长速度开始回升，2018年达到了最大值，同比增长66.99%。

为了更好地了解湖北省高新技术产业新产品开发及销售在中部地区和全国的情况，表3列出了2011—2018年湖北省高新技术产业的新产品开发项目数、新产品开发经费支出和新产品销售收入占中部地区和全国的比例。从表3中可见，湖北省高新技术产业新产品开发项目数在中部地区占比在2012年后开始呈现下降的趋势，在全国占比也呈小幅度波动下降；湖北省高新技术产业新产品开发经费支出和新产品销售收入在中部地区占比均呈波动下降的趋势，而在全国占比却有所提升。综上所述，湖北省高新技术产业新产品开发及销售水平有较明显的提升，在全国的地位也随之提高，但与中部地区相比，还需进一步加大对新产品的研发投入。

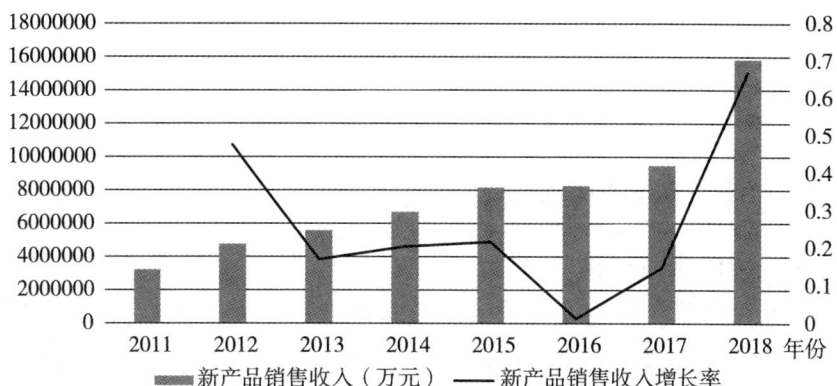

图10 2011—2018年湖北高新技术产业新产品销售收入及其增长率
资料来源：根据2012年至2019年的《中国科技统计年鉴》整理得出。

表3 　2011—2018年湖北高新技术产业新产品指标占中部地区及全国比重

年份	湖北省占中部地区比重			湖北省占全国比重		
	新产品开发项目数	新产品开发经费支出	新产品销售收入	新产品开发项目数	新产品开发经费支出	新产品销售收入
2011	22.47%	32.20%	24.20%	2.92%	3.08%	1.43%
2012	27.49%	38.84%	29.32%	2.82%	3.20%	1.86%
2013	23.37%	35.69%	13.76%	2.37%	3.28%	1.78%
2014	25.02%	33.00%	13.87%	2.88%	3.12%	1.89%
2015	23.10%	31.34%	13.11%	2.81%	3.20%	1.97%
2016	21.32%	33.24%	12.29%	2.70%	3.40%	1.72%
2017	19.48%	29.07%	12.01%	2.53%	3.13%	1.77%
2018	17.79%	29.01%	17.05%	2.52%	3.45%	2.78%

资料来源：根据2012年至2019年的《中国科技统计年鉴》整理得出。

3 湖北省高新技术产业与工业高质量发耦合协调度分析

3.1 指标体系的构建与数据处理

(1) 指标体系构建

全面、科学、客观地评价高新技术产业和工业高质量发展水平是进行耦合分析的基础。本文结合已有评价指标体系①，紧紧围绕着两子系统的耦合协调关系，从产业投入、产出效益、创新能力和产业潜力这四个方面构建了高新技术产业子系统评价指标体系，从经济发展、科技创新、绿色发展、对外开放和能源消耗这五个方面构建了工业高质量发展子系统评价指标体系（见表4）。

表4 湖北省高新技术产业及工业高质量发展评价指标体系

系统层	目标层	指标层	单位	指标属性	权重
高新技术产业	产业投入 (0.183)	高新技术产业R&D人员	人	正	0.080
		高新技术产业R&D经费内部支出	万元	正	0.103
	产业效益 (0.249)	高新技术产业利润总额	万元	正	0.147
		高新制造业产品销售收入	万元	正	0.102
	创新能力 (0.240)	高新技术产业专利申请	个	正	0.108
		新产品销售收入占产品销售收入比重（%）		正	0.132
	产业潜力 (0.328)	高新制造业产值增长率（%）		正	0.095
		高新技术产品出口占比（%）		正	0.081
		高新技术产业技术获取及技术改造	万元	正	0.152

---

① 祝影，邓小琪，雷家骕. 中国省域高技术产业研发与制造系统耦合评价 [J]. 科技进步与对策，2019, 36 (13): 58-67.

续表

系统层	目标层	指标层	单位	指标属性	权重
工业高质量发展	经济发展（0.309）	工业增加值	万元	正	0.080
		工业贡献率（%）		正	0.074
		劳动生产率（%）		正	0.156
	科技创新（0.247）	规模以上工业企业 R&D 经费内部支出	万元	正	0.080
		规模以上工业企业 R&D 项目人员全时当量	人年	正	0.076
		规模以上工业企业新产品销售收入	万元	正	0.091
	绿色发展（0.233）	工业废水排放总量	万吨	逆	0.089
		工业废气排放量	亿标 m³	逆	0.058
		工业固体废物综合利用率（%）		正	0.086
	对外开放（0.061）	工业出口交货值占销售产值比重（%）		正	0.061
	能源消耗（0.150）	万元工业增加值能耗	吨标准煤/万元	逆	0.069
		万元工业增加值电耗	千瓦时/万元	逆	0.081

资料来源：根据 2011—2019 年的《湖北省统计年鉴》《中国科技统计年鉴》整理得出。

（2）指标数据的标准化处理

由于各子系统中评价指标的单位不一致，不能直接对其进行评价，故需要先对所有指标数据进行标准化处理。其中万元工业增加值能耗、万元工业增加值电耗、工业废水排放量、工业废气排放量这四项指标均为逆向指标，故先对其做正向化处理，本文采用取相反数的方法，之后再对所有指标进行标准化处理，本文采用 Min-Max 标准化方法，如式 1 所示。

$$u_{ij} = \frac{x_{ij} - x_{\min}}{x\min_{\max}} \quad (1)$$

为避免后续计算中数据出现 0 值, 将标准化后为 0 的数据用 0.001 来替代。经过上述处理, $u_i \in [0.0001, 1]$, 且各项指数得分均与其系统的发展水平正相关。

(3) 指标权重的确定。

在对多指标系统进行评价时, 指标权重的确定是评价的基础, 权重不同会导致评价结果出现巨大改变。为了尽量减少权重确定过程中主观因素的影响, 本文采用变异系数法, 根据各指标取值的差异来确定其权重, 即差异越大的指标更能反映被评价单元的差距。

第 i 个指标的变异系数:

$$V_i = \frac{\sigma_i}{\bar{x}_i} \quad (2)$$

其中 $\bar{x}_i$ 为指标 i 标准化后的平均值, σ_i 表示其标准差

第 i 个指标的权重:

$$\omega_i = \frac{V_i}{\sum_{i=1}^{m} V_i} \quad (3)$$

可见, $0 \leq \omega_i \leq 1$, $\sum_{i=1}^{m} \omega_i = 1$, m 为指标个数。求得各指标权重。

3.2 湖北省高新技术产业发展综合评价

根据上述方法, 首先对湖北省 2011—2018 年高新技术产业发展各项指标进行标准化处理; 其次基于标准化数据, 采用变异系数法计算出每个指标的权重, 如表 4 所示; 最后采用线性加总的方法对各个目标层以及系统的综合评分进行计算, 即 $U = \sum_{i=1}^{m} \omega_i u_i$, 分析湖北省高新技术产业及其各子系统的发展水平, 最终得分如表 5 所示。

表5　2011—2018年湖北省高新技术产业及其各子系统发展得分

年份	综合测算值	产业投入		产业效益		创新能力		产业潜力	
		得分	比重	得分	比重	得分	比重	得分	比重
2011	0.095	0.000	0.02%	0.000	0.03%	0.000	0.03%	0.095	99.93%
2012	0.226	0.057	25.31%	0.014	6.38%	0.046	20.33%	0.108	47.98%
2013	0.315	0.095	30.10%	0.043	13.51%	0.060	19.05%	0.118	37.35%
2014	0.478	0.116	24.29%	0.049	10.33%	0.075	15.62%	0.238	49.75%
2015	0.561	0.108	19.29%	0.115	20.57%	0.093	16.53%	0.245	43.61%
2016	0.502	0.091	18.21%	0.190	37.96%	0.096	19.23%	0.123	24.60%
2017	0.498	0.100	20.13%	0.215	43.15%	0.117	23.59%	0.065	13.13%
2018	0.726	0.141	19.48%	0.249	34.29%	0.240	33.05%	0.096	13.18%

从高新技术产业各子系统的权重而言，产业潜力的权重最大，达到0.328，说明2011—2018年湖北省高新技术产业的产业潜力对其综合发展影响较大。另一方面，从湖北省高新技术产业发展得分而言，其整体发展水平得到了明显提升，综合得分从2011年的0.095提高至2018年的0.726。而四个子系统中，产业潜力子系统得分波动最大，且近年来下降明显，占综合得分的比重也持续下降（见图11）。高新技术产业的产业潜力主要体现在其发展速度及产业结构上，产业潜力的下降也说明了湖北省高新技术产业在发展达到一定水平后发展速度有所减缓，需要及时优化产业结构，提高产品出口能力，加大技术获取及改造力度，从而避免产业发展陷入瓶颈。此外，其他三个子系统整体均呈上升的趋势，其中2011—2014年湖北省高新技术产业投入发展较快，2014—2016年产业效益出现明显提升，2016—2018年发展重心转向创新能力。整体而言，产业效益和创新能力子系统的发展速度最快，2018年其占综合得分的比重分别达到了34.29%和33.05%。

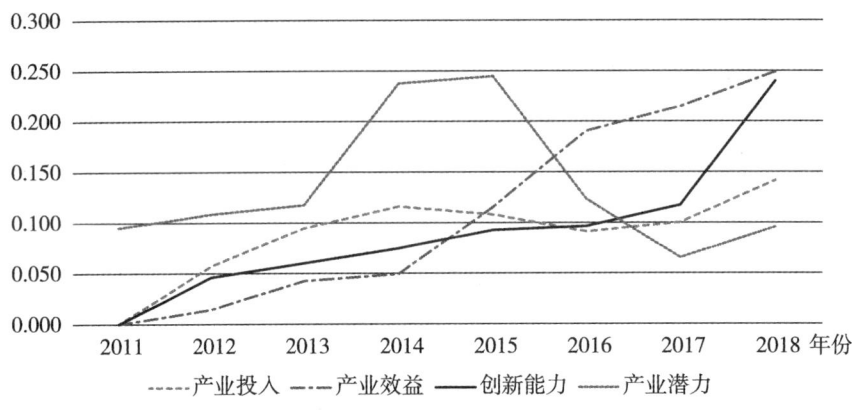

图 11　2011—2018 年湖北省高新技术产业子系统发展情况

3.3　湖北省工业高质量发展综合评价

根据上述同样的方法,测算出湖北省工业高质量发展中各指标权重,以及各子系统和综合得分(见表 6、图 12)。

表 6　2011—2018 年湖北省工业高质量发展及其各子系统发展得分

年份	综合测算值	经济发展		科技创新		绿色发展		对外开放		能源消耗	
		得分	比重	得分	比重	得分	比重	得分	比重	得分	比重
2011	0.258	0.073	28.22%	0.000	0.01%	0.124	48.12%	0.061	23.64%	0.000	0.01%
2012	0.388	0.099	25.53%	0.036	9.25%	0.147	37.80%	0.056	14.52%	0.050	12.91%
2013	0.423	0.093	21.89%	0.083	19.61%	0.155	36.69%	0.040	9.45%	0.052	12.35%
2014	0.411	0.081	19.71%	0.118	28.83%	0.154	37.56%	0.000	0.00%	0.057	13.90%
2015	0.436	0.101	23.25%	0.126	28.79%	0.106	24.22%	0.025	5.63%	0.079	18.10%
2016	0.557	0.154	27.58%	0.173	31.11%	0.089	15.94%	0.038	6.88%	0.103	18.50%
2017	0.711	0.202	28.48%	0.187	26.32%	0.143	20.17%	0.059	8.28%	0.119	16.75%
2018	0.831	0.236	28.38%	0.247	29.71%	0.146	17.63%	0.052	6.25%	0.150	18.02%

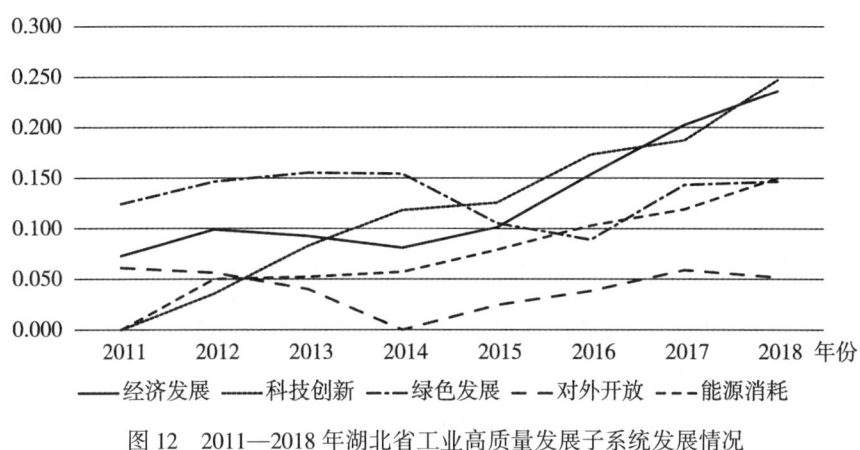

图 12　2011—2018 年湖北省工业高质量发展子系统发展情况

从工业高质量发展各子系统的权重来看，经济发展子系统的权重最大，达到了 0.309，这也说明了在追求工业高质量发展的过程中，经济发展是基础。此外，科技创新和绿色发展所占权重也较高，分别是 0.247 和 0.233，说明加强科技创新与环境保护力度，也能显著提高湖北省工业高质量发展。

从湖北省工业高质量发展得分来看，其整体发展水平也有明显提升，综合得分从 2011 年的 0.258 提高至 2018 年的 0.831。五个子系统中，绿色发展和对外开放的波动较大，且发展速度缓慢。其中，绿色发展子系统在 2011—2014 年得分最高，但随着工业化的加强，环境受到了一定程度的破坏，该子系统得分出现了明显下降，直至 2017 年才有所回升。此外，经济发展、科技创新和能源消耗子系统在 2011—2018 年都有明显提升，其中科技创新子系统发展最快，2018 年成为得分最高的子系统，占综合得分的比重达到 29.71%。经济发展子系统在 2015—2018 年得到显著提升，2018 年其得分仅次于科技创新，占综合得分的比重达到 28.38%。能源消耗子系统发展速度较慢，但整体发展稳定，也进一步说明湖北省工业能源消耗量虽有所增加，但能源消耗效率却也明显提升。

3.4 湖北省高新技术产业与工业高质量发展的协调性分析

(1) 发展趋势比较

根据上文测算,比较 2011—2018 年湖北省高新技术产业和工业经济子系统的综合发展水平 U_1 和 U_2。在实际中几乎无法达到两系统发展水平完全一致,因此可以将发展十分接近的系统视为发展同步。同时为了减小误差,本文选用 1±0.1 作为判断系统发展同步的标准,即 $U_1/U_2<0.9$ 表示高新技术产业发展滞后于工业高质量发展,$0.9<U_1/U_2<1.1$ 表示高新技术产业与工业高质量发展同步,$U_1/U_2>1.1$ 表示工业高质量发展滞后于高新技术产业发展。

从表 7 可见,湖北省高新技术产业和工业高质量发展总体上可以分为四个阶段。

表 7 湖北省高新技术产业及工业经济高质量综合发展水平

年份	U_1	U_2	基本类型
2011	0.0951	0.2584	产业滞后型
2012	0.2261	0.3878	产业滞后型
2013	0.3150	0.4229	产业滞后型
2014	0.4776	0.4106	经济滞后型
2015	0.5609	0.4361	经济滞后型
2016	0.5016	0.5567	发展同步
2017	0.4978	0.7107	产业滞后型
2018	0.7262	0.8310	产业滞后型

2011—2013 年湖北省高新技术产业发展水平低于工业高质量发展水平,其中在 2012 年,随着湖北省加大对高新技术产业的投入,其发展水平出现明显上升,且发展速度也快于工业高质量发展的速度。

2014 年和 2015 年湖北省高新技术产业发展水平开始超越工业高质量发展水平。

2016年两者呈现相对持平共同发展的态势。

2017年和2018年湖北省工业高质量发展速度加快，又出现了高新技术产业发展水平滞后于工业高质量发展水平的趋势。

从高新技术产业发展水平来看，湖北省高新技术产业发展水平除了在2016年和2017年有所下降，大多数年份保持较快的发展速度。这也进一步说明湖北省开始注重产业结构优化，注重创新能力的提升，促进高新技术产业发展。

从工业高质量发展来看，随着我国经济进入新常态，增长速度逐渐放缓，湖北省工业高质量发展速度在2012—2015年也有所减缓。但随着经济发展方式的调整，2015年工业高质量发展水平开始呈显著提升的趋势。由此可以初步判断湖北省高新技术产业与工业高质量发展存在密切的关系。

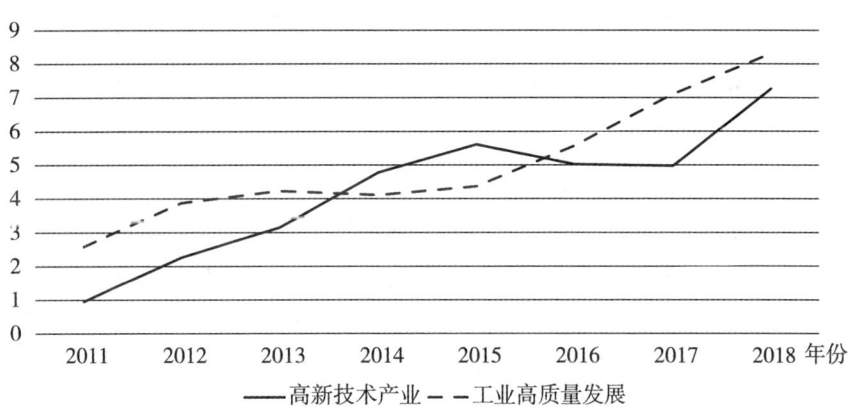

图13 湖北省高新技术产业与工业高质量发展综合指数的变动趋势

（2）耦合度分析

对高技术产业和工业高质量发展进行耦合，耦合度模型为：

$$C = 2[U_1 \times U_2/(U_1 + U_2)(U_1 + U_2)]^{1/2}$$
$$= 2[U_1 \times U_2]^{1/2}/(U_1 + U_2) \qquad (4)$$

其中 $C \in [0, 1]$，表示两系统耦合度值，反映了其相互协调的程度，C 值越接近于1意味着高新技术产业和工业高质量发展间的匹配耦合度越高。图 14 反映了 2011—2018 年湖北省高新技术产业与工业高质量发展间的耦合度，可以看出耦合度 C 整体呈现上升的态势。其中，2011—2013 年两者间的耦合度明显上升，2013 年后其耦合度呈小幅度波动的态势，且一直稳定在 0.98 以上，说明耦合程度良好。

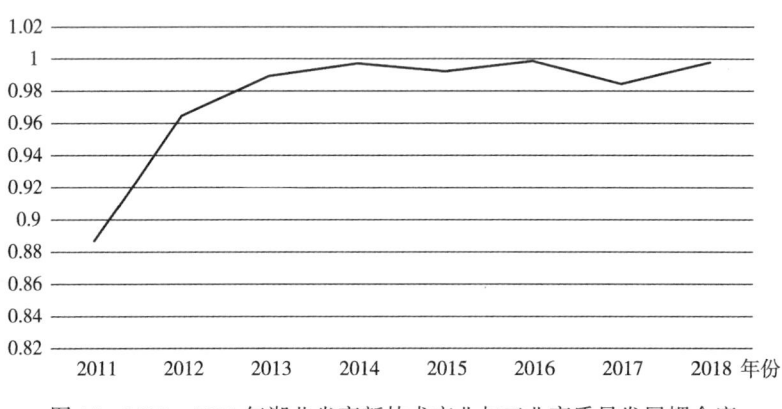

图 14　2011—2018 年湖北省高新技术产业与工业高质量发展耦合度

（3）耦合协调度分析

上文利用耦合度模型分析了高新技术产业与工业高质量发展的一致性和同步性，但无法反映出系统总体的发展水平。例如，在两个系统发展水平都较低时，也可能出现耦合度高的"伪协调"情况。因此，在构建耦合度模型的基础上，还需要构建一个基于高新技术产业—工业经济系统的耦合协调度模型：

$$\begin{cases} D = \sqrt{C \times T} \\ T = \alpha_1 U_1 + \alpha_2 U_2 \end{cases} \quad (5)$$

其中，D 表示协调发展度，可根据表 8 来判断两系统间的协调发展水平。T 表示高新技术产业—工业经济系统的综合协调指数，α_1 和 α_2 是待定系数，根据徐波、陶敏阳[①]等学者的研究，取 $\alpha_1 = 0.4$，$\alpha_2 = 0.6$。

---

① 徐波，陶敏阳. 我国高技术产业与区域经济协调发展研究［J］. 湖南商学院学报，2017，24（1）：65-72.

表8　　　　　　　　　协调发展程度等级

协调发展度	协调等级	协调发展度	协调等级
[0.0, 0.1)	极度失调	[0.5, 0.6)	勉强协调
[0.1, 0.2)	严重失调	[0.6, 0.7)	初级协调
[0.2, 0.3)	中度失调	[0.7, 0.8)	中级协调
[0.3, 0.4)	轻度失调	[0.8, 0.9)	良好协调
[0.4, 0.5)	濒临失调	[0.9, 1.0)	优质协调

根据求得的协调发展度，可以反映出高新技术产业和工业经济两系统间相互影响、相互作用的协调程度。从表9可见，2011—2018年湖北省高新技术产业和工业高质量发展的协调发展程度整体呈上升趋势，并且可将协调发展程度分为两个阶段：起步阶段和发展阶段。

表9　2011—2018年湖北省高新技术产业与工业高质量发展间耦合协调程度

年份	耦合度	协调度	协调等级
2011	0.8868	0.4138	濒临失调
2012	0.9647	0.5583	勉强协调
2013	0.9892	0.6129	初级协调
2014	0.9971	0.6604	初级协调
2015	0.9921	0.6944	初级协调
2016	0.9986	0.7307	中极协调
2017	0.9844	0.7847	中极协调
2018	0.9977	0.8873	良好协调

2011—2012年为起步阶段，此时$0.4<D<0.6$，处于濒临失调和勉强协调之间。结合图14可看出，该阶段系统失调的主要原因是湖北省高新技术产业发展较慢。在经济高速发展及工业化进程不断加快的过程中，高新技术产业的发展支撑作用越来越显著。但在发展初期，湖北省

高新技术产业潜力较大，而产业投入、产业效益以及创新能力等方面还处于较低水平的初级阶段，从而导致高新技术产业综合水平较低，与工业高质量发展不协调等问题。因此需要进一步加大湖北省高新技术产业发展力度。

2013—2018 年为发展阶段，此时 $D>0.6$。这个阶段，湖北省高新技术产业、工业高质量发展水平以及两系统的协调发展度都呈快速上升的趋势，并且 2018 年协调发展度 D 突破 0.8，两系统达到良好协调水平。从图 14 可以看出，近年来湖北省高新技术产业发展水平与工业高质量发展相互作用、相互依赖，也反映了湖北省高新技术产业引领工业高质量发展，而工业高质量发展则作为高新技术产业的支撑，两个系统相互协调，共同促进。

4 结论与建议

本文首先分析了湖北省 2011—2018 年高新技术产业的发展现状，其次分别构建高新技术产业与工业高质量发展的综合评价指标体系，利用变异系数法求得各指标的权重以及各系统的得分，最后探索了湖北省高新技术产业与工业高质量发展间的协调程度，得到如下结论。

一是湖北省高新技术产业发展水平显著提升。一方面，2011—2014 年湖北省更注重高新技术产业的投入发展，2014—2016 年产业效益出现明显提升，而近两年来发展重心开始转向创新能力。另一方面，湖北省高新技术产业发展达到一定水平后发展速度随之减缓，产业潜力也有所下降。

二是湖北省工业高质量发展取得了较好成效。其中，经济发展和科技创新子系统发展速度最快，能源消耗子系统发展速度较慢，但整体发展稳定，也进一步说明，湖北省工业能源消耗量虽有所增加，但能源消耗效率却明显提升。而绿色发展和对外开放子系统的波动较大，且发展速度缓慢。

三是湖北省高新技术产业与工业经济协调发展。近两年湖北省高新技术产业发展稍滞后于工业高质量发展水平，但整体协调程度仍然较高，2018年协调发展度突破0.8，两系统达到良好协调水平。此外，湖北省高新技术产业引领着工业高质量发展，而工业高质量发展则作为高新技术产业的支撑，两个系统相互协调，共同促进。

为进一步提高湖北省高新技术产业水平，促进工业高质量发展，提出如下建议。

第一，坚持双轮驱动工业发展。技术创新和制度创新是工业高质量发展的根本动力。要充分发挥湖北省工业的科技创新优势，构建开放、共享、高效的技术研发平台，进一步增强技术创新能力；此外，还应加快落实科技体制改革，积极探索知识产权、人才流动、金融创新等多个方面。

第二，推动工业绿色发展进程。湖北省工业高质量发展过程中，环境污染是影响发展水平提升的重要因素之一。对此，应加快湖北省工业生产绿色化，提升工业行业兼容性。此外，传统制造业一般对环境的污染影响较大，应对其进行绿色化的改造，或将重心更多地转移至高新技术制造业之中，突出发展的环境效益。

第三，优化高新技术产业结构。近年来湖北省高新技术产业潜力出现了下降的趋势，可通过提高对外开放水平，扩大市场范围，加大技术获取及改造的力度等方法对产业结构进行调整，避免湖北省高新技术产业发展陷入瓶颈。而高新技术产业的发展也进一步引领了湖北省工业高质量发展水平。

（本报告为2019武汉城市圈制造业发展研究中心主任基金项目研究成果）

课题负责人：邹　蔚　江汉大学商学院教授、武汉城市圈制造业发展研究中心主任、博士

报告执笔人：邹　蔚　彭　锐　宋维玮

湖北省创新方法推广应用体系建设路径研究

王君华　张心懿

2009年科技部批准湖北省为国家创新方法工作试点省份之一，2009年、2012年、2013年、2016年湖北省均得到国家创新方法专项支持。近年来，湖北省在夯实创新方法推广应用的基础上，构建创新方法推广应用机制，积极开展创新方法的宣传培训，建立创新方法工作小组，培养和形成创新方法推广应用队伍，产生了一批创新方法的应用成果，在政策支持、推广模式及应用、基础研究、人才培养、软硬件设施等方面已形成了良好基础。

湖北省自2009年来在全省范围开展以TRIZ理论为主的创新方法推广、普及、应用工作，至今已有十余年时间。这十余年时间既有取得成功经验的自豪与喜悦，也有遭受波折的纠结与困惑。随着时光流逝，对湖北省过去十余年创新方法工作做出一个系统、全面、客观的回顾，这将有助于我们总结经验、不忘初心、坚定信心、开拓进取，对今后进一步做好湖北省创新方法工作不仅是十分必要的，而且也是非常及时的。本研究报告立足于客观、系统、全面的视角，总结湖北省创新方法推广应用路径与实施模式，在此基础上分析了创新方法推广应用工作取得的成效和存在的问题，并对今后湖北省创新方法推广应用提出对策与建议。

一、湖北省创新方法推广应用路径与实施模式

（一）推广应用路径设计

湖北省创新方法推广应用工作由湖北省科技厅牵头，对湖北省创新

方法工作进行总体布局和安排,以项目为依托,以基地建设为基础,以企业试点、示范为重点,以宣讲、培训为手段,统筹创新资源,构建政产学研用的协同创新体系,推进创新方法的应用实践。

1. 搭建专业服务机构——湖北省创新方法推广服务中心

作为湖北省创新方法推广应用专职服务机构,湖北省创新方法推广服务中心负责湖北省创新方法宣传普及,试点、示范企业人才培养以及创新咨询服务等具体推广工作。同时,该中心与湖北大学牵头成立的创新方法研究会、湖北工业大学组建的湖北省创新教育基地等共同建立了功能定位清晰、服务专业、多级联动的"联盟式"创新方法推广应用服务基地,为落实湖北省创新方法的推广应用奠定了坚实的基础。

2. 大力开展试点示范,树立创新方法推广应用典型

2012年11月,湖北省召开了创新方法应用示范推广工程项目启动暨企业高层宣讲会,以"创新智道,助推中国智造"为题,对湖北省近140家高新技术企业主要负责人进行了创新方法普及宣讲,并借助湖北日报、湖北省政府网站、湖北省科技厅网站、楚天都市报、人民网湖北频道等新闻媒体平台,实时宣传湖北省创新方法工作进展及成效,为企业遴选营造了良好的社会氛围。在通过资格筛选和实地考察后,入选的试点示范企业按照"试点预备企业理论导入→试点企业应用指导→示范企业重点培育"三层级、多阶段开展创新方法企业培训及推广,逐级收敛,稳步推进湖北省创新方法试点示范工作。

另一方面,通过与湖北工业大学展开深度合作,推进创新方法进高校,并选择机电行业作为试点行业,探索推进TRIZ理论与机电行业的融合。

3. 打造本土创新方法专业化师资、服务团队

湖北省通过"内培、外训"的方式,不断加强本土师资团队建设,并在培养过程中注重个性化的咨询服务。一是调研、筛选出湖北省致力于创新方法研究且本身具备教学素质的高等院校老师,初步建立了创新方法培训师资库、咨询专家库、创新工程师库,为湖北省创新方法师资团队储备力量。二是重点针对创新方法推广应用服务基地内外师资储备

力量开展了创新方法专门师资培训及咨询实战训练,力争培养满足湖北省创新方法推广应用多层次需求的培训、咨询师资团队。三是依托项目共建高校,开展大学生教学及创新辅导,提升大学生创新意识和能力,在普及创新思维和创新方法的同时,也为创新方法师资服务团队凝聚了后备力量。

(二) 推广应用实施模式

1. 试行市场化

(1) 探索市场化运作。

通过"推""拉"相结合方式进行,政府发文遴选和主动宣传相结合,确保试点示范企业质量;通过商业模式的构建和营销方式的运用等多种市场化手段,引导企业主动加大对创新方法的投入,从而推进创新方法在企业的推广应用。

(2) 推动市场化管理。

按照项目管理原则,规范基地内部运行。制定了《湖北省创新方法咨询服务体系建设方案》,按照岗位的要求选择合适的人员,将岗位的目标和任务与薪酬和绩效挂钩,强化市场激励。一是加强服务过程管理。采取"倒逼"机制,强调项目管理责任制,并加强宣传和引导从而带来企业对创新方法的主动投入。二是坚持绩效优先,分配均衡,既体现多劳多得,又利于团队培养。

2. 管理规范化

一是完善创新方法试点示范工作规范、遴选标准和操作流程,让后续的试点示范工作有据可依,有章可循。二是强化创新方法试点示范企业师资团队培养和管理。通过师资培训、创新方法与管理创新方法相结合,培训与咨询相结合的模式,在 TRIZ 理论的基础上加入了工业工程、六西格玛管理和 QFD 等相关内容,参训的师资回到企业后,在省里师资的配合下,将开展创新方法内训及应用推广工作。同时,加强试点企业创新方法师资管理,定期跟踪,及时帮助师资解决过程中所遇到的问题。三是推动创新方法在试点示范企业内部的推广应用。通过"5

天理论培训+5天咨询实践+2天管理创新方法培训+后续定期辅导"的模式，强化创新方法试点示范推广应用。截至目前，湖北省共培育遴选试点、示范企业近40家，其中考核颁牌认定28家。四是制定严格验收标准并采取多种形式进行验收。湖北省制定了《湖北省创新方法试点示范企业认定及管理办法》，明确了试点示范企业的认定内容、认定形式验收要求，确保试点示范成效。

二、湖北省创新方法推广应用的成效分析

（一）创新方法推广应用为区域创新体系建设提供了重要支撑

一是明显提高了社会对创新方法的认知度。截至目前，湖北省共举办各种创新方法大型报告会、巡回宣讲会60场，培训科技人员和管理人员12000余人；举办企业研发人员培训班120余期，培训企业2000余家，大大增强了社会对创新方法的认知度。二是政府重视程度明显增强。湖北省科技厅牵头，加大对创新方法的顶层设计和投入力度，强化创新方法工作与省科技厅主体工作的结合，推动创新方法持续应用。三是以湖北省创新方法推广服务中心为主体的省级创新方法基地牵头，整合湖北省分平台和省内高校及科研机构力量，助推区域内的产学研合作，开展适合湖北省企业实际需求的创新方法的研发体系和架构设计，推动创新服务体系建设。四是探索形成了有效的市场机制。通过加强自身能力建设和运行机制探索，引进市场化机制，将创新方法培育成为湖北省企业增强自主创新能力的服务内容和手段，提升自身的自主创新能力。

（二）创新方法推广应用加快湖北省基地建设和服务体系完善

1. 推进了湖北省创新方法平台协同建设

截至目前，湖北省已按照统筹规划、省市联动、整合集成、突出特色的原则，构建了1个全方位、多体系的创新方法推广应用组织网络：

1个依托省创新方法推广服务中心的省级创新方法推广应用平台；以省辖市情报中心为依托的襄阳、宜昌两个推广应用分平台和以湖北工业大学机械学院为依托的机电产业分平台。各平台结合自身区域特点，省市联动、分工协作，共同推进湖北省创新方法推广应用工作，形成了良好的局面。

2. 培养了一批专业推广应用人才团队

通过"请进来，送出去、边学边干，边实践边总结"等多种方式，湖北省注重培养兼具技术创新方法与管理创新方法的师资队伍，着力于咨询师队伍的培养和锻炼，同时关注创新方法研发、营销及专业管理服务团队的培养和锻炼，获国家认证的创新培训师的数量居全国前列，创新方法工作基本以本土团队完成，成效较好。

3. 探索形成了有效的推广方式和路径

湖北省创新方法工作注重企业创新方法自身的"造血"功能，帮助培养企业自身的核心团队，推动企业持续应用，以及对其他企业的示范推动效应。从政府发文挑选和市场推动结合起来遴选合适的试点示范企业，促进成果产出和示范效应的带动。推动试点示范企业技术创新方法与管理创新方法多方面集成应用，推动企业创新。湖北省打造了一支10人的湖北本土师资团队，其中有9人获国家创新工程师二级认证，1人获国家创新工程师三级认证，4人获MATRIZ二级认证；为试点示范企业培养技术创新骨干222名，并有142名骨干获得创新方法认证委员会认证的创新工程师，其中三级认证18名、二级认证98名、一级认证26名。

4. 构建了创新方法推广服务体系

在推广应用过程中，湖北省根据企业实际需求有针对性地设计推广服务体系和模式。技术创新方法与管理创新方法共同推进，培训与咨询相结合，并根据不同行业、企业的特点和实际需求为企业量身定制。并初步形成"顶层设计-动员普及-核心团队培养-全员推广-创新方法集成应用-创新体系建设"的创新方法推广服务体系，并在实践中取得了较好成果。

(三) 创新方法推广应用有效提升企业自主创新能力

1. 取得明显社会效益和经济效益

据不完全统计，湖北省应用创新方法为试点、示范企业共解决技术难题 270 项以上，指导试点、示范企业申请专利 277 项，其中发明专利 134 项，大大提升了企业创新能力，产生了良好的经济效益。如中冶南方工程技术有限公司超 4000 万元、荆州恒隆汽车零部件制造有限公司 2294 万元、湖北航鹏化学动力科技有限公司超 2400 万元、三川德青工程技术有限公司 2584 万元。

2. 试点示范带动效应明显

湖北省的创新方法应用推广已经形成了一定的社会氛围，获得了许多企业的认可和支持。在经过创新方法推介宣讲后，不少企业开展了创新方法内训，并自觉探索多种创新方法在企业融合的有效途径和模式，评估创新方法工作示范效应和带动作用。在科技部三期专项项目中，湖北省多家企业参加了工业工程、精益生产和六西格玛等管理创新方法的系统学习，并逐步将多种创新方法在企业运行过程中加以融合，形成了企业创新方法推广应用的模式与经验研究报告 1 篇、区域示范企业的示范带动效应调查报告 1 篇。

三、湖北省创新方法推广应用存在的主要问题

当前，湖北省创新方法工作整体上呈现出稳中有进、蓬勃发展的良好局面，但从发展质量和可持续性来看，仍处于较低层次的"原生"状态，即主要依靠政府行政力量推动和政府项目资金扶持，结构不优、自身"造血"能力不足的问题依然存在。

(一) 创新方法长效机制及评价标准有待建立健全

湖北省以 TRIZ 为主的创新方法推广应用工作是在省科技厅的统筹领导下开展的，在推广初期获得了社会，尤其是学术界的广泛认同。但

由于 TRIZ 的理论性强，应用门槛较高，加上缺乏准确判断其应用价值的评价标准，使得作为市场主体的企业对 TRIZ 的推广应用力度不高；或者尽管企业认可，但受限于日常研发工作繁重，企业也难有动力抽调骨干进行集中学习。简言之，企业推动创新方法工作的内生动力不足，缺乏创新方法应用的长效机制建设。因此，企业是否开展创新方法或者创新方法应用产生的成效往往取决于企业分管领导对创新方法的个人认知，一旦某位分管领导离职或不再重视创新方法工作，该企业的创新方法推广应用工作就会终止。

（二）创新方法推广应用业务体系有待完善

1. 推广应用内容单一

受限于创新方法理论性和实践性较强的特点，目前湖北省创新方法推广应用方式主要以宣讲培训的方式进行，创新方法应用咨询环节缺乏，培训内容多为普适性的思维和方法推广，难以满足企业的个性化需求，受众对象多是企业的一线技术研发人员，而针对管理层的管理创新工作难以开展，培训系统性不够。

2. 推广应用形式单一

虽然湖北省大力推进创新方法普及信息化，并建有一网两系统，为工程师远程教育和交流提供了平台，在实践过程中，培训主要以集中面授现场培训为主，而网络应用形式不多，这与网站日均点击量不足、网络平台运行不顺畅、推广应用业务体系不完善有关。

3. 推广应用渠道单一

在创新方法推广应用内容上，以现有方法存量为主，缺乏增量研发。目前主要集中在以 TRIZ 为主的技术创新，鲜有新的创新方法应用开发。在创新方法推广应用组织布局上，县市一级的推广服务体系还不健全，创新方法推广应用下沉度不够。

4. 推广应用受众单一

目前的推广应用工作所面向的对象多以服务中小企业为主，与园区、高新区、双创平台的助力推进工作的联系还不紧密。

（三）创新方法师资队伍建设有待加强

"十三五"以来，国家积极推进供给侧结构性改革，湖北省创新方法推广服务中心也立足自身发展需要提出了一系列改革措施，其中最重要的就是建立面向市场的运营机制，从以培训为主的面上推广转向以培训与咨询业务相结合的创新服务，增强自身"造血"能力。

但在实践过程中，本土化师资团队建设不足，缺乏专业的营销团队，阻碍了创新方法的市场化推广。目前，湖北省有10人的本土师资团队，数量不多且主要集中在机电、食品加工、智能制造等行业领域，不能满足市场的创新咨询需求。此外，虽然有企业员工愿意参与师资建设，但大多是员工的个人行为，而企业自身已有繁重的科研任务，这部分师资很难有充裕的时间和精力去完成创新咨询工作。

四、加快湖北省创新方法推广应用的对策与建议

湖北省要加快推进创新方法工作，践行创新驱动发展战略及其规划，就应通过建立长效运行机制，激活协同创新合力，深化基础研究，打造具有市场价值和核心竞争力的服务产品。

（一）强化政策引导，优化发展环境

当前，我国的创新方法推广应用方式主要以项目资金补助为主，并且需要全国范围内的竞争性申报。如果缺乏国家项目资金补助，各省往往也会撤销配套资金。这对于创新方法推广应用市场机制尚未建立的省市来说压力巨大。为了持续推进创新方法工作，应强化顶层设计，将项目资助转换为政策引导，探索出台有利于创新方法推广的政策环境。例如，对创新工作室或科技园区的认定标准中，设置创新工程师或培训师的数量指标；对企业或高校的创新评价引入创新方法咨询师的评价因素；鼓励企业对员工进行创新方法培训，考取相关认证资格，从外部刺激企业学习创新方法的动力。此外，以组织各类高水平创新方法大赛为

抓手，丰富活动形式，吸引高校学生积极参与，构建创新方法交流的有效平台，营造创新方法应用的社会氛围。

（二）建立长效机制，优化示范布局

以试点示范企业为抓手，推进企业内部创新方法长效机制建设，并建立跟踪机制，对企业应用创新方法后产生的经济数据进行采集、比较和分析，科学判断创新方法的价值，形成数据库、案例库和成果库，为创新方法市场推广奠定数据支撑，进而激发企业开展创新方法的内生动力。完善政、产、学、研、用协同创新体系，推进创新方法进园区、进企业、进高校，在代表性较强的区域建立创新方法服务站，定期组织宣讲和推介，完善基地推广的应用组织布局。

（三）完善市场运营，优化师资队伍

加强本土师资建设，尤其是创新方法咨询师培养。在培养过程中侧重理论和实践相结合，提升咨询师的实战能力。根据湖北省产业和经济发展特点，构建以各咨询师所处行业为划分标准的创新方法难题解决工作室，纳入创新方法推广服务中心管理。打造以免费宣讲、付费咨询为主的服务体系，出台创新方法服务中心管理办法、绩效机制和分配细则。完善创新方法服务中心的市场运营机制，推进创新方法推广服务平台建设，推进网络培训，打造具有市场竞争力的拳头产品。同时，培养专业化的营销团队，促进创新方法的市场推广，培育自身造血能力。

（四）推进基础研究，优化理论体系

遴选创新方法本土师资，打造专业从事创新方法基础研究的核心团队。结合省情资源、战略产业、企业个性需求等因素，深化研究各类创新方法的思想内涵和优势弊端。探讨强化创新方法增量研究、多方法融合以及个性化发展，增强我国创新方法理论的厚度和深度，建立具有中国特色的创新方法理论体系。

（五）多方法集成应用，促进科技服务能力提升

与现有创新方法体系进行融合，形成具有实效性和操作性的创新方法应用流程和模式，提升推广应用实效；开展方法应用标准化尝试，提高创新工程师对专业问题判断、诊断的可靠性，选择合适的方法和工具，提高求解效率。加强技术与管理创新方法的融合，灵活地选择技术或管理创新方法，实现集成应用，提高解决效率。开发出面向企业知识管理的信息服务系统，实现全过程跟踪，为企业创新提供智能化服务。

（六）发挥企业主体作用，加大试点示范力度

发挥企业应用创新方法的主体作用，探索在企业推广创新方法的过程中将项目咨询辅导和企业创新人才培养相结合，实现湖北省企业从"仿制"到"集成创新"再到"原始创新"的转变，从源头上增强企业自主创新能力。建议组织实施企业创新方法推广应用工程，以省科技部门单独或者联合省级有关部门组织开展创新方法试点示范企业培育工作，在国家创新型企业、省级创新型试点示范企业、高新技术企业中全面推广应用创新方法，引导扶持试点示范企业组建创新团队，提升企业创新能力，增强核心竞争力。依托众创空间、孵化器、园区等服务机构，开展创新方法的推广应用工作。

课题负责人： 王君华　湖北大学商学院教授、博士生导师、博士
报告撰稿人： 王君华　张心懿

湖北省制造业高质量发展评价与政策建议

石军伟　艾丽丽　于晓琳

制造业是我国国民经济的主导产业，是实体经济的主体，是技术创新的主战场，也是供给侧结构性改革的重要领域，中国经济要实现高质量发展，必须有高质量的制造业作为支撑。作为"一带一路"和长江经济带重要节点，在促进中部地区崛起和长江经济带发展中肩负重要历史使命的湖北省，近些年在制造业领域取得了突出的成绩，但是随着内外部环境的变化，实现制造业的长远健康高速发展仍然面临诸多挑战。湖北省制造业当前到底处于一个什么样的水平？其优势与不足主要体现在哪些方面？哪些行业较好哪些行业较差？如何回答这一系列的问题，构成了本文的主要研究目的和切入点。

本文围绕湖北省制造业高质量发展这一主线，通过计算湖北制造业高质量发展指数，对湖北省制造业发展水平进行了行业层面的考察。本文首先从经济贡献、结构优化、要素供给、创新能力、企业竞争力、开放水平、能源与环境这七个方面进行了制造业的省际比较，然后据此建立了评价指标体系，对湖北省制造业高质量发展水平进行了分层次、综合的定量评价。

一、评价指标与方法

在借鉴已有重要政策文件和相关研究成果的基础上，本文构建了制造业高质量发展指数及其评价指标体系。评价指标体系分为三个层次：一级指标、二级指标和三级指标。其中一级指标包括7个分类指标，代表了制造业高质量发展的七个主要维度，分别是共享、协调、创新、开放、管理、企业、绿色。二级指标包括15个具体指标，分别是经济贡献、就业贡献、产业结构、产品结构、创新投入、创新产出、创新基础、运营效率、管理能力、企业整体竞争力、企业品牌竞争力、出口竞争力、外商投资、能源和环境。三级指标包括31个，如表1所示。

表1　　　　　　　　　制造业高质量发展指数的评价体系

分类指标		具体指标	计算方法
共享	经济贡献	GDP增长贡献率	制造业增加值增量/GDP当年增量
		GDP经济增长拉动率	制造业增加值增量/上年同期GDP
	就业贡献	就业贡献率	制造业就业人数/总就业人数
协调	产业结构	高技术制造业占比	高技术制造业增加值/制造业增加值
	产品结构	制造业新产品占比	制造业新产品产值/制造业产值
创新	创新投入	制造业R&D强度	制造业研发投入/制造业增加值
		工业R&D人员数	工业R&D人员数（全时当量）
	创新产出	制造业专利占比	制造业专利数/全省专利数
		制造业发明专利占比	制造业发明专利数/全省专利数
	创新基础	本科高等院校	本科院校数量
		高新技术开发区	高新技术开发区数量
		国家实验室	国家实验室数量
		国家工程技术研究中心	国家工程技术研究中心数量
		新型工业化示范基地	新型工业化示范基地数量
开放	出口竞争力	高技术制造业出口交货值占比	高技术制造业出口交货值/制造业出口交货值
	外商投资	外商直接投资	高技术制造业外商股权/制造业外商股权

续表

分类指标		具体指标	计 算 方 法
管理	运营效率	劳动生产率	制造业增加值/制造业期末从业人数
		利润率	净利润/资产总额
	管理能力	总资产周转率	营业收入/资产总额
		期间费用率	（管理费用+财务费用+销售费用）/营业收入
		营业成本率	营业成本/营业收入
企业	企业整体竞争力	世界级优秀企业	世界500强制造企业数量
		国家级优秀企业	中国500强制造业企业数量
		上市公司竞争力	制造业主板上市公司数量
	企业品牌竞争力	世界级品牌竞争力	世界品牌500强制造企业数量
		国家级品牌竞争力	中国品牌500强制造企业数量
绿色	能源	单位工业产值能源消费量	工业企业能源消费量/工业产值
		单位工业产值用水量	工业企业水资源消费量/工业产值
	环境	单位产值二氧化硫排放量	SO_2 排放量/工业产值
		工业污染治理投资比重	工业污染治理投资/工业产值
		工业固体废物利用率	工业固体废物利用率

（一）七大维度指标概述

共享指标包括制造业对本地经济增长的贡献、就业促进作用，对本地经济增长、就业的贡献能够体现制造业的共享水平。

协调指标反映的是制造业的结构优化状态，包括制造业中高技术产业的比重、新产品的比重。高技术产业占比能体现制造业的技术密集度，新产品占比能体现产品结构的中高技术、高质量产品的占比。

创新指标主要包括制造业在创新投入、创新产出、创新的机构支持这三个方面的表现。作为制造业高质量发展的基础，必须有研发投入保证技术水平的提高。创新产出用于直观评价创新能力，高水平创新机构是制造业创新能力持续提升的保障。

开放指标包括制造业出口竞争力、外商投资。制造业出口中高技术制造业出口比重越高,企业在海外市场越能长久保持竞争力。外商一般具有较强的技术和管理水平,制造业、高技术制造业中外商投资占比越大,则制造业的开放水平越高,越有机会接触到外部先进技术、先进管理技术,有利于制造业提升自身的国际竞争力。

企业指标反映的是一省制造业企业的竞争力,包括企业整体竞争力、企业品牌竞争力。企业整体竞争力、品牌竞争力排名能够反映本省制造业企业的整体竞争力和品牌建设水平。

管理指标反映的是一省制造业企业的管理水平,这主要体现为企业在运营上的效率及管理能力。运营效率包括劳动生产率和利润率,而管理能力则体现为总资产周转率、期间费用率和营业成本率。

绿色指标主要包括能源与环境两个方面。能源指标评价制造业能源消耗水平,单位产值能耗越低,则制造业可持续发展能力越强。环境指标则反映对外部环境的排放情况。

(二) 测算与评价方法

从操作方法上看,对评价体系的测算与最终结果的得出是由下至上的,这与制造业高质量发展指数评价体系框架的构筑过程相反。本文从基础指标的测算、赋值开始,通过将各基础指标标准化,逐步合并至一级指标,最后采用主成分分析的方法赋权重以合并成为最终指标。

1. 基础指标的处理与合并

对制造业发展水平的测算从具体指标开始。虽然具体指标的数据已在前期工作计算完成,但不同指标采取的量纲不同,不能直接进行合并,因此本节首先对各具体指标进行标准化 (z-value) 处理。标准化公式为 $z=(x-\mu)/\sigma$,式中,x 为原始指标值,μ 为样本均值,σ 为样本标准差,z 为标准化之后的指标值。在标准化之后,各具体指标的均值为 0,方差为 1,可以消除单位对变量的影响。在对各具体指标标准化处理后,就可以对各分类指标下的具体指标进行因子分析。

2. 分类指标的赋值与最终结果

由于各分类指标之间的经济学含义差距较大，用平均值合并指标并不科学。因此，本部分首先采用因子分析法对七个分类指标进行降维处理，求得各省的主成分得分和相应权重，继而通过加权平均测算各省的最终得分。

（1）提取主成分与赋权重。

本文借助主成分分析对一级指标进行加权计算。主成分分析的主要目的是从众多的原始指标中提取出少数几个主成分指标，并尽可能地保持原指标中的所有信息。如果第一主成分不足以代表原变量的绝大部分信息，则引入第二主成分，依次类推。在实际操作中，本文采用 SPSS 软件进行主成分分析，提取特征值大于 1 的主成分。在提取出各主成分之后，还可求出各主成分的方差贡献率，并通过式（1）计算各主成分的权重。

$$W_j = \delta_j / \sum_{j=1}^{m} \delta_j \tag{1}$$

式（1），δ_j 表示第 j 个主成分特征值的方差贡献率，分母表示提取出的 m 个主成分的累计方差贡献率，两者之比即为第 j 个主成分的权重。

（2）最终得分的计算。

通过主成分分析求出各主成分的得分和权重之后，则可以通过式（2）进行加权平均，求得各工业企业管理创新评价得最终得分。

$$\text{Score}_i = \sum_{j=1}^{m} F_{ij} \times W_j \tag{2}$$

式（2）中，Score_i 表示第 i 个企业的最终得分，F_{ij} 表示第 i 个企业的第 j 个主成分的得分，W_j 表示第 j 个主成分的权重。

（三）样本和数据

本文以湖北省为主要研究对象，同时构建了一个可比省份集合，以更直观地反映湖北省制造业的相对发展质量或发展水平。这个可比省份集合包括14个省份,分别是中部其他5省(湖南、河南、安徽、江西、山西)、东部主要省份(浙江、上海、北京、山东、江苏、广东)、西部地区代表性省份(四川、重庆、陕西)。然后,通过各省的统计年鉴《中国统计年鉴》《中国工业统计年鉴》《中国科技统计年鉴》等统计出版物和各省统计局网站收集了相关数据。因为涉及15个省份,而且还涉及细分行业的数据,必须使用到《中国工业统计年鉴》,但该年鉴只能搜集到2017年。所以,本文完整的样本数据开始于2012年,结束于2016年。据此,本文对包括湖北在内共15个省份的制造业相关数据,从经济贡献、结构优化、要素供给、创新能力、企业竞争力、开放水平、能源与环境这七个方面对湖北省制造业发展水平进行省际比较,在各个细化指标层面对湖北省制造业发展现状提供相对更为细致的认识。

二、湖北省制造业高质量发展整体评价结果

(一)总体结果

表2为通过指标体系进行测算得到的湖北省制造业高质量发展指数的评价结果,这些结果比较直观地反映了包括湖北省在内的15个省份制造业高质量发展得分排名。从表2可以看到,东部省份的制造业高质量发展水平总体上领先于中部和西部省份,中部省份总体上领先于西部省份。东部省份中,广东、北京、江苏和山东稳居前四名,广东省后来居上,成为东部第一。西部省份中,重庆的制造业高质量发展水平得到明显的提升,综合得分由2012年的53.36提升到2014年的60.49,直到2016年的63.52,并超过了中部6个省份。与此对应的是,四川的制造业高质量发展综合水平则是连年下降之势。

具体到湖北省,情况不为乐观。湖北省制造业高质量发展的综合得分,不仅相对于东部省份明显落后,而且相对部分中部省份,整体排名居中,总体上列第三位,没有表明出显著的领先优势。具体来看,湖北

制造业高质量发展指数的得分取值，在2012年至2016年是不断下降的，从2012年的62.82分下降到2014年的59.14分，直到2016年的57.96分。这一趋势需要引起湖北省高度警惕，并在未来给予足够重视。2016年，湖北制造业高质量发展水平超过了河南省和江西省，却被安徽省于2014年反超，直到2016年也没追赶上。在中部地区内部，湖北省虽然领先于部分省份，但一直落后于湖南和安徽。当然，总体来看，中部6省的制造业高质量发展水平在2012年至2016年整体上呈下降趋势。

表2　　　　湖北省制造业高质量发展指数的综合结果

排名	2012年	得分	2014年	得分	2016年	得分
1	北京	100.00	广东	100.00	广东	100.00
2	山东	96.58	山东	89.64	北京	96.43
3	广东	88.44	北京	88.85	江苏	82.72
4	江苏	81.22	江苏	81.42	山东	80.81
5	湖南	69.71	上海	70.62	上海	69.77
6	上海	68.44	江西	63.67	浙江	67.18
7	江西	65.48	浙江	62.86	重庆	63.52
8	河南	64.48	河南	61.98	湖南	58.80
9	四川	62.99	安徽	60.70	安徽	58.29
10	湖北	62.82	湖南	60.51	湖北	57.96
11	浙江	62.32	重庆	60.49	河南	56.15
12	安徽	60.09	湖北	59.14	四川	53.66
13	陕西	54.17	四川	54.73	江西	53.08
14	重庆	53.36	陕西	44.89	陕西	46.33
15	山西	36.79	山西	36.79	山西	36.79

(二) 结果的省际比较

本文首先将湖北省制造业高质量发展水平与中部其他 5 省及中部平均值进行比较，结果如图 1 所示。从图 1 中可以看到，湖北省制造业高质量发展水平一直高于中部平均水平，但并没有占据领先地位；2012 年排名仅低于湖南省、河南省和江西省；2014 年依然落后于湖南省、江西省、河南省和安徽省。2016 年有所改变，综合来看与湖南省的差距有所缩小，整体水平略低于安徽省，但对江西和河南两省实现了超越。也就是说，在 2012 年至 2016 年，湖北制造业高质量发展指数的得分虽然呈下降趋势，但在中部地区内的相对位置实现了跃升。

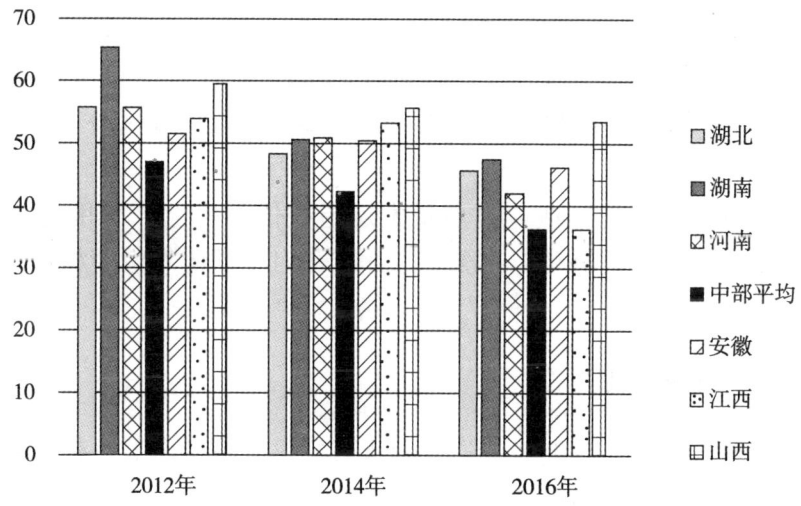

图 1 湖北省及中部其他五省制造业高质量发展综合水平比较

图 2 为湖北省综合得分与东部 6 省及西部 3 个省份平均得分的比较，可以看到，湖北省与东部 6 省平均水平的差距在拉大，而领先于西部 3 个省份平均水平的距离空间在缩小。

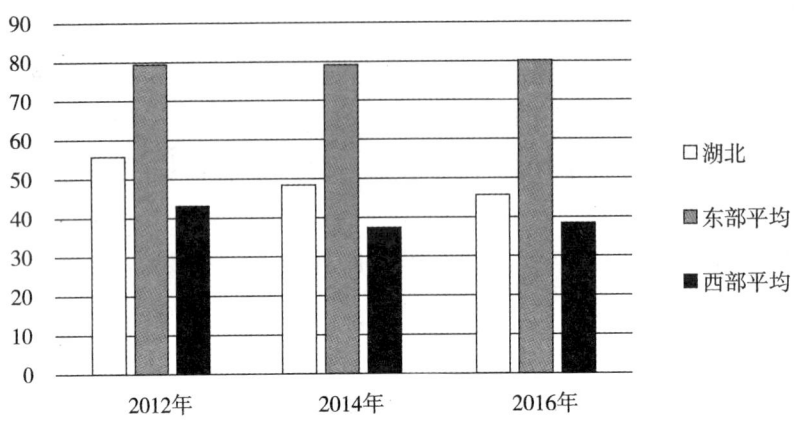

图 2　湖北省及东部、西部主要省份制造业高质量发展综合水平比较

三、制造业高质量发展水平的七大维度比较

本节利用湖北省制造业高质量发展指数体系中七个维度的指标得分，进行了区际比较分析，得到了湖北省相对于其他省份的相对位置及其变化情况。

(一) 共享维度

共享维度反映了湖北省制造业对本省国民经济做出的贡献，具体表现为制造业对经济的贡献率和就业贡献率。在高质量发展的共享维度方面，湖北省制造业近几年表现变化非常明显。表 3 为测算出的湖北省与各可比省份在 2012 年、2014 年和 2016 年制造业共享维度的得分排名情况。可以看出，2012 年和 2014 年湖北省制造业的共享维度得分较高，2016 年出现了明显的下降。这说明湖北省制造业在 2012 年到 2014 年，对经济增长的贡献及拉动作用，以及对就业有重要的影响，但在 2016 年湖北省制造业对经济增长的拉动表现乏力。

表3　　　　　　　湖北省制造业高质量发展的共享维度评价

排名	2012年	得分	2014年	得分	2016年	得分
1	陕西	100	广东	100	广东	100
2	安徽	88	重庆	94	江苏	91
3	湖北	84	湖北	92	重庆	87
4	四川	83	江苏	92	浙江	84
5	湖南	82	江西	87	河南	84
6	重庆	76	湖南	87	上海	84
7	河南	71	河南	87	安徽	83
8	江西	69	山东	84	湖北	83
9	北京	67	上海	84	江西	81
10	山东	62	陕西	84	山东	80
11	江苏	58	安徽	83	北京	71
12	山西	57	浙江	80	湖南	70
13	浙江	54	四川	79	陕西	67
14	广东	51	北京	73	四川	67
15	上海	37	山西	37	山西	37

2014年湖北省的共享得分跃居中部地区首位，2016年湖北省的共享得分有所回落，但仍然排名靠前。从表3可以看出，湖北省与中、西部地区相比，其共享得分处于较高水平，2016年湖北省共享得分为81分，与得分为83分的东部地区相差无几，且远高于西部地区。以制造业对GDP的贡献率这一指标为例，湖北省高于中部6省的平均水平，约排在第四位，这一指标高于东部和西部地区的均值。这说明相对于其他省份，制造业对湖北省经济发展的贡献更大。

(二) 协调维度

协调维度反映了湖北省制造业的结构优化水平，具体体现在高技术制造业和制造业新产品占比等方面。从表4可以看出，湖北省相较于其他14个省份的结构优化得分较低，2012年、2014年和2016年均排在第10名，且与排名靠前的省份差距较大。

从湖北省与中部五省的协调维度得分比较来看，湖北省制造业的协调维度得分在中部地区稳居第2名，但是与得分最高的湖南省差距在不断扩大。相较于其他省份，湖北省制造业中高技术制造业与整体制造业发展的协调水平不高，对制造业结构优化的贡献力度不够。显然，湖北省制造业需要进一步优化结构，大力发展高技术制造业以及提高新产品产出效率。

表4　　　　湖北省制造业高质量发展的协调维度评价

排名	2012年	得分	2014年	得分	2016年	得分
1	上海	100	上海	100	上海	100
2	北京	92	北京	95	广东	91
3	江苏	76	江苏	83	江苏	88
4	广东	76	广东	81	重庆	87
5	重庆	74	重庆	74	北京	83
6	浙江	54	浙江	63	浙江	67
7	山东	52	山东	54	湖南	55
8	湖南	48	湖南	52	山东	52
9	四川	47	四川	47	四川	45
10	湖北	43	湖北	45	湖北	44
11	安徽	41	安徽	41	安徽	43
12	江西	40	山西	40	山西	41
13	山西	39	江西	38	陕西	39
14	陕西	39	河南	38	江西	38
15	河南	37	陕西	37	河南	37

（三）创新维度

创新维度反映了湖北省制造业在高质量发展过程中的主要驱动力，具体体现为在创新投入、创新产出和创新基础资源等方面的综合表现。表5为湖北省制造业高质量发展指数的创新维度得分情况。可以看出，湖北省制造业在创新维度方面的得分稳中有升，2012年和2014年湖北省的创新得分均排在第9名，2016年湖北省的创新得分上升到第7名，与上海持平。

表5 湖北省制造业高质量发展的创新维度评价

排名	2012年	得分	2014年	得分	2016年	得分
1	广东	100	广东	100	江苏	100
2	山东	83	江苏	88	广东	97
3	北京	77	山东	86	山东	91
4	江苏	77	北京	66	北京	73
5	湖南	65	上海	65	安徽	66
6	上海	61	浙江	60	浙江	61
7	浙江	59	湖南	60	湖北	60
8	安徽	54	安徽	58	上海	60
9	湖北	53	湖北	54	湖南	60
10	河南	50	河南	46	重庆	48
11	四川	46	四川	42	河南	46
12	江西	43	江西	41	四川	42
13	陕西	41	陕西	38	江西	41
14	重庆	39	山西	37	陕西	39
15	山西	37	重庆	37	山西	37

湖北省的创新得分综合了创新投入、创新产出和创新基础三项内容，湖北省创新基础良好，高校众多，在校大学生数量居全国前列，具

有雄厚的科教资源，是国家重要的研究开发基地，全省高等学校和科研机构数量众多、实力较强，一批国家级、省级高新技术开发区发展势头强劲。同时，湖北省既有充沛的劳动力资源，又拥有大量的科技人才和高素质的人才储备，科技活动人员总数居全国前列。这些优势使湖北省制造业在创新维度表现良好，且稳中有进。

在中部地区六省中，与其他五省相比，湖北省制造业的创新维度得分逐年提升，2016年超越湖南，位居中部地区第2，稍微落后于安徽省。这得益于湖北省大规模的创新投入和良好的创新基础。2018年湖北省的本科院校数量为68所，位居中部地区首位，高新区数量、国家重点实验室、国家工程技术研究中心和新型工业化产业示范基地数量均在中部地区处于领先地位。这为湖北省更好地进行科学研究、引领行业前沿，提高生产集中度和市场占有率提供了坚实基础。

此外，湖北省制造业的创新维度得分虽然好于西部地区，但是与东部地区的差距依然明显。主要原因在于东部地区的创新环境和科技成果转化能力强于湖北省。2017年东部地区的专利申请数量和发明专利申请数量分别为湖北省的3.84倍和3.38倍。制造业作为湖北省技术含量较高的行业，创新能力却不太理想，主要原因是企业的科技成果难以商业化，企业便会出于利益动机减少创新活动，从而导致行业的创新规模萎缩、创新能力减弱。湖北省的发明专利占比远高于中、东、西部地区的平均水平，但存在较明显的波动，2014年到2016年有大幅提升，2016年到2017年发明专利占比回落，呈现波浪式发展趋势。表明湖北省的发明专利虽然占比较高，但是不稳定。虽然湖北省是我国的教育大省，有充足的人才资源，但这些资源优势远没有转化成相应的创新优势。

（四）开放维度

开放维度反映了湖北省制造业与国际市场的连接水平，主要体现为出口到国际市场的能力和吸引外国投资的能力。表6是湖北省制造业高质量发展的开放维度评价结果。由表6可以看出，湖北省制造业开放程度在这几年整体处于中间水平。从 2016 年的得分来看,湖北省与前 4 名省份在得分上存在比较大的差距。而这一年的前 4 位省份,包括 2 个西部省份——四川和重庆。

表6　　　　　　湖北省制造业高质量发展的开放维度评价

排名	2012 年	得分	2014 年	得分	2016 年	得分
1	浙江	100.00	北京	100.00	上海	100.00
2	河南	80.25	河南	83.53	四川	73.34
3	北京	79.45	四川	74.08	江苏	72.61
4	四川	70.47	浙江	67.03	重庆	71.89
5	江苏	67.71	重庆	62.50	河南	69.07
6	上海	67.71	湖北	61.88	浙江	62.50
7	湖北	66.37	上海	61.26	北京	60.05
8	湖南	64.40	江西	58.27	湖北	57.12
9	重庆	60.65	江苏	54.88	广东	55.99
10	广东	58.27	广东	54.88	江西	52.73
11	山东	52.20	山东	50.16	安徽	47.71
12	安徽	50.66	陕西	48.68	湖南	44.49
13	江西	43.60	安徽	41.90	山东	44.04
14	山西	41.90	湖南	41.90	陕西	42.32
15	陕西	36.79	山西	36.79	山西	36.79

在制造业开放程度方面,湖北省得分在中部六省处于领先地位,高于安徽、湖南、江西和山西,但与河南省还是有一定的差距。同时,河南制造业的开放得分也一直排在湖北之前。显然,湖北省制造业在出口竞争力和吸引外国投资方面,虽然在中部地区表现较好,但在可比省份中表现并不突出。

从影响制造业开放程度的出口竞争力水平以及外商投资两个因子来看,出口竞争力水平和外商投资均处中间水平,这说明与其他省份相比，湖北省出口竞争力水平以及外商投资没有明显的优势。湖北省与周边省份相比，制造业开放程度也比较低。影响制造业出口竞争力水平很重要的因素就是价格优势以及产品技术含量。湖北省与其他省份相比，劳动力等生产要素价格相对较高，制造业产品不具有明显的价格优势，因此在出口时无法产生较大的获益空间。同时，湖北省制造业高技术制造业外商股权占比比较低，这说明湖北省高技术制造业吸引外资能力不强。湖北省传统制造业占比很大，高技术制造业占比比较小，这也导致湖北省在利用外资发展高技术制造业方面与其他地区相比处于劣势地位。

(五) 企业维度

企业是制造业发展的根本载体。企业维度反映的是湖北制造业领头企业的总体发展质量。显然，企业的高质量发展水平决定了制造业高质量发展的水平。表7是企业维度的评价结果。

表7　湖北省制造业高质量发展的企业维度评价

排名	2012年	得分	2014年	得分	2016年	得分
1	北京	100.00	北京	100.00	北京	100.00
2	广东	83.09	广东	79.05	广东	74.46
3	山东	77.56	山东	71.91	山东	61.84
4	上海	61.43	浙江	58.23	浙江	54.57
5	浙江	60.76	江苏	51.36	上海	51.27
6	江苏	56.17	上海	51.20	江苏	50.31
7	四川	50.81	四川	49.45	四川	45.57
8	湖北	42.06	湖北	41.85	河南	41.16
9	安徽	42.00	河南	41.32	湖北	41.08
10	河南	41.16	安徽	39.57	安徽	41.02
11	湖南	40.85	湖南	39.38	江西	39.25

续表

排名	2012年	得分	2014年	得分	2016年	得分
12	重庆	39.15	江西	38.52	湖南	39.22
13	陕西	38.27	重庆	37.85	陕西	37.59
14	江西	38.19	陕西	37.19	重庆	37.58
15	山西	36.79	山西	36.79	山西	36.79

从表7来看，湖北省制造企业的发展质量，在中部地区处于领先地位，2016年前一直是第1位，在2016年被河南超过，位居中部第2，但差距不大。不过，需要提及的是，湖北省制造业领头企业的表现总体水平不高，得分一直没有超过43分。这说明与东部发达省份相比，湖北制造业的企业发展质量还有非常大的提升空间。

整体来看，在15个省份中，湖北省制造业在企业维度的表现居中且稍微偏后，2016年略有下降，但还是保持在前10名。从细分指标来看，在15个省份中，湖北省制造业企业竞争力排名居中，位居第8。其中，主要贡献来源于高技术企业，湖北省高技术上市公司数量较多，排名仅次于东部发达地区，同时，湖北省高技术产业发展也比较靠前，比如化学原料及化学制品制造业，计算机、通信和其他电子设备制造业，汽车制造业，铁路、船舶、航空航天和其他运输设备制造业，医药制造业，仪器仪表制造业等高技术制造业，湖北省也仅次于东部发达省份，在中西部地区可独占鳌头。但是，湖北省品牌质量发展一般，上榜中国品牌500强的企业截至2016年仅有8家，世界品牌500强中无上榜企业，在15个省份中排名靠后，因而拉低了企业竞争力整体水平。

(六) 管理维度

管理也是生产力。管理维度反映了制造业高质量发展的微观基础和改进动力，具体体现在制造业的经营效率和成本管控方面。表8是制造业高质量发展的管理维度评价结果。由表8中可以看出，湖北省制造业的总体管理水平排名居中等。从得分情况来看，湖北省得分与前3名得分之间差距比较大。从影响管理水平的运营效率和管理能力来看，湖北省这两个指标的排名均处于较低水平，这说明湖北省与其他省份相比运营效率和管理能力均存在较大问题。

表8 　　　　　湖北省制造业高质量发展的管理维度评价

排名	2012年	得分	2014年	得分	2016年	得分
1	江西	100.00	江西	100.00	江西	100.00
2	山东	88.21	山东	86.78	山东	92.57
3	河南	88.16	河南	78.99	河南	84.53
4	安徽	77.67	安徽	73.55	安徽	84.29
5	江苏	74.94	江苏	68.78	湖南	79.45
6	湖南	63.44	湖南	65.74	江苏	75.56
7	湖北	61.94	重庆	63.00	重庆	73.36
8	重庆	61.89	四川	59.43	湖北	70.15
9	四川	60.43	湖北	59.37	四川	68.91
10	广东	60.34	广东	56.46	广东	58.74
11	山西	58.02	山西	54.60	陕西	56.19
12	陕西	54.94	浙江	52.58	浙江	55.11
13	浙江	54.46	陕西	51.00	山西	49.82
14	上海	51.42	上海	44.87	上海	43.75
15	北京	36.79	北京	36.79	北京	36.79

湖北省作为中部重要的工业省份，与同处于中部省份的河南、山东、安徽、江西、湖南等相比，制造业管理水平有一定的差距，很重要的原因是湖北省是传统的重工业地区，传统制造业占据很大的比重，这就造成湖北省制造业劳动生产率以及制造业获益能力相对比较低。同时由于传统的制造业产品生产周期比较长，资金周转比较缓慢，传统的资源获取以及资金周转模式无法保证稳定利润的实现。此外，传统制造业生产效率低下，造成相关成本费用比较高，这需要通过精细化运营来降

本增效。随着国家实施制造业高质量发展战略，湖北省也在积极推行传统制造业升级，从制造业管理水平排名逐步上升可以看出湖北省制造业转型升级已经初见成效，但是与周边省份制造业管理水平还有一定的差距。

（七）绿色维度

绿色维度反映了湖北省制造业高质量发展过程中对能源和环境的使用情况，体现的是湖北制造业高质量发展的可持续特征。表9是湖北省制造业高质量发展指数中的绿色维度评价结果。从总的结果来看，湖北省制造业企业2012年在中部6省中排名第3，而在2014年和2016年保持排名第4，被湖南省反超。并且在2014年和2016年，湖北省制造业在绿色维度的表现都低于中部平均值，说明湖北制造业在能源消耗和环境保护方面还有较大进步空间。但是，湖北省制造业在绿色维度上的得分保持了持续进步的态势，每年得分都要显著高于上年，表明湖北省制造业在可持续发展道路上的持续发力。细分来看，湖北省能源消耗较高，高于中部6省均值，表现相对落后，但污染物排放量相对较低，低于中部6省均值，即环保治理方面表现相对较好。

表9　　　　湖北省制造业高质量发展的绿色维度评价

排名	2012年	得分	2014年	得分	2016年	得分
1	北京	100.00	北京	100.00	北京	100.00
2	山东	64.62	山东	61.56	安徽	80.06
3	上海	62.17	广东	57.90	广东	62.26
4	广东	59.12	上海	55.03	江苏	54.07
5	江苏	58.16	江苏	54.82	河南	52.26
6	浙江	55.19	重庆	52.44	湖南	51.74
7	重庆	48.92	浙江	49.93	上海	51.12
8	河南	47.95	安徽	46.67	山东	49.09

续表

排名	2012年	得分	2014年	得分	2016年	得分
9	江西	47.06	河南	45.46	浙江	46.94
10	安徽	44.72	江西	43.93	湖北	46.51
11	湖北	44.10	湖南	43.67	陕西	45.65
12	湖南	41.48	湖北	43.33	重庆	44.10
13	陕西	40.92	陕西	40.35	山西	39.88
14	四川	39.01	四川	37.74	江西	39.52
15	山西	38.01	山西	36.79	四川	36.79

整体来看，在15个省份中，湖北省得分排名偏后，2016年排名第10，相较于往年有一定提升。分指标来看，湖北省制造业的能源消耗与环境保护的排名都不靠前，表明在提升能源利用率和减少有害物排放两方面，湖北省制造业还有很大提升空间。

四、推进湖北省制造业高质量发展的政策建议

（一）总体评价结果与研究结论

本文构建了制造业高质量发展指数及其评价指标体系，分别从共享、协调、创新、开放、企业、管理、绿色等七个维度对制造业高质量发展水平进行了评价。在15个可比省份数据的基础上，本文得到了湖北省制造业高质量发展指数评价结果。依据上文的评价结果，本文认为湖北制造业发展质量不容乐观。具体而言，湖北省制造业高质量发展的综合得分，不仅相对于东部省份明显落后，而且相对部分中部省份，整体排名居中，总体上列第3位，虽然一直高于中部平均水平，但落后于湖南和安徽，没有表现出显著的领先优势。具体来看，湖北省制造业高质量发展指数的得分取值，在2012年至2016年是不断下降的，这一趋势需要引起湖北省高度警惕，并在未来给予足够的重视。

在七大维度方面，湖北省制造业的表现也是差强人意。湖北制造业高质量发展的共享维度表现最好，一直占据着中部领先地位，与东部省份的差距不大。制造业对湖北省国民经济做出了很大的贡献，具体表现为制造业对经济增长的贡献率、拉动率和就业贡献率。

在协调维度，湖北省制造业在15个可比省份中排在第10位左右，且与排名靠前的省份差距较大，也落后于四川和重庆2个西部省份。在中部地区稳居第2位，有一定的领先优势，但与得分最高的湖南省的差距在不断扩大。协调维度的得分反映了湖北制造业内部的结构优化水平不高，具体体现在高技术制造业和制造业新产品在优化制造业结构方面力度不强。

在创新维度，湖北省制造业在创新维度方面的得分稳中有升，与上海基本持平。在中部地区6省中，与其他5省相比，湖北省制造业的创新维度得分逐年提升，位居中部地区第2，稍微落后于安徽省。这得益于湖北省大规模的创新投入和良好的创新基础，但在创新产出或创新成果转化效率方面，表现远落后于东部发达省份。

在开放维度，湖北省制造业在15个可比省份中居中间水平，与领先省份存在比较大的差距，也落后于2个西部省份，四川和重庆。在中部6省，湖北省制造业的开放程度总体处于领先地位，高于安徽、湖南、江西和山西，但与河南省还是有一定的差距。总体而言，湖北省制造业在出口竞争力和吸引外国投资方面，在中部地区表现相对较好。

在企业维度，湖北省制造企业的发展质量，在中部地区处于领先地位，位居中部第2，且与河南的差距不大。不过，需要提及的是，湖北省制造业领头企业的表现总体水平不高，得分一直没有超过43分。这说明与东部发达省份相比，湖北省制造业的企业发展质量还有非常大的提升空间。湖北省制造业在15个省份中的表现居中且稍微偏后。从细分指标来看，在15个省份中，湖北省制造业企业竞争力排名居中，位居第8。其中，主要贡献来源于高技术企业，湖北省高技术上市公司数量较多，排名仅次于东部发达地区。但是，湖北省品牌质量发展一般，在15个省份中排名靠后，因而拉低了企业竞争力整体水平。

在管理维度，湖北省制造业的总体管理水平在 15 个省份中居中等水平，但与前 3 名之间的得分差距比较大。湖北省作为中部重要的工业省份，与同处于中部省份的河南、山东、安徽、江西、湖南等相比，制造业管理水平有一定的差距，但其排名和相对水平呈现出不断提升的趋势。

在绿色维度，湖北省制造业的表现都低于中部平均值，在中部 6 省中位居第 3 位，说明湖北省制造业在能源消耗和环境保护方面还有较大进步空间。但是，湖北省制造业在绿色维度上的得分保持了持续进步的态势，每年得分都要显著高于上年，表明湖北省制造业在可持续发展道路上的持续发力。

(二) 政策建议

在新的时代背景与发展形势下，进一步推进湖北省制造业高质量发展，需要从如下几个主要方面着手。

1. 加大高新技术制造业的发展力度，进一步提升制造业对经济高质量发展的驱动水平

湖北省制造业的高质量发展水平，首先应体现在制造业对当地国民经济发展质量的影响力的驱动力上。本文的评价结果表明，湖北省制造业对经济增长的贡献度、对经济增长的拉动率明显领先于中部其他 5 省，且与东部地区发达省份差距不大。这与湖北省工业基础深厚有一定的关系，更与湖北省制造业在国民经济占比较高有着高度的关联。但是，湖北省高技术制造业在制造业部门中的占比不高且带动作用不强，新产品产值在产出中所占比重较低，低于中部地区的安徽和湖南，这说明湖北省制造业部门的结构优化速度不快、升级水平有待进一步加强。因此，从湖北省经济发展实际来看，为了实现制造业高质量发展，必须对传统制造业发展模式尽快进行结构升级，要积极推进传统制造业转型升级，使其焕发新的活力，更要培育发展"芯屏端网"、高端装备、生物医药等高新技术产业和战略性新兴产业，使高新技术制造业成为引领湖北省产业升级和经济高质量发展的重要驱动力量。

2. 出台专项政策提升创新成果转化率，为湖北省制造业高质量发展打造强劲动力

创新是制造业高质量发展的根本动力，而有效的政策和制度支持将为制造业创新插上腾飞的翅膀。湖北省制造业的创新投入在研发强度、人员投入和创新资源基础方面均领先于中部其他5省，但创新产出却只稍高于中部平均水平，这说明创新的投入产出效率不高，成果转化率和商业化水平也有待提升。因此，建议出台针对制造业创新成果转化的专门政策，从政策适用范围、激励强度、参与主体、成果推广、知识产权保护和应用等方面，进行系统的支持、辅导和引导。同时，专门政策中建议针对湖北省制造企业、高校、科研院所和行业协会等相关主体在制造业创新体系中的角色设立正式的协调机制，打造制造业创新的产-学-研-协-政多位一体的合作平台，全面提升创新成果的转化率和商业化水平，为湖北制造业系统提升创新能力保驾护航，全面注入强劲动力。

3. 出台专项政策加大对制造业创新中心等创新机构的建设力度，为制造业高质量发展强化基础平台

制造业创新中心是国家级创新平台的一种形式，用协同创新机制为手段，以需求为导向，打造贯通创新链、产业链、资本链的制造业创新生态系统，提供从前沿共性技术研发到转移扩散到首次商业化应用的跨界型、协同型新型创新载体。制造业创新中心以前沿技术、共性关键技术的研发供给、转移扩散和首次商业化为重点，与已有的工程技术研究中心、国家重点实验室等侧重研发的机构相区别，除研发外同时强调扩散。

因此，建议湖北省委、省政府出台专项政策或支持计划，以目前已有两家落户武汉的国家级制造业创新中心（国家信息光电子中心和国家数字化设计与制造中心）为主要载体，全面探索制造业高质量发展过程中创新基础平台的建设经验，全面打造制造业创新中心与具体细分制造业创新应用和商业化之间的联动机制和协同机制，争取在近5年内再建成2~3家国家级制造业创新中心，为湖北制造业的高质量发展提供坚实的基础研究平台。

4. 出台制造业领军企业建设的专项政策或"倍增方案",深化管理创新和技术创新的协同机制,为湖北制造业高质量发展打造有竞争力的企业载体

火车跑得快,全靠车头带。企业是产业的根本实体,也是产业发展质量的基本单位。湖北制造业的高质量发展,离不开高质量的行业龙头企业。制造行业的领军企业,在整个行业中会产生强烈的溢出效应,为整体产业链供应链提供有力的带动作用。本文的分析表明,湖北省制造业的龙头企业数量和质量,无论相对于东部省份还是相对中部其他5省,都没有表现出显著的竞争优势。因此,建议湖北省委、省政府,出台制造业领军企业"倍增方案"或专门的支持政策,通过深化管理创新和技术创新的协同效应,或推动企业重组与并购,先做大再做强制造业的领军企业群体,积聚湖北省制造企业的无形资产,强化制造品牌建设,为湖北制造业高质量发展打造坚实的企业载体。

(本报告为湖北省人民政府智力成果采购重点项目"推动湖北制造业高质量发展研究"的阶段性成果)

课题负责人: 石军伟　中南财经政法大学现代产业经济研究中心主任、教授、博士生导师
课题组成员: 戈丽丽　中南财经政法大学现代产业经济研究中心博士研究生
　　　　　　　于晓琳　中南财经政法大学现代产业经济研究中心博士研究生

充分发挥志愿服务在湖北省社会治理中的重要作用
——基于抗击新冠肺炎疫情"武汉保卫战"的志愿服务实践

李 好

2019年年末开始在武汉肆虐的新冠肺炎疫情，是中华人民共和国成立以来我国发生的传播速度最快、感染范围最广、防控难度最大的一次重大突发公共卫生事件。湖北省武汉市是我国乃至全世界抗击新冠肺炎疫情的最前线。在湖北省抗击新冠肺炎疫情过程中，志愿服务发挥了极其重要的作用，涌现出许多优秀志愿者，志愿者及志愿服务得到社会的普遍赞赏和广泛认同。从世界范围看，新冠肺炎疫情还在全球流行蔓延，其发展仍有很大的不确定性。充分发挥志愿服务在现代社会的重要功能和作用，不仅是我国应对新冠肺炎疫情重大突发公共卫生事件的有效策略之一，而且将对我国社会治理产生深远影响。湖北省应基于抗击新冠肺炎疫情"武汉保卫战"的志愿服务实践，进一步认识加强志愿事业发展的重要性和迫切性，充分发挥志愿服务在社会治理中的重要作用。

一、湖北省志愿服务成效显著

湖北省历来重视志愿服务事业发展，在志愿服务方面做了大量工作。《湖北省青年志愿服务条例》2006年8月1日起正式施行；《湖北省志愿服务条例》2016年2月1日起正式施行，《湖北省青年志愿服务条例》同时废除；《武汉市志愿服务条例》2016年7月1日起正式施行。经过多年实践探索和精心培育，湖北省已形成在全国具有广泛影响的一批志愿服务品牌，如"吴天祥小组在行动""本禹志愿服务队""百步亭社区'邻里守望'志愿服务队、"长江志愿救援队""卫水而生"志愿服务队等。2013年12月5日，在中国青年志愿者行动实施20周年暨第28个国际志愿者日之际，中共中央总书记习近平给华中农业大学"本禹志愿服务队"回信，肯定他们在服务他人、奉献社会中取得的成绩和进步，勉励他们弘扬奉献、友爱、互助、进步的志愿精神，为实现中华民族伟大复兴的中国梦作出新的更大贡献。基于湖北省志愿服务工作取得的成效，中央文明办将社区志愿服务全国联络总站设在武汉，中国社区志愿服务网也落户武汉百步亭社区。湖北省优秀志愿者及志愿服务活动受到全国各地的广泛关注。

面对突如其来的新冠肺炎疫情，中央文明办、中国志愿服务联合会于2020年1月28日发出《关于号召广大志愿者、志愿服务组织积极有序参与疫情防控的倡议书》，号召全国志愿者、志愿服务组织积极投身新冠肺炎疫情防控工作，带头加强防护，依法有序参与，帮助宣传普及，着力排查治理，做好医疗保障，提供专业服务。生命重于泰山，疫情就是命令，防控就是责任，这份倡议书受到全国1.6亿多实名注册志愿者的密切关注和积极响应。抗击新冠肺炎疫情"武汉保卫战"，既是对湖北省志愿服务能力的一次压力测试，也是湖北省志愿服务事业经历的一次难得考验。自新冠肺炎疫情开始在武汉肆虐之时，许许多多注册志愿者，尤其是非注册志愿者，已在自觉自愿地履行志愿服务职责，奋战在武汉医疗救护保障、物资运输配送、公共安全保卫、城区交通管制以及社会心理咨询等"武汉保卫战"抗疫战场。从抗击新冠肺炎疫情"武汉保卫战"的发展过程看，按照党中央、国务院疫情防控工作部署，重点防守两个关键阵地：一个是医院救护阵地，另一个是社区防控阵地。在医院救护阵地防守过程中，志愿服务在医护人员生活保障、医疗人员及物资运输、疾病患者专项服务、社会心理咨询等方面，都发挥了不可或缺的重要作用。湖北省施行交通管制和武汉"封城"，特别是严格实行社区封闭管理，打破了城市及社区常态化运行秩序，带来了一系列棘手的问题和困难，使社区工作面对前所未有的严峻挑战。社区是疫情防控的坚强堡垒，也是"外防输入、内防扩散"最有效的防线。面对突如其来的重大突发公共卫生事件，面对具有科学未知性、感染致病性、变异不确定性和潜在风险性的新冠肺炎疫情，社区处于最基层、最前沿、最直接、最困难、最危险的位置，成为疫情防控非常时期各种社会矛盾的焦点，也使多年来社区建设投入不足、人手不够、队伍不稳、事务繁杂、负担过重等弱项和短板暴露无遗。客观而言，在抗击新冠肺炎疫情"武汉保卫战"关键时刻，社区工作者面对着前所未有的复杂问题，承担的繁重任务超过负荷，承担的责任及心理压力不堪重负。在这种疫情防控非常时期的应急背景下，武汉市新冠肺炎疫情防控指挥部不仅组织大量党员干部下沉社区疫情防控一线，且于2020年2月23日上午正式发布通告，在武汉市范围内专项招募"志愿服务关爱行动"志愿者。政府招募志愿者的号召迅速得到武汉居民的积极响应，截至当日17时许，志愿者报名人数已超过1万人。尤其是在社区封闭管理、阻击疫情社区传播的最艰难时刻，奋战在武汉1400多个社区、7100多个小区数以万计的志愿者，不论是注册志愿者、临时招募志愿者还是民间自发志愿者，不论是显性志愿者还是隐性志愿者，不论是有记录志愿者还是不留姓名的无记录志愿者，不论是适龄志愿者还是超龄志愿者，他们与社区工作者、下沉社区党员干部等共同奋战，在社区疫情防控中都发挥了非常重要的作用。从主流媒体及自媒体披露的大量信息分析，凡是社区工作及志愿服务到位的社区，居民反映的问题及舆情明显少一些，疫情防控效果更好一些；凡是社区工作及志愿服务不完全到位的社区，居民反映的问题及舆情相对多一些，社区疫情防控效果也相对差一些。毫无疑问，为获得抗击新冠肺炎疫情"武汉保卫战"的决定性胜利，许许多多志愿者做出了不可磨灭的重要贡献。

在抗击新冠肺炎疫情"武汉保卫战"的实践过程中，志愿者经历了前所未有的重大考验，志愿服务受到社会的空前关注，也得到社会的高度认同和赞扬。据不完全统计，在抗击新冠肺炎疫情"湖北保卫战"中，湖北省3万多个志愿者组织、120多万名志愿者积极参与疫情防控工作，志愿服务活动遍布全省，并在非常时期的志愿服务实践中实现了创新。在抗击新冠肺炎疫情"武汉保卫战"最吃紧的关键时期，武汉启动实施"志愿服务关爱行动"，组织数以万计的志愿者帮助全市800万居家市民代购代送生活必需品，打通了疫情期间民生保障的"最后一百米"，成为精神文明建设服务党和国家工作大局的成功典范。从湖北省高校防控疫情的志愿服务看，志愿者不仅在校园及社区封闭管理中发挥了重要作用，而且向社会提供医疗咨询、网课辅导、心理咨询等志愿服务，不论是学生志愿者还是教职工志愿者，都经历了新冠肺炎疫情的严峻考验，涌现出一批优秀志愿者。以武汉大学为例，在新冠肺炎疫情暴发后，武汉大学第一时间组织了疫情防控青年突击队，一大批青年医护人员奋战在雷神山等战"疫"一线，分散在全国各地的珞珈青年亮明身份向组织报到，积极开展宣传动员、校园防护、下沉社区等志愿服务活动，以自己的行动充分践行了奉献、友爱、互助、进步的志愿精神。武汉大学众多志愿者承担了校园封闭管理、居民生活必需品代购、疫情信息发布等工作，奋战在雷神山、方舱医院等抗击疫情一线，而且自愿参与重组新冠疫苗 Ad5-nCoV 的Ⅰ期、Ⅱ期临床试验。尤其是武汉大学一支1549人组成的大学生志愿者队伍，关注着人民医院、中南医院、金银潭医院等100多家医院和部分全国援鄂医疗队共计641个一线医务人员的家庭，为其子女提供医疗咨询、网课辅导、心理咨询等课程近2万小时，获得了《新闻联播》《人民日报》、新华社、《光明日报》等媒体的广泛关注和社会各界的一致好评。在联合国秘书长青年特使办公室、世界卫生组织、联合国儿童基金会共同举办的"共同应对新冠肺炎"网络研讨会上，23岁的武汉大学研究生王琇琨更是作为中国青年志愿者代表、全球青年抗疫榜样，分享了她开展志愿服务、参与抗"疫"的故事。2020年7月，中共中央宣传部等18个部委、单位联合对2019年度宣传推送学雷锋志愿服务"四个100"先进典型暨百名疫情防控最美志愿者名单进行公示，湖北省有21名志愿者入选"疫情防控最美志愿者"，有4名志愿者入选"最美志愿者"，有4个志愿服务组织入选"最佳志愿服务组织"，有5个志愿服务项目入选"最佳志愿服务项目",有 4 个社区入选"最美志愿服务社区"。在湖北省入选全国"疫情防控最美志愿者"2 人名单中,武汉大学疫情防控青年志愿服务队队员、博士生陈曾榜上有名。

二、湖北省志愿服务存在的问题

2016 年,《湖北省志愿服务条例》《武汉市志愿服务条例》先后正式施行,这两份重要地方法规先于国务院《志愿服务条例》(2017 年 12 月 1 日起正式施行)发布和施行,有效推动了湖北省及武汉市志愿服务事业的发展。《湖北省志愿服务条例》全文共七章四十二条,旨在"弘扬奉献、友爱、互助、进步的志愿精神,鼓励、引导和规范志愿服务活动,维护志愿者、志愿服务组织和志愿服务对象的合法权益,促进志愿服务事业健康发展"。《湖北省志愿服务条例》明确"志愿服务的范围包括扶贫济困、支教助学、科技推广、文化体育、医疗卫生、法律服务、环境保护、心理咨询、社区事务、文明劝导、应急救援、大型活动等"。《武汉志愿服务条例》全文共七章五十条,旨在"弘扬奉献、友爱、互助、进步的志愿精神,培育和践行社会主义核心价值观,鼓励和规范志愿服务活动,维护志愿者、志愿服务组织和志愿服务对象的合法权益,促进志愿服务事业发展,建设志愿者之城"。《武汉市志愿服务条例》明确"志愿服务的范围包括扶贫、济困、扶老助残、恤、赈灾以及促进教育、科学、文化、卫生、体育、法治、环境保护等事业发展的活动"。《湖北省志愿服务条例》明确志愿者"是指从事志愿服务活动的个人"。《武汉志愿服务条例》明确志愿者是"为他人和社会提供公益服务的自然人",其范围覆盖了注册志愿者和非注册志愿者。目前,抗击新冠肺炎疫情"武汉保卫战"已经取得决定性的胜利,志愿者及志愿服务可谓是功不可没。在总结抗击新冠肺炎疫情"武汉保卫战"经验教训时,也必须看到此次应急志愿服务实践中暴露出的一些弱项和短板,这些问题迫切需要我们深入研究和努力解决。

——国家《志愿服务条例》《湖北省志愿服务条例》《武汉市志愿

服务条例》的有关重要内容没有完全落地和落实。从抗击新冠肺炎疫情"武汉保卫战"志愿服务实践过程分析，国家《志愿服务条例》已施行两年多，《湖北省志愿服务条例》《武汉市志愿服务条例》等法规已发布施行四年，但其中明确提出的一些具体任务要求没有完全达到预期。

——应对重大突发公共事件缺乏行之有效的志愿服务预案。面对突如其来的新冠肺炎疫情，湖北省尤其是武汉市缺乏应对重大突发公共事件的志愿服务预案。相比较而言，政府许多方面的工作有应对重大突发公共事件预案及责任部门，但应对重大突发公共事件的志愿服务预案却明显缺位。

——应对重大突发公共事件的志愿者社会招募应急响应明显滞后。为抗击新冠肺炎疫情，武汉市于2020年1月23日"封城"，相当一部分志愿者立即根据社会需要开展各种志愿服务行动。直到2020年2月23日，武汉市新冠肺炎疫情防控指挥部才正式发布在全市范围内专项招募"志愿服务关爱行动"志愿者的通告。

——应对重大突发公共事件临时招募志愿者缺乏必要的专业化培训。由于抗击新冠肺炎疫情"武汉保卫战"社区防控任务非常紧急，武汉市新冠肺炎疫情防控指挥部临时招募的"志愿服务关爱行动"志愿者，没有足够的时间进行必要的专门培训，志愿服务的专业性程度不能完全适应疫情防控需要。

——志愿者的"技能"和"知识"服务潜能未能充分发挥。从抗击新冠肺炎疫情"武汉保卫战"志愿服务实践过程分析，志愿者提供的志愿服务主要体现为"时间"和"体力"，而体现志愿者"技能"和"知识"的志愿服务明显不够，志愿服务资源的综合利用效率相对比较低。

——志愿服务组织动员及志愿服务效率、质量需要进一步提升。从抗击新冠肺炎疫情"武汉保卫战"志愿服务实践过程分析，湖北省志愿服务组织动员、志愿服务管理、志愿服务效率、志愿服务质量、志愿服务协同等方面存在不尽如人意的地方，都有很大改进、提升和发展的空间。

——对志愿者及志愿服务的规律性缺乏深入研究及集成创新。从抗击新冠肺炎疫情"武汉保卫战"志愿服务实践过程分析，志愿服务作为人类共同拥有的财富和世界文明进步的表征，具有科学性、战略性、基础性、关联性、多功能性，但湖北省缺乏对志愿服务规律性的科学认识，缺乏基于志愿者及志愿服务规律性认识的集成创新。

——志愿服务事业高质量发展战略及规划长期缺位。湖北省开展志愿服务活动已有很多年，制定并发布了《湖北省志愿服务条例》《武汉市志愿服务条例》等法规，但至今尚未制定《湖北省志愿服务事业发展战略》《湖北省志愿服务事业发展规划》以及专项《志愿服务行动计划》。

这些问题都有明确的指向，即湖北省要进一步发挥志愿服务在社会治理中的重要作用，积极探索与城乡社会治理及基层社区治理相适应的志愿服务体系，努力夯实全社会尤其是基层社区的志愿服务基础。

武汉是湖北省省会城市，是长江中游唯一人口过千万、GDP过万亿的超大城市，也是正在加快建设的国家中心城市。所谓国家中心城市，是指居于国家战略要地，肩负国家使命，引领区域发展，参与国际竞争，代表国家形象的现代化大都市。然而，城市再大也是由一个个社区构成，城市发展也必须有基层社区来支撑。社区是我国城市治理体系和基层治理体系的重要组成部分，其关键地位和战略意义不言而喻。2020年3月10日，习近平总书记在湖北考察新冠肺炎疫情防控时，提出要着力完善城市治理体系和城乡基层治理体系，树立"全周期管理"意识。"全周期管理"是实现精细化管理的有效形式，既是超大城市治理体系和治理能力现代化建设的重要内容，也是基层社区发展的实际需要。不论是从现实需要还是从长远需要分析，湖北省加快推进社会治理体系和社会治理能力现代化建设，实现城市治理及基层社区"全周期管理"，都必须努力夯实城市、特别是社区志愿服务基础。志愿服务不仅贯穿城市及基层社区治理的整个周期过程，而且渗透到城市及基层社区工作的每个重要环节。毋庸置疑，城市治理及基层社区"全周期管理"需要大量资源,但城市及社区资源却往往是有限的,志愿者及志愿服务能够有效弥补城市及社区资源的不足;城市治理及基层社区"全周期管理"必须付出成本乃至必要的代价,而志愿者及志愿服务能够有效减少这种成本乃至必要的代价。不论是从现实需要还是从长远发展看,志愿服务在湖北省社会治理中的作用都日趋重要,志愿服务必然有广阔的发展空间。

三、促进湖北省志愿服务高质量发展的对策建议

2020年2月,习近平总书记在中央统筹推进新冠肺炎疫情防控和经济社会发展工作部署会上,高度评价广大志愿者真诚奉献、不辞辛劳,为疫情防控作出了重大贡献。据不完全统计,截至2020年5月31日,我国参与疫情防控的注册志愿者超过881万人,志愿服务项目超过46万个,记录志愿服务时间超过2.9亿小时。事实上,我国参与疫情防控的志愿者远超过这些数据,因为还有大量非注册志愿者自觉参与了志愿服务。抗击新冠肺炎疫情"武汉保卫战"的志愿服务实践再次表明,志愿服务是人类社会文明进步的重要标志,志愿服务在社会治理中必不可少,其功能和作用非常重要,进一步夯实湖北省志愿服务基础势在必行。湖北省应珍惜抗击新冠肺炎疫情"武汉保卫战"志愿服务的实践经验,不断巩固和扩大志愿服务取得的成绩,努力补短板、强弱项、扬优势,加快推进志愿服务制度化、常态化、专业化建设。为促进湖北省志愿服务事业高质量发展,特提出以下对策建议。

——深刻认识志愿服务对湖北省城乡社会治理,尤其是基层治理的战略重要性,高度重视志愿服务的制度化、常态化、专业化建设,努力将志愿服务渗透到城乡社会治理及基层社区"全周期管理"的整个过程和每个环节。进一步以改革开放创新加快志愿服务高质量发展,切实加强志愿服务考核、考评和督导,不断夯实志愿服务基础,充分发挥志愿者的积极性、主动性和创造性,释放志愿服务潜能。

——深入落实国家《志愿服务条例》《湖北省志愿服务条例》等法规，并基于这些志愿服务相关法规，根据城乡社会治理体系及治理能力现代化建设的需要以及志愿服务实践经验，尽快出台《关于加强志愿服务的若干意见》。进一步明确志愿者及志愿服务的社会价值取向及社会规范，加快推广实施志愿服务标准，强化志愿服务的社会系统性，为全社会志愿服务提供强有力的制度保障。

——制定和实施志愿者及志愿服务发展战略、规划纲要、行动计划，加强促进志愿者及志愿服务发展的顶层设计，针对新时期志愿服务特点采取更有效、更具体的行动策略，努力构建基于志愿服务共识的社区利益共同体。加快制定和实施《湖北省志愿服务事业"十四五"发展规划》及行动方案，充分发挥规划对志愿服务事业发展的指导性和规范性。

——始终坚持党对志愿服务事业发展的政治引领，弘扬中华民族优秀文化传统和"奉献、友爱、互助、进步"的志愿服务精神，切实发挥政府对志愿服务的支持和保障力度，强化志愿者及志愿服务活动的社会教化作用、社会激励机制和社会回馈制度，努力创造崇尚志愿者、志愿服务及志愿服务创新的文化氛围，为湖北省志愿者及志愿服务事业发展提供更好的社会环境。

——健全全社会志愿服务工作协调机制。强化湖北省指导推动志愿服务事业的议事协调机构建设，进一步完善湖北省文明委统一领导、文明办牵头协调、各部门和单位分工负责、全社会共同参与的志愿服务领导体制和工作机制，努力构建各司其职、各尽其能、联动高效、协调有序的志愿服务工作格局，不断提高全社会志愿服务效率和志愿服务效益。

——根据建设城乡基层治理体系以及应对重大突发公共事件战略储备需要，切实加强志愿服务的学校教育和社会教育，加快志愿服务培训基地建设，认真组织针对各类志愿者及志愿服务的基础性培训和专业培训，积极适应湖北省城乡治理对志愿者及志愿服务的常态化和专业化需求，充分释放"知识型"和"技能型"志愿者及专业性志愿服务的巨大潜能。

——尽快制订应对重大突发公共事件志愿服务预案，着力解决志愿服务资源的融合、整合、综合问题，强化全社会志愿服务系统的应急协同机制，切实重视志愿服务常态化运行与应急运行的衔接和转换，加强志愿服务应急响应流程演练，提高全社会志愿者及志愿服务的应急响应能力，充分发挥湖北省志愿者及志愿服务在应对重大突发公共事件中的重要作用。

——认真总结抗击新冠肺炎疫情"武汉保卫战"中志愿者及志愿服务的实践经验，深入剖析疫情防控实战中暴露出的薄弱环节，努力形成政府与社会共同推进志愿服务事业发展的合力，切实加强注册志愿者、特别是非注册志愿者队伍建设，不断提高湖北省志愿者及志愿服务的渗透率、覆盖率和影响力，使参与志愿服务成为越来越多人的价值取向和自觉行动。

——适应信息化社会和大数据时代的发展趋势，努力将大数据、云计算、人工智能等新技术转化为湖北省志愿服务能力，加快推进"互联网+志愿服务"，充分发挥中国志愿服务网、中国社区志愿服务网以及湖北省志愿服务网等公共平台的重要作用，切实解决志愿者与志愿服务对象之间的信息不对称，不断提高志愿服务效率，提升社会对志愿者及志愿服务的关注度、支持度和美誉度。

——精心组织跨学科、跨部门、跨领域志愿服务综合研究，积极探索基于志愿服务的城市及基层社区治理创新，重点探讨志愿服务在城乡社会治理中的地位及作用、志愿服务与基层社区建设的协同机制、政府支持志愿服务创新的政策供给等问题，努力发挥湖北省"吴天祥小组在行动""百步亭社区'邻里守望'"等志愿服务品牌的典型示范效应，在实践中创造具有中国志愿服务特色的"湖北模式"。

——加强与联合国志愿人员组织（UNV）联系，坚持改革开放创新和与时俱进，积极开展志愿服务领域的国际交流与合作。2020 年 12

月 5 日是第 35 个国际志愿人员日，建议湖北省重视这个全球志愿服务者共同拥有的节日，大力宣传志愿者及志愿服务优秀典型，开展有广泛社会影响的纪念性志愿服务活动。

报告撰稿人：李　好　中共武汉大学经济与管理学院委员会副书记、管理学博士

湖北省大众创业万众创新示范基地发展报告（2019）

武汉光谷创新发展研究院课题组

一、湖北省双创示范基地建设总体情况

（一）双创示范基地建设进展

截至2020年6月，湖北省国家级大众创业万众创新示范基地（以下简称"双创示范基地"）有6家。其中，区域类双创示范基地有4家，分别为武汉东湖新技术开发区、武汉市江岸区、荆门高新技术产业开发区、黄冈市罗田县；高校院所类双创示范基地有2家，分别是武汉大学和华中科技大学。湖北省省级双创示范基地有12家。其中区域类双创示范基地有5家，分别是武汉市硚口区、襄阳高新技术产业开发区、宜昌高新技术产业开发区、宜昌市西陵区、荆州市荆州区；高校院所类示范基地有5家，分别是武汉科技大学、湖北工业大学、湖北理工大学、武汉生物工程学院、襄阳职业技术学院；企业类双创示范基地有2家，分别是烽火科技集团有限公司、武汉爱帝集团有限公司。

（二）双创示范基地对湖北省双创升级发展的带动效应

1. 主体升级，创新创业发展水平全面提升

大学生创业活力日益高涨。大学生创新创业基本形成了政府大力促进、学校合力助推、学生广泛参与的良好局面。2018年，湖北省高校

毕业生自主创业人数2164人，增幅约41.7%。东湖高新区建成32家大学生创业特区，入驻大学生创业项目（企业）500家，其中，每年新增大学生创业企业超过200家。武汉生物工程学院双创成绩突出，在校大学生注册企业数量累计200余家，涌现出了24个优秀企业家，有3家企业在科创板或股权交易托管中心挂牌。

科研人员创业激情加速释放。近年来，湖北省出台"科技成果转化十条""科技创新20条""高校院所科技人员服务企业新九条"等，为科研人员营造了以人为本、尊重知识、尊重创造的创新创业环境。近两年，科研人员创立了优炜星、泰乐奇、合刃科技、奥瑞匹克、金泉新材料等一批科技型企业。

海归创业群体不断扩大。近年来，通过各级人才计划和引才渠道，湖北省积极引进海外高层次创新创业人才，人才回流现象明显。东湖高新区通过参与或实施"楚才回家""3551"等人才计划，吸引了一大批海外人才回国创新创业。海归博士李青山创建的医药企业——康肽药业，其部分产品填补了国内空白。

企业内部员工创业初显成效。企业通过多种形式支持员工内部创业，东湖高新区鼓励有实力的企业面向企业内部员工和外部创业者提供资金、技术和平台，衍生出一批初创企业。荆门高新区鼓励龙头企业开展内部创业，带动产业链上下游中小企业协同发展。盛隆电气、人福医药、大力电工、颂大教育等龙头企业通过成立专门的事业部、设立创业基金、开办创业学院、建立创业导师辅导机制等方式支持员工内部创业。

2. 平台升级，创新创业服务能级显著提高

高水平创新平台加快建设。截至2019年8月，湖北省建成国家重大科技基础设施3个、国家产业创新中心和国家制造业创新中心3个。创新服务能力持续提升，各类检验检测机构超过1300家。武汉东湖新技术开发区围绕特色优势产业，联合在汉高校院所，整合相关优势学科资源，建设了10家新型产业技术研究院，通过高校院所提供科技成果，工研院提供验证，并吸引社会资本投入，加速实现产业化。各研究院按

照经营市场化、管理企业化、服务专业化的原则，以市场化为导向，探索各具特色的发展模式。

孵化载体数量和质量全国领先。截至2019年8月，湖北省共有各类孵化机构600余家，其中，国家级科技企业孵化器47家，数量为中部地区第1、全国第6。孵化器、众创空间仍占孵化载体的主流地位，大学科技园、留学生创新园、创新创业基地的双创功能逐步加强。湖北省逐渐形成了民办孵化载体占主导、官办孵化载体逐渐退出的格局。孵化载体管理服务专业化程度逐步增强，由原来的大众化、综合性、普惠性，逐渐转向面向特定行业、特色鲜明的、服务更加专业、管理更加精细化的方向发展。

3. 金融升级，创新创业资金保障不断强化

政府引导基金功能不断强化。截至2019年8月，湖北省创业投资引导基金规模已达7.6亿元，累计设立子基金25支，子基金总规模57.3亿元，投资企业492家。所投资企业中12家成功上市，40多家挂牌"新三板"。省股权投资引导基金总规模达33亿元，已参股子基金25支，基金实际到资总规模67.4亿元，其中引导基金出资14.55亿元，参股子基金已完成项目投资超过200个，投资金额超过34亿元，引导社会资本集聚总规模120多亿元。

科技金融产品持续创新。湖北省政府先后出台促进科技金融创新改革一系列措施，推进应收账款质押、股权融资、债权融资和专利权质押等改革。科技金融产品持续丰富，目前湖北省范围内创新各类信贷产品和服务方式近550种，包括"富业贷""三板通""瞪羚通宝"等，基本涵盖股权融资、债权融资、资产管理等领域。武汉市扩大投贷联动试点，设立总规模100亿元投贷联动风险补偿基金，成立了全国首家持牌经营的科技金融专营机构。

多层次资本市场融资渠道不断拓展。鼓励企业上市挂牌，推出上市后备企业"金种子""银种子"计划，对后备企业开通金融服务、上市辅导等方面的"绿色通道"，支持企业在"新三板"和"四板"挂牌融资。2018年湖北省共有400多家新三板挂牌公司，位居中部第一。

大力发展债券融资,深化与银行间市场交易商协会、沪深交易所合作,推动双创孵化专项债、绿色债券、小微企业增信集合债等品种创新。

4. 环境升级,创新创业机制改革持续深化

重大改革事项深入推进。湖北省着力推动武汉全面创新改革试验,25项国家授权改革事项中16项已完成试验任务,初步形成了一批可复制推广的经验。全面推进自贸试验区建设,对接国际高标准投资贸易规则体系,推动投资、贸易、金融制度改革。如襄阳高新区在自贸区"一窗受理、多证合一"登记制度、简易注销登记制度;31个全国自贸区第三批"最佳实践案例",襄阳高新区3个上榜;35项全国自贸片区典型创新经验案例,襄阳片区有3项入选。宜昌网上金融服务大厅推动"互联网+金融"改革经验,被国务院自贸区部际联席会议向全国推广,被湖北省政府、《经济日报》《湖北日报》等肯定为湖北省首创、全国领先。

科技体制改革不断加强。湖北省围绕科研管理、成果转化、知识产权等方面展开了一系列探索,出台了"科技成果转化十条""科技人员服务企业新九条"等政策以及与之相配套的横向科研经费管理办法,赋予科研团队研发成果的使用权、经营权、处置权和收益权,着力打通科研成果转化"最后一公里"。探索建立了推进知识产权"三审合一"、综合执法等工作机制,成立了中国(武汉)知识产权保护中心、全国首个大学生创新创业知识产权维权援助中心等平台,提升了知识产权保护能力。东湖高新区密集发布"新黄金十条""开放十条"等政策措施;江岸区建立以市场为导向的科技成果转化机制,强化企业在创新和转化中的引领作用,探索官产学研合作机制;襄阳高新区从专利申请、授权、技术转移、成果转化到知识产权战略研究、示范推广、科技中介,初步构建了全链条的知识产权支撑政策体系。

政务服务改革迈上新台阶。加快推进政务服务"一张网"建设,省政务服务网上线运行,省内50个省直部门、17个市州和107个县市区实现全覆盖,支撑湖北省政务信息资源整合共享、解决政务服务堵点问题的能力已基本具备;在湖北省推广东湖高新区审批服务"一次办、

网上办、马上办、就近办"改革。江岸区在深化"三办改革"的基础上，又开创性地提出了"新三办"改革（不用办、就近办、帮代办），探索便民事项"不用办"。荆门高新区简政放权持续深化，全面承接市级下放涉企审批职能，累计承接市级涉企审批职能95项，增长579%；开展一般工业项目建设"零审批"改革，实施涉企审批事项中介服务政府买单。襄阳高新区实施行政审批和商事服务创新工程，打造高新审批特色品牌，行政审批局荣获首届"湖北改革奖"。宜昌高新区推进"互联网+行政审批"改革，建立"一口受理、专人代办、网上审批、限时办结"集中快速审批机制，在湖北省率先推行"行政审批电子专用章"，推动政务服务和商事服务线上办公。硚口区大力推进行政审批3.0改革，实施"套餐"式审批，不断推进智慧政务改革，在武汉市率先实现政务服务省、市、区、街道、社区"一张网"五级联通。宜昌西陵区在湖北省首创个体户"两证合一"，在湖北省率先试行"先照后证"，率先推行"网上办事"，降低创业准入制度性成本。

打造了双创品牌活动，双创氛围日益浓厚。湖北省通过政府购买服务等方式，引导各类市场主体举办双创活动，推介优质项目，促进资源集聚和共享。截至2019年8月，湖北省已经连续三年成功举办全国双创周湖北会场活动，通过成果展示、会议论坛、项目路演等形式，为创业者和投资人提供对接服务。2019年湖北举办了全国第五届全国"双创"活动周和"创响中国"系列活动。光谷青桐汇、东湖创客汇、楚才回家等特色双创活动，在全国范围内产生了广泛影响，成为全国创投界、创业界知名品牌。

二、湖北省双创经验和模式总结

（一）优化创新创业生态环境方面

1. 通过"政策众筹"，提高政策供给精准性
（1）经验来源：东湖高新区

（2）举措与成效：一是通过深入走访光谷代表性企业，倾听发展瓶颈及政策需求。二是奔赴深圳、成都等创新型城市，探索、吸收、借鉴新经济政策。三是根据企业走访及异地考察反馈，形成调查问卷，通过媒体推送，大范围吸取各方对光谷的发展建议，最终实现政策出台。东湖高新区结合上千条来自全国的政策建议，发布全国首个"政策众筹"——《武汉东湖新技术开发区关于推进文化科技产业融合发展的实施意见》（"新文科十条"），政策众筹获得较好反响。政策众筹是在公共决策与政策制定层面的改革探索，也是聚合草根创新力量与政府主管部门的一次良性互动，可以提高企业的参与感与获得感，反映平等开放的创新创业环境，在全国具有一定示范效应。

2. 创新"银保贷"服务模式，解决知识产权质押融资难题

（1）经验来源：东湖高新区

（2）举措与成效：一是通过引入第三方评估机构，对企业知识产权的市场价值进行评估，解决知识产权价值不易确定的问题。二是采用"银行+保险公司+政府风险补偿"模式，实现风险分担，有效降低银行贷款风险，解决银行的后顾之忧，缩短贷款审批周期。三是对获得知识产权质押融资并按期偿还贷款本息的企业，由财政资金予以实际支付贷款利息和保费一定比例的补贴，降低企业融资成本。该模式一定程度上缓解了无质押物的中小企业融资难、贷款难的问题，并有效提高了企业申请专利、重视知识产权的积极性。

3. 与高校建立密切互动关系，推动人才跨体制双向流动

（1）经验来源：东湖高新区

（2）举措与成效：一是针对科研人员创业，出台"新黄金十条"，大力支持职务发明人与高校共同申请专利，按"三七开"比例分割知识产权，对携科技成果创业的高校院所科研人员给予无偿资金支持，推进实施股权激励、税收试点等配套政策，激发科研人员创业积极性。武汉大学、华中科技大学等高校均已出台相关政策，允许和鼓励在校教师与科研人员兼职创业、离岗创业。二是鼓励企业家当教授，武汉大学、华中科技大学等高校建立了较完善的教授聘任制度。通过人才跨体制双

向流动，有效促使科教资源转化为现实生产力，有效调动人才创新创业的热情和积极性，使学术界与产业界的联系更加紧密。

4. 打造品牌活动，激发区域双创活力

（1）经验来源：东湖高新区

（2）举措与成效：一是领导站台助力，有效调动国内外投资机构、专家学者、知名企业、新闻媒体的参与热情，大大提高了活动的号召力、影响力和曝光度。二是坚持"政府引导、市场主导"的原则，由市场化双创服务机构具体承办，采取政府采购、政府采购和补贴奖励相结合、补贴奖励等方式进行支持。三是持续创新活动形式，举办行业路演专场活动，跨区域、跨国界专场，组织光谷创业企业到国内外创新高地路演，邀请海外项目到光谷路演等方式，不断丰富活动内容。四是开展即时性、全方位、多层次、大力度的宣传推广活动，遴选光谷创业明星并给予奖励，树立创业榜样，实时发布活动动态，扩大品牌全国影响力。东湖高新区建成32家大学生创业特区，入驻大学生创业项目（企业）500家，形成"天天有咖啡、周周有路演、月月青桐汇"的良好氛围。通过举办双创活动可以大幅提高大学生创业活力，有效增强区域创业氛围；帮助企业/项目建立与金融资本的联系，帮助创业项目获得资本，提高企业成活率。

（二）创业带动就业方面

1. 深耕"一纳入四融合"创新创业教育模式，全面植入"双创"文化

（1）经验来源：襄阳职业技术学院

（2）举措与成效：襄阳职业技术学院将高职教育的"大众化"与国家"创新创业"战略"大众化"有机结合，形成了"一纳入四融合"高职创新创业教育模式。一是将创新创业教育纳入人才培养全过程，搭建完善的双创教育运行机制。二是创新创业课程与专业课程融合，构建"专创互融"的课程体系。三是使创新创业导师与专业教师队伍融合，打造双创导师团队。四是创新创业平台与专业实习实训基地

融合,搭建"创训一体"的实践基地。五是创新创业文化融合,建立"和谐、包容、开放、分享"的校园创新创业文化。通过将高职人才培养与众创平台建设有机结合,有效解决了创新创业教育与专业教育"两张皮"的现象;充分发挥了创新创业平台在人才培养中的教育功能,增强了学生创新创业思维、意识、精神和能力,对高职学生"人生出彩"的"个性化、特色化"培养具有较强的推进作用。

2. 强化"创新创业+实习实训"的高职实践育人基地建设平台创新,充分释放"双创"能量

(1) 经验来源:襄阳职业技术学院

(2) 举措与成效:一是开发共享双创实践平台,实现实验教学平台增值服务。二是大力建设校内双创实践基地,协调落实双创优惠政策。三是拓建校外双创实践载体,规范基地管理制度。通过共享学校各类实验教学平台、双创实践基地、实习实训平台等资源,探索了一条"低成本、便利化、全要素、开放式"众创平台建设路径;通过搭建创新创业教育平台、创新创业实践平台、创新创业孵化平台和科技成果转移转化平台的平台创新,以及示范区、培育区、试验区、聚集区的高职创新创业平台定位,具有时代性、前瞻性和引领性;以实训实习基地为基础的创新创业实践育人基地建设,有助于深化"学校主体、多方参与、校企互动"的平台建设改革,加快了高职院校实施创新驱动发展战略进程,推动了高职创新创业示范建设高质量发展,培育了新动能。

3. 构建"五业融合、产教领创"创新创业教育体系,提升学校服务地方能力

(1) 经验来源:湖北理工大学

(2) 举措与成效:一是强化机制保障,出台多项双创政策,为产教"领创"提供了机制保障。二是拓展发展空间,搭建校外基地,推进产教"领创"。三是提升能力服务,加强"双师型"师资队伍建设,创新应用型人才培养模式,提升学生的应用技术实践能力。学校与省内外建成30多个校地、校产、校企合作的研究基地和实践平台;建成12000平方米的校级大学生创新创业基地,为师生提供全要素、全链

条、全生态、全公益的"拎包入住"一站式服务创新创业平台。地方高校通过改革人才培养模式,创新人才培养方式,通过产教融合,有助于提高学生的就业创业能力;促进教育与产业深度融合,实现教育链、人才链、产业链、创新链有机衔接,推动创新创业高质量发展,对各地高校打造"双创"升级版具有参考意义。

4. 积极探索贫困县乡村振兴路径,引导激励能人返乡创业,为脱贫攻坚和县域经济发展注入生机活力

(1) 经验来源:罗田县

(2) 举措与成效:罗田县以全国首批返乡创业试点县建设为契机,大力实施能人回乡等"四乡工程"(整治美乡、能人回乡、产业兴乡、支部强乡)。一是出台政策促进人才回归;二是搭建平台优化服务;三是围绕产业重点做好培训工;四是选出典型作出示范。引导帮助能人回乡投资置业,营造了"老板办企业、农民创家业、干部干事业"的浓厚氛围。通过创新思路,以能人返乡创业为突破,开辟了一条贫困县乡村振兴的有效路径,为罗田全国返乡创业试点县建设积累了经验。

(三) 科技成果转移转化方面

1. 建设工研院,打通高校产学研和成果转化通道

(1) 经验来源:东湖高新区

(2) 举措与成效:一是依托高校院所学科优势,集聚海内外高层次人才和具有技术经验的专业人才,形成以专家教授为引领的专业团队。二是围绕光电、新能源、生物等领域搭建专业的研发、检测等公共技术服务平台。三是成立成果转化基金,对关键和共性技术转化成市场所需的产品和技术提供资金支持。截至目前,东湖高新区建设了10家工研院,建成专业化公共技术服务平台50余个,打通了从研发、成果转化到产业化的通道,架起了高校和企业、创新资源和产业的桥梁。

2. 深入推进校地校企合作,促进科技成果转化

(1) 经验来源:湖北工业大学、武汉科技大学、武汉生物工程学院

（2）举措与成效：一是制定了科技成果转化相关制度和激励政策，建立健全科技成果评估、转化和利益分配机制，明确科技成果转化路径。二是将教师在科技成果转化过程中取得的成绩作为职称评审、岗位竞聘、绩效考核、收入分配等的重要依据；将学生开展创新实验、发表论文、获得专利和自主创业等情况折算为学分。三是打通了科技创新与市场资源配置之间的通道，改过去科技成果转化"先审批、再处置"为"先处置，后备案"，将成果转化处置权、使用权、受益权下放到个人或团队，将地方、企业技术难题项目与学校科技成果精准对接，提高科技成果转化率。四是强化知识产权工作，做好成果转化服务，提供专利代办、知识产权评估等工作，为全校师生的科技成果转化做好服务。高校科技体制机制改革及科技政策的出台有助于提高高校科研人员科技成果分配的主动权，进而大大促进科研人员科技研发的积极性及科技成果转化成功率。

（四）创新创业支撑平台方面

1. 创新分类支持和绩效考核机制，引导孵化载体专业化、差异化发展

（1）经验来源：东湖高新区、宜昌高新区

（2）举措与成效：一是出台专项政策，根据孵化器、大学科技园、众创空间等不同类型创业孵化载体的发展特点，出台专项支持政策。二是建立分类指导机制，从项目建设之初就通过政府引导、市场主导、企业自愿、联盟约定的方式，促进创业孵化载体提升功能、分层分类发展。三是开展第三方考核评估，从服务内容、服务质量、服务效果及可持续运营能力等方面设计评价指标，委托第三方机构开展绩效考核。四是强化孵化器与区内各细分市场龙头企业的联系，引导龙头企业建设专业孵化器。五是支持龙头骨干企业围绕主营业务方向，按照市场机制与双创平台的创业主体协同聚焦。通过建立对孵化器的分类指导机制，有助于对不同孵化载体进行精准施策和分类管理，提高了政策的针对性和可操作性；引入孵化载体评价考核机制，加入了"竞争机制"，大大提高了孵化载体的自我"造血"功能和竞争力。

2. 构筑以产业驱动、龙头引领完整的全产业链、多层面、立体化的纽带式创新孵化模式

(1) 经验来源：中国信科

(2) 举措与成效：一是积极利用自身企业的比较优势，筹建专业化、生态型的双创平台。二是分享内部资源，助推快速孵化，将自身积累的人才、技术、产品、市场资源及管理经验与双创平台的初创企业进行开放共享，将集团各产业公司的项目分解，定期发布至烽火创新谷"双创项目资源池"，助力双创成果快速孵化。三是利用集团的企业导师、中国科学院和光纤通信技术和网络国家重点实验室的科学家创新导师等强大的专业化导师进行孵化辅导。四是打造金融支撑平台，为创客提供金融支撑服务。五是加强创业项目的筛选和考核机制，定期"导师坐诊"深度服务创业项目。该孵化模式可以有效调动龙头企业内部资源，促进企业转型发展，带动中小企业融通发展，孵化出一批产业链上下游的配套企业，提高自身产业链的凝聚力和控制力，做强做大产业集群；此外央企品牌所形成的资源整合与集聚能力，已成功助力双创企业和团队"借船出海"，大幅提升了双创项目的成功率。

（五）推动实体经济转型升级方面

1. 依托龙头企业，打造专业化双创生态圈

(1) 经验来源：宜昌高新区、荆门高新区

(2) 举措与成效：一是以区内各细分市场龙头企业为工作重点，引导金融资源、人力资源、创新资源、政策资源向龙头企业集聚；二是要求龙头企业开放技术研发平台、营销网络、教育培训体系、生产办公空间等内部资源，引导有条件的龙头企业与银行等金融机构合作开展供应链金融，从而成功打造多个不同行业领域的双创集群。宜昌高新区和荆门高新区通过龙头企业做孵化有助于提高企业后续发展动力，促进中小企业融通集聚发展，分散经营风险，形成"抱团取暖"发展格局；有助于形成产业集聚发展区，带动区域经济发展。

2. 鼓励大企业参与双创，推动双创与实体经济融合发展

（1）经验来源：东湖高新区

（2）举措与成效：一是出台"新黄金十条"等政策，提出"支持大企业骨干人员和技术人员创业"，财政资金安排5000万元支持大企业参与双创，推动大企业内部创新和外部创新相结合。二是引导大企业探索出台适应双创发展要求的规章制度，尤其在协同研发、人才激励和利益分配等方面创新管理体制。三是支持大企业有针对性地开放内部研发平台、人才资源和市场渠道等，推动大中小企业联合创新创业。鼓励大企业参与双创，为大企业转型发展提供了思路，也促使了大中小企业融通发展，同时大大增强了双创与实体经济相结合，促进区域产业发展。

3. 依托企业自身品牌优势，精准聚焦产业的转型升级

（1）经验来源：爱帝集团

（2）举措与成效：一是依托集团品牌打造企业"双创示范基地"品牌。二是围绕产业链建设一批创意园区。三是规划建成集设计师原创工作室、设计双创基地、创意众创空间、创意设计创业孵化器、加速器、青年公寓、梦工厂、设计师集合店为一体的孵化载体。爱帝集团建设了爱帝时尚创意产业园和红T时尚创意街区等，引入了多个文化创意设计企业，培育孵化一大批创新创业人才。通过龙头企业带动整个产业链运转，有利于形成创业产业集群；通过智能制造、智慧营销等手段促进传统制造业向以创意设计与服务创新为重点的高端服务业转变，进而促进产业向中高端转型升级。

4. 升级瞪羚企业特色服务，延伸双创服务链条

（1）经验来源：东湖高新区

（2）举措与成效：一是每年开展瞪羚企业遴选及认定，发布光谷瞪羚企业榜单，吸引海内外投资机构的广泛关注，扩大瞪羚企业影响力。二是搭建国内首个瞪羚企业高端服务平台——光谷瞪羚源，围绕瞪羚企业个性化需求，提供商业模式头脑风暴、专题培训、管理咨询等定制服务。三是实施瞪羚企业培育工程，为瞪羚企业定制贷款贴息、海外游学、国内大企业游学等硬政策。2019年光谷瞪羚企业总数达到414

家，从瞪羚企业中走出 5 家独角兽企业、10 家上市公司，是光谷双创发展最亮眼的成绩单之一。

5. 通过军民融合协同创新，打造区域发展新引擎

（1）经验来源：襄阳高新区

（2）举措与成效：一是构建创新型军民融合产业体系，制定特色军民融合产业政策。二是制定高质量军民融合企业认定办法。三是建立健全军民融合专项资金。四是建立精准军民融合对接平台，包括军民融合产业联盟、军民融合门户网、军民融合综合服务平台。通过军民融合协同创新，逐步形成了航空航天产业、武器装备、轨道交通装备、汽车零部件、通用装备等主导产业集群，聚集效应日益突出。

（六）打造创新创业特色集聚区方面

1. 挖掘老房子文化内涵，开展"老房子+双创"，促进城市更新和产业升级

（1）经验来源：武汉市江岸区、武汉市硚口区

（2）举措与成效：一是高标准改造老房子，借助第三方力量设计、改造和运营老房子。二是将老工业厂房改造成新型双创平台，引入专业双创服务机构，大力孵化新型中小科技企业，引入杭州多牛资本、上海飞马旅集团、中新文创等运营老房子。三是出台激励政策支持平台运营方开展招商引智。江岸区和硚口区一大批老旧厂房得到改造，盘活了一大批限制资产，如硚口区在武汉轻型汽车厂的厂址上建成了江城壹号文化创意园，江汉区的爱帝集团通过改造旧厂房，打造了红 T 时尚创意街区。开展"老房子+双创"，盘活了老工业厂房等存量资源，将老厂房与双创元素密切结合、融合发展，实现老树发新芽，带来产业升级和城市更新；为武汉的青山、汉阳等乃至全国其他城市的老城区转型发展提供借鉴和路径。

2. 开展"城中村（老工业区）改造+双创"，推动产业转型升级

（1）经验来源：武汉市江岸区、武汉市硚口区

（2）举措与成效：一是引入第三方专业孵化器运营公司，利用专

业化人才提供专业化服务。二是以双创示范基地建设为契机，建设新型众创空间、孵化器、加速器等双创平台，打造全链条众创空间，发展新兴产业、新技术、新商业模式等，建设新型综合型科创园。江岸区和硚口区依托城中村打造了一大批孵化载体，江岸区打造了新兴科技园区"黄浦创立方"，新型综合型科创园岱家山科技创业城，硚口区打造了新工厂产业园等。"城中村+双创"模式，推动了双创驱动下的城中村和老工业区的转型升级和经济实力壮大，为双创活动开辟了新的战场，对其他城市城中村或老工业区转型发展很有借鉴意义，目前这一模式在武汉全市推广。

3. 开展"社区+双创"，激活和丰富社区活力、创造力

（1）经验来源：武汉江岸区

（2）举措与成效：一是利用现有的党员群众活动中心、社区服务中心等资源打造双创空间，如百步亭社区在社区服务中心开辟出一块场地，打造了"百步亭·爱社区众创空间"。二是将社区双创与居民就业、居民增收和社区服务提升等融合发展，取得了多重经济社会效益。"社区+双创"真正让双创深入到基层，吸引广大的基层民众参与到双创中来，让双创演变为一种社会思潮和风尚，极大地扩大了双创的社会影响力和对经济发展的推动力；为社区注入了新的活力，让社区不仅是社会管理和生活居住单元，也成为创新创业单元和新动能、新产业的孕育之地；为社区居民提供了新的事业舞台和就业岗位，促进了社区服务的发展，有助于提升社区管理和服务水平以及生活便利度。

三、湖北省双创示范基地存在的问题

（一）政策落地层面的问题

1. 国家、省市政策落地问题

国家、省市政策针对性不强，普惠性政策居多、专项政策偏少；政策交叉重复率高，实施细则等相关配套政策不完善，政策容易流于形

式；上级资金的申请、使用等程序过于严格，缺乏操作性。

2. 本地政策制定与落地问题

目前的政策对双创工作的指导过程中还存在"该管的不管不该管的使劲管""什么部门都来管""扶持性政策一大堆制度性政策没几条""用旧办法甚至错误的方法做新事"的问题。部分政策规定的资金补助没有兑现，存在"空头支票"现象。政策的梳理、汇编和宣传不到位，部分企业特别是小微企业大多对政策不熟悉、不了解，缺乏获取资讯的渠道。

（二）双创平台层次不高，资源整合能力不足

现有的科技中介服务机构发展滞后，技术交易市场、技术转移示范机构、创新创业服务平台等机构，普遍存在服务方式初级、盈利模式单一、涵盖领域混杂、市场化机制不健全等问题。专业强、业务精、差异化明显的双创平台不多，与服务对象的要求还有一定的差距。基地内部缺乏双创平台的共享机制，资源无法实现互联互通。

（三）大企业双创带动作用没有充分发挥，大中小企业融通发展不足

部分大企业自主创新内生动力不足，以创新求发展的理念不强。拥有自主知识产权的专利产品偏少，较少掌握核心技术，研发投入少，产品缺乏市场竞争力。部分大企业盘活企业资源的意识不够。没有将自身的供应链、仪器平台、渠道等资源向中小企开放，在带动中小企业共同发展方面缺乏意愿和动力。

（四）双创示范基地建设后劲不足

规划设计和建设方案站位不高，没能体现规划和方案的前瞻性和引领性，目标指引不明确。双创工作未来走向和下一步工作计划不明晰。在建设进度方面后劲不足，部分指标没有按进度完成或者完成质量不佳。孵化载体、技术转移、成果转化等科技服务工作人员的职称评定、

利润分配等激励机制不健全等，这些因素导致双创工作后续动力不强、活力不足。

（五）双创特色和经验不足，宣传推广力度不够，各基地间沟通交流缺乏

部分双创示范基地对自身特色、成功经验和归纳不到位，很多好的做法没有更加精炼地呈现到报告中。宣传推广不够，很多可复制可推广的经验和做法没有在湖北省范围内普及，示范效应有待进一步彰显。各双创示范基地缺乏沟通交流的机制，没有相互取长补短。

四、湖北省双创示范基地发展建议

（一）搭建双创服务平台

建设一批大学科技园、专业化众创空间、新型研发机构等建设主体多元化、运营机制市场化、服务内容专业化、组织平台化、资源整合国际化的高水平孵化载体平台。鼓励龙头企业、高校院所、新型研发机构等主体，结合自身优势资源，投资建设双创服务平台。提升运营机制市场化，建立完善由政府引导企业化运作的民办服务平台，建立适应市场的激励机制，并通过服务收费、服务入股、股权投资等灵活的市场化方式获取服务收益。加快服务内容专业化，进一步加强专业服务能力建设，推动由专业的服务团队搭建专业的服务平台，开展专业的服务。加速组织平台化，着力提升机构的产业组织能力，打造产业共同体、产业技术联盟等。提升平台国际化，在全球范围整合双创资源，通过建立海外孵化基地，链接全球高校院所、其他服务机构的孵化资源，吸引并服务全球创业者等方式布局全球孵化业务。加强平台载体的分类指导、监管和考核机制，通过评审机制，从财政资金、人才等方面进行重点帮扶，增强其自我"造血"功能。

（二）推进大企业平台化发展

支持大企业尤其是央企根据自身发展阶段与发展需求，以多元方式参与创新创业。开展研发众包，支持大企业自建或在第三方平台上发布研发任务和技术难题，在科技项目实施的关键环节上与国际接轨，面向全球推出科技项目揭榜制。支持大企业建立国家级专业化众创空间，支持大企业高效集成和配置内外部创新创业资源，为内外部创客提供专业化的孵化服务。搭建"互联网+平台"，支持大企业搭建线上生产要素和服务能力开放平台，通过资源输出、共性技术共享等方式，为该领域线上线下创业者提供要素共享服务。开展战略投资，支持大企业通过成立创业投资公司、设立天使或创业投资基金、与第三方投资机构合作等方式投资与其主营业务或未来发展密切相关的创新型初创项目或企业。打造企业生态圈，支持大企业全面开放自身资源，整合全球范围内的创新创业资源，构建客户、合作伙伴、员工、创客等共同参与、高效协作的生态圈。

（三）打造生态赋能型双创示范基地

以双创示范基地为抓手，推动湖北省双创工作纵深发展。积极推进现有区域类和高校院所类国家双创示范基地建设，不断向更大范围、更高层次、更深程度发展。持续加快推进大企业特别是央企和国企申报企业类国家双创示范基地。抓紧启动第二批省级双创示范基地建设评选工作，扩大双创覆盖范围，提升湖北省整体双创水平和对经济的促进作用。以"科产城融合"发展理念将创新创业功能融入产业发展、城市建设中，进而释放创新创业的赋能作用。优化双创生态资源和环境，理顺双创机制，建立省级层面双创成效的推广、交流和分享机制，扩大湖北省双创影响力。

（四）推动双创政策由普适性向精益性支持转变

出台具有较强针对性的精益性支持政策，推动双创政策不断升级。

围绕孵化器、众创空间、大学科技园、成果转化和技术转移机构等科技服务相关机构，出台规范性制度文件，制定硬性资格条件，统一评价考核和管理体系，提升服务水平。出台双创（特别是孵化载体管理运营人员）相关专业技术人才职称评定的政策及实施细则，并指导各地市州认真执行，提高双创相关人员的积极性。鼓励各地市州出台切合本地实际的产业、创新政策实施细则，避免政策如空中楼阁。构建政策宣传推广机制，特别是面向中小微企业的宣传、培训和辅导，避免"酒香也怕巷子深"。

（五）完善双创评估和动态调整机制

建立和完善双创示范基地评估和动态调整机制，综合运用评价结果，做到奖惩分明，激励和引导双创示范基地实现良性发展。进一步完善湖北省双创示范基地评估体系，搭建自评估在线平台，规范双创评估流程，提高评估效率；搭建双创评估专家动态信息库，提高双创评估的专业性。建立末位淘汰机制，对综合排名靠前的双创示范基地由省政府进行表扬奖励，并支持双创经验可复制可推广、双创亮点突出的省级双创示范基地优先创建国家双创示范基地；对排名垫底的实施通报批评、黄牌警告、约谈主要负责人、责令整改直至惩戒撤销，通过高层面的奖惩方式使综合评价工作能落到实处，有效推动湖北省双创示范基地做好做强，带动地方经济发展。

（六）推进双创管理创新

建议围绕区域、高校院所、企业等双创类型，开展双创生态、双创教育、大中小企业融通发展双创等方面的理论研究，为湖北省提供双创决策支撑。针对双创平台载体，进行所有制形式、运营机制及模式探索，明确适合湖北省双创工作发展的管理机制和模式；开展平台载体申报、考核、晋升、奖惩等管理办法研究。围绕双创服务人员择录标准、绩效考核、晋升渠道、职称评定等方面，开展双创动力和积极性研究。加强科技金融支持双创工作的探索，构建天使投资、风险投资如何与双创工作有机结合的常态化机制；重点对央企、国企等大企业员工持股、入股制度进行研究，以激发大企业双创活力，促进其自身转型升级的同时，带动中小企业融通发展。

课题负责人：赵荣凯　武汉光谷创新发展研究院院长
报告执笔人：葛思思　许丁丁

以"智慧监管"推动湖北省共享民宿行业健康成长

华中科技大学课题组

近年来,我国共享民宿行业发展迅速,交易规模稳步增长。2019年,我国共享经济市场交易额达到32828亿元,同比增长11.6%。整体来看,2016—2019年主要共享住宿新业态收入的平均增长速度达到传统住宿业态的5.8倍,共享民宿收入占住宿业客房收入的比重已从2016年的3.5%提高到2019年的7.3%,共享民宿新业态在网民中的普及率从2016年的5.0%提高到2019年的9.7%。与全国一样,当前湖北省共享民宿行业发展势头良好,国内各主要共享民宿平台在湖北省约有5万套房源,其中80%集中在武汉市。2018年,武汉市接待的共享民宿房客总数约为200万人次。据国家信息中心分享经济研究中心发布的《中国共享住宿发展报告2019》,2018年,武汉市共享民宿活跃用户数和房屋出租率在全国各城市中均排名第10。

以共享民宿等新业态为代表的共享经济,已成为推动服务业结构优化、规模增长和消费方式转型的新动能。特别是在经济下行压力下,共享民宿新业态在增加城乡居民收入、拓宽就业创业渠道、提高闲置房产利用效率等方面起着积极作用。房东将自有闲置房屋转为共享民宿之后,每年可以增加约2万元的收入。同时,武汉市约4万套共享民宿房源,带动了管家保洁、接待人员、摄影师等约4.4万个兼职岗位,其中管家保洁和接待人员大多为本地低收入人员。此外,共享住宿新业态发展还有助于缓解房地产过度开发带来的房源闲置问题。

随着共享民宿新业态初具规模,湖北省在共享民宿监管方面开展了一系列工作。一是积极推进共享民宿的经营和住宿登记，督促各共享民宿平台做好实名验证、实数录入、实情填写、实时报送的"四实"工作；二是着力打击共享民宿中存在的违法犯罪行为，维护共享民宿行业的正常经营秩序；三是探索建立数据接入机制，强制各共享民宿平台将房客登记数据报送至公安机关等监管部门。尽管如此，但在实际监管过程中，湖北省共享民宿行业在诸多环节仍存在"灰色地带"和监管"空白"，为此应尽早建立与行业快速发展相适应的监管体系和监管机制，促进共享民宿新业态健康成长。

一、湖北省共享民宿监管存在的问题

当前在湖北省共享民宿新业态监管工作中，主要存在以下四方面问题。

（一）共享民宿立法缺失

（1）未明确共享民宿新业态的法律地位，缺乏行业分类统计依据。一方面，共享民宿缺乏合法身份，处于经营"灰色地带"。在共享经济新业态中，市场监管的重要性已经在网约车和共享单车行业发展中得到证实，而共享住宿行业仍未获得官方定性，依旧处于政策的"灰色地带"，无论是国家层面还是省级层面均未对共享民宿新业态进行立法或制定相关法规。另一方面，有关部门没有制定共享民宿的行业分类标准，未对共享民宿的行业准入、行业经营、设施配置、卫生许可、安全防范等进行明确规定。由于共享民宿房源往往位于居民楼内，具有规模小、分布散、个性化经营等特点，旅馆业的行业标准并不适用于共享民宿行业。共享民宿行业分类标准缺失不仅制约了共享民宿行业的快速发展，而且成为共享民宿经营活动某些乱象的产生根源。

（2）未出台共享民宿相关管理办法与实施细则。缺乏政府监管是共享住宿行业发展的"软肋"，法律法规的不完善、不健全导致共享民宿行业的监管工作无据可依。现有相关法律规范、司法解释无法完整覆盖共享民宿行业的监管需求，如《旅馆业治安管理办法》和《城市房屋租赁管理办法》均不适用于共享民宿。由于缺乏监管依据，共享民宿监管工作中存在对部分违法犯罪行为无明确处罚规定、部分条款不适用或法定处罚力度过轻等问题，甚至出现行业监管"空白"现象。

（3）与现有的法律体系衔接存在问题。共享住宿中出租房屋行为与《物权法》中"不可将私人住宅改变为经营性用房"的规定有所冲突。而且，若将共享住宿平台出租房屋行为定义为旅馆经营行为，平台上的个体经营者又很难达到《旅馆业治安管理办法》所规定的证件要求。

（二）共享民宿行业隐藏安全风险

调研发现，监管部门和共享民宿平台都未全面掌握民宿房源、民宿经营者、房客的准确情况，"底数不清"是该行业现阶段最大的安全隐患。

（1）未全面掌握共享民宿房源真实信息。目前大多数共享民宿平台主要依赖线上照片审查和事后投诉机制方式来判断房源的真实性和安全性，对房源的实际位置、安全设施、房屋所有权人身份等信息缺乏线下核验机制，导致有消防安全隐患、治安风险等问题的房源进入共享民宿市场。同时，由于共享民宿平台对房源准确地址缺乏核验，线上信息与线下的管理在一定程度上处于脱节状态，监管部门无法将所有民宿房源纳入监管范围内，造成部分房源实际上处于一种地下隐蔽运营状态，出现监管"真空"地带。

（2）未精确掌握民宿经营者及房客真实信息。虽然共享民宿平台对民宿经营者、房客进行了信息登记和实名验证，但是由于没有进行线下的身份核验，无法保证民宿经营者、房客等人的身份真实性。一方面，在实际经营过程中，如果共享民宿房源所有权人与民宿经营者不是同一人时，可能存在实际经营人转嫁经营责任或以转租等方式来规避公安机关核查的情况，对行业发展非常不利。另一方面，共享民宿平台无力对所有房客进行入住时的线下身份核验，因此现阶段的身份认证技术应用仅仅停留在信息登记、验证实名层面，虽然在一定程度上解决了"实名"的问题，但是无法保证身份的真实性，存在房客"一人登记、多人入住"、利用或伪造他人身份信息登记入住等各类违法违规行为，使得共享民宿容易成为涉案、涉恐、涉稳等重点人群的隐藏窝点和治安死角。

（三）监管部门与共享民宿平台之间数据联通不畅

共享民宿新业态的有效监管不仅需要全面准确的经营活动信息，而且需要多主体之间形成畅通的数据共享机制。然而当前共享民宿平台与监管部门之间数据共享程度低，制约了监管工作的有效推进。

（1）共享民宿平台向监管部门上报的数据难以满足有效的监管需求。共享民宿平台向监管部门上报数据的范围局限于房源地址、房屋所有权人、房客身份等方面，对于行业从业人员信息、订单及交易信息等未纳入上报范围，不利于监管部门开展全面监管、全流程监管。

（2）监管部门向共享民宿平台开放数据不足。第一，监管部门未将"一标三实"（标准地址、实有人口、实有房屋和实有单位）中的标准地址信息向共享民宿平台开放，监管部门、共享民宿平台、房屋所有权人之间无法对同一房源做出统一描述，导致部分房源脱离监管视野，形成监管"盲区"。第二，监管部门对于公民个人信用相关的身份信息、银行征信记录、电子犯罪记录等信息的公开程度不足，限制了共享民宿平台核验房客真实身份的能力。第三，监管部门未将重点人群信息向共享民宿平台开放，有关部门难以掌握重点人群的活动轨迹，突发事件预防难度大，部分共享民宿成为传销、吸毒、卖淫嫖娼等违法犯罪行为者的窝点。

（四）监管机制难以满足行业快速发展的监管需求

当前共享民宿行业正处于高速发展期，湖北省共享民宿房源和经营者的数量快速增加。与之相比，政府部门监管力量非常有限，监管覆盖面不全，监管效能不高，同时行业自我监管意识薄弱，难以满足行业快速发展的需求。

（1）共享民宿行业的政府监管力量不足且较为分散。第一，传统监管中的"大市场、小队伍"现象在共享民宿监管中依然存在。湖北省共享民宿房源数量约5万套，房源分散且多无人值守，然而公安机关、市场监管、应急管理等政府机关人手不足，全省公安机关治安部门警力仅有1万多人，监管覆盖面有限。第二，共享民宿监管主体缺失导致责任不清。作为传统宾馆服务业的补充，共享民宿也涉及旅游、治安、消防、卫生等多个职能部门，但是缺乏明确的法律法规界定，不同政府部门在监管过程中无法确认各自的责任及边界，缺乏协同联动机制，导致市场监管和行政执法工作中时而出现监管"越位"或"缺位"现象。

（2）新技术在共享民宿行业监管中的应用不足。大数据、人工智能等新技术可以提高监管效率，弥补政府监管力量的不足，然而当前湖北省共享民宿监管仍然依靠传统监管手段，智慧监管技术应用不足。例如，监管部门主要依靠客户投诉、举报违法犯罪线索等传统方式进行针对性检查或联合多部门开展专项整治，较少利用人工智能方式对共享民宿经营中的违法违规行为进行预测预警。又如，监管部门尚未以大数据思维对共享民宿经营中的多源多维异构数据进行汇聚和关联，缺乏对共享民宿平台、民宿经营者、房客以及商务交易活动等多属性全过程的数字化表述和异常行为追溯。

（3）行业自我监管意识淡薄。一方面，部分共享民宿平台回避社会责任，没有与政府部门形成有效的协同监管机制。例如，民宿平台不充分履行其管理责任，对房东及其发布的房源，只进行程序性审查，没有进行线下核验。在平台责任界定不清、诚信体系不健全以及先行赔付机制缺乏等情况下，共享住宿面临"监管难、取证难、维权难"的挑战。另一方面，共享民宿成本低、利润高，部分民宿经营者和服务人员在追求入住数量和效益的同时降低服务质量，或者逃避市场监管，引发房客投诉，而共享民宿行业协会对经营活动中的不良现象缺乏自律建设，无法开展行业自我约束。

上述问题的成因有多方面。一是共享民宿属于新事物、新业态，其发展速度远超过法律法规及体制机制的更新步伐。二是政府职能转变不到位，监管者对共享民宿等新业态的认识水平和监管水平有待提高。三是监管体制机制创新不足，对共享民宿新业态的监管尚未形成合力。四是没有充分发挥现代信息技术在共享民宿监管中的重要作用，监管效能与预期存在较大差距。

二、以"智慧监管"手段提升湖北省共享民宿监管水平的对策

针对共享民宿监管中出现的问题，湖北省应以出台共享民宿管理办法为抓手，以完善共享民宿房源和人员的线下信息核验为重点，以新一代信息技术为支撑，充分发挥共享民宿行业协会的作用，促进共享民宿新业态健康持续发展，推动社会治理体系和治理能力现代化。

(一) 创新监管理念及模式，推动共享民宿新业态发展

(1) 树立"监管是为了更好发展"的理念。有效的市场监管是促进共享经济各行业健康发展的重要保障，网约车和共享单车等新经济新业态的快速发展已经证明了市场监管的重要性。政府部门要将监管创新作为市场发展手段，积极采用包容审慎的监管方式，以监管促发展，推动湖北省共享民宿新业态健康成长。

(2) 确立"监管与发展相适应"的意识。传统监管模式已经不能满足像共享民宿这样的新经济快速发展需要，新业态发展需要新的监管手段、监管机制、监管模式，政府部门要用前瞻性眼光和战略性思维，积极主动开展创新型监管，构建与新经济新业态发展相适应的新型监管工具、监管手段和监管机制。

(3) 奋力打造"智慧监管"模式。引入物联网、大数据、人工智能、区块链等新一代信息技术手段，强化新技术在新业态监管中的创新应用。例如，通过人工智能技术开展远程监管、自动监管等方式；又

如，运用区块链技术在政府部门之间建立协同监管机制，同时在政府监管部门、共享民宿行业利益相关者（如民宿平台、房屋所有权人、民宿经营者及房客等）之间建立有效的数据共享机制，形成新型"智慧监管"模式，有效提升监管效能。

（二）出台共享民宿管理办法，依法监管

国内沿海经济发达地区在共享民宿监管方面提供了先行先试经验，特别在制度规范方面走在全国前列。浙江省于2018年12月在全国率先出台《网络预约居住房屋信息登记办法（试行）》，规定共享民宿平台、房屋所有权人及民宿经营者、房客都必须按要求向公安机关进行信息登记。例如，共享民宿平台要确保线上提供服务的房屋与线下实际提供服务的房屋一致，查验、如实登记并向省级公安机关报送房源、房屋所有权人、房客相关信息，强化共享民宿平台的监管责任，同时建立健全数据安全管理制度，防止信息泄露、损毁、丢失。江苏省也于2019年11月发布《江苏省租赁住房治安管理规定》，明确要求民宿经营者要向公安机关申报登记信息，未按照规定申报、转报登记信息的，依法予以处罚并记入信用记录。出租人通过五种渠道申报登记信息：通过租赁住房治安管理信息系统自主申报；到房屋所在地公安派出所、公安机关委托的机构申报；通过房地产经纪机构、互联网平台出租住房的，可以约定由房地产经纪机构、互联网平台经营者申报；通过房屋所在地物业服务企业转报；通过村民委员会或社区居民委员会转报。公安机关建立租赁住房治安管理信息系统，并开通移动端办理通道，方便出租人申报登记信息。上述规章制度办法为共享民宿监管提供了可操作性的依据。

借鉴经济发达地区经验，结合湖北省情和经济社会发展实际，湖北省需要加快出台共享民宿经营管理规范，重点做好五个方面的工作。

（1）解决共享民宿在监管中的身份问题。界定共享民宿新业态的形式及经营领域，将其明确纳入政府监管范围。修订不适合共享民宿发

展的法律法规和制度，以适应新业态发展的需要。

（2）制定明确的准入条件。充分考虑共享民宿小型化、分散化、个性化特征，结合湖北省不同地区经济社会发展的差异性，建立共享民宿不同类型、不同等级的准入条件，在房客信息采集系统、治安防范设施、消防安全设施等方面设定准入标准。

（3）简化商事登记程序。共享民宿申报备案时，以民宿经营者与共享民宿平台签订的电子协议来代替工商登记，并向辖区内基层治安管理机构等部门报备。

（4）确定民宿经营规范。建立安全管理制度和应急预案，明确民宿经营者为民宿安全风险责任人。鼓励民宿经营者投保公众责任险、火灾事故险、雇佣人员人身伤害意外险等商业保险，鼓励共享民宿平台成立先行赔付保障基金。

（5）明确相关主体的责任及边界。第一，共享民宿平台应切实做好房源、房东、民宿管理和服务人员、房客等的信息采集、核验以及报送工作，特别是加强各类人员信息的实质审查以及房源信息的线下审核。第二，民宿经营者对民宿服务人员和房客提供安全告知、安全保障等安全责任。房客有配合身份登记、核验的义务，并适当增加维护民宿所在住宅区正常居住环境的相关义务。第三，共享民宿监管责任涉及公安、消防、工商、卫生、住建、旅游等多个部门，需由公安部门会同应急管理、食药监、卫健委等部门协调监管责任，在市场准入、经营活动、监督管理的标准和程序上实现协同和联动。

（三）完善线下信息核验体系，厘清"行业底数"

共享民宿新业态中的房源、民宿经营者、房客是共享民宿业务流程的关键点，湖北省要建立共享民宿新业态中房源和相关人员的全方位信息核验体系，提升房源信息和房客信息的可信度。

（1）确保民宿房源信息真实可信。明确共享民宿平台对房源进行线下审核的主体责任，强制共享民宿平台对房源地理位置、消防安全设施、房屋所有权人信息、民宿经营者身份等情况进行线下核验，引入第三方机构核查房源线上信息与线下情况的一致性。

（2）确保民宿经营者信息真实可信。针对民宿经营者申报信息，公安机关与住建部门进行联网核查，并将民宿经营者的身份信息、信用信息以及人脸图像、指纹等生物体征信息纳入信息采集范围，为线上身份认证模式奠定基础。

（3）确保房客信息真实可信。对于有人值守的房源，由值守人员按照传统旅馆业流程核验房客信息。对于无人值守的房源，一是强制完善民宿安装智能门锁、智能猫眼等智能硬件的配套，确保共享民宿入住环节的实名、实数、实证、实时的身份核验管理，特别是确保线上登记者与实际入住者的一致性。通过核验房客信息，满足"实名+实人"的监管需求。二是加强智能门锁的信息推送功能，遇有重点人群入住民宿时，由智能门锁向房源所在社区的民警、流管员实时推送入住提醒，辅助监管部门进行线下抽查核验。

（四）强化监管部门与共享民宿平台之间的数据共享

（1）加大对共享民宿平台信息采集力度。进一步扩大共享民宿平台上报数据的范围，要求各共享民宿平台加强民宿房源状况、行业从业人员信息、入住全流程信息、投诉和纠纷信息的采集和上报，为共享民宿行业的"智慧监管"提供大数据支撑。

（2）建立共享民宿平台数据共享的激励约束机制。一方面，探索建立共享民宿平台信息申报的积分化管理模式，将实名登记率、抓逃及协破案件量、违法违规情况、消防安全落实情况等指标量化为分值，综合评定其协助公安机关进行治安管理工作的总积分，作为对共享民宿平台的奖惩依据和分级管控依据。另一方面，建立共享民宿可疑信息上报机制，规定共享民宿平台在经营活动中所发现的可疑信息应及时报送给监管部门。如基于民宿房源中各类硬件设备所发现的房客异常进出频次等可疑情况应及时上报。

(3) 加大监管部门向共享民宿平台开放数据的力度。公安机关将重点人群信息提供给共享民宿平台，要求平台协助其掌握该类人群的活动状态。同时，公安机关向共享民宿平台开放建筑物房屋编码等标准地址信息，供共享民宿平台核验房源的准确地址，推进房源全覆盖监管。

（五）依托新技术大力推广"智慧监管"，提升共享民宿监管效能

(1) 应用大数据和人工智能等技术，开展共享民宿行业的全过程、精细化监管。以共享民宿平台、民宿房源、民宿经营者、房客等全量对象的痕迹数据为重点，实现各类对象的基本属性、行为特征的全景"画像"，构建"来源可查、去向可追、责任可究"的全过程监管平台。依据频繁入住、多人入住等房客行为轨迹，筛查问题人员、问题房源。通过数据碰撞、数据关联来发现违法犯罪行为类别和数量的变化规律，有针对性地开展监管工作。

(2) 加强智能硬件设备的应用，提升共享民宿安全性。一方面，强制民宿房源加装具有人脸识别等生物特征识别功能的智能门锁，实现房客信息的线下核验。另一方面，鼓励民宿房源加装智能电表、智能烟感报警器、智能燃气表等设备，并将数据与智能门锁全面联通，加强安全监管。

(3) 应用区块链技术实现共享民宿行业全过程追溯。基于区块链不可篡改和可审查追溯的特性，利用分布式账本技术记录共享民宿平台、房源、民宿经营者、房客的相关信息，实现共享民宿行业全过程行为留痕，为各类违法违规行为提供举证凭据。

（六）加快培育共享民宿行业协会

行业协会对共享民宿健康成长具有积极作用。当前，可从四个方面培育共享民宿行业协会。

(1) 加快成立区域性共享民宿行业协会。由政府推动，成立湖北省共享民宿行业协会，建立行业服务标准和自律公约，明确行业协会在监管中的权力、职责和义务。

（2）构建共享民宿行业信用体系。一方面，依托"信用湖北"信息平台，建设涵盖共享民宿平台、民宿经营者、房客的公共信用信息数据库。另一方面，建立共享民宿行业信用评价机制。由行业协会对共享民宿平台和民宿经营者开展信用等级评定，通过共享民宿平台、房客、新闻媒体及社会公众的信用评价，督促行业自律。

（3）监管部门与行业协会形成联动机制。监管部门向行业协会及时反馈在监管中发现的问题或相应的处罚信息，供行业协会在评级中予以处置；行业协会应完善市场信息的搜集与发布制度，收集共享民宿经营者遇到的具体困难和建议诉求，为政府部门了解和引导共享民宿行业建言献策，并将在日常监督中发现的违法违规行为及时向监管部门上报。

（4）建立共享民宿利益相关主体责任分配机制。建立共享民宿平台、民宿经营者、房客之间的责任分配机制，基于不同的共享民宿经营模式设定相应的责任划分机制。

（七）加强治安管理部门对共享民宿行业的指导监督

政府部门除了对共享民宿行业履行市场监管职能以外，还需要提供精细化服务，指导共享民宿平台、民宿经营者经营活动，为共享民宿快速发展提供指导咨询服务。

一方面，进行事前指导。在共享民宿申请开办之初，由公安机关治安管理部门或基层公安派出所事先介入进行指导，包括民宿申办所需相关材料、民宿自身建筑设施标准、民宿安全防范设施要求等，保证民宿在开办之初就符合安全管理的规范要求，从源头减少共享民宿经营中的安全隐患。

另一方面，进行事后监督。治安管理部门联合行业协会对民宿安全经营进行规范指导和联合检查，重点加强对安全防范制度、突发事件应急预案等方面的指导和监督。同时，建立面向共享民宿经营者、民宿管理服务人员的微警务平台，在平台上发布预警信息和治安动态，鼓励共享民宿从业人员提供行业违法犯罪线索。

（本报告为 2019 年湖北省社会科学基金重点基金项目"如何加强新技术新业态管控，着力提升社会治理现代化水平"研究成果）

课题负责人：张　毅　华中科技大学公共管理学院副院长、教授、博士生导师
课题组成员：王君泽　华中科技大学公共管理学院副教授、博士
　　　　　　　王启飞　华中科技大学公共管理学院讲师
　　　　　　　赵　升　华中科技大学公共管理学院硕士生
　　　　　　　李丹丹　华中科技大学公共管理学院硕士生
报告执笔人：王君泽　华中科技大学公共管理学院副教授、博士

打造桥梁产业园区 提升桥梁品质
——关于促进湖北省桥梁基础设施高质量发展的建议

刘自明

桥梁是公路或者铁路的连接，可以说没有桥梁的连通，公路或者铁路就不能够顺畅地运行。因此，几乎所有的铁路或者公路建设都视桥梁为控制工程。很多地方也把一些重点桥梁当做养护维修或者保护的重点目标，因为一旦桥梁出现问题，将会顷刻之间导致道路交通的中断，甚至造成人民生命财产的损失。中华人民共和国成立以来，我国桥梁建设已经取得非常大的成就。特别是最近这些年，中国的桥梁已经成为对外展示的国家名片，而且这张名片必将更加闪亮。截至 2019 年年底，我国既有公路、铁路桥梁的数量已经近 100 万座，[①] 其中湖北省有近 4.3 万座公路桥梁。随着经济社会的进一步发展，我国桥梁的数量还会持续增长。

一、我国桥梁建设取得的成就和存在的问题

（一）我国桥梁建设取得的成就

一是最近这些年桥梁工程的数量大幅增加，增长速度也非常快，从数量看，基本满足了区域交通发展的需要。以湖北省为例，在长江湖北段江面上几乎看不到汽车轮渡，已经建成和在建的长江大桥数量有 40

---

① https：//news.china.com/domestic/945/20181026/34266683_all.html.

座。二是最近这些年桥梁工程的品质明显提升，特别是高速铁路建设以来，铁道部门对铁路桥梁的建设质量要求非常高，标准也比过去高，体现在建设中的检验验收频次多和检验验收标准高。高速公路也一样，特别最近这些年交通部门提出打造品质工程，依工程品质对企业进行信用评价。城市建设部门主管的市政桥梁工程，同样也依据建设部的质量标准有明显提高。除了重视特殊超大跨度桥梁以外，对一般的小跨桥梁也非常重视。主要是因为中小跨度桥梁的数量比特大跨度桥梁要多得多，特大跨度桥梁是少数，大约仅占总桥梁数量的5%。建设部对这些中小桥梁的品质也是高度重视。三是一些桥梁工程在国际上先后获得奖项。国内每年的建筑工程鲁班奖和詹天佑大奖中，桥梁工程都有所收获。桥梁工程建设的科技成就也十分突出，年年都有获得国家科技奖励的项目。

（二）我国桥梁建设存在的问题

在我国桥梁工程建设和使用中，还存在一些问题。一是重视工程质量的意识还不够深入人心，有些企业在建造过程中难免还存在粗制滥造的情况，使得一些工程在使用之前就存有瑕疵、存有隐患。二是使用过程中养护维修不善，使得一些桥梁提前进入病危状态。有的因严重超载，使得一些原本状况良好的桥梁提前进入破坏状态。据统计，我国目前有近10%的桥梁状况并不良好，存在问题隐患。截至2019年年底，湖北省就有6300多座桥梁有不同程度的病害，需要进行整治。① 三是中国的桥梁建造、现场的养护维修普遍还是现场作业，工厂化程度相对较低。现场作业难免因为条件所限存在着一些瑕疵，比如混凝土构件现场制作与工厂预制质量存在差距，钢结构现场焊接不如工厂焊接。大量的现场作业对于混凝土桥梁结构来说，势必需要建造混凝土工厂，这需要占用桥位附近的良田，对环境造成影响，对有限的土地资源造成侵

---

① 湖北省交通运输厅发布的《关于推进全省公路桥梁"三年消危行动"的实施意见（代拟稿）》。

占、浪费，这些也都是当下桥梁建设存在的问题。

这些问题的存在有其历史原因，以前劳动力资源相对丰富，土地资源包括对环境的要求也没那么严格，因此大量的桥梁建造都在现场制作。加上过去由于运载能力不足，使得工厂制作到现场去安装也存在着受制于运载能力和起重能力的问题，所以大量的工作只好在现场作业。此外，部分工程师误认为现场作业成本低，有利于节省生产成本。

二、国家对新老基建的产业政策

最近几年国家行业主管部门，特别要求提升工程产品的品质，提升工程建造产品的质量。这一方面是行业自身的需求，另一方面也是党中央的明确要求。在十九大报告中，习近平总书记提出未来要实施质量第一战略，要走交通强国、科技强国的道路。习近平总书记还对中国建造业提出"三个转变"的要求，要实现中国制造向中国创造转变、中国速度向中国质量转变、中国产品向中国品牌转变。最近党中央国务院联合发文，要求进一步提升基础设施的质量，这个基础设施不仅包括传统基建业的产品，也包括新基建行业的设施，也就是未来要实现老基建和新基建的全方位质量提升。这一系列的要求都意味着党中央对工程品质的要求非常高。在十九大报告中，习近平总书记还指出当前社会主要矛盾是人民日益增长的美好生活需要和不平衡不充分的发展之间的矛盾。满足这一需要必须进行供给侧改革，也就是必须在供给侧提供高品质的产品。在这个背景下，建造业应当尽力满足老百姓对美好生活的追求，尽力满足老百姓对建筑工程产品品质的要求和服务水平提升的需求。经历了几十年的改革与发展，在速度上去之后，产品数量在一定程度上满足了老百姓的需求，这之后如何提升新建造产品的质量，如何使已经在服役状态的产品提升品质和服务质量，这是需要我们认真思考的问题。

对于桥梁工程这样的公共产品来说，老百姓第一个方面的需求，就是车辆在桥上行驶要有足够的舒适感，司乘人员过桥的时候感觉就像在地面上行驶一样舒适安全，不必担心发生意外。老百姓第二个方面的需求，就是一旦桥梁交付使用就应当连续有效地为用户提供服务，而不是三天两头地维修。这些就是老百姓对这种公共产品的需求，也是老百姓对美好生活的追求。

三、进一步提升桥梁基础设施工程品质

为满足老百姓日益增长的要求，必须进一步提升桥梁检测设施工程品质，有以下几个方面值得重视。

（一）提高桥梁建造工业化的比例

最近这些年我国已建造40多座跨海峡大桥，数以万公里高速铁路桥梁。实际上，这些桥梁的建设已经在一定程度上采用了工业化的思路，也就是桥梁的主要构件在工厂制造，然后从工厂用大型载运工具运输到现场进行陆地或者水上安装。比如高速铁路高架桥梁上部结构基本上是在工厂预制，以大型运载工具运到指定的桥位，再由重型起重设施进行吊装，一次安装到位。一些海上的大跨度桥梁和海上的非通航孔桥梁，包括港珠澳大桥在内，基本上是在工厂制作，包括承台墩身上部结构，也都是在工厂预制后通过海上运输到桥位整体安装。

但是，这种工业化的制造安装所占的比例并不是很高，尤其是公路桥梁工业化制造现场安装的就更少。今后应当进一步提升工业化制造的比例，尽可能使桥梁的主要构件在工厂预制、现场安装。大型临时结构以及桥梁的附属工程，也都应该在工厂预制或者制造。

（二）提升桥梁构件工厂制造的自动化水平

引进自动化装备对工厂制造的流程加以再造。比如钢结构桥梁的自动焊接，包括不同构件之间的自动对接。引进物联网、大数据对加工过程进行有效管理，这样使得工厂的自动化程度、加工效率更高。分布在不同企业的装备，包括构件可以通过物联网进行自动的连接调配。混凝土构件预应力的施工，包括张拉压浆等都可以进行智能化的改造。

（三）提升桥梁构件产品的检验验收标准

在检验验收标准方面应当向国际接轨。国内之前也许是加工制造水平不够高、检验验收标准的水平也不够高，使工程的产品质量打了折扣，在这种背景下提升检验验收标准可以进一步提升产品质量。特别是预应力混凝土，骨料选择、材料的加工温度，加工环境等都可以明确标准、明确要求。完全可以做到骨料冲洗水的循环使用，减少对环境的影响，这都可以在工厂加以严格的限制。

（四）尽可能减少可耕地占用

目前，一些新建桥梁，特别是高速铁路这样的新建桥梁，一条线路"上马"之后，建设主管部门会专门设计几个固定的梁场，在梁场进行预制构件加工，然后进行现场安装。在设计上，这些梁场基本上是一次性的，线路建成通车之后要使梁场恢复原状。这个梁场的投资包括恢复原状，所花费的代价都是非常大的，表面上看梁场可以复垦可以恢复成为农田，但实际上在建造过程当中由于地基的固化处理，包括工业用水的慢流，势必会对土壤环境造成一定影响，即便是能够复耕复垦，未来复耕土地的使用效率也会很差。

（五）尽可能方便旧桥维修更换

随着既有桥梁数量的增加，既有桥梁的使用状态也会逐渐劣化，劣化到一定程度势必要对劣化桥梁进行更换。既有桥梁分散在线路上的不同区段，并不在一个连续的里程上，这样一来，如果单独一孔桥梁需要更换，在它所在的场地进行加工，那代价会非常巨大。

四、促进湖北省桥梁基础设施高质量发展的建议

第一，建议湖北省在沿长江或者沿着铁路专用线的地方，建造桥梁产业园区。桥梁产业园区的面积视产品供应范围，可以大也可以小。园

区内可以建立混凝土桥梁的工厂，也可以建立钢结构桥梁的加工厂生产线，还可以建立与桥梁相关产品的生产线。比如桥梁的支座、桥梁的伸缩缝、减振器、声屏障、风屏障等构件。还比如桥梁的拉索、缆索等，这样的产品都可以集中在一个大型园区内，分区域进行加工制造。未来供应的对象既可以是新建造桥梁，更可以为既有桥梁维修改造提供产品。

桥梁产业园区的投资主体可以是企业，也可以是地方政府指定的平台公司，桥梁产业园区建造成功之后，可以向相关桥梁产品的制造企业招商，引导它们进入桥梁产业园区，园区供应范围内的相关产品可由它们优先供应。

第二，桥梁产业园区内的加工制造业本属于传统基建行业，要善于用新基建的成果，对传统建造行业进行改造。建议引进智能化装备来改造传统生产线，提升产品的品质，提高制造效率，减少劳动力使用，减少可能的人为操作失误造成的产品品质下降。

对于从事老基建业务的职工来说，应当学习新基建涉及的相关技术，研究新基建的成果如何嫁接到老基建传统产业上来。相信新基建的成果完全可以用来改进传统建造业的装备，来改进传统制造业现场需要人工作业的一些单元，比如模板的爬升控制、起重设备的起重控制以及现场高空预应力混凝土工程的张拉和高强螺栓的连接等，还可以用智能装备进行水下开挖作业。这些工作都可以由智能机器人来完成，这样安全风险就会大大降低，作业的品质也会大大提升。

撰稿人： 刘自明　中铁大桥勘测设计院集团有限公司党委书记、教授级高级工程师

以航空枢纽"双引擎"
推动"武鄂黄黄"一体化发展

付新平 等

习近平总书记在不同场合多次反复强调"创新、协调、绿色、开放、共享"的发展理念。以航空港为依托发展临空经济,就是新时期"创新、协调、绿色、开放、共享"理念在区域经济发展中的具体实践,也是需要重点培育和打造的新经济模式。2021年即将建成的湖北国际物流枢纽(鄂州机场),是亚洲最大的货运机场,届时,将与天河机场共同组成武鄂黄黄四市经济一体化发展的"双引擎"。

2018年,国家发展改革委在《国家物流枢纽布局和建设规划》中,把武汉和鄂州机场共同列为23个空港型国家物流枢纽之一,把武汉-鄂州两市共同列为空港型国家物流枢纽承载城市。高质量打造航空港"双引擎",推动武鄂黄黄一体化发展迫在眉睫。

一、武鄂黄黄区域经济发展现状

(一)湖北省区域经济发展的现状

湖北地处我国中部偏南,东临我国经济最发达的长三角地区,西接我国具有丰富资源优势的成渝地区,南靠我国沿海开放度最高的珠三角地区,北连我国政治文化中心的京津冀地区,是中部与华南地区的重要枢纽。以武汉为圆心半径1100公里内覆盖北京、天津、广州、深圳、上海、杭州、成都、重庆、西安等全国重点发展的中心城市,汽车15

小时、火车 5 小时、飞机 1.5 小时可以通达以上所列城市。

湖北总面积 1858.89 万公顷,地形整体上以平原、丘陵为主。平原主要分布在江汉平原,占 31.78%;台地多分布在鄂东北、鄂东南、江汉平原西部和鄂西东部地区,占 21.48%;丘陵主要分布在黄冈北部、咸宁、黄石南部、鄂西北和鄂西南大部,占 38.47%;小起伏山地主要分布在鄂西地区,占 8.25%;中起伏山地零星分布于鄂西南等地区,占 0.02%。湖北超过一半以上的面积是平原和丘陵地区。根据湖北地形结构特点和国家空间规划要求,在空间结构和区域布局上,湖北规划布局了"三区三轴"空间发展结构,重点优化基础设施建设,即在武汉城市圈、襄阳都市区、宜昌都市区和"沪渝高速公路暨长江湖北段""福银高速公路暨汉渝铁路湖北段""襄荆-荆宜高速公路暨焦柳铁路湖北段"三个复合发展轴内,建设资源向基础设施和公共服务设施建设倾斜。

2018 年湖北省地区生产总值为 3.94 万亿元,增速 7.8%(见图 1),高出全国 1.2%。但是,湖北区域发展不平衡、产业发展不协调问题仍然比较突出,产业结构同质化、部分行业产能过剩等问题也比较突出。"一主两副"三个城市经济发展大幅领先其他城市,特别是武汉承载多项国家发展战略,实体经济大幅跨越,市场活力不断提高,创新型经济蓬勃发展,城市建设日新月异,全市生产总值由 1978 年的 39.91 亿元跃升至 2018 年的 14847.29 亿元,经济总量占湖北省的 38%,襄阳、宜昌经济总量都在 4000 亿元左右,这三个城市之外的其他市州的经济总量都不足以支撑"多极",必须加强湖北省产业布局的统筹,促进资源要素的跨区域流动,促进基础设施的互联互通,促进大都市、大中小城市和小城镇的链接,发挥中心城市对周边城市和农村地区的辐射带动作用。

(二) 湖北省区域与产业发展布局

湖北省区域与产业布局规划发展前后相续,形成湖北前行的清晰足印:推进"四基地一枢纽"建设,推动"两圈两带一群"协调发展,

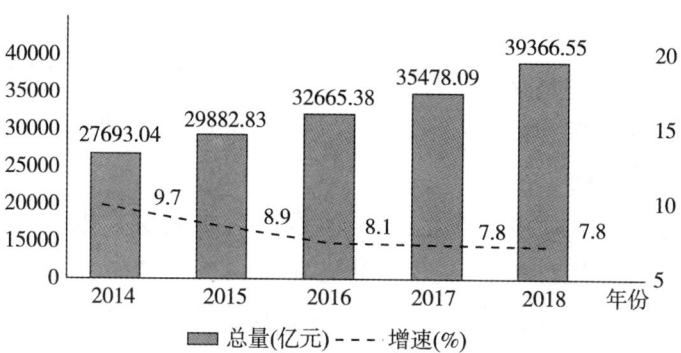

图 1 2014—2018 湖北省地区生产总值及增长速度变化图

构建"一主两副多极"发展格局等,历届省委省政府不断深化对国情、省情的认识,把握和顺应发展规律,提出了符合湖北实际的科学的区域发展战略,为促进湖北省区域协调发展打下了坚实基础。新时代赋予新使命,也带来新挑战。把科教资源基础转化为创新能力,以全要素生产力激活创新动能,打造能够参与国际竞争的先进制造业,进一步提高湖北发展的协调性、平衡性、可持续性,是湖北省在未来的区域和产业发展中必须破解的难题。贯彻党的十九大提出的推动高质量发展、建设现代化经济体系的战略部署,实现"建成支点、走在前列",谱写新时代湖北高质量发展新篇章,湖北必须进一步丰富、完善和发展区域和产业发展战略布局。

2018 年 12 月,湖北省委十一届四次全体(扩大)会议暨全省经济工作会议提出以"一芯驱动、两带支撑、三区协同"为主要内容的区域和产业发展战略布局。"一芯两带三区"区域和产业发展战略布局遵循"区域平衡、城乡融合、产业协同、特色分工"四大原则,着重解决区域发展不平衡、不充分、不融合、不协调、不互补问题;坚持"全要素盘活、全产业链对接、全地域谋划"思路,形成区域联动、一二三产业结构互补、产业链上中下游有效循环、资源科学配置和有效利用;把握"区域、产业、历史"三个维度,着眼于把区域空间布局和产业空间布局进行有效对接和重合。

2019年，湖北省政府工作报告在部署"一芯驱动、两带支撑、三区协同"区域和产业发展战略布局时，明确提出"支持武鄂黄黄协同发展，创建国家级空港经济综合试验区"，推动区域协调发展向更高水平和更高质量迈进。

武鄂黄黄四个城市，既包括"一芯"核心武汉，也是"长江绿色经济和创新驱动发展带"的重要组成部分，又是"鄂东转型发展示范区"。武鄂黄黄一体化发展，是"一芯驱动、两带支撑、三区协同"区域和产业发展战略的集中试验、集中实施、集中展现、集中发展。

2018年，武鄂黄黄四市占湖北省土地面积17.3%、人口35.4%、GDP49.5%、货运周转量63.7%、旅客周转量97.1%，是湖北省经济发展最活跃、开放程度最高、创新能力最强的区域。

2018年，武汉市生产总值14847.29亿元，全国排名第9，比上年增长8.0%，高于全国1.4个百分点，高于湖北省0.2个百分点。2018年，鄂州市、黄石市、黄冈市完成地区生产总值分别为1005.30亿元、1587.33亿元和2035.20亿元，三市合计4627.83，不到武汉市的31.17%（见表1）。

表1　武鄂黄黄2018年经济发展情况　　　　单位：亿元

市州地区	2018年GDP总额	第一产业	第二产业	第三产业
武汉市	14847.29	362	6377.75	8107.54
黄石市	1587.33	95.64	929.54	562.15
黄冈市	2035.2	376.1	832.04	827.06
鄂州市	1005.3	94.15	523.7	387.45

武汉正在大力实施工业强市战略，深入推进工业供给侧结构性改革，加快传统产业转型升级，大力培育战略性新兴产业，加速新旧动能转换。武汉正在推进工业倍增计划、实现工业总产值3万亿元的跨越目标，全力打造"大光谷""大车都""大临空""大临港"四大工业核

心板块。2019年，大光谷、大车都两个产业集聚区年产值超过万亿元，大临空、大临港两个产业集聚区年产值将超过5000亿元。如何把武汉市的经济社会发展优势与鄂州、黄石、黄冈等周边城市结合起来，既是武汉市发展的需要，也是湖北省经济发展的需要。

武汉-鄂州一体化正在深入推进。正在编制的武汉大都市区规划，鄂州作为唯一地级市被列入其中；武汉地铁11号线向鄂州葛店延伸，建成后将是湖北省首条跨城轨道交通；正在规划实施的"东湖高新-葛店（梧桐湖）-鄂州机场"科技大走廊建设，力争打造成为武汉的成果转化区、创业创新服务区和商务配套区。一系列信号表明：武汉、鄂州在科技创新、产业发展、基础设施、生活融入等方面正加快深入合作，武鄂一体化协同发展驶入快车道。

2019年1月11日，国家发展改革委正式发文批准新建鄂州民用机场。按照湖北省政府确定的"总作战图"：核心枢纽项目2018年打基础，2019年出形象，2020年基本建成，2021年投入运行。机场项目总投资320.63亿元，2030年年旅客吞吐量150万人次、货邮吞吐量330万吨。在国际上，鄂州机场将与美国孟菲斯货运枢纽比肩。

鄂州机场虽然选址在鄂州市燕矶镇，但与隔江相望的黄冈市浠水县黄州南湖直线距离不过7.5公里，15公里范围内连接鄂州、黄石、黄冈三市城区，鄂州机场建设是推动"鄂黄黄"一体化发展的"触发点"和"点睛之笔"。

2018年12月，国家发展改革委和交通运输部印发了《国家物流枢纽布局和建设规划》，提出到2020年布局建设30个国家物流枢纽，形成国家物流枢纽网络基本框架；到2025年，布局建设150个左右国家物流枢纽，同时推动全社会物流总费用与GDP的比率下降至12%左右。天河机场和鄂州机场被列入《国家物流枢纽布局和建设规划》，即武汉-鄂州空港型国家物流枢纽，武汉市和鄂州市也共同列入空港型国家物流枢纽承载城市。打造以天河机场和鄂州机场为核心的国家空港型物流枢纽，发展枢纽经济，是推动武鄂黄黄一体化发展的新动能。

(三) 天河机场与鄂州机场发展现状

1. 天河机场

天河机场位于武汉市黄陂区天河镇,距离武汉市区约为26公里,是湖北省最大的机场和国内主要的干线机场,也是中部地区唯一能够起降空客A380大型飞机的机场,是全国八大区域性枢纽机场和最繁忙的民用机场之一。中国民航总局定位天河机场为"全国重要的枢纽机场",是华中地区唯一的综合枢纽机场和最大的飞机检修基地,机场设施完备,可起降各种大型客机。

天河机场2018年客运量为2450万人次,货邮运量22万吨。天河机场定位是客运功能为主、货运功能为辅的航空机场,依托发达的国际航线、国内航班,适当发展航空货运,构建联系全国各枢纽机场的空中快线,发展省内支线航空。

2. 鄂州机场

鄂州机场位于鄂州市燕矶镇,距离武汉市中心76公里、天河机场80公里,距离鄂州市中心约15公里、黄石市市中心15公里、黄冈市市中心20公里。

鄂州机场是全国航空货运枢纽,能满足大型物流企业对航线和航班密度的需求,重点满足航空快递运营中转运作,支撑高端快递业务,兼顾传统航空货运业务,货运为主,客运为辅。最大设计机型为B747-400等E类飞机,开通至国内外各主要城市的国内、国际航线。

鄂州机场规划建设成为我国对外开放及参与全球资源流通的新起点,给世界提供新的供应链渠道选择,促进全球连接,是全球第四、亚洲第一的货运空港集散中心,也是能够比肩世界、比肩美国孟菲斯的现代航空货运枢纽。

3. 主要问题

第一,航空运输和空港枢纽经济发展速度与湖北经济发展地位不匹配。湖北省委省政府十分重视航空产业发展,颁布了《关于加快推进航空产业发展的意见》,采取了一系列支持与鼓励航空产业发展的政策措施。但是，2018年天河机场客运量为2450万人次，全国排名15位，低于同为中部省会城市的郑州和长沙；货邮运量22万吨，排在全国主要机场第15位，远低于排名第7的郑州新郑机场的51万吨（见表2）。

表2　　全国主要机场运营统计数据一览

城市/机场	2017年客运量（万人）	2017年货邮量（万吨）	2018年客运量（万人）	2018货邮量（万吨）
北京/首都	9578.63	202.96	10098.33	207.40
天津/滨海	2100.50	26.83	2359.14	25.87
石家庄/正定	958.29	4.10	1133.25	4.61
太原/武宿	1240.11	4.84	1358.84	5.34
乌鲁木齐/地窝堡	2150.09	15.67	2302.78	15.77
沈阳/桃仙	1734.26	15.91	1902.74	16.86
长春/龙嘉	1.17	8.89	1296.95	8.31
哈尔滨/太平	1.88	12.12	2043.14	12.50
上海/浦东	7000.12	382.43	7400.63	376.86
上海/虹桥	4188.41	40.75	4362.80	40.72
南京/禄口	2582.29	37.42	2858.15	36.51
杭州/萧山	3557.04	58.95	3824.16	64.09
合肥/新桥	914.71	6.36	1111.06	6.98
福州/长乐	1246.92	12.56	1439.35	13.32
厦门/高崎	2448.52	33.87	2655.34	34.55
南昌/昌北	1093.71	5.23	1352.42	8.26
济南/遥墙	1431.93	9.52	1661.18	11.36
郑州/新郑	2429.91	50.27	2733.47	51.49
武汉/天河	2312.94	18.50	2450.04	22.16
长沙/黄花	2346.48	13.87	2526.63	15.55
广州/白云	6580.70	178.04	6972.04	189.06

续表

城市/机场	2017年客运量（万人）	2017年货邮量（万吨）	2018年客运量（万人）	2018货邮量（万吨）
深圳/宝安	4561.07	115.90	4934.90	121.85
南宁/吴圩	1391.55	11.04	1509.16	11.80
三亚/凤凰	1938.99	8.91	2003.90	9.51
海口/美兰	2258.48	15.45	2412.36	16.86
重庆/江北	3871.52	36.63	4159.59	38.22
成都/双流	4980.17	64.29	5295.05	66.51
贵阳/龙洞堡	1810.96	10.24	2009.47	11.24
昆明/长水	4472.77	41.80	4708.81	42.83
拉萨/贡嘎	371.84	3.24	435.39	3.63
西安/咸阳	4185.72	25.99	4465.33	31.26
兰州/中川	1281.64	6.09	1385.82	6.15
银川/河东	193.64	4.22	894.48	5.07
西宁/曹家堡	562.77	2.77	633.96	3.39
呼和浩特/白塔	1034.86	3.96	1215.92	4.02

第二，区域治理模式与打造一体化空港枢纽经济圈不匹配。武汉、鄂州、黄冈、黄石、孝感等地抢抓机遇，积极谋划建设"客货双枢纽""航空都市区""航空产业示范区""临空经济区"等发展战略，规划建立临空经济区，制定产业发展目标。但是，受行政区域的限制，大多局限于一域、一地、一城，缺乏从武鄂黄黄进行整体布局，缺乏有效的区域协商与决策机制，没有统一的规划与协调流程，没有产业分工和产业合作方案，导致重复规划、同质竞争。

第三，相关配套政策与发展现代空港枢纽经济的需求不匹配。虽然湖北省委省政府十分重视天河机场和鄂州机场的建设发展。但是，落实到具体问题上，相关配套政策与发展现代空港枢纽经济的需求不匹配，扶持政策不足，项目资金不足，人才供给不足。

二、区域经济一体化发展的经验借鉴

(一) 区域经济一体化发展是世界趋势

世界经济一体化从 20 世纪以来不断发展,大趋势没有改变。从发展中国家来看,经济一体化不断深入发展,新兴工业化国家和包括中国、印度在内的发展中国家经济,已经逐步在世界经济中占据一席之地。在这种态势下,作为世界经济中的"一极",这些国家参与国际竞争和经济一体化的愿望更加强烈,要求同发达国家平等互利、实现共赢的呼声更加高涨。然而,发展中国家作为单个经济仍势单力薄,希望通过参加区域经济组织来维护自身的经济利益和经济安全。对于发达国家而言,在世界经济"一超多强"的格局下,希望通过建立区域经济组织来保证自己的生产体系和市场规模的扩大,以增强自身的竞争实力,确保在更多获利的过程中立于不败之地。

根据英国经济政策研究中心全球贸易预警数据库统计,2017 年以来,全世界有 71 个经济体推行了 591 项贸易自由化措施,平均每个经济体推出 8.3 项;6 个亚洲新兴和发展中经济体共推行了 61 项贸易自由化措施,平均每个经济体推出 10.2 项。事实也证明,通过区域经济一体化,促进了国际贸易的发展和国际经济的繁荣,形成了共赢的局面。

即使世界经济在全球化与逆全球化中徘徊,但是区域经济一体化趋势始终不变。2017 年发生的中美贸易摩擦,还有延宕数年的英国"脱欧",法国"黄背心"运动蔓延多国,欧洲区域经济一体化也岌岌可危,民粹主义、孤立主义在欧美兴起,反全球化的贸易保护主义愈演愈烈。但是纵观全球发展趋势,区域经济一体化仍在不断探索、稳步向前。

一方面,美国虽然反全球化,脱离区域经济组织,但是积极推动服务贸易协定(TISA)谈判,以提升 WTO 各成员方达成《服务贸易总协定》(GATS)的标准。TISA发源于WTO框架，目标是达成高规格的服务贸易自由化协议，包括美国、澳大利亚、欧盟、日本等22个国家和地区。美国只是为了建立更加体现美国利益的经济一体化。

另一方面，新型的区域一体化组织不断涌现，且参与国越来越多。例如正在谈判的跨大西洋贸易与投资伙伴协议（TTIP）、区域全面经济伙伴关系（RCEP），以及美国曾经主导但后来又退出的跨太平洋伙伴关系协定（TPP），都反映了经济全球化的悲观预期以及重构国际经贸规则推动区域经济一体化的强烈愿望。

当前"去一体化"的背景下，我国仍立足加大开放，促进区域经济一体化发展。党的十九大提出高质量发展关键在于高质量开放，在于"动力、质量与效率变革"。党的十九大之后，高质量开放更是基于内需与资源配置能力的全球化。因此，在世界经济形势复杂的情况下，促进供给侧结构性改革和推进"一带一路"倡议十分重要。

我国的国际合作也不断推进，上海合作组织、中国—中东欧"16+1"合作机制、中日韩自由贸易合作机制、中国—东盟"10+1"、亚太经合组织、中阿合作论坛等多边合作机制正在推动所属经济体发展战略与中国"一带一路"倡议对接，形成以"一带一路"为脊梁的更大范围内的经济一体化。

（二）一体化是区域经济发展的必由之路

我国经济增长迅速，已经成为亚洲第一、世界第二大经济体。十九大明确提出，经过长期能力，中国特色社会主义进入了新时代，我国社会主要矛盾已经转化为人民利益增长的美好生活需要和不平衡不充分的发展之间的矛盾。新时代的区域发展总体战略强调公平、协调与共享，新发展观被用于指导区域经济发展。国家陆续提出了京津冀协同发展、长江经济带、粤港澳大湾区、长三角一体化等国家战略，"一带一路"倡议的提出更是重塑了我国区域开放格局。随着一系列区域战略与政策的出台，我国的区域发展也出现了新特征，并集中体现为发展协调性的增强，区域战略自主性和体系性的变化。

2018年11月《中共中央国务院关于建立更加有效的区域协调发展新机制的意见》，推动形成优势互补高质量发展的区域经济布局，体现了我国区域发展战略的深谋远虑。我国近年出台的多个区域规划，如《京津冀协同发展规划纲要》（2015）、《长江经济带发展规划纲要》（2016）、《长江三角洲城市群发展规划》（2016）、《粤港澳大湾区发展规划纲要》（2019）等，都体现了新区域主义倡导的区域多主体协作和多方共赢思想。主要思想是依托七大城市群和13个都市圈，重塑战略区空间结构，积极推动核心城市对接"一带一路"城市网络体系。

城市群也是新型城镇化的主体形态，是支撑全国经济增长、促进区域协调发展、参与国际竞争合作的重要平台。都市圈是城市群高质量发展、经济转型升级的重要支撑。两者在全国空间发展格局中都占有非常重要的战略地位。国家"十三五"规划纲要明确了19个城市群的发展方向，30多个都市圈也积极谋划迈向现代化的步伐，这对优化国土空间格局、提升空间效率、促进经济转型具有重要意义。强化"一带一路"建设的国外空间布点与国内区域支点的连接互动，推动京津冀、长江经济带、粤港澳大湾区、海南自由贸易试验区、长三角与"一带一路"六大经济走廊在空间上有效对接。发挥战略区比较优势，明确重点战略板块、城市等功能定位，突出港口城市、境外经贸合作区在空间布局对接中的支点支撑作用，避免在全方位开放合作过程中出现力量分散、重复建设与恶性竞争等问题，构建"内外契合联动、多点有效支撑"的战略实施空间架构。以国内战略区域中的京津冀城市群、粤港澳城市群、长三角城市群、长江中游城市群、成渝城市群、滇中城市群、黔中城市群等为基本单元，重塑国内空间结构，提升集聚经济效应，促进区域经济高质量发展。依托七大城市群内重要产业集群，组建产业发展联盟，搭建产业合作平台，携手面向国际招商、携手开拓国际市场、携手开展国际投资，同步推进引进来和走出去，强化国内战略区与"一带一路"联动发展。

明确区域经济发展的特点和方向。进一步明确京津冀城市群合作的重点方向是东北亚，长三角城市群合作的重点是欧美等发达经济体，粤港澳大湾区合作的重点方向是东南亚，成渝城市群和滇中城市群合作的重点是东南亚和南亚，发挥集群优势，组团出海。进一步修炼内功，把核心城市非核心功能的疏解与中小城市的培育结合起来，以商品市场一体化为抓手，推动城市群内部合理分工，积极构建科学合理的城镇体系，推进城市群的协同发展。同时，进一步打破城市群内部的行政壁垒，推动城市群内部商品市场、要素市场、产业空间布局、基本公共服务、生态环境保护等方面的一体化，加快形成共建共享市场体系，提高城市群规模集聚效应。协同推进户籍制度、土地制度、财税制度等领域的改革，鼓励各城市吸纳更多的人口，使经济集聚与人口集聚相匹配，提升国家的国际竞争力和影响力。加强京津冀、粤港澳、长三角等沿海城市群的港口合作，统筹谋划国内外港口合作，共同开辟国际航线，增强与海上丝绸之路经济带沿线国家的经济联系。以北京都市圈、天津都市圈、上海都市圈、杭州都市圈、南京都市圈、合肥都市圈、广州都市圈、港深都市圈、武汉都市圈、重庆都市圈、成都都市圈、贵阳都市圈和昆明都市圈合作为重点，推动创新链、资金链、产业链、政策链和监管链等"五链"融合发展，加快构建现代市场体系、产业体系和创新体系，提升区域国际竞争力。

遵循"研发在核心城市、制造在周边区域，孵化在核心城市、转化在周边区域"的思路，发挥核心首位城市科创中心的作用，加强与都市圈范围内的城市合作，用创新链、产业链在周边地区的延伸，促进资金链、政策链和监管链向周边扩散。紧紧围绕"五链"融合中的薄弱点、脱节点、梗阻点，配置资金链、提升产业链、共享政策链、完善监管链，提高资源配置效率，推动要素市场、产品市场、市场监管联动发展。

发挥北京、上海、香港、深圳、广州等超大城市服务全国、面向世界的综合功能，推动产业结构转型升级，提高国际影响力和整体竞争力，打造以北京为核心的京津冀世界级城市群，提升以上海为中心的长三角世界级城市群、以香港、深圳、广州为核心的粤港澳大湾区世界级城市群的发展水平。发挥武汉、重庆、成都国家中心城市的作用，发展壮大长江中游、成渝城市群，培育聚集增长新引擎，提高核心城市与功能性城市的能级，强化辐射带动功能，带动周边地区发展。引导黔中、滇中城市群聚集发展，促进人口和产业聚集，联动辐射周边地区，拓展区域发展新空间。同时，抢抓"一带一路"建设机遇，以"六大经济走廊"建设为重点，促进北京、上海、香港、深圳、广州、武汉、重庆、成都等核心首位城市与国外交通基础设施互联互通。以统一中欧班列标识为基础，加密核心首位城市开通欧洲腹地的班列，以物流带人流、资金流、信息流。进一步提升核心首位城市机场在全国的地位，支持开通更多的国际航线，建立面向全国和全球的门户枢纽。除构建区域对外大交通外，还要加快地铁、高铁、轻轨、高速路交通体系等建设，构建畅连内外的综合交通网络，提高与周边城市的连接效率，增强对周边区域的辐射带动能力。

在具备条件的核心首位城市设立国家级空港经济区，推动空间结构、产业结构转型升级，增强城市对外经济联系。统筹谋划核心首位城市海陆空立体交通网络体系，畅通"流动空间"便捷的联系通道。积极参与全球竞争合作，利用自贸区或特殊海关监管区等的优惠政策，加快培育以技术、品牌和服务为核心竞争力的出口新优势，把核心首位城市培育为重要的商品进出口集散地。加强与周边地区和内陆腹地合作，通过联合建设重大项目，联合发展龙头企业，联合打造知名品牌，实现重点产业间延伸、整合。

(三) 我国区域经济一体化发展的特点

1. 具有鲜明的区域特色和功能定位

不论是位于东部、中部还是西部地区，区域发展都具有优势与劣势，都面临机遇与挑战，都和周边地区存在竞争和合作关系。因此，确定区域战略定位对于未来发展具有重要意义。区域规划的定位、方向、目标各不相同，体现了对不同区域的针对性和指导性，都体现了对全国及本区域所能发挥的功能与作用。

2. 优化区域内产业结构和空间布局是关键

优化区域内的空间布局，以中心城市作为核心增长极，推进区域内经济一体化发展，带动周边地区经济快速发展，形成资源要素优化配置、地区优势充分发挥的协调发展新格局。

3. 把生态环境保护作为重要环节

在加快经济发展的同时，各经济区都将生态环境保护放在了重要的位置，坚持把生态保护作为生态文明建设的基础，走经济生态化、生态产业化的发展道路，统筹生态环境保护和经济发展、社会进步、民生改善，促进生态保护和经济建设协调发展、环境优化和民生改善同步提升。

4. 创新体制机制和发展模式

各经济区摒弃了纳入国家战略就可以向中央要更多的优惠政策的思想，突出了体制、机制创新和争当全国某一领域改革先行实验区。

三、"武鄂黄黄"一体化发展的对策建议

（一）突破思维边界，认准"一体化"

湖北省提出的"一芯驱动、两带支撑、三区协同"的区域和产业发展战略布局，是推动湖北高质量发展的重大战略举措。"武鄂黄黄"是"一芯两带三区"的重要组成部分，也是落实重大战略布局的新思路。

多年以来，武汉、鄂州、黄石、黄冈四市积极谋划、主动作为，为"一芯两带三区"战略布局奠定了较好的基础，且区域规划协同布局成效初现。按照《武汉城市圈"两型"社会建设综合配套改革试验区空间规划》明确的"一核一带、三轴三区、一环两翼"的空间结构，武汉东部城区与鄂州、黄石、黄冈三个城市市区共同构成"武鄂黄黄"城镇密集带，正在建设沿江城镇、产业、交通复合走廊，初步形成了"武鄂黄黄"协同发展聚集带。

"武鄂黄黄"是湖北省经济最为发达、最具活力的地区。武汉具有辐射周边、带动区域发展的功能,是推动鄂州、黄石、黄冈三市在规划、产业、基础设施、社会保障等领域协调发展的关键。鄂州、黄石、黄冈三市充分利用长江黄金岸线资源,主动接受武汉辐射,积极发展汽车、船舶、装备制造等先进制造业,积极发展电子信息、生物医药、新能源、节能环保等高新技术产业,积极发展现代物流和文化旅游等现代服务业,积极发展生态优质农产品、名优特农产品及其加工业。随着武汉市产业的优化升级,发挥人才和技术密集优势,促进创新要素和产业项目向"鄂黄黄"辐射,推动武汉科研成果在"鄂黄黄"地区实现产业化、商品化,形成区域内研发、科研成果孵化、生产一条龙的产业协同发展格局。在服务业领域,做好前台与后台的分工、消费与服务的分工、需求与市场的分工。"鄂黄黄"要立足于承接转移、优化布局、拓展领域,大力发展休闲旅游、现代物流、服务外包、商务会展等现代服务业,与武汉形成更加紧密的协作机制。

"武鄂黄黄"一体化的基础是交通物流一体化。沪蓉、汉鄂、武冈3条高速和高新大道、316国道、凤凰大道、汉鄂快速通道等城市干线将鄂州与武汉紧密相连,武汉至鄂州梧桐湖、葛店、华容的公交线路相继开通,武鄂交通同城化初步实现。武鄂黄(石、冈)两条城际铁路,鄂州至黄冈、黄石至鄂州的5条公交线路,使武鄂黄黄能在30分钟内直达。正在建设中的湖北国际物流核心枢纽是国家"十三五"重大项目,是国家实施长江经济带发展战略的重点布局。建设"客货双枢纽""航空都市区""航空产业示范区"是"武鄂黄黄"一体化发展的战略机遇,必须突破思维局限,以武汉为龙头、以天河机场和鄂州机场为引擎,打造"武汉-鄂州空港型国家枢纽",建设国家空港型枢纽经济示范区。

(二)突破地域边界,下好"一盘棋"

从"武鄂黄黄"发展实践看,尽管四座城市地域相邻、山水相连、文化相通、经济相融,但也存在行政分割问题,必须建立高规格的协调机制,负责"武鄂黄黄"一体化改革实验的总体协调、资源整合等相关事宜,形成航空区行政一体化的新格局。

临空经济是经济发展达到较高水平后的产物。只有进入工业化加速的时期,人民生活摆脱贫困、进入小康的时候,才具备临空经济发展的社会、经济、文化条件。否则可能有航空现象,但不会有临空经济。"武鄂黄黄"一体化发展必须全域一盘棋、产业一条链、发展一条船,以打造"双引擎"为先手棋,把临空经济区打造成为"武鄂黄黄"一体化、高质量发展的先行区,武汉城市圈一体化发展的示范区。

建议把打造航空港"双引擎",推进"武鄂黄黄"一体化发展上升为省级战略,建设全省高质量发展样板区、基本实现现代化引领区、区域一体化发展示范区、新时代改革开放新高地,争取获得国家临空经济示范区试点。突出航空枢纽经济与国家服务经济创新、航空临空枢纽发展政策衔接,在制度安排、市场竞争、合作发展、产业培育与服务平台等方面进行政策创新。

(三)突破行政边界,画好"一张图"

党的十八大以来,国家相继实施"一带一路"建设、京津冀协同发展、长江经济带发展等"三大战略"和"东部、西部、中部、东北"等"四大板块"的战略部署,武汉作为国家中心城市,承担着带动长江中游城市群协同发展、推动中部地区崛起、推进长江经济带建设、对接"一带一路"倡议、构建内陆开放型经济高地等国家使命,"武鄂黄黄"一体化发展是加强武汉承载国家使命能力建设的重要途径,也具有区域带动和示范作用。

经验表明,城市区域一体化发展离不开相关方面的互动协调,离不开体制机制的创新。一体化发展规划应立足总体,协调各城市间产业结构、规划布局以及城市职能。要按照"统的到位、分的清晰、统分结合"改革取向,创新体制,明确管理权责,理顺相应关系,形成统筹协调、分工明确、运转高效、推进有力的一体化发展新体制。

机场的空间结构模式具有规律性，临空经济发展一般分为四个环形区域：中心机场环、商业服务环、制造配送环和外围环。

建议突破思维边界，尊重客观规律，跨行政区域做好武鄂临空经济区一体化发展的总体规划、土地利用规划、综合交通运输体系规划等。在统一规划基础上，建立规划与招商协商机制，制定产业发展目录和负面清单，统一招商政策、统一服务标准、统一宣传口径，创新具有产业链联动和产业集群效应的区域产业布局发展模式。建立"双引擎"和"武鄂黄黄"一体化建设项目储备库，将具有密切关联的铁路、公路专用线、多式联运转运设施、公共信息平台、军民合用物流设施、集疏运公路以及内部道路等公益性较强的重点建设项目纳入省级重大项目库，并争取纳入国家项目库。

（四）突破市场边界，织好"一张网"

促进区域联合，交通是基础。加快打造以武汉为中心的环形放射状的快速公路网，按照"主体保留、局部优化、扩大覆盖、完善网络"的思路，调整拓展普通国道网；按照"实现有效连接、提升通道能力、强化区际联系、优化路网衔接"的思路，补充完善高速公路网。健全武汉周边城市城际轨道建设，完善城际公路、铁路网络，加强城市间互联互通。按产业带发展布局城际铁路网络，各个交通廊道方向的交通组织模式要因地制宜，在城市圈乃至更大范围尺度下，尽可能以高速公路和城际铁路联络，形成"多模式"交通支撑的互联发展。

围绕武汉枢纽功能升级，统筹铁路、水运、公路、航空多种运输方式全面发展，提升综合交通体系承载能力、网络辐射能力、衔接转换能力。充分发挥既有武汉-黄石通道能力，在各个城市市域内形成适应城镇体系格局的便捷通道，消除城市间交通走廊上的瓶颈现象。加快构筑通江达海的鄂东综合运输体系，确立鄂东地区在长江中游城市群乃至鄂赣皖省际重要的区域性综合交通枢纽地位。

充分发挥港口、保税物流园区及资源集聚优势,建设港口枢纽集群,建成"亿吨大港"、服务"万亿产业"的长江中游重要航运基地;抓住长江经济带建设战略机遇,依靠长江中游城市群建设规划,加快建成武汉航运中心,打造长江中游公铁水多式联运中心。

区域经济一体化发展的前提条件是交通基础设施的一体化,实现枢纽型、功能性、网络化。天河机场距离汉口、武昌火车站分别为22公里和35公里;距离武汉港、阳逻港分别为27公里和70公里;天河机场直达京广铁路、沪蓉铁路、武汉绕城高速公路和汉十高速公路的距离均在15公里内;至东西湖保税物流中心车程仅为20分钟。

鄂州机场距离天河机场80公里,距离鄂州市中心约15公里,距离黄石市15公里,距离黄冈市20公里。鄂州机场到武鄂高速5公里,沪渝高速8公里,大广高速10公里;距离武石城际铁路1公里,武九铁路15公里,京九铁路25公里;距离处燕矶港码头4公里,鄂州港码头15公里。

天河机场和鄂州机场分别拥有良好的交通网络条件,但是两个机场之间没有直接连接的快速通道,迫切需要建立一个高质量打造"双引擎"的综合交通网络。

建议按照"通道+枢纽+网络",统一规划武汉、鄂州航空港和武鄂黄黄区域的综合交通网络,促进航空、铁路、港口、公路"四网"深度融合发展,打造现代综合交通枢纽。如在江北规划建设一条城际专用铁路或延长正在建设中的江北铁路线,分别连接两个机场,在江南规划建设一条城际专用公路,以此为两个机场之间的干线,尽快形成机场之间的快速交通网络体系。加强陆空联运设施建设,推动鄂州机场与"武鄂黄黄"高铁枢纽紧密对接,加强港口资源协同,积极发展空铁联运、铁水联运。

(五)突破竞争边界,打开"一扇门"

机场发展依赖于航空公司、综合物流集成商、货运代理公司等货运企业。纵观国内外排名靠前的机场，或多或少均有市场份额占一定比重的龙头货运企业。香港国际机场基地航空公司包括国泰航空、港龙航空、华民航空、香港货运航空等，上海浦东国际机场聚集了美国联邦快递、UPS和德国DHL世界三大物流集成商在此设立国际货运中心，首尔仁川国际机场则有大韩航空和韩亚航空。成立基地货运航空公司或者吸引重要的货运企业入驻是大部分机场的发展模式。

天河机场入驻国内航空公司32家，在全国主要机场中排第16位，入住境外航空公司34家，在国内机场中排第6位。

建议以双枢纽为基础，组建湖北航空公司，同时，大力引进国内外航空运输及其相关市场主体，打开企业入驻之"门"。持续深化"放管服"改革，打破行政干预市场规制的制度藩篱，支持市场化主体通过技术创新、模式创新、管理创新等方式提升运营水平。推动区域间的政策衔接，消除资源要素在地区间流动的体制障碍。改变政策洼地传统思维，按照航空枢纽经济区产业发展需要，精准制定税收、土地、资金、人才、特许经营等统一的扶持政策。

进一步发挥企业的市场主体作用，清除行政壁垒，推动产业集群发展。企业是区域一体化有力的推动者，积极发挥各类市场主体作用，有利于促进市场统一、推动要素资源流动。打造统一大市场，消除行政壁垒，破除政策执行中的"玻璃门""旋转门""弹簧门"，这是促进一体化发展水平和程度的关键。破除行政壁垒，通过具体的项目合作进行实实在在的联合，促进企业主体在区域间的自我联合、自我协调和自我发展。

形成以"政府为引导，市场为基础，企业为主体，多方共同参与"的发展机制，充分发挥各市优势，通力合作，形成合作共赢的良好局面；积极促进各产业在区域内合理有序转移；运用经济手段鼓励区域内企业特别是上市公司兼并重组活动，加强市场结构重塑效应和竞争协调。鼓励行业协会、中介组织、社会团体和研究机构等社会组织在一体化中发挥作用，推动城市合作由政府单中心模式向以政府、企业及社会组织等共同参与的网络型互动合作模式转变。

（本报告为湖北省交通投资集团公司 2019 年软科学研究项目）

课题负责人： 付新平　武汉理工大学教授、湖北省人民政府咨询委员
课题组成员： 傅诗雯　赵　林　郑　楠　朱晓奔　余文静
报告执笔人： 付新平　傅诗雯

武汉市住房抵押贷款二级市场发展的现状、原因与政策建议

曾国安 等

住房抵押贷款二级市场是住房抵押贷款市场体系的基本组成部分，对住房抵押贷款一级市场的发展具有重要的推动作用。住房抵押贷款证券化是现代住房抵押贷款二级市场发展的基本途径，截至目前，武汉市住房抵押贷款证券化还只出现两单。虽然住房抵押贷款二级市场发展缓慢的原因是多方面的，但对武汉市地方金融机构和住房公积金管理中心来说，通过住房抵押贷款证券化发展住房抵押贷款二级市场是解决住房抵押贷款资产流动性，扩大资金来源，从而提高住房抵押贷款发放能力的重要途径。因此，应该根据住房抵押贷款二级市场发展的需要，针对市场发展所面临的制约因素，采取多方面措施积极促进住房抵押贷款二级市场的发展。

一、住房抵押贷款二级市场体系及运行模式

（一）住房抵押贷款二级市场构成

住房抵押贷款二级市场是指将住房抵押贷款一级市场中的住房抵押贷款直接转售给其他投资者，或者将持有的具有未来现金流收入的住房抵押贷款汇聚重组为抵押贷款群组，并经过政府机构或私人机构的担保和信用加强，以住房抵押贷款支持证券的形式出售给投资者的市场。按照是否以证券形式出售可以将住房抵押贷款二级市场分为证券化市场和

非证券化市场,其中住房抵押贷款证券化市场具有较强的流动性,是现代住房抵押贷款二级市场发展的基本途径。

住房抵押贷款证券化一般由商业银行或住房公积金管理中心作为发起机构,将住房抵押贷款作为底层资产信托给特定目的机构,再由特定目的机构以资产支持证券的形式向投资机构发行受益证券,其本息的偿付主要来源于底层资产所产生的现金流。按发起机构的不同,住房抵押贷款支持证券(RMBS)可分为商业银行 RMBS 和住房公积金 RMBS。

商业银行和住房公积金管理中心可根据自身实际业务发展和经营管理需要确定是否开展住房抵押贷款证券化业务,其基础资产主要包括个人住房商业性贷款、个人住房公积金贷款及个人住房组合贷款,其中商业性贷款是商业银行运用信贷资金向个人发放的住房贷款,公积金贷款是由各地住房公积金管理中心运用个人及其所在单位所缴纳的住房公积金委托商业银行发放的专项住房贷款,组合贷款是指个人购房时同时申请商业性贷款和公积金贷款,该基础资产具有期限长、抵押率高、信用质量好、同质化程度高等特点。

商业银行和住房公积金管理中心向监管机构申请获批后,可以开展住房抵押贷款证券化业务。按照中国人民银行 2015 年 3 月发布的《信贷资产支持证券发行管理有关事宜公告(中国人民银行公告〔2015〕第 7 号)》中关于注册制的相关规定,已经取得监管部门相关业务资格、发行过信贷资产支持证券且能够按规定披露信息的特定目的机构和发起机构应向中国人民银行申请注册,提交注册申请报告、与交易框架相关的标准化合同文本、评级安排等文件,在注册有效期内自主分期发行信贷资产支持证券。

(二)住房抵押贷款二级市场参与主体

开展住房抵押贷款证券化业务涉及的参与主体众多,主要包括发起机构、特定目的机构、投资者、证券承销机构等交易主体。此外,还会涉及各种服务机构,如信用评级机构、资产评估机构、信用担保机构、律师事务所、会计师事务所、财务或投资顾问、资金保管机构、支付代理机构等（见表1）。

表1　　　　　住房抵押贷款证券化主要参与主体及具体职能

参与主体	具体职能
发起机构	通常是商业银行或住房公积金管理中心，负责审核借款人贷款资格并发放住房抵押贷款，是住房抵押贷款的出售者
特定目的机构（受托机构）	主要负责将资产池资产转化为可供交易的证券并发行上市，是发起机构和投资者之间的中介机构。特定目的机构隔离了发起机构自身的资信与证券化的风险和收益
投资者	住房抵押贷款支持证券主要投资者包括保险公司、社保基金、商业银行等金融机构
信用评级机构	信用评级机构为第三方机构，需必须具备良好的信誉，秉持公正客观的立场，为住房抵押贷款评定等级
信用增级机构	也称为信用担保机构或信用强化机构，主要负责担保或保证住房抵押贷款证券的现金流支付
证券承销机构	证券承销机构与特定目的机构签订承销协议，从特定目的机构处批量购买住房抵押贷款支持证券，向投资者提供咨询信息并推销住房抵押贷款支持证券
贷款服务机构	通常是由发起机构有偿作为资产服务人对资产池资产进行服务，主要负责收取住房抵押贷款的本金和利息，追收到期的应收账款，并对债务人的履行情况进行监督
资金保管机构	资金保管机构是接受特定目的机构委托，负责保管信托财产账户资金的机构。发起机构和贷款服务机构不得担任同一交易的资金保管机构

（三）住房抵押贷款二级市场运行模式

开展住房抵押贷款证券化业务的具体流程包括确定证券化资产并组建资产池，设立特定目的机构（SPV），资产出售，确定交易结构、信用增级和信用评级，定价和证券发行，资产池管理，收益分配和证券清偿等。

(1) 组建基础资产池。考虑证券化需求、法律法规、财务制度等多方面因素制定基础资产池选择标准,结合评级机构对拟进入基础资产池的个人住房抵押贷款的评级和现金流分析意见,按照选择标准和相关流程将符合条件的个人住房抵押贷款汇集组建基础资产池。

(2) 设立特定目的机构(SPV)、实现资产"真实出售"。为达到"真实出售"和"破产隔离"的目的,需设立特定目的机构(SPV),其模式包括特定目的公司(SPC)和特定目的信托(SPT)。根据现行《公司法》、会计税收制度等相关规定,实施 SPC 模式存在法律障碍、诉讼风险和破产风险,因此考虑目前的法律环境和制度环境,实施 SPT 模式是中国开展住房抵押贷款证券化业务更为现实和合理的选择。然后,发起机构以出售形式将基础资产的所有权和收益权在内的权属关系转移至特定目的机构,账务处理上称之为"真实出售"。

(3) 确定交易结构、信用增级和信用评级。在资产证券化过程中,一方面,通过设计将发起机构、特定目的机构、投资者三个交易主体构建成一个严谨有效的交易结构;另一方面,通过信用增级改善住房抵押贷款支持证券的发行条件,包括内部和外部信用增级,内部信用增级主要有超额剩余、剩余账户、现金担保账户、次级债券等方式,外部信用增级主要有第三方信用保证、资产出售方提供追索权、债券担保等方式。经过信用增级后,由评级机构对拟发各档资产支持证券进行信用评级,根据评级情况对交易结构予以适当调整,确立较好的信用等级,满足投资者的风险评估需要。

(4) 定价和证券发行。定价是资产证券化的核心问题,是决定证券化项目是否成功的关键,需要发起机构、特定目的机构、证券承销机构等共同推进摸底投资意向、研究产品定价、设计发行方案、开展路演推介等工作。按照特定目的机构与证券承销机构签订的承销协议,由承销机构负责住房抵押贷款支持证券的发行,销售方式可以采用公募或私募。特定目的机构收到证券发行收入后,按资产转让合同,向原始权益人支付基础资产购买价款。

(5) 资产池管理。特定目的机构需要聘请专门的服务商或管理人对资产进行管理,在很多情况下,发起机构一般有偿作为资产服务人对资产池资产进行服务。这些管理和服务工作包括:收取债务人每月偿还的本息,将收集的现金存入特定目的机构在受托人处设立的特定账户,对债务人履行债权债务协议的情况进行监督,管理相关的税务和保险事宜,在债务人违约的情况下实施有关补救措施。

(6) 收益分配和证券清偿。按照证券发行时说明书的约定,证券偿付日将按时、足额地向投资者偿付本息。当全部证券被偿付完毕后,如果资产池产生的现金流还有剩余,那么这些剩余的现金流将被返还给交易发起机构,至此资产证券化的交易过程全部结束。

二、武汉市住房抵押贷款二级市场发展的现状及原因

(一) 武汉市 RMBS 产品发行情况及原因

1. 发行情况

武汉市 RMBS 共发行过两单。其中一单是武汉住房公积金管理中心在 2016 年发行的武汉公积金 2016 年第一期个人住房贷款资产支持证券(WHGJJ1601.IB)。其时,住房公积金 RMBS 在全国范围内刚刚兴起,武汉便走在了住房抵押贷款二级市场的最前沿。2016 年上半年住房公积金 RMBS 曾计划发行多个产品,但由于 2016 年下半年以来房地产市场调控政策和金融调控政策的调整,住房公积金 RMBS 发行已经处于暂停状态。

另一单是汉口银行在 2019 年发行的九通 2019 年第一期个人住房抵押贷款资产支持证券(JTYQ1901.IB)。如图 1 所示,全国范围内商业银行 RMBS 起步较早,早在 2005 年就已经做出了尝试,且后期发展较快,2016—2018 年增长迅速,分别发行了 15 单、19 单及 54 单,规模分别为 1049.43 亿元、1707.51 亿元和 5842.63 亿元。2019 年 1—3 月,商业银行 RMBS 产品总计发行 6 单,规模 677.97 亿元,占整个 ABS 市场发行量近 3 成,成为发行量最大的一类产品。相比之下,武汉市商业

银行在 RMBS 发行上起步晚，发展也慢。

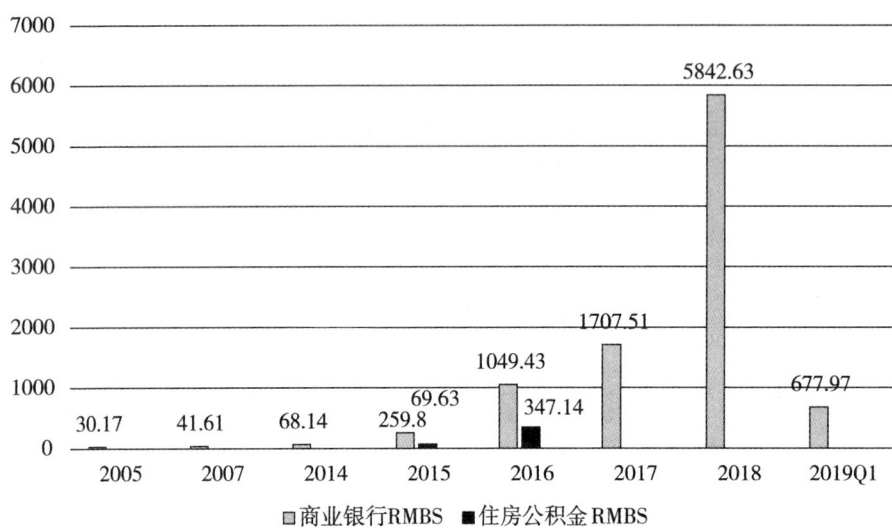

图 1　截至 2019 年 3 月末全国 RMBS 产品发行量统计（单位：亿元）①

2. 原因

武汉市住房公积金 RMBS 响应快、商业银行 RMBS 却很晚才进入市场的原因主要在于以下几点。

住房公积金管理中心之所以要发行 RMBS，主要是解决流动性不足的问题。住房公积金将持有的贷款对应债券及其抵押担保资产带来的未来收益分级打包出售，借此换来现金流动性，购买的机构则获得未来这部分资产收益。尤其是对于住房公积金贷款需求旺盛的城市，解决住房公积金额度吃紧的问题需要寻求长久而稳定的市场化解决方式。武汉市属于人口持续净流入的超大城市，一方面刚需类购房需求旺盛，另一方面改善性购房需求也很旺盛，使得住房公积金贷款总需求始终处于较高水平。可是住房公积金缴存基本没有弹性，无法通过让存款增长满足贷

---

① 来源于新世纪评级。

款需求增长，只能通过加强审核，延长贷款审批周期等办法防范公积金运行风险，但这并不能从根本上解决公积金贷款申请难的问题，也难以让更多的居民受益。因此为了解决资金难题，在当时政策允许的情况下，武汉市住房公积金管理中心积极尝试通过证券化的方式取得流动性，这一做法的确在一定程度上缓解了当时资金紧张的局面。应该肯定武汉市住房公积金管理中心利用二级市场缓解流动性不足的尝试，并且应该在此基础上进一步发展。可惜的是，由于政策限制等原因未能进一步发展。

商业银行之所以未积极推进RMBS，一是在于商业银行多不缺流动性，二是在于住房抵押贷款一直是商业银行的优质资产。美国等西方国家住房抵押贷款二级市场出现的主要原因是为了缓解金融机构资产流动性不足的问题。发放住房抵押贷款的商业银行需要通过向市场发行住房抵押贷款证券的方式来获取资金，解决流动性问题，并分散贷款的信用风险。但武汉市住房贷款市场居于主导地位的是全国性国有商业银行，一方面它们不缺资金，且可在全国范围内进行资金调配，另一方面，武汉市住房抵押贷款市场需求总量有限，从资金供应能力上来看，它们的能力也是充足的，① 基本不需要通过证券化来解决流动性问题。更重要的是，住房抵押贷款是商业银行信贷资产中坏账率最低的，一直是商业银行的优质资产和新的利润增长点，是商业银行重点发展的业务之一，因此除非达到风险警戒线，商业银行就根本没有必要，一般也不愿意出售住房抵押贷款这一优质资产。

当然，配套条件不足也是RMBS没有发展起来的重要原因。虽然中国人民银行和银监会发布了《信贷资产证券化试点管理办法》《金融机构信贷资产证券化监督管理办法》等一系列法规和规范性文件，但仍

---

① 但在供求结构上存在着严重的不匹配，一方面众多需要贷款购房的居民得不到贷款，另一方面商业银行又存在资产荒。这从审慎原则来看，具有合理性，但从资产业务扩张和推动城镇化以及支持居民住房消费角度来看，又具有不合理性。

需要包括信用评估、信用增级、破产隔离制度、特设机构的法律监督与担保、税收和会计制度等其他多方面的配套制度和监管才能提供市场正常运行的条件。在我国,这些方面的制度并未建立起来。

(二) 已发行 RMBS 产品的基础资产特征

武汉公积金 2016 年第一期个人住房贷款资产支持证券和九通 2019 年第一期个人住房抵押贷款资产支持证券基础资产特征如表 2 所示。

表 2　　　　　　　　武汉市 RMBS 基础资产特征①

	武汉公积金 2016 年第一期个人住房贷款资产支持证券（WHGJJ1601.IB）	九通 2019 年第一期个人住房抵押贷款资产支持证券（JTYQ1901.IB）
合同总金额（万元）	204066.37	351,080.32
借款人数量	8225	9272
单笔贷款平均合同金额（万元）	31.74	47.03
加权平均贷款年利率（%）	4.17	4.95
加权平均贷款合同期限（月）	201.72	200.04
加权平均贷款剩余期限（月）	178.08	166.56
资产池未偿本金余额（万元）	204,066.37	351,080.32
贷款笔数	8225	9292
单笔贷款最高合同金额（万元）	60	456
当前执行单笔贷款最高年利率（%）	4.68	6.37
加权平均贷款账龄（月）	23.76	28.8

由表 2 可知,武汉市 RMBS 表现出如下特征:一是资产池笔数较多,具有极强的分散性;二是基础资产的利率水平不高;三是基础资产

---

① 表 2 中的数据来源于 wind 数据库。

的履约表现时间相对不长;四是基础资产的剩余期限较长。

(三) 已发行RMBS产品的证券特征

1. 武汉公积金2016年第一期个人住房贷款资产支持证券的特征

武汉公积金2016年第一期个人住房贷款资产支持证券采用内部增信的措施进行增信,分层后优先级为86.25%,发行金额为176000万元,当面票息为3.95%,7.29年收回,信用支持为13.75%,资产池信用表现优良且稳定。

由图2可知,WHGJJ1601.IB初始贷款中56.35%金额的剩余期限区间为180~240天,共计3679笔;剩余期限120~180天和60~120天的贷款金额分别占25.7%、14.4%;只有3.3%的剩余期限在60天以下,封闭期长于市场平均值,累计利息回收较多,能够对优先级信用支持形成有效保证。

图3描述了资产池初始利率分布情况。从图3可以明显看到利率区间在4.0%~4.5%占比达到74.3%,而利率区间在3.0%~3.5%仅占0.1%,这使得出售证券的现金流足够稳定,浮动利率带来的利差风险变动较小。

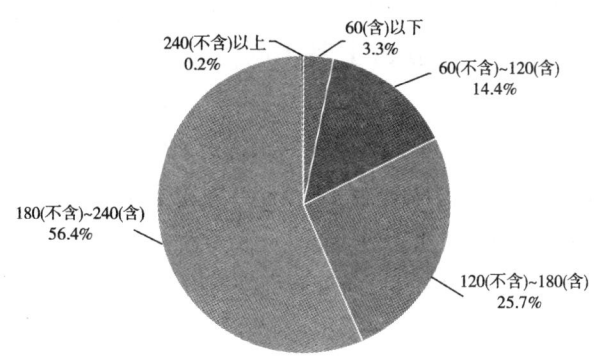

图2 WHGJJ1601.IB初始贷款剩余期限分布

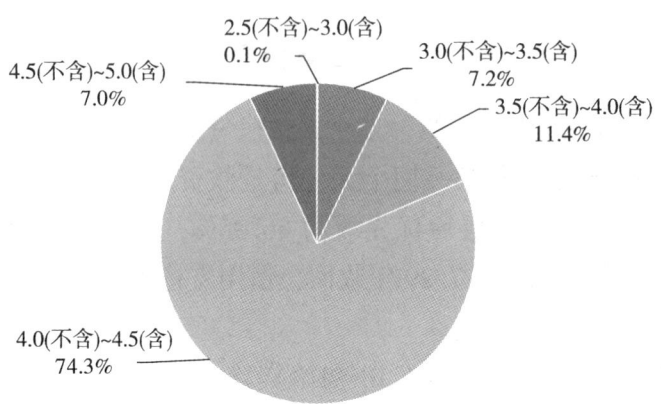

图 3　WHGJJ1601.IB 资产池初始利率分布①

2. 九通 2019 年第一期个人住房抵押贷款资产支持证券的特征

九通 2019 年第一期个人住房抵押贷款资产支持证券也采用内部增信，分层后优先级为 84.03%，发行金额为 56080.32 万元，9.50 年收回，信用支持为 15.97%，资产池信用表现优良且稳定。

由图 4 可知，JTYQ1901.IB 初始贷款中 40.5% 的金额的剩余期限区间为 15~20 天，共计 2365 笔；剩余期限 10~15 天和 5~10 天的贷款金额分别占 34.6%、20.9%；只有 4.1% 的剩余期限在 0~5 天以下，期限超过平均值的贷款占主要比例，能够对优先级信用支持形成有效保证。

图 5 描述了资产池初始利率分布情况。从图 5 中可以明显看到利率区间在 4.00%~5.00% 占比达到 62.2%，而利率区间在 3.00%~4.00% 仅占 3.4%，这使得出售证券的现金流足够稳定，浮动利率带来的利差风险变动较小。

---

① 图 2、图 3 中的数据均来源于 wind 数据库。

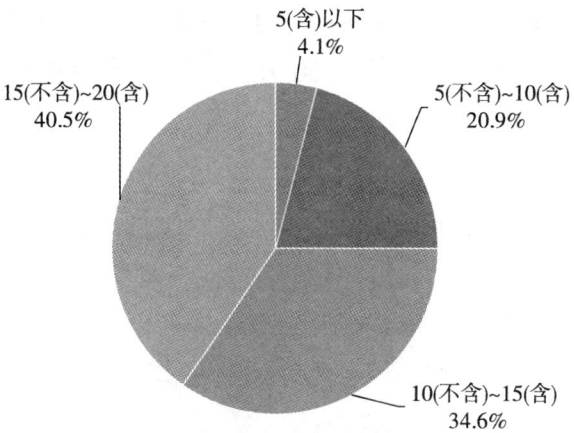

图 4 JTYQ1901.IB 初始贷款剩余期限分布

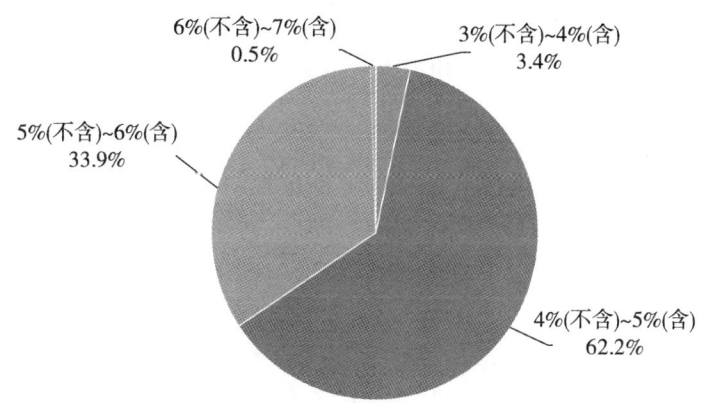

图 5 JTYQ1901.IB 资产池初始利率分布①

（四）已发行 RMBS 产品基础资产的信用表现

图 6、图 7 反映了两只证券的贷款逾期状态，其正常的比例分别为 99.6% 和 99.8%，表明绝大部分贷款均能在正常时间范围内收回。图

---

① 图 4、图 5 中的数据均来源于 wind 数据库。

8、图 9 反映了两者的贷款拖欠率,其中 WHGJJ1601.IB 的严重拖欠贷款本金余额在 14 万~31 万元波动;JTYQ1901.IB 的严重拖欠贷款本金余额呈上升趋势,但最高不超过 60 万,金额占比能够有效控制在较小范围,基础资产信用可靠。

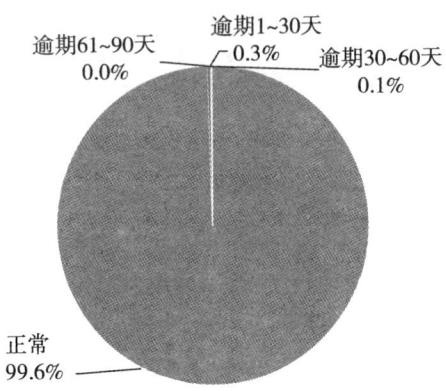

图 6　WHGJJ1601.IB 贷款逾期状态

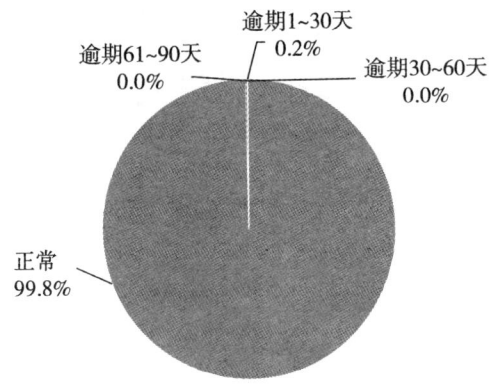

图 7　JTYQ1901.IB 贷款逾期状态①

---

① 图 6、图 7 中的数据均来源于 wind 数据库。

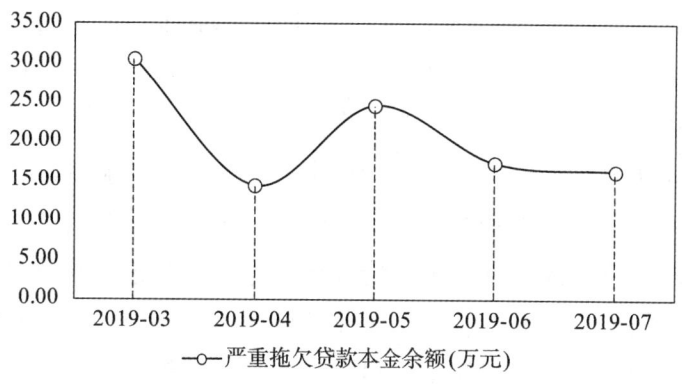

图8 WHGJJ1601.IB 贷款拖欠率

图9 JTYQ1901.IB 贷款拖欠率①

三、推进武汉市住房抵押贷款二级市场发展的政策建议

(一) 推进武汉市住房抵押贷款二级市场发展的重要性

从金融部门的角度来看,推进住房抵押贷款二级市场发展,其一,有利于化解商业银行面临的短期负债支持长期资产的结构风险。根据

---

① 图8、图9中的数据均来源于 wind 数据库。

CEIC 数据，中国的总储蓄率从 2010 年的最高点 51.5% 下降至 2018 年的 45.7%，其持续性下滑导致风险发生的可能性和严重性加强①。其二，有利于商业银行化解表外资产回表带来的资本金压力，同时实现表内资产优化，满足资本金释放及住房抵押贷款发放业务需求。其三，有利于化解商业银行和住房公积金管理中心面临的贷款利率波动风险。即使是采取浮动利率抵押贷款，也不能保证与市场利率为同一波动频率和幅度，因此无论是固定利率抵押贷款还是浮动利率抵押贷款都存在利率差可能带来的损失。其四，有利于化解商业银行和公积金管理中心面临的借款人违约风险和早偿风险。尽管目前住房抵押贷款属于不良贷款率低的优质资产，但必须保持谨慎态度，如果经济发展和就业形势出现较大幅度波动，可能会造成违约率和早偿率增加。

从居民部门的角度来看，推进住房抵押贷款二级市场发展，首先，有利于解决居民购买住房所需的资金来源问题。随着城镇化推进和大中城市落户门槛降低，新市民数量不断上升，其从租赁住房过渡到购买住房是一个必然的趋势，新市民作为刚需购房者和原有的改善型购房者都要通过住房抵押贷款筹集购房资金，改善居住条件，实现居者有其屋。其次，有利于优化居民投资结构，提高投资收益、降低投资风险。虽然居民投资已从过去的单一储蓄型逐步向多元化发展，但现有的投资渠道已无法满足居民日益增长的投资需求，且近年来发展迅速的网络金融不断出现暴雷事件，这也导致居民更倾向于固定资产投资，推进住房抵押贷款二级市场发展能够引导居民通过投资住房抵押贷款证券化产品间接投资房地产市场，这对于抑制住房市场投机也有积极作用，因此也有助于使住房价格保持在合理区间。最后，支持中低收入人群提升住房消费能力，有利于缩小居民贫富差距。住房抵押贷款二级市场能够对住房抵押贷款一级市场的规模化发展起到积极的推进作用，通过增加贷款额度和延长贷款期限减轻中低收入人群的还贷压力，同时住房抵押贷款证券

---

① 来源于香港环亚经济数据有限公司。

化产品也为中低收入人群提供了投资固定资产的投资渠道。

从非金融企业部门的角度来看，推进住房抵押贷款二级市场发展，首先，有利于盘活金融机构的中长期住房抵押贷款资产，促进金融业与房地产业形成良性互动、协调发展的新格局。通过发行住房抵押贷款证券化产品，以未来稳定现金流为支撑，实现资金回笼，回笼资金反过来继续支持房地产业的健康平稳发展，从而促进资金良性循环。其次，有利于弱化住房抵押贷款增加对非房地产企业贷款产生的挤出效应。居民购买住房需求的增长和房地产价格的上升使得住房抵押贷款增速一直处于较高水平，根据中国人民银行数据，2018年年末金融机构人民币各项贷款余额136.3万亿元，其中个人住房贷款余额为25.75万亿元，同比增长17.8%，占金融机构人民币各项贷款余额的比重约为18.89%，[1]在信贷投放总量基本稳定的情况下，信贷资金大量流入个人住房贷款，对非房地产企业的短期贷款和中长期贷款都存在挤出效应，长此以往不合理的信贷资产结构对产业结构优化升级将带来负面作用，偏离了金融业服务实体经济的初衷，推进住房抵押贷款二级市场发展能够加快信贷资金周转速度，解决非房地产企业信贷资金短缺问题，实现信贷资金的有效配置，最终推动实体经济高质量发展。

从政府调控的角度来看，推进住房抵押贷款二级市场发展，首先，有利于促进信贷资金在同一地区不同机构或不同地区不同机构之间的再分配。信贷需求量大的机构可以通过出售住房抵押贷款获得流动资金，其他机构则通过购买住房抵押贷款获得长期收益，实现资金在不同地区和机构之间的合理有效配置，解决信贷投放与信贷需求的错位现象。其次，有利于实现政府对房地产市场和金融市场的间接调控。由于住房抵押贷款属于不良贷款率低的优质资产，未来可以将住房抵押贷款证券化产品作为公开市场操作的对象，调节市场流动性，促进房地产市场和金融市场平稳健康发展。

---

[1] 来源于中国人民银行。

(二) 武汉市住房抵押贷款二级市场发展的可能性

1. 国家对住房抵押贷款二级市场发展政策的变迁与支持

在20世纪90年代初期中国就已经开始探索资产证券化，由于缺乏相关的法律法规，推进力度不大，未形成实质性发展。2004年1月国务院发布《关于推进资本市场改革开放和稳定发展的若干意见（国发〔2004〕3号）》，明确提出"积极探索并开发资产证券化品种"，随后2004年10月证监会发布了《关于证券公司开展资产证券化业务试点有关问题的通知（证监机构字〔2006〕号）》，其预示着资产证券化试点即将开始。

2005年3月，中国人民银行、银监会等十部委组成信贷资产证券化试点工作协调小组。2005年4月，中国人民银行、银监会发布《信贷资产证券化试点管理办法（中国人民银行 中国银行业监督管理委员会公告〔2005〕第7号）》，正式启动信贷资产证券化试点。2005年5月，住建部发布《关于个人住房抵押贷款证券化涉及的抵押权变更登记有关问题的试行通知（建住房〔2005〕77号）》，规定了批量办理个人住房抵押权变更登记的操作流程。2005年12月，中国建设银行股份有限公司作为发起机构，中信信托有限责任公司为受托机构，发行了建元2005年第一期个人住房抵押贷款资产支持证券，发行额30.17亿元，标志着住房抵押贷款证券化拉开帷幕。此后又发行了建元2007年第一期个人住房抵押贷款资产支持证券，发行额41.61亿元。[①]。

2008年美国金融危机全面爆发，基于宏观审慎和控制风险的考虑，银监会暂停了信贷资产证券化产品发行，住房抵押贷款证券化业务也随之陷入全面停滞阶段。

2012年5月，中国人民银行、银监会和财政部联合发布《关于进一步扩大信贷资产证券化试点有关事项的通知（银发〔2012〕127号）》，标志着在经历了国际金融危机之后，第二轮资产证券化试点启

---

① 来源于wind数据库。

动。2013年7月，国务院发布《关于金融支持经济结构调整和转型升级的指导意见（国办发〔2013〕67号）》，明确要逐步推进信贷资产证券化常规化发展，盘活资金支持小微企业发展和经济结构调整。2013年8月，中国人民银行、银监会推动国家开发银行、中国工商银行等金融机构开启第三轮资产证券化试点，标志着资产证券化由试点工作开始向常规化业务发展。2014年7月，中国邮政储蓄银行股份有限公司作为发起机构，交银国际信托有限公司为受托机构，发行了邮元2014年第一期个人住房抵押贷款资产支持证券，发行额68.14亿元，是自2005年和2007年之后的第三只住房抵押贷款证券化产品。[①]

2014年8月，国务院发布《关于多措并举着力缓解企业融资成本高问题的指导意见（国办发〔2014〕39号）》，提出要大力推进信贷资产证券化，盘活存量资产、加快资金周转。2014年9月，中国人民银行、银监会发布《关于进一步做好住房金融服务工作的通知（银发〔2014〕287号）》，鼓励银行业金融机构通过发行住房抵押贷款支持证券筹集资金，专门用于增加首套普通自住房和改善型普通自住房贷款投放。2014年11月，银监会发布《关于信贷资产证券化备案登记工作流程的通知（银监办便函〔2014〕1092号）》，宣布信贷资产证券化业务将由审批制改为业务备案制，是信贷资产证券化自2005年诞生和2012年重启以来最重大的一个举措。2015年3月，中国人民银行发布《信贷资产支持证券发行管理有关事宜公告（中国人民银行公告〔2015〕第7号）》，宣布已经取得监管部门相关业务资格、发行过信贷资产支持证券并且能够按照规定披露信息的受托机构和发起机构可以向央行申请注册，并在注册有效期内自主分期发行信贷资产支持证券。2018年1月，保监会发布了《保险资金运用管理办法（保监会令〔2018〕1号）》，明确指出保险资金可以投资资产证券化产品。

从以上相关政策的变迁来看，国家对于住房抵押抵押贷款二级市场发展的政策虽有阶段性变化，但体现出积极探索和支持的长期政策取

---

① 来源于wind数据库。

向。武汉市也应该在国家政策许可范围内积极推进住房抵押抵押贷款二级市场的发展。

2. 武汉市住房抵押抵押贷款二级市场发展的潜力

在监管放开、政策鼓励的积极引导下,全国住房抵押贷款二级市场呈现出快速扩容、稳健运行、创新迭出的良好发展态势。2018年个人住房抵押贷款支持证券发行规模达到5842.63亿元,同比增长242%,占银行间资产支持证券市场发行总量的63%。① 成为银行间资产支持证券市场的重要组成部分。但相较于万亿级别的住房抵押贷款一级市场,住房抵押贷款二级市场仍处于初级阶段,根据中国人民银行数据,2018年年末个人住房贷款余额为25.75万亿元,② 同期个人住房抵押贷款资产支持证券累计发行额为0.94万亿元,③ 仅占2018年末个人住房贷款余额的3.65%。

上海、杭州等地二级市场快速发展。截至2019年7月,上海市住房公积金管理中心已发行四只住房抵押贷款证券化产品,发行额共计381.22亿元,次级占比均低于10%;杭州银行股份有限公司已发行三只住房抵押贷款证券化产品,发行额共计119.01亿元。④

不考虑国有商业银行发行住房抵押贷款支持证券的基础资产池涉及武汉市住房抵押贷款的部分,⑤ 单看武汉市住房抵押贷款二级市场,尽管相较于其他大中城市住房公积金管理中心和城市商业银行,武汉市已经在住房抵押贷款二级市场发展方面较早进行了尝试,但发行规模小,住房公积金管理中心三年来未再有新的产品,这意味着武汉市住房抵押贷款二级市场发展的潜力并未发挥出来。

---

① 来源于 wind 数据库。
② 来源于中国人民银行。
③ 来源于 wind 数据库。
④ 来源于 wind 数据库。
⑤ 为了分散风险,国有商业银行发行住房抵押贷款支持证券的基础资产池基本会涉及国内大部分城市住房抵押贷款。

（三）推进武汉市住房抵押贷款二级市场发展的政策建议

为了促进住房抵押贷款一级市场的发展，建立健全住房抵押贷款市场体系，进一步推进住房金融的发展，武汉市应在住房抵押贷款一级市场初具规模、金融体系逐步健全、利率市化稳步推进、金融法治建设不断深化、监管机制日趋完善的背景下，积极推进住房抵押贷款二级市场的发展。

1. 将推动住房抵押贷款二级市场的发展作为一项重要工作

应形成构建包括住房抵押贷款一级市场和二级市场在内的完整的住房抵押贷款市场体系的明确的政策导向，发挥敢为人先的精神，积极进取，借鉴先进国家和地区的经验，着力于解决在住房抵押贷款市场发展中面临的突出问题，积极利用国家现行政策，推动住房公积金管理中心和地方商业银行在已有工作基础上积极开展住房抵押贷款证券化业务，使住房抵押贷款二级市场逐步成为住房抵押贷款市场的基本组成部分。

2. 根据政策和市场需要做好产品设计

一方面不违背监管政策，另一方面要对目标市场展开研究，住房抵押贷款证券必须切合目标市场需要。从市场的角度考虑，可以是境外市场，也可以是境内市场。境外市场可以是香港市场，也可以是其他市场。境内市场可以是武汉地方市场，也可以是全国性市场。可以是定向市场，也可以是不定向市场。一旦确定目标市场，就要根据目标市场的特点设计好产品，以便能顺利出售。

3. 做好住房抵押贷款二级市场的风险管控

第一，加强基础资产池源头风险管控。要对基础资产池资产数量、单个资产现金流规模占基础资产池整体现金流规模比重及资产间相关性等多方面进行筛选和控制，确保基础资产池资产现金流的分散独立性，避免基础资产池现金流过度集中，防范单个资产现金流异常对基础资产池整体现金流产生较大负向影响。

第二，做好信息披露管控。2015年5月，中国银行间市场交易商协会制定了《个人住房抵押贷款资产支持证券信息披露指引（试行）（〔2015〕10号）》，以规范信贷资产支持证券信息披露行为，提高信贷资产证券化业务透明度，维护投资者合法权益，在此基础上，建议依靠现代化信息技术进一步推动信息披露系统建设，细化每笔资产信息披露要求，包括披露不同职业和收入借款人分布比例和违约频率等，提高信息披露质量，提升风险管控效率。

第三，建立健全信用评级制度。一方面，通过法律法规约束保证信用评级机构的独立性和中立性，另一方面，通过完善信用评级体系、改进信用评级方法提高信用评级机构的公信力，从而提供可靠的信用评级结果充分揭示投资风险，降低发起机构、受托机构和投资者之间的信息不对称性，保证住房抵押贷款二级市场的健康可持续发展。

4. 政府做好对住房抵押贷款二级市场的监管和支持工作

第一，构建专业化的住房金融监管机构。住房抵押贷款支持证券涉及银行、信托、证券多个金融业务领域，横跨财政、税务、住建等多个政府部门，现行的分业监管模式已无法有效监管此类结构复杂、多层嵌套的资产证券化产品，建议设立专门的住房金融监管机构或职能部门，明确监管目标和权责范围，相对独立地进行监管。

第二，建立住房抵押贷款担保或保险的政府支持机构。为住房抵押贷款提供担保或保险能够有效降低信用风险、加强信用基础，建议成立政府支持性质的住房抵押贷款担保或保险机构，该机构负责向发放住房抵押贷款的商业银行和其他机构提供担保或保险，由此可以保障由于资质审查过严而无法办理住房抵押贷款业务的中低收入人群购买住房的权益，也可以为次级资产占比较高的住房抵押贷款进行信用提升，使其能够更容易实现证券化，由此减弱决住房抵押贷款的信用风险等，为加快住房抵押贷款二级市场发展创造有利条件。

第三，建立政府支持的专业化的住房抵押贷款证券化机构。可将该机构的业务范围限定在住房抵押贷款证券化领域，由其对商业银行和住房公积金管理中心等发放的住房抵押贷款进行统一收购和重组，再经过信用增级、信用评级等流程后,以标准化证券的形式向投资者出售,一方面能够减少发行交易成本,推动住房抵押贷款支持证券的标准化发展,另一方面能够快速实现资金的良性流转,切实稳定住房抵押贷款利率。

第四,支持建立住房抵押贷款证券交易平台。交易平台建设旨在为住房抵押贷款证券的流通提供便利。

5. 重点推进住房公积金管理中心和地方商业性住房金融机构住房抵押贷款证券化

住房公积金管理中心和地方商业性住房金融机构都面临着要提高流动性和资产质量,优化资产配置结构的问题,因此都需要住房抵押贷款证券化。尽管住房公积金管理中心更关心提高流动性,以提高放贷能力,地方商业银行等地方商业性住房金融机构更关心如何扩大在住房抵押贷款市场中的份额,但在政策限制或激烈的市场竞争中,它们都需要不断扩大资金来源,住房抵押贷款证券化是解决资金来源、提高贷款能力的重要途径。应该通过政策支持、平台建设等重点支持住房公积金管理中心和地方商业性住房金融机构住房抵押贷款的证券化。

6. 推进住房抵押贷款二级市场配套机构发展

住房抵押贷款二级市场配套机构包括产品设计和加工、信用评级、信用加强、交易中介服务等,除了对特定的抵押贷款提供政府担保之外,其他的需要市场支持,为此就需要培育和促进这些机构的发展。配套机构发展越快越好,越有利于住房抵押贷款二级市场的发展。

7. 建立健全支持住房抵押贷款二级市场发展的地方法规体系

逻辑上,住房抵押贷款二级市场的发展首先需要包括资产证券化法等在内的一系列上位法规的支持。鉴于目前诸多上位法规缺位的现实,为了促进住房抵押贷款二级市场健康有序发展,就需要建立支持住房抵押贷款二级市场发展的地方法规体系。形式上,可以考虑以暂行办法或者试点意见等颁行相关法规;途径上,可以在先行先试的政策下,力争相关上级部门的支持;内容上,主要就发行主体、产品、信用评级、信用加强、政府担保、审核部门和程序等做出明确的规定。有了相关法规的支持，住房抵押贷款二级市场应该可以实现健康有序发展。

（本报告为武汉市房地产市场管理中心《关于武汉市房地产金融创新模式的研究》课题的成果之一）

课题负责人：曾国安　武汉大学发展研究院院长、二级教授、博士生导师
　　　　　　　　　　武汉大学中国住房保障与房地产经济研究中心主任
报告撰稿人：曾国安　何艾狄　杨小曼　赵若愚

2019年湖北省国民经济和社会发展主要指标

	单位	2018年		2019年	
		实际数	增幅(%)	实际数	增幅(%)
生产总值(当年价)	亿元	39 366.55	7.8	45 828.31	7.5
其中:第一产业增加值	亿元	3 547.51	2.9	3 809.09	3.2
第二产业增加值	亿元	17 088.95	6.8	19 098.62	8.0
规模以上工业增加值	亿元	—	7.1	—	7.8
第三产业增加值	亿元	18 730.09	9.9	22 920.60	7.8
全社会固定资产投资(不含农户)	亿元	—	11.0	—	10.6
社会消费品零售总额	亿元	18 333.60	10.9	20 224.23	10.3
出口总额	亿元	2 253.2	9.2	2 484.9	10.3
实际使用外资	亿美元	119.41	8.6	129.07	8.1
地方公共财政预算收入	亿元	3 307.03	8.5	3 388.39	2.5
城镇常住居民人均可支配收入	元	34 455	8.0	37 601	9.1
农村常住居民人均可支配收入	元	14 978	8.4	16 391	9.4
居民消费价格指数	上年=100	101.9	1.9	103.1	3.1
城镇化率(%)		60.3		61.0	
全员劳动生产率	万元/人	10.95	8.5	12.86	8.5
人口自然增长率(‰)		4.54	—	4.27	—

* 数据来源:2018年、2019年湖北省国民经济和社会发展统计公报。

(易晓波 摘编)

后　记

《湖北发展研究报告》是湖北省教育厅和武汉大学共同发起、由湖北省普通高校人文社会科学重点研究基地武汉大学发展研究院承担的专项任务。从2003年开始，《湖北发展研究报告》由武汉大学发展研究院组织、研究和编辑出版。武汉大学为更好地服务地方经济社会发展，2011年成立了武汉大学湖北发展问题研究中心。从2012年开始，《湖北发展研究报告》由武汉大学湖北发展问题研究中心与武汉大学发展研究院共同组编。

《湖北发展研究报告》的宗旨是：关注湖北省科技、经济和社会发展中的重大问题，分析湖北省经济社会的运行状况，探索湖北省可持续发展战略及其重要举措，提出促进湖北省高质量发展的对策建议。《湖北发展研究报告》力求具有科学性、探索性、创新性、时效性和实用性。《湖北发展研究报告2003》《湖北发展研究报告2004》《湖北发展研究报告2005》《湖北发展研究报告2006》《湖北发展研究报告2007》《湖北发展研究报告2008》《湖北发展研究报告2009》《湖北发展研究报告2010》《湖北发展研究报告2011》《湖北发展研究报告2012》《湖北发展研究报告2013》《湖北发展研究报告2014》《湖北发展研究报告2015》《湖北发展研究报告2016》《湖北发展研究报告2017》《湖北发展研究报告2018》《湖北发展研究报告2019》已先后由武汉大学出版社出版。

在深入贯彻落实中国共产党第十九次代表大会及全会精神、努力实现中华民族伟大复兴的实践中，湖北省肩负"建成支点、走在前列"的国家战略使命和高质量发展的重要任务。2019年年末开始在武汉市肆虐的新冠肺炎疫情，是中华人民共和国成立以来在我国发生的传播速度最快、感染范围最广、影响面最宽、防控难度最大的一次重大突发公共卫生事件。湖北省尤其是武汉市是我国乃至全世界抗击新冠肺炎疫情的最前线。尽管突如其来的新冠肺炎疫情对湖北省经济社会发展带来很大影响，但我们在党中央、国务院领导下取得抗击新冠肺炎疫情"湖北保卫战"的决定性胜利。湖北省经济长期向好的基本面没有改变，多年积累的综合优势没有改变，在国家和区域发展中的重要地位没有改变。《湖北发展研究报告2020》积极适应湖北省"疫情防控""重振经济"和高质量发展的需要，以问题为导向，重点研究"十四五"期间应重点关注的科技、经济和社会发展问题。《湖北发展研究报告2020》包括28篇研究报告，这些报告分别由武汉大学、华中科技大学、武汉理工大学、华中师范大学、中南财经政法大学、湖北大学、武汉科技大学、江汉大学、中国科学院武汉分院、中共湖北省委研究室、湖北省社会科学院、中国信息通信科技集团有限公司、中铁大桥勘测设计院集团有限公司、湖北省高新产业投资集团有限公司、湖北艺术职业学院、武汉光谷创新发展研究院等单位的专家学者完成。《湖北发展研究报告2020》的特点是：在全球抗击新冠肺炎疫情背景下，系统分析新冠肺炎疫情对湖北省科技、经济、社会发展的影响，深入研究湖北省实施创新驱动战略和高质量发展问题，力求观察问题的全面性、分析问题的透彻性、研究问题的系统性和解决问题的建设性。

《湖北发展研究报告2020》是在湖北省普通高校人文社会科学重点研究基地建设基金、武汉大学人文社会科学发展基金资助下完成的。《湖北发展研究报告2020》中所陈述的只是课题组及撰稿人的看法，并不代表任何部门以及他们所属机构的观点，观点是否得当、数据正确与否均由他们自己负责。由于《湖北发展研究报告2020》是以跨学科、跨部门方式集体完成的，文字风格等不尽一致，加之受新冠肺炎疫情影响，虽然几易其稿，最终又由《湖北发展研究报告2020》统筹人、武汉大学发展研究院李光教授统稿，但仍有许多不尽如人意之处，敬请读者不吝指教。

从《湖北发展研究报告》开始策划起,就得到中共湖北省委、省政府及其教育厅等职能部门以及武汉大学领导的关心和大力支持。在《湖北发展研究报告 2020》的研究及编撰过程中,武汉大学党委书记韩进、武汉大学校长窦贤康更是为之倾注了心血,多次提出具有指导性和建设性的意见。《湖北发展研究报告 2020》的面世,蕴含着多方面的关心和支持,也凝结着众多人的辛勤劳动,在此一并致以衷心的感谢和诚挚的敬意。

从 2003 年至 2020 年,《湖北发展研究报告》已经连续组编出版了 18 年。我们期待《湖北发展研究报告 2020》的读者提出建设性意见,以便进一步完善我们的组编工作,并使《湖北发展研究报告》更好地成为展示湖北省发展研究成果的公共平台。

编 者

2020 年 7 月

图书在版编目(CIP)数据

湖北发展研究报告.2020/武汉大学湖北发展问题研究中心,武汉大学发展研究院组编.—武汉：武汉大学出版社,2020.10
ISBN 978-7-307-21824-6

Ⅰ.湖… Ⅱ.①武… ②武… Ⅲ.区域经济发展—研究报告—湖北—2020 Ⅳ.F127.63

中国版本图书馆 CIP 数据核字(2020)第 194133 号

责任编辑：陈 红　　责任校对：李孟潇　　版式设计：韩闻锦

出版发行：**武汉大学出版社**　（430072　武昌　珞珈山）
（电子邮箱：cbs22@whu.edu.cn　网址：www.wdp.whu.edu.cn）
印刷：武汉市宏达盛印务有限公司
开本：720×1000　1/16　　印张：31.75　　字数：457 千字　　插页：2
版次：2020 年 10 月第 1 版　　2020 年 10 月第 1 次印刷
ISBN 978-7-307-21824-6　　定价：96.00 元

版权所有，不得翻印；凡购我社的图书，如有质量问题，请与当地图书销售部门联系调换。